张骁儒 / 主编

深圳市民文化大讲堂
2016年讲座精选

上册

The Selections of
Shenzhen Civil Lecture on Culture
(2016)

社会科学文献出版社
SOCIAL SCIENCES ACADEMIC PRESS (CHINA)

【目录】Contents

上 册

三　文学历史

下　册

四　教育艺术

五　社会民生

六 国学养生

一

文化创新

筑梦文化深圳

李敬泽　李凤亮

李敬泽

著名评论家、散文家。中国作家协会副主席、书记处书记。曾任《人民文学》杂志主编。荣获"冯牧文学奖青年批评家奖""华语传媒文学大奖年度文学评论家奖""鲁迅文学奖文学理论批评奖""《羊城晚报》花地文学榜年度评论家金奖"。著有各种理论批评文集和散文随笔集十余部。2014年出版文集《致理想读者》，2016年出版《青鸟故事集》。

李凤亮

深圳大学副校长、创业学院院长、文化产业研究院院长、国家文化创新研究中心主任。为"百千万人才工程"国家级人选及"有突出贡献中青年专家"，国家社会科学基金重大项目首席专家，国家社会科学基金艺术学项

目评审专家，教育部艺术学理论类专业教学指导委员会委员，教育部"新世纪优秀人才支持计划"入选者，霍英东教育基金会"高校青年教师基金"和"高校青年教师奖"获得者，广东省高校"千百十工程"先进个人，广东省委宣传部及省文联"新世纪之星"入选者，深圳市第三届"鹏城杰出人才奖"获得者，深圳市国家级高层次专业领军人才，深圳大学领军学者。

主持人：今天的讲座主题是"筑梦文化深圳"，我们采用对话形式跟大家分享文化和城市的故事，文化和城市的关系。

李凤亮：作为深圳市民，我感谢敬泽主席对深圳的肯定和厚爱。这种感谢还有另外一个含义，深圳的学术文化发展其实得到了北京很大的支持。

举个例子。像我所在的深圳大学，1983 年建校时，就是由北京 3 所重点大学支持的。北京大学支持我们办中文系、外语系，中国人民大学支持我们办经济系、法律系，清华大学支持我们办电子系和建筑系。1983 年建校，就是从 6 个系建起来的，现在已经发展到近 30 个学院，在校学生 35000 人，没有北京的学术文化支持，我们不可能发展到今天。

谈到两个城市发展，我非常认同敬泽主席的看法。敬泽主席站在北京学者的角度，我更多是站在深圳的角度，北京文化厚重、大气。深圳从城市史来讲只有 37 年，特区史 36 年，在这个过程当中，我们在不断创新，不断地产生新的文化业态。

我到深圳工作 9 年，一直在深圳大学工作。我在深圳不断地接触到各种各样的新人、新企业、新产品，深圳文化确实充满活力，无法想象，三年之后深圳可能出现什么新的文化样态、新的文化产品，这是非常具有创造力的地方。当然我非常热爱北京，因为工作关系，我需要经常到北京参加学术活动等，感觉北京文化厚重、博大。

一个文化学者讲过，看 1000 年的中国，你看西安；看 300 年的中国，你看北京；看 100 年的中国，你看上海；看近 30 年的中国，就请你来深圳。这句话很形象地把深圳和北京的特点凸显了出来。

主持人：我们的城市历史只有 30 多年，我们憧憬着有一天人们叫我们绿洲，在敬泽主席的眼中，我们距离绿洲还有多远呢？

李敬泽：一个伟大的城市不仅仅只有文化绿洲，还必须活力四射。比如北京像大海，每年都有那么多人下海，前两年的小鱼，远远地游过来就变成了一条大鱼，甚至一条鲸鱼。北京是这样一个大海，提供了无穷无尽可能性的大海，它不只是个普通的养鱼池。有的城市只是养鱼池，怎么养反正就只有这几种鱼，不会有奇迹发生。北京作为文化中心城市，它的力量不仅仅在于它的历史，还在于它能够形成一个巨大的文化生态。深圳已经从沙漠变成绿洲，这是肯定的。但最后还要成为大海，沙漠的前世就是大海，我们要回到那个大海。

李凤亮：我非常赞同敬泽主席讲的文化绿洲的现状，但是我不太赞同过去那种把岭南或者香港、深圳视为文化沙漠的观点。我参加过很多研讨会，对广东文学，大家都会找寻它的岭南文化、岭南文学基因，我们要寻找到自己的身份，而这种身份的挤压感在某种意义上是因为传统中原文化中心论或者北方文化中心论所形成的，当然这不代表北京挤压了我们，北京还是帮了我们很多。

应该怎么看待某种文化形态呢？像香港，包括过去广东粤语文化形态，包括过去深圳被认为是文化沙漠的形态，我觉得要用一种开放的视角。今天的深圳，连续四次被译为成为全国文化体制改革先进地区，连续四次被评为全国文明城市，文化产业、文化服务、文化贸易都发展得非常好，得到大家承认，不仅是国内，国际上也给予了很多荣誉，如第一个设计之都等，所以能够被认为是文化绿洲。即使在过去，我们也有一些文化形态，只不过现在在科学技术、文化金融、体制机制变化的情况下，我们的文化生态发育得更好，真正形成了刚才主席讲的我们比较认可的文化绿洲，充满生机，未来还具有很大的成长空间。北京是大海，深圳将成为一个文化大草原，有很多绿洲，很多马儿愿意在这里奔驰，从小马长成健壮的大马。

深圳图书馆这个位置 30 年前是一片水稻田，当时距离大海还非常偏远，现在深圳图书馆周边有音乐厅、书城、各种文化设施，市民可以免费享受各种文化娱乐，这难道不是文化绿洲的一种生动体现吗？

李敬泽：我想了一下我和深圳的渊源，2007年，做大讲堂的嘉宾，这是近的渊源。80年代中期，我在北京，有一天，我和我母亲通电话，老太太忽然告知我一个新闻，就是咱们院里的小李居然辞职了。

这个小李叔叔，工作很好，忽然辞职不干了，这在当时我家所在的北方城市是重大新闻，他干嘛去了？来深圳了。在母亲当时的叙述里，她对小李充满了痛惜和同情。我当时也觉得挺可惜，这个事就这么过去了。30多年后，我不知道小李叔叔还在不在深圳，我也不知道他过得好不好，这些都不重要。重要的是什么呢？那么若干年，有一次回到家乡忽然说起这件事，我就想到，小李叔叔当初为什么要来深圳，最根本的原因是什么呢？是他不愿意在原来那个城市待着了。不是说那个城市不好，而是他不愿意过那种当你20多岁的时候能够一眼看到50岁、60岁、70岁的那种生活。很多情况下，生活把我们未来所有的可能性都规定好了，20岁的时候就可以看到自己50岁、60岁是什么样子，让人觉得非常安稳。但是总有些人像当年的小李叔叔，他愿意面对生活的不可能性。

这位小李叔叔很了不起，正是这种对于不可能性的热情，这种对于未知的探索和冒险精神，使他放弃了安稳的工作、放弃了完全可以预期的生活道路，来到深圳。

这位小李可能不是文学家，也不是艺术家，但是他具有一种和文学家或者艺术家相同的根本特质，就是想象力。

伟大的文学家们和艺术家们，他们向这个不可能走过去，通过艰苦的劳作，把这种不可能塑造成了作品，而千千万万的普通人，科学家、企业家、工人、农民，当他们同样面对那个不可能的时候，能够怀着梦想坚定地走过去，通过有力的行动把不可能变为了现实。深圳就是这样一个由梦想变为现实的城市，这个城市必须是一个有文化底蕴的城市，也必定是一个有文化底蕴的城市。为什么？因为深圳人具有那种文化的根本的、灵魂的东西，就是想象力。

什么是文化？文化不是一个东西，可以让我们把它供在博物馆、图书馆里，那是死的文化。在人类生活中起作用的文化，活的文化，其根本的动力就是我刚才所说的想象力。想象力可以激发出伟大的创造力。就深圳来讲，深圳人从来不缺乏想象力，也从来不缺乏创造力。

"城市"这两个字是什么意思？"城"，一边是土，一边是成，积土为城。老祖宗把土地圈成圈，堆成城墙，就是城，就是人类可以安全聚居的一个区域。之所以需要圈圈，是因为有人群聚居，同时说明这个地方有可以行使、调用资源的政治权力，建城本身就意味着要提供安全，要自我保卫，需要有军事力量，它是政治中心、军事中心，这是城。

"市"是什么？这个字很古老，据说甲骨文里就有，商周时代就已经有了市。干什么呢？买卖东西。你拿着一张兽皮，他拿着一包盐，交换。任何一个城里都会有市，一开始是交换人类生活的必要资源，但是市的功能渐渐变得越来越复杂，它变成可以交换知识、交换信息、交换风尚、交换趣味。更可以交换思想、交换想象力、交换创造力，也就是说，这个市不仅是物质聚集和交换的地方，也是人类思想、精神、艺术、趣味、创造力聚集和交换的地方，这是真正的市。所以伟大的城市一定同时是伟大的市，一个具有伟大文化的市。无论是我们古代的长安，还是历史上的巴黎、纽约，绝不仅仅是因为它的GDP，因为它的经济功能而被我们记住。当然经济功能非常重要，这是基础，但是使得它光耀千秋的是它作为人类思想、文化、精神的聚集和交换中心。

一个具有伟大文化的市如同大海，召唤着所有鱼类和鸟类，从四面八方，从小溪和大河汇入大海。在唐代，为什么李白和杜甫，一个河南人、一个四川人，一定要辛辛苦苦跑到长安？不仅仅因为他们想做官，还因为那是具有伟大文化的长安，那是诗人的长安，小诗人到了那里可以变成大诗人的长安，文学、艺术、文化在那里全有。

当民族和某个区域的文化精英都聚集在一起的时候，他们之间的碰撞、交融必然产生一种巨大的创造力。同时，一座伟大的城市本身所具有的那种巨大传播能量，使得作家、艺术家、诗人和画家，所有心怀梦想和具有强大创造力的人向着这些伟大城市聚集。

创新需要想象力，城市需要活跃的文化。硅谷很了不起，多年来始终维持着如此活跃的创造活力，但是我们常常忘了，硅谷所在的加州，同时是好莱坞所在地，是美国流行文化的重要发源地。学习美国文学史、艺术史，我们就会知道，美国大量优秀的艺术家、作家在那里定居、生活和创作。

这一切同时构成了我们所说的那个所谓硅谷的创造力的基础。在这个意义上，深圳作为一个城市的活力和创造力，使它如此成功地走过了30多年。它能不能够继续成功地再走30多年，再走更长时间？我觉得其中一个至关重要的因素就在于，它能不能够成功地成长为文化深圳，一个在文化上充满活力、充满创造力的深圳。

深圳的朋友们经常说，深圳历史太短了，底子太薄，没有底蕴。当然文化的发展确实需要有底蕴、有基础。北京的底子肯定雄厚，只有具有深厚的传统才能有好的文化？这只是大家约定俗成的一种可能性，也许我们同样需要面对不可能性。即使我们没有那么深厚的传统，我们总不能等1000年吧？即使我们等了1000年，北京已经2000年了，永远赶不上，怎么办呢？所以我觉得我们倒不如勇敢地面对那种不可能性。

我们这个在小渔村上崛起的城市，一直站在中国改革开放和中华民族伟大复兴中国梦征程的前沿，这是个承受着、接纳着来自全国各地各种心怀梦想的人们的充满活力和创造性的地方，即使我们没有历史积累，我们依然有可能在这里发展、创造出一种面向现代、面向未来的中国的新的文化。在这方面，深圳过去走在前头，今后还会走在前头，而且一定能够为自己开辟出一个灿烂的文化前景。

李凤亮：刚才敬泽主席讲了关于想象力、创造性和不可能性的故事，我听了很有感触，尤其是讲的老家大院里面的叔叔离开家乡来到深圳的故事，我非常有体会，也引起了我的共鸣。1994年，我上大学的时候，外面的世界对我们还很陌生，我那时候到过的最远的地方就是上海。为什么深圳对我们有那么大的吸引力？很直接的原因是，1992年，小平同志第二次南方谈话，在全国掀起了很大的思想解放的热潮。

30多年来，深圳绝不仅仅只是经济增长、科技进步，背后支撑它的还有人的因素，有观念因素，有思想力量，否则深圳不会发展到今天。未来如何支撑它进一步发展，更需要文化支撑。

探讨文化深圳，我想就文化创新的国家战略和深圳实践讲三个问题。

第一，文化创新存在的世界图景和中国的战略定位。

不管是老牌资本主义国家，还是新兴的六七十年代以后成长起来的东西方发达资本主义国家，不管他们原来的工业化基础怎么样，都不约而同地将文化创新作为他们国家的最新战略形态。

美国建立了以版权产业为核心的文化创业产业帝国。美国没有文化产业这个词，只有版权产业。为什么？因为他们觉得具有核心版权、核心知识产权的这种内容产业最具有核心竞争力。当苹果手机全球定价299美元，美国人首先可以拿走199美元，剩下的100美元由手机生产国用于购买材料、物流、各级人工、营销分配等，而其他环节都由他们在支配，况且大家买了这个手机以后，在苹果的平台上，用户仍在不断地花钱消费他的内容，更不用说好莱坞。

加拿大推行多元文化发展策略。日本、韩国都纷纷把发展文化创意产业作为国家战略，他们提出来的口号叫内容产业，因为他们技术非常发达，他们觉得内容非常重要。新加坡、印度也是这样，印度也在打造文化娱乐与消费大国。

那么老牌欧洲国家呢？英、法、德虽然在管理文化体制上不一样，但同样把文化创新发展作为国家最新的战略。1997年，英国首相布莱尔刚登台，他就成立了一个创意工作领导小组，他亲自担任组长。1998 年，专门由首相牵头制定了一个英国创意产业路径文件，这个文件不仅影响了英国 20 年的发展，而且对整个欧洲甚至整个世界的创意产业的发展产生了很大影响，包括我们非常熟悉的大洋洲地区也是这样。

为什么发达国家都把文化创新作为国家战略呢？美国两个商业顾问在哈佛商业评论上讲过，人类的经济形态、经济生活、社会生活已经发生很大变化，农业经济、工业经济已经过去了，甚至今天中国很多地方政府还在追求的第三产业服务经济也过时了，今天我们迎接的是以文化创意为核心的体验经济时代。文化创意设计服务与很多领域，如建筑业、休闲产业、电子产业、信息业、装备制造业，包括旅游业，将产生深度结合，如果业态体验性不强，很可能走向一条衰亡性的道路。

现在有些百货公司很兴旺，二三十年之后，这些百货公司可能纷纷倒闭。为什么呢？当下午 6 点钟你提前预订的一瓶酱油、一包蔬菜或者一个货物可以准时地送到家里的时候，你还有什么必要去百货公司？所以体验经济的发展可能会成为未来发展趋势，城市之间的竞争也从过去拼经济、拼管理，发展到现在拼文化的时代。文化实力、文化竞争力、文化创造力、文化影响力怎么样，往往决定一个城市未来发展的高度。

法国的弗雷德里克·马特尔前两年写了一本书叫《主流：谁将打赢全球文化战争》，我看了很有启发，这本书系统地描绘了今天在世界上广为流行的文化形态，包括好莱坞文化、美国流行音乐、印度宝莱坞，还有其他国家，如伊朗甚至中东国家、非洲国家，他们怎么抢占全球的文化话语资源，非常有启发意义。

文化创新今天已经成为我们的国家战略，2011 年 10 月，中央十七届六中全会解决了什么问题？我概括为五个词：文化安全、文化创新、文化体制、文化消费和文化软实力，我重点讲文化创新。

中国是世界上文化资源非常丰厚的国家之一，但是我们的文化创新力没有充分发挥出来。我们的目标是建设社会主义文化强国。世界上今天有一个文化强国：美国，其历史并不悠久，甚至不及我国清朝，但美国的文化影响力确实很大。

2013 年 12 月 26 日，奥巴马到好莱坞演讲，我印象深刻的有两句话，第一句，好莱坞电影是美国最大的出口商品。一部《阿凡达》，耗资几亿美元拍摄，在全世界卖了几十亿美元。

第二句，他说，这是美国外交政策的一部分。伴随着好莱坞电影和美国音乐走出来的，绝对不是简单的文化产品形态，而是它的价值形态、观念形态，传播了美国的价值观。

前不久召开的十八届五中全会，把文化创新作为与理论创新、制度创新和科技创新并列的创新形态，大力提倡，具有超前意义。什么叫文化创新呢？就是用一种发展论，甚至一种流动论的立场，通过观念、立场、手段、方法变革，形成文化自身的革新和突破，进而为一个国家、一个地区的创新驱动战略和文化软实力的提升提供有力支撑。

国务院参事王京生同志 2015 年 12 月 31 日在《中国文化报》上发表过一篇文章，讲一个国家在实施创新战略的时候，文化可以提供八个方面的支撑，否则创新走不远。

在党的相关文件和习近平同志最近的讲话尤其在 2016 年 "七一" 讲话当中，把文化自信与理论自信、道路自信、制度自信相并列，而且习近平主席特别强调，文化自信是更基础、更广泛、更深厚的自信，把文化自信对于我们国家创新驱动的意义讲得非常透彻。

第二，我们讲深圳的文化创新实践。

深圳的历史特别短，37 年的建市史，36 年的特区史，在 36 年当中创造了经济发展的奇迹，同时创造了文化发展的奇迹。如果我们考虑这里列出来的深圳文化创新是在它比较贫弱的文化资源基础之上形成的，大家可能会更加惊讶。

我们连续四次被评为全国文化体制改革先进地区，公共文化服务当中形成了一批品牌，刚才上楼的时候，我看到图书馆门口有个电子自助图书馆，这样的电子自助图书馆在全市有几百个。市民文化大讲堂做 1 期容易，做 10 期容易，100 期可能也比较容易，但坚持 12 年做 1000 期，就不是一件容易事，而且是免费向市民开放。

深圳也是全民阅读典范城市，文化产业规模 2015 年达到 1753 亿元，业态新，形成了很多平台。在文化交流方面，深圳成为中国第一个设计之都。深圳大学推动深圳市加入了世界城市文化论坛（WCCF），在那个论坛上同一批发达的文化城市，现在是 27 个，交流文化发展、文化创新经验。

深圳有很多文化建设成就，包括深圳十大观念，非常形象。我们也在反思深圳在文化创新方面还缺什么，有哪些短板。我可以列出八个方面，比如市民文明素质还有进一步提升空间，公共文化设施分布缺乏均衡性，学术、文化积淀比较薄弱，文化产业当中核心文化产品、核心文化服务还不多。

京生同志提出，我们要坚持创新型、智慧型、包容型和力量型的文化形态，我觉得非常具有远见。我们有一些积淀，也有不足。从 2016 年 1 月开始，深圳市委、市政府提出《深圳文化创新发展 2020》实施方案，我很认真地研读了，这个方案是城市未来发展效果图，按照这个方案能看到未来五年、十年、二十年我们的文化形态，包括物质形态、观念形态，也可以从这里面找到实施路径。

《深圳文化创新发展 2020》分为五大体系，包括城市精神体系、品牌体系、传播体系、公共文化服务体系和现代文化产业体系。其中我挑出了十个我特别感兴趣的东西，比如城市文化菜单，每个人口味不一样，但是在丰富的菜单当中，你总能够找到你喜欢吃的东西。比如文博会、读书月、创意十二月，包括市民文化大讲堂、美丽星期天，在这样一些丰富的公益性的文化活动中，你能从中找到你喜欢的东西。

比如我们未来的文化地标。在《深圳文化创新发展 2020》当中，有一批未来的文化设施要投入使用。讲到文化地标，我特别想说，深圳的文化地标既要注重均衡性，比如当代艺术馆在附近，自然博物馆就会放到另外一个区。深圳歌剧院还在研究论证当中，但我给深圳提一个建议，既要注重它的分散性，更要注重文化地标的集聚性，不管是巴黎左岸还是伦敦的一些地区，还是纽约区域，包括香港正在全力推进的西九文化区，要成为一个世界知名的文化城市，必须注重文化设施相对集聚，让人提起深圳，就能想到那个区域，这非常重要。深圳未来的蛇口，随着邮轮和码头及一批文化设施的建设，有可能会成为这种文化设施的集聚地。

第三，在公共文化服务方面，打造最后一公里。在文艺精品建设方面，接下来要推出唱响深圳好声音的文艺名家和艺术英才工程。在运动、体育方面，今天还有十公里公益性长跑。深圳大学最近正在做一件事，跟北京的一个高平台学术机构合建相关平台，比如美学和文艺研究院，以提升特区人文底蕴，另外我们在新媒体的打造和建设方面、在文创产业的升级方面也有所为。

深圳文化产业体量很大，业态很发达。我在最近的一篇文章里面专门提到，未来深圳要把握四种业态，第一种是跨界融合型业态，第二种是科技引领型业态，第三种是版权衍生型业态，第四种是体验型业态，这是我们未来文化产业需要着力的四个方向。当然还有跟世界文化的交流，这是我从《深圳文化创新发展2020》里抽取出来的一些未来文化创新的着力点，为市民、为我们这个城市增添了很多新的文化意蕴。

关于文化创新或者说筑梦文化深圳，这条路怎么走？我在这里借着主席刚才讲的想象力、创造力、不可能性，提几点建议。

第一，现在深圳加入了联合国创意城市网络，也在着力打造一个与创新型、国际型现代化城市相匹配的文化强市，但是首先我们要找准在全球文化创意城市网络中的定位。这个创意城市网络有七大主题，32个国家，69个城市，仅是设计之都在中国就有北京、上海和深圳，怎么找到自己的定位、路径，这是我们首先要解决的问题。换句话讲，城市发展的文化战略、路径是什么？首先要想清楚怎么找到特色。

第二，深圳不仅民间资本非常丰富，民智也非常丰富。深圳的聪明人、有智慧的人特别多，要充分激发民间这种文化创造活力。深圳大学不多，政府型智库也不多，但是民间智库很发达。在文化建设方面，深圳民间蕴藏着巨大力量，现有的文化形态是由全国各地的文化移民造成的。深圳大学前几年建了一个移民文化研究所，这也被广东省委宣传部命名为地方特色文化研究基地，为什么？深圳的特色最主要是移民文化，移民文化流动促成了我们的文化创新和文化发展。

第三，深圳文化创新要在本土化和国际化之间寻找平衡。深圳提出的城市发展定位叫现代化、国际化、创新型城市，非常准确，一定要走国际化道路。我在深圳大学分管外事和国际化，2016年上半年刚刚出台了国际化行动计划，怎么找到特色，找到既跟国际化接轨，又能保持自己的城市特色、国家特色、民族特色的路径？在本土化方面，我们城市的历史并不是很厚重，唯一的国家重点保护单位就是大鹏所城，现在还有待进一步开发、改造；另外就是南头古城，还有妈祖庙，那是宋代皇帝册封的全国三大天后宫之一，地位很高，现在也在开发，但更多还是表现为当代文化形态。

深圳有一个非常独特的现象，越是现代化，有时候越向往乡村、传统、古典。我们最近在做一件事情，几年前就启动了，希望在深圳大学建立一个劳动与国学馆，或者叫国学学术馆，这很合理。年轻的城市要找到跟传统相对接的地方，来激发我们面向未来的想象力。在这方面，我觉得深圳应该树立现代意识。

第四，深圳文化创新过去做了很多实践，未来还要形成新的文化引爆点，可能在文化设施的分布上面。比如香港西九，原来香港特别行政区行政长官董建华先生在1998年施政报告中就提出来搞一批文化建设，但20多年过去了，西九建设还没有真正完成。其实文化设施的建设不要那么急，深圳在观念方面可以比香港西九更超前，建设一批集中式的文化设施，让人家到了深圳，必去这个地方。上海有上海艺术节、上海国际电影节，深圳是不是也可以形成我们在文化建设方面新的引爆点，可以探讨。

第五，大力提升深圳文化内容的原创能力。怎么找到我们文化创新真正的核心和积淀？深圳文化企业体量很大，像华强、腾讯。腾讯虽然是互联网平台，但它主营收入的 50% ~ 60% 来自本土内容提升和全国内容提供。接下来，深圳要找齐短板，在文化产业发展势头很好的情况之下，进一步提升文化内容的原创能力。换句话讲，我希望在美国电影院里看到深圳出品的电影，在德国书店里面看到深圳和中国其他地方的更多书籍，这是我们文化原创的力量。

最后，进一步营造深圳城市文化创新氛围，改进我们的文化治理，补齐文化短板，优化文化发展的软环境。我经常讲，深圳包容性非常大，像美国学者佛罗里达讲的，城市经济创新靠什么？靠 3T，靠技术、靠人才，还靠包容性、宽容度。

深圳在这三个方面恰好跟佛罗里达所讲的 3T 理论高度吻合。当然我们的包容性要像弹性一样，不断地把它拉长拉大，我希望在深圳街头看到更多有个性的艺术家，看到不同领域的文化人，我们能够容忍、包容、欣赏他们。

要实现市民文化权利，通过文化创新让更多的文化设施、文化服务惠及于民，让城市更有魅力。城市是什么？刚才主席给了很好的定义，一个外国文化学者讲，城市是文化的容器，不仅是经济形态、商业形态、政治形态、军事形态的容器，更是文化容器。地球上有那么多的土地，为什么人类要朝城市集聚，让深圳由小城镇发展成今天有 2000 万活动人口的国际性大都市？因为这里可以交换信息、交换知识、交换思想、交换对未来的看法、交换这种创造性等，但是人作为城市核心，如何尽量满足他们的文化需求，提供文化服务，对我们未来是一个呼唤，也是挑战。

最后，虽然年轻是我们的优势，但在发展过程当中，我们还是要不断地夯实文化底蕴，打造文化宜居城市，包括我们的学术机构、智库平台，学术创新、创造还有更大发展空间。

主持人：非常感谢敬泽主席、凤亮校长和我们一同分享文化深圳这一话题，感谢观众朋友们现场观看我们的讲座，谢谢大家！

众声喧哗

——文化差异的前世今生

王　樽

王　樽

作家，影评家，深圳文艺评论家
协会副主席。主要创作领域：诗
歌、小说、散文、剧本、报告文
学。在《大众电影》《收获》
《天涯》《看电影》《城市文艺》
等杂志开设专栏。主要著作：
《与电影一起私奔》《谁在黑暗中
呻吟》《色香味》《厄夜之花》
《带电的肉体》《人间烟火》《远
方的雷声》等。

　　今天我与大家共同分享一个话题，主题是"众声喧哗"，副题为
"文化差异的前世今生"。这是一个看起来非常宏大的话题，细究却
可以非常具体和细微，因为它与我们在座的每个人都息息相关。在开
始这个讲座之前，我有个简单的阐释，是这样说的——大到国家历
史、民族信仰，小至家庭习俗、个人癖好，文化的差异源远流长，且
渗透于生活的方方面面。以"众声喧哗"为题，是想通过阅读和观

影的多种视角，观察我们每个人都置身其中的文化差异——这些差异，有些大家可能注意到了，有些可能没有注意到。观察不同文化间的诸多差异，以及因此衍生的各种趣味，目的是促使我们思考——我们需要怎样的文化空间？或者说，什么样的空间适宜文化的繁荣和发展。

"众声"是客观的存在

什么叫"众声喧哗"呢？从字面上看，无须过多解释。"喧哗"就是大家都在说话，吵吵嚷嚷，各说各话，互不相让——"众声"就是各种人的声音。每个人都可以说自己的话，即使不会说话的聋哑人，他也可以书写，或用哑语，或用表情手势表达自己的意见。

只要有众人，就会有"众声"。在此，我想说到一本有"众声"特质的书，这就是对人类最具影响力的书——《圣经》。

这是人类有史以来，发行量最大，对人类文明尤其是西方文明影响最大的书。如果没有《圣经》，人们对西方文明，包括历史、文学、哲学、艺术、绘画、建筑等方面，根本不会有准确和深入的理解。那么，有谁能说出《圣经》的作者是谁？有人说，它是上帝的默示。但具体作者却不是一个人，它分《新约》《旧约》，有《耶利米书》《以西结书》《马太福音》《马可福音》《路加福音》《约翰福音》，还有《哥林多前后书》等，这些名称里都带有作者的印记，它是由众多作者在不同时间、不同地点书写，最终组合成的"众说"之书。

其实，如果我们观察对人类影响最大的宗教或者学说，往往都是由很多的作者、很多的声音最终荟萃精华而成。甚至包括我们的古典诗歌集大成者《诗经》，也是无数诗歌爱好者和诗歌使徒收集、归纳、编辑、整理的结果。即使大家公认的某一个人的著作，如果追根寻源，可能也并不是某个个人的思想结晶，比如《论语》，它是孔子的弟子们根据孔子平时的言论进行记录、编辑出来的一本书，难免就渗入了各弟子个人的某些习惯——包括行为、语言、思维等习惯，至少可以说，只要有人用笔来记述，就肯定带有其个人的元素，不完全是一种照搬。这样一部儒家最辉煌的经典，实际上本身也有众说特质。

再以大家都熟知的"毛泽东思想"为例，它是毛泽东一个人的思想吗？不完全是，它当然是以毛泽东为主，但是由众多中国共产党的领导人在几十年的革命实践中不断摸索、发展，然后慢慢形成的这样一种思想体系。

可见，从个人信仰到指导一个群体或国家的思想，都可能是在"众声"的基础上形成的。

这是我要说的第一点，不论你承认或者不承认，"众声"是一切理论或思想的前提，它是一种客观的存在。

差异自古而然，喧哗恒久难变

——让我们开始追根寻源。

"众声喧哗"，最早起于何时呢？按照一般的想象，应该有人类就开始了。

那么，问题来了："众声喧哗"的最大症结是什么？或者说，众声喧哗导致的结果是什么？就是各说各话，语言不通，难以交流，就是鸡同鸭讲。

那么，语言的障碍是何时、怎样产生的？

勃鲁盖尔的名画《巴别塔》

16世纪伟大的弗兰芒（比利时）画家勃鲁盖尔的名作《巴别塔》，是勃鲁盖尔1563年画的，大约是他38岁左右的作品。在阅读或观察某个历史人物和事件时，我喜欢做些横向比较，以清楚这个人物或事件的坐标。那么，勃鲁盖尔画《巴别塔》时，当时的世界是个怎样的状态呢？——我们的国家是在明朝，李时珍正在山上采药，计划着要写《本草纲目》；西班牙大作家塞万提斯 16 岁，还在读书；法国大哲学家蒙田 10 岁；英国大文豪莎士比亚 1 岁；意大利天文学家伽利略 1 岁；大哲学家培根、大画家鲁本斯、卡拉瓦乔都还要过两至 15 年才出生。荷兰最伟大的画家伦勃朗，还要再过 43 年才能出生，等会儿我会专门讲到关于伦勃朗和他的画和电影。

现在我们回到这幅画。为什么要建造巴别塔？因为人类要登天，要"欲与天公试比高"。

在《圣经》里是这样记载的：大洪水后，天下人都讲一样的语言，都有一样的口音。诺亚的子孙越来越多，在古巴比伦附近见有一片平原，就定居下来。因为平原上用作建筑的石料很不易得到，他们就彼此商量用泥砖，把砖烧透了，拿砖当石头，又拿石漆当灰泥。他们谋划并行动要建造一座城和一座塔，塔顶通天，目的是什么？要传扬人类的名。因为大家语言相通，同心协力，要建造的巴比伦高塔直插云霄，确实要欲与天公一比高低。为何最终没能建成？因为此举惊动了上帝。上帝因人类的虚荣和傲慢而震怒，决定阻止，就悄悄来到人间，变乱了人类的语言，人们语言不同，意见不同，众声喧哗，难以沟通，那座塔只能半途而废。在希伯来语里，"巴别"就是"变乱"的意思，这座没有建成的塔就称作"巴别塔"。

没有建成的巴别塔，就是人类众声喧哗的开端。

从画上看，"巴别塔"确有通天气势，好像还不到一半，但上面已有云雾缭绕。塔身坐落于海边大平原上，远处是城市的密集房屋，临海滩处还有往来和停靠的船只，真正的无敌海景。左下角有领导人在视察，有些工人还在劳动，工头匍匐在地，似乎在陈述工程的难度，估计因为语言有差异，也是沟通不畅。塔身正前方，有一处好像是"塌方"或者是无法吻合的部分，总之局面有些难以收拾。这幅画表现的就是因语言差异造成的烂尾工程。勃鲁盖尔创作这幅画时，当时的教会也正在分裂，他以这幅绘画，影射了文化差异所导致的现实世界的纷争。

按照《圣经》的记载，我们知道了上帝阻止建造巴别塔的结果，手段就是变乱语言。那么，问题又来了：上帝的目的，真的只是惩罚人类的狂妄吗？

对此，我也有自己的解读。待到分享会的最后，我将向各位汇报我的说法。

巴别塔的寓意，就是语言产生的差异。事实上，今天的世界仍是如此，变乱的世界，众声喧哗的世界。直到今天，人类所有的沟通障碍首先来自语言。

勃鲁盖尔的这幅《巴别塔》，让我们看到"众声喧哗"的源头。

美国电影《巴别塔》

现在，让我们回到当下——大家现在看到的是美国电影《巴别塔》的海报。

这部电影也叫《通天塔》（*Babel*），是墨西哥裔美国导演亚利桑德罗·冈萨雷斯·伊纳里多完成于2006年的作品。

我大概介绍一下这个导演，他现在是好莱坞最火的导演，2014年凭借《鸟人》获得了包括最佳影片、最佳导演在内的四项大奖，在2016年的奥斯卡上又凭借《荒野猎人》二度获得奥斯卡最佳导演奖，还把中国人十分熟悉和喜欢的莱昂纳多送上了影帝的宝座。《通天塔》曾在中国公映过，现场有没有朋友看过？

我把这个电影故事大体讲一下：这是个发生在摩洛哥、美国、墨西哥和日本的四地三段式故事，本来毫不相干的人物，因为种种原因发生了紧密交集。三个故事都涉及意外和混乱。刚才我已经说到，上帝阻止巴别塔的建造，用的是把语言"变乱"的手法，看了电影《通天塔》，我们会发现，因为狭隘、愚蠢，我们所有的人都是这些混乱或麻烦的制造者。

电影的第一段是在摩洛哥——一个当地的猎手把自己的长枪卖给了一个牧羊人，牧羊人的两个儿子拿着枪在山上试验射程，山下正有辆旅游大客车经过，他们瞄准那辆车，只是想看看能否打那么远；结果怎么样呢？他们没有料到，确实可以打那么远——他们打中了那辆车上的人——被击中的是美国女游客苏珊的脖子。这个苏珊是布拉德·皮特扮演的理查德的妻子。

电影的第二段是在美国——墨西哥保姆为参加儿子的婚礼要回家，但她的美国主人夫妇正在外旅行回不来，又一时找不到保姆接替，墨西哥保姆就让她的侄子开车来接，自作主张地带她和她看护的两个孩子一起去墨西哥参加儿子的婚礼。

保姆看护的这两个孩子的父母，就是正在摩洛哥旅行的理查德和苏珊。这对夫妇为何到摩洛哥来旅行呢？因为皮特扮演的帅哥男曾经出轨，两人的婚姻发生危机，去摩洛哥旅行是要修补有裂痕的婚姻。

谁也没想到，苏珊在摩洛哥的旅行车里意外遭遇枪击。为了抢救苏珊，一车的美国游客不得不在摩洛哥小村滞留，一车的游客也为此发生矛盾争执。美国游客遭遇枪击，这当然是当地天大的事，警方也将此事件上升为恐怖袭击，展开调查。当然，真相并不复杂，两个犯事的摩洛哥少年和后来才知道内情的父亲都不知所措，一家人想方设法逃脱，结果在当地警察的追捕中，发生了枪击对峙。

在墨西哥呢，保姆也遇到了大麻烦。她参加完婚礼要赶回美国，她的侄子执意要开车送她和孩子们回去。但深更半夜的从墨西哥过境，警方怀疑两个美国小孩是被绑架的。侄子本来就是酒后驾车，又一时犯傻想冲关而逃，结果把保姆和两个孩子撂在了半夜的荒野，差点让老少三人喂了野狼。

电影的第三段是在日本——如果不看电影，无论如何想不到这个故事怎么会与日本发生关系。这段故事讲述的是日本聋哑少女千惠子，虽然正当青春期，因为有残疾，却得不到异性关注，性格压抑而叛逆。千惠子的母亲此前自杀了，她和父亲一起生活，彼此的沟通越来越难。两个日本警察到千惠子家找她父亲，调查她父亲名下一支步枪的下落，孤寂又饥渴的千惠子看上了来调查的警探。后来，我们知道了，开头那个摩洛哥猎手卖的长枪，是千惠子父亲当年在摩洛哥狩

21

猎时赠送给他的，当时这个摩洛哥猎人给他做向导。

四个地方，四组人物，交织演绎了三段故事，电影叙述时，为避免生硬，也是尽量找相近的细节跳接——比如，墨西哥婚礼上的杀鸡，跳接到摩洛哥旅行车上抢救血泊中的苏珊；摩洛哥这边给苏珊缝针止血，跳接到日本医院千惠子在检查牙齿；摩洛哥兄弟打架，跳接到墨西哥婚礼，又跳接到日本聋哑少女喝酒跳舞等。

电影里充满因语言和文化的差异而造成的种种误会和隔膜。有不少意象和符号性的暗示，比如，千惠子家的墙壁上挂着类似篆书书法作品的镜子，因为聋哑，千惠子要写字与警察交流，她听警察说话，则必须面对面读唇语。

墨西哥保姆和两个孩子被困荒野，幼小的孩子问保姆：我们什么错事都没做，为什么要躲藏？保姆说：他们认为我们做错了事。

电影的最后，墨西哥保姆被永远驱逐出境；千惠子父女也从彼此的矛盾到和解；最后，是日本警察在看电视，电视新闻里开枪的摩洛哥男孩已被抓住，遭枪击的美国女子苏珊出院了。电影结尾的字幕，是导演献给自己三个孩子的——永恒黑夜的耀眼光芒。

《通天塔》当年在国际上颇具影响，获得了第59届戛纳国际电影节的最佳导演奖，还获得当年奥斯卡的多项提名，最后获得了奥斯卡的最佳配乐奖，获配乐奖的古斯塔沃·桑托拉拉是阿根廷人，他上台领奖发表感言时讲道：我们真实的自我是在我们的灵魂里面，这超越了语言、国家、种族和宗教。能参与制作《通天塔》让他很自豪，他说："这是一部帮助我们更好地了解我们自身、我们来到人世的原因和目标的电影。"我特别提到这段获奖感言，是因为它涉及了这部电影的实质，就是各种现实麻烦，多来自文化的差异；同时，在"变乱"中，每个人都在努力沟通、渴望沟通，并有望通过沟通获得相互的理解。

顺便说一下，《通天塔》在国际电影市场的影响。中国香港、台湾等华语地区也都差不多同步公映过；当年在中国内地电影市场大热的华语片是《满城尽带黄金甲》、《夜宴》和《霍元甲》，这三部影片大家可能都比较熟悉，它们是当年华语电影的票房"前三甲"，前两部表现的是中国古代宫廷的内部阴谋、倾轧，后一部反映的是清末民初因敢揍外国人而名声大振的武术家。

《通天塔》获得奥斯卡提名时，大多数中国资深影迷通过盗版碟等各种渠道已看过了。奥斯卡奖项揭晓后，也就是第二年的3月，《通天塔》在中国内地引进公映，公映的版本有些删节，比如电影里有段日本少女千惠子主动向警探示爱，脱了衣服走到客厅的细节。中国没有电影分级，全裸的镜头在中国大陆是不允许出现的。该片在国内公映时，大多数此前看过盗版碟的人一般是不会到影院去看了。

这些围绕《通天塔》的边边角角，也是很有意味的，或者也可以说，其中有文化差异在作怪。《通天塔》是一部看似简单却又繁复的电影。从这部影片里，我们可以解读出很多东西。由此延伸，其中的文化差异造成混乱和麻烦的同时，是不是也可以让我们看到很多有趣的东西呢？

所谓众声喧哗的前世和今生，前世就是勃鲁盖尔笔下的《巴别塔》，今生就是电影《通天塔》。

喧哗此起彼伏，看点多彩缤纷

研究幽默或讽刺艺术的人都知道，制造笑料和幽默的重要手段之一，就是文化（包括风俗、语言、方言）的差异所导致的误会、错位，对此加以巧妙运用就能产生笑料，所谓差异产生趣味。生活中，文化的差异也总能产生一些颇有意味的误会。

"上帝会罗汉"的故事

我给大家讲个真实的小故事。大家都知道，广州是闻名全球的美食之都，"吃在广州"嘛！20世纪80年代，有一位汉语很棒的外国记者在广州吃饭，那时很多餐馆的菜单还是手写体。外国记者看到菜单上有一道菜，他反复辨认，那菜名居然叫作"上帝会罗汉"，会就是"相会"，罗汉就是中国寺庙里的"罗汉"。他玩味再三，不由得拍案叫绝！后来，他写了篇文章，从这个菜名分析广东的观念开放和前卫意识。你想，"上帝"是代表西方文化的至尊之神，罗汉则是中国的神——佛祖在世间护持正法的"警卫队"，中国神的十八罗汉与西方神的上帝相会，这该是多么神奇而富有想象力的奇观啊。将其作为菜名，真的是让人脑洞大开，可以说象征了东西文化的合璧，又形象，又动感，还有无限深意。外国记者的这篇点赞文章刊登在香港的报刊上，引发了无数人慕名前往，尤其是圣诞节或中国的春节期间更是食客爆棚，很多人都要点这道"上帝会罗汉"，要品尝这道东西神相会的名菜。后来有个中国记者，兴致勃勃地去采访这家酒店老板，不承想，老板竟赶紧更正解释说，这是个误会。原来，那手写的菜名不叫"上帝会罗汉"，而是叫"上素会罗汉"，素菜的素，手写体被老外看成了上帝的"帝"，这是一道类似萝卜拌粉丝之类的素菜，因为萝卜有点类似罗汉的形象，加上又是一道素菜就起名为"上素会罗汉"。大家想想，外国记者的会错意，是多么精彩啊，而老板的纠正，则是大煞风景。

这个故事告诉我们，文化差异产生的错位，或者说会错意，可能会滋生无限的趣味和火花。

换个角度来看，此事若是发生在某个外国老板抑或是某位有文化、有心机的中国老板身上，肯定会将错就错，并可以进一步将其发挥。一个外国记者的别解，一个广州老板的纠正，本身就凸显了不同文化差异的南辕北辙。

"飞去来"的故事

再讲一个亲身经历。前两天我去河北，是乘坐春秋航空的飞机去的，这是一家廉价航空公司，我是第一次乘坐这家航空公司的飞机，过去我不知道廉价在哪里，原来飞机上不管吃喝，要吃要喝还要另外花钱。但我要说，虽然不管吃喝，但服务质量和飞行体验都非常好。我想说的是，我见到这家航空公司的标识——简直是眼前一亮，别的航空公司大多会选飞鸟、雄鹰、凤凰一类的会飞的吉祥物作标识，而在我看来，春秋航空的标识是另辟蹊径的标识。当下我就觉得——这是极为天才的创意，我是第一次见到这个标识，并不知道原始的意思，但我把它理解成了这是"飞去来"。大家知道"飞去来"是一种回旋镖，其原理有空气动力学和旋转力学的依据，飞出去抵达目标后还会飞回来，将其作为航空公司的标识真的是太棒了。人们搭乘飞机最担心的是什么？是有去无回，"飞去来"的标识，就是对症下药，打消乘客的顾虑，创意和寓意都十分妥帖——飞出去肯定还会飞回来，一切尽在掌握。

回到深圳后，我查询春秋航空的这个标识的意思，结果让我大失所望，原来是三个英文 S 组合的意思（在春秋旅游中分别代表：Sun 阳光，Sea 海洋，Sand 沙滩；在春秋航空中分别代表：Smile 微笑，Service 服务，Security 安全）。

这些俯拾皆是的会错意，都属于理解差异带来的乐趣。

众声喧哗：伟大作品不可或缺的背景

考察各类世界文化史，大家会发现，真正堪称伟大的文化巨人都是极为独特的，他人难以替代。如果用歌唱比喻就是绝唱，如果用音响比喻就是绝响，从文化差异的角度说，他区别于所有的人，或者说，在所有人的眼里都是差异化生存。具体到文学作品，也有类似的特质，所有的杰作都会区别于其他作品，形成迥异的差别，换句话说，都是独一无二的。而伟大的作品本身，往往具有丰富的解读空间，因为它们繁复多意。

我们大家都熟悉这句话，就是：有一千个人就有一千个哈姆雷特。鲁迅提到《红楼梦》时说：经学家看见《易》，道学家看见淫，才子看见缠绵，革命家看见排满，流言家看见宫闱秘事……

我们现在看到的这张肖像，是意大利作家卡尔维诺，他对经典作品有多种定义，他以层层递进的方式阐述过，有十四条之多。比如在

25

第四条里，卡尔维诺如此说：经典作品是一本每次重读都好像初读那样带来发现的书；第六条说：经典作品是一本从不会耗尽它要向读者说的一切东西的书。第九条说：经典作品是这样一些书，我们越是道听途说，以为我们懂了，当我们实际读它们，我们就越是觉得它们独特、意想不到和新颖。

鲁迅说到《红楼梦》时的各种"看"；卡尔维诺经典定义说到的"独特""意想不到和新颖"，不断"带来发现"和向读者说的东西"不会耗尽"，共同的指向和说明是什么？说明经典作品的特立独行、繁复多意。

在第十三条和第十四条，卡尔维诺是这样表述的：一部经典作品应当是这样一部作品，它把当时背景的噪声调校成一种轻音，而这种背景轻音是经典作品中不可或缺的。一部经典作品应当是这样的，哪怕是在影片中不可缺少的声音，它也坚持处理成一种背景噪声。注意，卡尔维诺用了"背景噪声"的概念，可以理解成，所有的经典作品必然伴随着"背景噪声"，也就是说"众声喧哗"是经典作品"不可或缺的"，是经典作品的基本背景。

从鲁迅说《红楼梦》，到卡尔维诺对经典阐释的十四条定义，实际上可以演绎出对经典作品的诸多有趣解读，本身又可以裂变，或者说散射出新的"众声喧哗"。不管是否准确贴切，都可以拓宽我们的视野，同时，看出不同背景文化差异下的丰富多彩。

伦勃朗名画《夜巡》的故事

这就是开始时我说到的荷兰最伟大的画家伦勃朗的作品，这个月的 15 日，是伦勃朗诞辰 410 周年，这幅画的名字叫《夜巡》——夜晚巡逻的意思。为什么要让大家看这幅画呢？因为其中有很多玄机，围绕它发生的故事，特别能说明关于众声喧哗，关于名作命运的道理。

熟悉美术的朋友知道，伦勃朗是位世界级的光影大师，特别善于处理明暗光。《夜巡》的名称其实也是个会错意的结果，原作名为

《柯克中尉向副队长下达命令》，是伦勃朗应当时阿姆斯特丹射击手公会之邀创作的一幅群像画。表现的是射击手们执行任务前即将出发的情节，画面背景设定在城门之前，没有描绘天象。斑驳的石墙，暗黑的门洞，本是早晨或午后时分的自然状态。此画如同伦勃朗一贯的光影风格，明暗对比强烈，着意留出的诸多幽微空白，给人以丰富的想象空间。当年它悬挂在阿姆斯特丹射击手公会的大厅，这里过冬时烧泥炭明火取暖，天长日久，画上积了厚厚的煤灰，原作表面的光油也渐渐变为黑褐色，整幅画的色彩愈来愈暗淡，经过 18 和 19 世纪，愈加鲜明的明暗对比，让原本白天的场景更像是夜晚，从而被其取名为《夜巡》。这样一个命名，让画中的戏剧性愈加突出，而围绕着各个人物之间的解读，也是视点多重、意象纷繁。

在伦勃朗时代的荷兰，肖像画是最受大众欢迎的画种。那时照相机尚未发明，一些亲朋好友或工作机构都想来个"合影"，办法就是花钱请画家画肖像，以期流芳后世。伦勃朗就是当时最著名的肖像画家，他 20 岁就在画坛扬名立万了，收入很高。

当时，画家们完成这种"合影"，多会采取聚餐、开会的场景，不同的人物可以相对平均地排列其中，也容易获得订货买家的通过。比如，《夜巡》前后，阿姆斯特丹射击手公会也有"合影"式画作，画面是人物一字排开，跟我们今天的大合照差不多，姿势虽然稍有变化，但基本处在一个平面，画面是几十个人头，每个人物占有相近的位置，这类作品更像集体纪念照，缺少人物塑造和传情达意的艺术魅力。伦勃朗的伟大在于，他在处理此类题材时，总能另辟蹊径，画出引人入胜的戏剧性，以及人物与时代的精神。

《夜巡》就是在这样的大背景下的产物。伦勃朗受雇于阿姆斯特丹射击手公会创作群像画，当时 16 名射击手各自希望与别人以同等位置亮相其中。然而，伦勃朗却有更高远的艺术野心，他没有按照射击手们期待的将其安排进豪华宴会或娱乐游戏的情境里，而是采取近舞台剧的构图形式，聚焦于队伍出发前的准备时刻——画中的中尉及副队长走在前列，其他队员分列身后左右。自然而独特的构图，高妙的色彩明暗处理，营造了热烈、紧张、神秘的队伍出行氛围。大家看到，整个画面有 20 多个人物，但错落有致，动感十足。

《夜巡》中的人物都如真人般大小。无论从思想内容，还是鲜活的人物造型，抑或高超的色彩技巧来看，都堪称大师杰作。然而，当完成后的画作交给阿姆斯特丹射击手公会时，却引起了被画者的强烈不满。他们宁愿选择呆板的人像陈列，也不愿接受引人入胜的戏剧性场面；宁愿选择缺少层次的一览无余，也不愿接受丰富的多面性。射击手们因为出了同样的钱却不能在画上有同等的地位而向画家提出抗议，更因没有他们想象的"合影"效果，而嘲笑伦勃朗的画莫名其妙，拒绝收货，要求重新再画。为索回画金，公会还将此事诉诸法庭，并对画家进行大肆攻击。可以说，这幅画是在一片喧哗中，让伦勃朗的绘画事业遭遇重创，此前伦勃朗的订单应接不暇，此后订画者纷纷疏远。但伦勃朗仍然我行我素，这幅当年备受诟病的作品，今天已是荷兰的国宝，也是公认的杰作。

我要给大家特别介绍，围绕着《夜巡》，英国人曾经拍摄过两部著名电影，一部是 1936 年由亚历山大·柯达执导的《伦勃朗》，另一部是 2006 年彼得·格林纳威执导的影片，就叫《夜巡》。这两部电影我都看过，都特别值得一看。亚历山大·柯达执导的《伦勃朗》比较像传记片，讲述的是从伦勃朗接手创作《夜巡》到逝世前的故事；彼得·格林纳威执导的《夜巡》，则完全是以《夜巡》为中心，演绎了《夜巡》背后的新发现。

电影《夜巡》非常具有实验性，采取的结构有很强的舞台感，很多室内拍摄，很强的假定性，戏中戏，画中画，通过伦勃朗的很多独白或对白，表现他的人生困惑，画里的很多人物也都出现了。这部电影最大的看点，是导演格林纳威对《夜巡》的全新解读，格林纳威的视角是《夜巡》不是简单的人物群像画，而是透过绘画见证一起谋杀事件——这当然是惊世骇俗的。因此，这部电影不仅是伦勃朗的传记，也是一部艺术揭露罪恶的悬疑电影。

按照格林纳威的解读,《夜巡》的群像再现,以密码的方式记录了阿姆斯特丹城市卫队原队长哈索伯格因权力之争而被谋杀的事件。尽管这一谋杀有擦枪走火的事故作为掩饰,但伦勃朗借绘画再现而指认城市卫队的新任队长班宁科克和队副瑞登伯格为幕后黑手,画家在此扮演了侦探、公诉人和法官的三重角色。

我们看《夜巡》,前景有两个主要人物,正中这位是新任卫队长班宁科克,他的黑衣便装寓意的是魔鬼撒旦;紧挨他身旁的是队副瑞登伯格,身穿黄色军服,左手握着一把双刃戟。画中人大都拿着火枪,队副却手持过时的双刃戟,格林纳威认为,这是伦勃朗别有用心的安排。双刃戟不偏不倚,刚好画在队副的私处,在西方文化传统中,矛与戟多有男性器官的象征。根据 X 光拍摄的《夜巡》一画显示,伦勃朗在作画时曾将这把双刃戟修改了三次,锋利的矛头一次比一次画得更长更大。在格林纳威眼里,伦勃朗是借双刃戟指涉队副的性能力、性霸权和性暴行,使之成为恶魔的象征。在电影《夜巡》里,还有这个队副对伦勃朗的年轻女佣强奸未遂的细节。格林纳威在文献片里对故事片里的这个细节进行引述,为自己的两部不同的电影进行互证。

画中还有个特别有意思的密码,大家看——队长的左手向前伸出,其投影刚好从上向下伸往队副的私处,与双刃戟形成一条对角线,两线的交叉点正好就是队副的私处。格林纳威认为,这不是偶然的构图效果,而是精心布局。旨在揭示队长与队副合谋的犯罪关系,甚至暗示二人可能的同性恋关系。不论格林纳威的阐释是否过度,确实让此画或电影都增加了趣味盎然的东西。

《夜巡》原作和画家本人的命运,以及英国两位大导演拍摄的相关电影,恰好可以应对卡尔维诺关于经典定义的阐释:一是经典的"意想不到和新颖";二是经典作品可以不断"带来发现";三是经典作品的产生总是伴随着各种"背景噪声",因为有了这些"背景噪声",愈加凸显出经典作品的独特和超越时代。

伟大的时代都是众声喧哗

众声喧哗，是一个相对中性的词语，换成大家都更熟悉的词语应该还有哪些呢？我想，最相近的可能就是"百家争鸣"了。

如果我们沿着这样一个历史轨迹考察，就会发现，人类思想史上最伟大的时代，都是众声喧哗的时代，换句话说都是百家争鸣、百花齐放的时代。比如中国春秋战国时期的百家争鸣和古希腊的文化中兴时代，乃至后来的欧洲文艺复兴等，都是众声喧哗最盛大的时代。春秋战国时期的百家争鸣，出现了孔子、孟子、老子、墨子以及一系列中国古代最伟大的思想家和哲学家，直到今天，他们的思想和理论仍是中国、亚洲乃至现代人普遍遵行的准则和规范；有西方学者将这种思想空前活跃的百家争鸣时代，称为"轴心时代"，这一时代的理论对人类的进步影响最大，我们大家熟悉的古希腊贤哲，如苏格拉底、德谟克利特、柏拉图、亚里士多德和阿基米德等，都是"轴心时代"的伟大思想家和哲学家。整个人类的思想发展史，也基本上都是靠"轴心时代"所产生的思考和创造成果而生存，此后每一次新的"众声喧哗"，都是对前次的回望和承继。比如今天中国人的思维方式、道德操守、文化表达方式，基本上延续了春秋战国时期诸子百家的思想成果，后来的一次次思想解放运动也与此相关；古希腊人的自由、平等、民主、法治、政教分离的思想是现代政治思想的核心。西方的哲学、文学、史学、经济学、伦理学、政治学等知识学科，无一不是当时希腊人奠定的基础。春秋战国的百家争鸣时代和古希腊时期确立的一些原则，如史学摒弃情感、求真求实，以及教师、医生等行业道德规范，至今仍是从业者所遵守的例律。

众声喧哗，就是大家都可以发声、都可以表达，各抒己见，相互砥砺，互不相让，是谓百花齐放。这样的时期，历史上有长有短，比如在 20 世纪的中国，有过五四时期的新文化运动，三四十年代的现代文学的短暂辉煌期，包括鲁迅等一大批现代文学大师都是在那个时期产生的。

众声喧哗，甚至唇枪舌剑，催生了这些大师。

鲁迅在去世前的 1935 年，曾连发了七篇论"文人相轻"的文章。他不是批评，而是鼓励"文人相轻"，批评的是那些钳制思想、对不同声音的扼杀行径。他希望中国青年能够摆脱冷气，向上走，能做事的做事，能发声的发声。如果可能，期待每个人都能发出自己的声音。

众声喧哗，意味着思想活跃无禁区，文化昌明，学术自由，才能带来科学、哲学、文学、艺术等所有领域的勃兴。

最后，我想回到讲座开始时，我们在赏析勃鲁盖尔的名作《巴别塔》时的疑问：上帝阻止建造通天塔，为此变乱语言，真的是要存心与人类过不去吗？

现在我们试着来猜想，若以至善的角度揣测，也许可以有这样的认知：表面上，我们确实可能因众声喧哗而处于混乱状态，但客观效果却是让人从乱中长能力、得智慧，是尊重每个族群或个人的选择。也就是说，要承认差异，并尊重彼此的差异；要众声喧哗，求同存异，因为差异，或者说众声喧哗，才能让人明辨是非、不断进步。

奥林匹克文化

黄亚玲

黄亚玲 🖉

教授，博士生导师。北京体育大学奥林匹克与体育社会学教研室主任，中国体育科学学会理事，北京市民盟奥林匹克研究中心主任，中央电视台等体育栏目嘉宾。主要研究领域：体育社会组织、奥林匹克运动。曾获国家省部级科研奖励、"北京市奥运先进个人"等多项荣誉称号。主持和参与国家社科重大、重点以及省部级课题30余项。主要著作：《体育人文社会学概论》《新北京、新奥运》《奥运传奇》《奥林匹克百科全书》等。发表论文80余篇。

奥林匹克发展过程分两段，一段是古代奥林匹克，另一段是现代奥林匹克，现代奥运只有短短120多年的发展历程。

古代奥林匹克竞技

希腊位于巴尔干半岛最南端，也是世界文明发祥地之一，古代奥林匹克在这里兴起。这里三面环海：爱琴海、爱奥尼亚海、地中海，有海路交通的地理条件，方便它与其他文明如两河文化、古埃及文化、古罗马文化的广泛交流。

古希腊属于非常好的海洋性气候，冬天不冷，夏天不热，这就促使岛屿人特别喜欢户外运动，就自然环境而言，给奥林匹克运动兴起提供了自然条件。

希腊的自然条件和地理位置形成这样几个社会形态特点。

第一，由1400多个岛屿组成。其中两个岛特别有名，一个是克里特岛，产生了最早的米诺斯文明；另一个是伯罗奔尼撒半岛，产生了迈锡尼文明。这两种文明都是古代奥运会兴起的基础。由于内陆交通不便，丘陵居多，基本生活资料难以自给自足，人们要用他们自产的一些无花果、青铜器、橄榄油和其他产品进行交换，这样就形成了地中海贸易文化圈和爱琴海贸易文化圈，产生了交流和文化的碰撞。

第二，海路通达使得希腊成为文化交流中心。希腊城邦最多的时候有200多个，最大的城邦有伊利斯城邦和斯巴达城邦等。

第三，古代希腊在2000多年前就产生了小国寡民制，就是今天民主政治的萌芽。

希腊文化是一种海洋文化，张扬个性，强调战胜自然、挑战自然，形成一种崇尚健美的心理。古希腊存留至今的一些体育美术品，像浮雕，运动员都是裸体，人的肌肉、骨骼、身材的美展现在世人面前。第31届奥运会开幕式上，汤加旗手上身赤裸着，抹着橄榄油，引人瞩目，这跟古代奥运会裸体比赛一脉相承。

古代的地中海贸易文化倡导公平理性的精神，这种公平理性和竞争精神在西方的竞技体育中体现得尤为突出。

古代希腊城邦自治，经常为掠夺资源而兵戎相见，但他们信奉的神是相同的，包括 12 个神，其中有一个神叫宙斯，最力大无比、最睿智，今天奥运会的源起也跟宙斯有关。

有这样一个非常美丽的传说。伊利斯城邦是古代希腊最大的城邦，国王有一个美丽的女儿一直都没有嫁出去，国王特别想给她找一个文武双全的驸马，后来他就贴出布告，说谁要能够战胜我，我就把女儿嫁给谁。前 13 个勇士都倒在了他的面前，第 14 个是宙斯的孙子，其实也是国王女儿的心上人，叫佩罗普斯，在爱情力量的召唤下，他跟伊利斯国王进行了战车比赛，获得了胜利。婚礼上，为了纪念这次胜利，为了盛大婚礼更加让人们难忘，就增加了像战车、角斗这类比赛。古代奥运会就是源起于佩罗普斯的这次胜利。

古代奥运会的兴起与持续也同战争有关。公元前 8～9 世纪，古代希腊城邦之间为了掠夺财产、奴隶，不断发生战争，《斯巴达》这部电影对当时的战争场面刻画得非常深刻，斯巴达为了培养合格的城邦公民，让他们从事体育锻炼，练就强壮的体魄来保卫城邦。

连绵不断的战争使人们特别渴望有一个和平环境，后来斯巴达和伊利斯城邦就签署了一个神圣休战条约，这是现代奥林匹克倡导和平、友好的本源。停战以后，从公元前 776 年开始，每四年要举办一届古代奥运会，到时候人们都要放下武器。从公元前 776 年一直到公元 393 年，历时 1169 年，共举办过 293 届奥运会。今天，现代奥运会只举办过 31 届，因为战争停办了 3 届。

古代奥运会，最初只有一个项目就是 192 米跑步，后来又陆续增加了摔跤、五项、拳击、赛马和赛车等项目。持续了 1169 年之后，古罗马入侵希腊，立基督教为国教，把奥林匹克这种竞技形式看作是一种异教给予禁止，古代奥林匹克运动逐渐衰落。直到被称为奥林匹克之父的法国人皮埃尔·德·顾拜旦出现，现代奥林匹克开始兴起。

现代奥林匹克的兴起

顾拜旦是贵族，崇尚体育，既喜欢贵族运动，如划船、射箭等，也喜欢当时被称为下里巴人的运动如拳击，当时很多人对奥运会没有兴趣，但他想恢复。

16 世纪以后，特别是欧洲的文艺复兴、宗教改革、启蒙运动破除了神统治的牢笼，重新确定了人在社会中的地位。17 世纪以后，古希腊考古发现，盲诗人荷马记载的历史古迹和奥林匹克赛事这些文化现象，是真实存在过的。在顾拜旦的努力下，1894 年，国际奥委会成立，1896 年，举办了第一届现代奥运会，是在奥林匹克的发源地——希腊举办的。

顾拜旦是国际奥运会第二届主席，担任主席时间长达 29 年。他对体育有独到的理解，认为体育就是一种文化，他在《体育颂》里说，体育是天神的欢愉，是生命的动力。他把体育的价值，把体育比赛中人与人之间的关系，写得非常到位。

现代奥林匹克的文化特征

现代国际奥委会到今天经过了 122 年，它的成立意味着这种组织体系已经确立，奥运会此后四年一届。奥林匹克运动既包括运动会，也包括倡导大众参与体育，它有完整的思想体系、组织体系、活动体系。

现代奥林匹克运动刚开始只有 8 个国家参与，今天有 205 个国家和地区参与，国际奥委会成了比联合国组织还庞大的国际组织。

国际奥委会是非政府组织、非营利组织，今天已经形成以国际奥委会、国际单项体育联合会、国家奥委会为三个同心圆的体系，三者各司其职、相互配合、荣辱与共，成为一个完整的体系。

三个同心圆体系的核心是国际奥委会，负责把握方向、政策；第二个圆是单项体育组织，比如国际田径协会、国际篮球联合会、国际足球联合会；第三个圆就是各国奥委会。国家奥委会成为国际奥林匹克运动在各个国家推广的组织。这三个同心圆形成的组织体系促进了奥林匹克运动快速地发展。

现代奥林匹克运动的思想体系，倡导世界团结、和平，倡导更快更高更强，倡导重在参与，倡导公平竞争。

现代奥林匹克运动还形成了完整的活动体系，四年一届。除了夏季奥运会，还有冬奥会——北京和张家口已经申办获得了 2022 年冬奥会举办权。国际奥林匹克运动非常关注一些弱势群体，包括一些边缘群体，在夏奥会和冬奥会举办的同时，还举办残奥会。里约奥运会还有 10 个不代表任何国家的难民运动员。

奥林匹克运动关注大众体育。每年国际奥委会拿出很多经费在各国推广普及群众性的赛事。每年 6 月 23 日是奥林匹克日。

从上述内容可以看到，经过 100 多年，奥林匹克运动的三个体系非常完整。

奥林匹克运动在发展过程中整合了许多体育项目。德国等国家盛行体操，英国盛行户外运动，比如划船、骑马、打高尔夫球、打网球，这些户外运动也称为贵族运动。第一届奥运会把这些项目整合在一起，功绩很大。

现代奥林匹克运动已经由小到大、由弱变强，经历了战争、各种社会变革。例如，1998 年的盐湖城事件，差一点让奥林匹克运动全军覆没，当时国际奥委会主席萨马兰奇力挽狂澜，在当时何振梁副主席的协助下，出台了 50 项改革措施，使国际奥林匹克运动沿着既定方向发展。

第八任国际奥委会主席巴赫提出了 40 条改革建议，出台《奥林匹克 2020 议程》。今后奥林匹克运动的发展要不断适应社会和大众，尤其是青少年发展的需要。

奥林匹克运动已经逐渐纳入一些非欧美国家项目，比如日本的柔道、韩国的跆拳道。未来，奥林匹克运动更加突出多元化发展方向，不断增加新流行的、具有时尚元素的、青少年喜爱的运动项目。下届日本奥运会将新增棒垒球、攀岩、空手道、冲浪以及滑板。更多其他民族的传统体育项目，比如中国武术、龙舟等项目进入奥运会项目体系也是中国人民的梦想。

奥林匹克运动是一个伟大象征

奥林匹克的组织体系、思想体系、活动体系都有非常独特而鲜明的象征性。奥林匹克的格言、标志、会旗、会歌、会徽，还有奖牌、吉祥物，都具有象征意义，是奥林匹克特有的文化特征。

顾拜旦说过，奥林匹克运动是一个伟大象征，标志着人类社会的团结、友谊、进步，象征着人类美好的理想、和平、团结、友谊。奥林匹克文化有浓郁的艺术性。开幕式、闭幕式的表演，场馆设计，相关吉祥物、会徽、火炬、邮票等都具有承办国民族浓郁的艺术特征，反映了一个民族对自然、对社会、对人类文明的理解。比如北京奥运，会徽是中国印加上五环，里约奥运会会徽是三个运动员手拉着手，伦敦会徽由2012这个年份字样构成，这些都是各个国家文化突出的体现。

现代奥运会的前五届，不光有竞技体育，还包括其他艺术形式，如建筑、雕塑、绘画、文学、音乐等，后来为什么取消这些项目呢？因为这些比赛难以客观评判，到第六届奥运会时这些项目就被取消，但这并不意味着奥林匹克运动与艺术决然分离。

今天，奥林匹克运动依然倡导与现代文化艺术相结合，如开闭幕式中的民族歌舞、音乐等表演，如艺术体操、花样游泳、花样滑冰等项目中有音乐伴奏、舞蹈动作，其内涵非常丰富。

奥林匹克还有一些仪式性的文化以及规定动作，如圣火传递等。这些仪式有很重要的文化功能。正如顾拜旦先生说的，为了实现奥林匹克的伟大目标，现代奥运会应该体现出美和尊严。通过圣火点燃仪式等，不管在哪个大洲、哪个国家举办奥运会，圣火火种永远在古代希腊发源地采集。

每一届奥运会的重头戏都安排在开、闭幕式。节目必须保密，就是想让人们感到神秘、庄重、严肃，民族文化淋漓尽致地体现其中。为什么国际奥委会主席罗格说北京奥运会是无与伦比的？因为我们从头到尾细节都做得非常好，呈现了一种完美，把中华民族五千年文化淋漓尽致地展现在世人面前，达到了传播、推广中华文化的目的。

文化需要交流和碰撞才能创新、发展。今天奥林匹克运动就搭起了这样一座桥梁，让各个民族的文化相互接触、相互碰撞。每届奥运会，几百万人集中在举办城市，几万名运动员、裁判、记者、志愿者参加，文化由此得到交流、碰撞、传播。

奥林匹克运动体现了人人平等，无论你是什么民族，信奉什么宗教，富裕还是贫穷，大家处在同一条起跑线上，倡导的是友谊、和平、团结、进步的理念。今天，这种理念压倒了一切，使各个民族的冲突在奥运会中降到最低程度，把文化交融的氛围推广到全世界。

国际奥林匹克运动促成了国际体育文化的形成，打破了文化单一格局的发展模式，把各民族的文化糅合成了大家认同的一种文化形式。在融合的过程中，既有共性认同，也有个性认同。

就体育项目而言，国际奥林匹克运动既融合了英国的户外运动和德国、丹麦、瑞典的体操，同时又融入了东西方很多项目，大家共享、共同提高。

就体育发展模式而言，国际奥林匹克运动推动了各个国家在组织体系、科学理论体系方面的交流，把各个国家的民族体育文化融入了国际体育文化中，相互交流碰撞。欧美国家通过社会组织发展体育的模式，值得我们借鉴。法国、澳大利亚、日本、韩国等一些国家也借鉴中国模式发展体育。在体育思想和体育科学交流方面，奥林匹克运动表现出很强的生命力。

何振梁先生说过，从一百年奥林匹克运动的历史看，它之所以成功，原因之一就是它对多种文化兼容和尊重，这不仅促成了奥林匹克的多元文化，也使它更具吸引力和凝聚力。毫不夸张地说，多文化性正是奥林匹克运动的财富和力量所在。

东西方体育文化异同

奥林匹克运动是西方文化的集大成者，体现了西方的一种价值观。

历史渊源地理环境方面。中国传统体育文化发源于农业文明，如果称西方文化是一种大海文化，中国传统文化就是一种大河文化，他们强调个性张扬，我们强调天人合一，从历史渊源、地理环境和文化背景等方面彰显了这种差异。

精神内涵方面。奥林匹克更多体现了宗教浪漫、自由、不断征服，所以有人说，西方这种竞技体育追求卓越，不断超越自我。中国传统体育是养生、健身文化，专注的是人内心道德良知的挖掘、身心和谐的修炼。

历史上，我们有一个项目叫木射，类似今天西方的保龄球。保龄球是谁打得多、谁积分多，谁就是赢者，唐代木射还把人身心的修炼淋漓尽致地反映出来，比如 15 个木柱上就刻有仁义礼智信、温良恭俭让，傲慢、吝啬、贪婪等也刻在这些木柱上，打球不是看谁积分多，而是看你打到木柱的什么字上。东西方体育在文化内涵上有所不同。

中国传统体育重视的是德行发展，忽略身体发展，形成重文轻武，学而优则仕，重精神轻身体的理念。随着奥林匹克运动文化的影响，传统体育观念在逐渐改变。古代中国有蹴鞠，类似今天的足球，一开始也有两个门，两个队互相进攻，到后来就没有门，也变为仅是玩竞技，类似花拳绣腿了。

价值取向方面。西方体育文化追求的是更快、更高、更强，强调的是超越自然和极限，大家都能看到大肌肉群、大骨骼、大关节活动，今天很多项目都超越了人类极限，不断创新高难度动作，通过大负荷、大训练达到力量、速度、爆发力的高度集中，把柔韧性还有灵敏性完全结合起来，塑造人的个性、品质和形象。可以说，西方体育是一种物理体育，强调对人的改造，中国传统体育是在儒家思想基础上形成的，追求中庸和中和，强调的是身心的修炼。

中国人的锻炼注重跟自然交流，吸取日月精华、天地灵气，进而达到五脏通达、六腑协调，追求的是沉心如静、静悟天机的最高境界。金庸笔下的武林高手都是在深山老林等人迹罕至的地方修炼，跟自然交流，传统体育的出发点是祛病健体，比如五禽戏，就是模仿五种动物，还有猴拳、猪拳等，这些仿生项目多数都是小动作，强调的是小肌肉群、小关节、小运动量。

两种文化形式各有优劣。追求更快、更高、更强的理念，可以鼓舞人们不断努力和奋斗，但是另一方面也出现过度追求金牌、使用兴奋剂等问题，比如有些人为了获得好成绩服用兴奋剂，兴奋剂已经成为制约奥林匹克运动发展的一种毒瘤。

中国传统体育不强调大运动量、竞争，更加追求健康、养生、和谐发展。如果东西方体育文化相互汲取养料，相互补充和促进，生成新的体育文化，也是对世界文化的贡献。

体育的发展可能需要更多的交融。比如古代捶丸，近似于今天的高尔夫。虽然没有足够证据说明这种运动的发源地都在中华民族的土地上，但是足以让我们自豪的是，中华民族也产生了类似今天竞技体育的形式。交流和碰撞永远是今天文化交流的一个主题。

体育文化的主体是人。要按照人的方式和标准改造环境、改造自己，在这个过程中，怎么认识体育、认识体育的价值？今天，竞技体育已经逐渐演变成一种职业，但是体育不仅仅包括竞技体育也包括大众体育，而且后者的发展更具有广泛的社会意义和价值。

人类不健康的生活方式造成现代文明病高发，制约了社会发展，影响到了劳动生产力，可以通过什么改变？就是体育。有人预测，50年后，现代文明病，特别是高能量、高蛋白、高脂肪的饮食，加之现代化的家用电器与交通工具，让人的退化性变化更加突出，人的四肢越来越萎缩，大脑变得越来越发达，这是人类不愿意看到的。所以发达国家、发展中国家都在大力发展群众体育，通过全民参与改善民众健康。

一些发展中国家和落后国家需要通过体制保证民众享有开展体育运动的权利，帮助民众建立健康的生活方式，这些都是今天体育的价值，也是体育文化的体现。东方体育文化和西方体育文化各有优劣，两者有机结合可以更充分地挖掘人的潜力，进一步促进人的全面发展。世界体育文化只有如此结合，才具有更深刻、更丰富的文化内涵。

创新

——德国从弱国走向强国之源

冯八飞

冯八飞 ✏️

对外经济贸易大学教授，洪堡大学语言与语言学系博导。北京洪堡论坛副主席兼秘书长，国家社科基金、教育部人文社科基金等评议专家，《腾讯·大家》《南方周末》《经济观察报》《当代》等专栏作家。著有《沉浮莱茵河》《永远的白玫瑰》《瞧，大师的小样儿》《谁杀了岳飞》等。

德国原来是一个弱国，在欧洲列强中它是最后崛起的。德国诗人海涅说过，只有在梦想王国，我们才是不可匹敌的。他的意思是，欧洲已经没有德国的位置了。德国真正统一是在 1871 年的普法战争，普鲁士是德国的一个部分，就是柏林周围那一部分，普鲁士在普法战争中打败了法国，让法国人签订了投降协议。普鲁士国王威廉第一次在德国历史上真正统一了德意志诸国。

统一德国的主要人物是宰相俾斯麦，俾斯麦号称铁血宰相。他说，我们要获得德国的生存空间，要得到欧洲列强的承认，除了铁就是血，不能靠任何其他手段。

欧洲王室互相通婚

欧洲王室互相是通婚的。英国国王乔治一世（George The Frist）实际上就是德国人，他是德国汉诺威公爵，英国安妮女王去世之后，按血统算，轮到他即位，所以他就从德国汉诺威去了英国，加冕为英国国王。伦敦有个广场叫汉诺威广场，就是纪念他从汉诺威去当英国国王而命名的。

德国曾经是北方蛮族

德国最早在欧洲是一个很弱的国家。欧洲文化是从古希腊罗马开始的。古埃及文化通过商业流传到了地中海的克里特岛，然后到了古希腊。希腊人第一次为欧洲文化指明了方向，但是希腊也慢慢衰落了。古罗马帝国存在了非常长的时间，实际上整个中世纪，整个欧洲都处于古罗马帝国的影响之下。那时候德意志人民还是北方的蛮族。

那个时期欧洲文化中心在罗马周围，为什么德国在这么短的时间之内就能够崛起成为世界强国呢？这跟德国人有关系。

德国既没有石油，也没有煤炭，也没有钢铁，而且刚开始时德国是分裂的，德国相当于四川省那么大，人口8000多万。这块土地上以前有几百个国家。德国通过什么崛起？就是经济创新，建立德意志关税同盟。

今天的山寨可以成为明天的名牌

第二次工业革命之后，德国才真正迈向了强国之路。强国之路是怎么来的？我告诉大家，通过"山寨"是重要方式之一，所以大家不要看不起现在中国的这些"山寨"，今天的"山寨"可以成为明天的名牌，实际上现在有些已经成为品牌了。

我先讲第一次工业革命期间，德国怎么摆脱弱国的命运。第一次工业革命起源于英格兰，英国用蒸汽机、珍妮纺纱机完成了工业革命的第一批积累。蒸汽机提供了能源，以前大家都是用人力，现在利用水蒸气的力量，比人力大得多。

珍妮纺纱机实际上是一种技术革新，以前都是手工来纺纱，后来可以用机器来纺纱。那个时候英格兰的纺织业非常发达；跑马圈地、"羊吃人"这些事件都发生在那个时期，因为大家要扩大生产。马克思在《资本论》中说过，如果有10%的利润，资本就保证到处被使用；有20%的利润，资本就活跃起来；有50%的利润，资本就铤而走险；为了100%的利润，资本就敢践踏一切人间法律；有300%的利润，资本就敢犯任何罪行，甚至冒绞首的危险。英国因为资本要扩大生产而产生第一次工业革命，从而崛起为世界强国。

当时在德国这块土地上，有大大小小几百个国家，小的跟咱们现在的村一样大，这些国家都称自己为德意志国家，但它们是完全独立的国家。一些人不愿意德国统一，如当时的奥地利首相梅特涅。奥地利之所以在现代变得强大，跟梅特涅有非常大的关系。梅特涅说，德意志纯属一个神话，根本不存在要把德意志统一这个问题。

德国为了摆脱弱国地位，首先要统一。当时德国跟英国的差距是英国的蒸汽车头在铁路上跑，一匹马载着一个德国武士往前追，这匹马要想追上火车显然不现实。

关税统一导致各邦政治制度统一

德国为了变得强大起来，首先从经济上实现统一。经济上统一实际上就是政治统一的一种创新。怎么创新？建立关税同盟。这是德国非常有名的经济学家 List（李斯特）提出来的。当时梅特涅坚决反对他的主张，甚至恨不得要逮捕他。普鲁士财政大臣就说，一眼就能看出李斯特的险恶用心。关税统一，必将导致各邦政治制度的统一。

二战之后德国是怎么重新统一的？也是通过经济同盟，首先是货币合并，东马克和西马克都合并成为西马克，等于联邦德国政府花了一笔巨款把民主德国买下来了。

关税同盟是德国政治统一的创新，他们没有流血，起码没有大规模流血。加入关税同盟就是普鲁士统一德国的开始。

英国那时是世界强国，海军很强大，技术创新也很领先。其实英国什么都没有，它所有的原料都是从殖民地来的，强国永远都要求自由贸易。中国政府说，我的士兵抽鸦片抽得连枪都拿不动了，我们不要你的鸦片烟。英国说那不行，你妨碍了"自由贸易"，我就要打你。

所以大家一定要明白，自由贸易一定是强国要做的事情，弱国没什么自由贸易，弱国也根本没有贸易。当时德意志各邦没有抵抗，所以李斯特就提出，我们要贸易保护，不要自由贸易，否则我们的民族工业永远都发展不起来。

1841 年，李斯特提出了影响特别深远的"幼稚工业保护论"，30 年之后，1871 年，德国统一了。

任何创新，刚开始都是山寨

到了第二次工业革命，德国开始迈向强国之路。现在一说山寨，大家都深恶痛绝。其实世界上任何创新，刚开始基本上都是山寨。一开始就创新不可能。永远都是先借鉴前人，借鉴得太好就变成山寨了。

早期德国制造就是山寨英国。以至于英国当时愤恨德国到这种程度，1887 年，德国统一没几年，英国国会通过了《商标法修正案》，要求所有进入英国本土的产品，包括进入英国殖民地——如澳大利亚——的所有德国产品，都必须标明 Made in Germany（德国制造），就像现在我们提倡，你卖个面包，要注明转基因。说明什么呢？这是山寨产品，你自己买自己负责，它是一个烂产品；当时标明 Made in Germany（德国制造）就是这个目的。

现在中国有这么多山寨说明什么？说明中国正好处于大幅创新的那个前期阶段。有很多人说，中国经济发展到头了，乏力了，马上要掉下中等收入国家陷阱了。但我相信，中国发展的路还长得很。

德国制造的出身就是这样，100 年不到，德国制造就变成了一个金字招牌。

德国创新成果惊人

创新在这条道路上起了什么作用？这是西门子的第一台发电机。

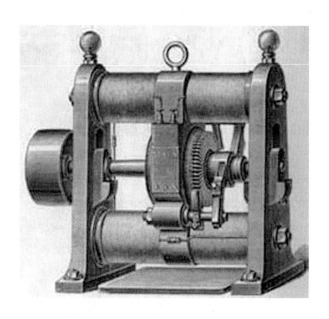

这是奥拓，奥拓是第一台以煤气为燃料的内燃机。

这个柴油发电机是德国人发明的，到今天都叫 Diesel （迪塞），这个词是一个德国人的姓。

　　奔驰也是发明汽车的那个人的姓，奔驰有一款叫梅赛德斯，这是奔驰汽车奥地利经销商埃米尔·耶利内克美丽的小女儿的名字，来自西班牙语，意为"优雅"。这正好代表了奔驰汽车的理念，后来就被奔驰汽车沿用了。

这是戴姆勒造的第一辆汽车。

　　新型运输工具的发明对德国经济起了巨大的促进作用，各个邦互相之间的联系紧密了。德国造飞机也很早，1896年，试飞高度就超过30米了。

　　世界现代通信工具是哪国先发明的？德国。

　　赫兹，他是德国人。他发现了电磁波，我们才有电报。

　　再看看伦琴，这张是原始照片。

伦琴为了说明他的发明，自己把手放在下面，拍了一张照片，发给人家，然后就说，Hello，你看，我发明这种东西能看见我的骨头。他因此获得历史上第一届诺贝尔物理学奖。

学物理的人知道，电的单位叫欧姆，欧姆是一个德国人的名字。

爱因斯坦不说了，他是正宗的德国人，只是后来放弃了德国国籍。

1864年到1869年，世界生理学100项重大发现，德国占89项。1855年到1870年，德国取得了136项重大发明，而当时英法两国合起来才91项。世界第一台大功率发电机、第一台电动机、第一台四冲程煤气内燃机、第一辆汽车，都诞生在德国。

德国新建大学超过6000所

今后20年是中国创新的爆发期，中国会出现一大批真正靠创新致富的新富翁。

德国的创新为什么这么厉害呢？同国民素质的普遍提高有很大关系。

为什么洪堡大学这么有名？首先因为它是现代大学之母，什么叫现代大学之母？就是教育向所有人普及，以前的大学都是精英大学，必须是富贵人家的孩子才能上，洪堡大学向所有人开放。其次，大学老师一定要搞科研，它要求你把科研成果变成你的教学内容，这是非常重要的。大学老师不搞科研，你拿什么教给学生？洪堡大学出了40位诺贝尔奖获得者，在全球大学此项排位中名列第14位，不是偶然的。

德国统一之后，俾斯麦提出教育国家化，1847年到1881年，德国新建大学超过6000所，其中包括一些职业教育大学。所以教育非常重要。那时德国被公认为世界科学中心。爱因斯坦就在柏林洪堡大学工作。

美国人那时都到德国来留学，他们回美国之后大多数人不是进入高校，而是进入市场。后来德国人又跑到美国考察，发现他们强调理论与实践相结合，德国人反过来向美国人学习。因为基础科学雄厚，所以应用科学发展才会迅速。半个世纪不到，德国工业获得了跳跃式的发展。

德国实行专利登记制度

德国那些著名的大企业，那些名牌，大部分是那个时期出现的。

德国人怎么保护创新？1820年前后，德国就开始实行专利登记制度。德国统一不过6年，德意志帝国就颁发了统一的专利法，实际上就是跟那些有才能的人说，他们的创造发明，是受政府支持和奖励的行为。整个20世纪，德国平均年专利申请量是5万到6万，美、欧、日三大经济体中，德国职工平均专利生产率是最高的。顺便讲一句，中国的专利法大部分依据德国专利法。中国专利局的第一批专利审查员，大部分在德国培训过，他们大部分人会说德语。

中国的专利法实际上很好，现在主要是严格执行的问题。现在中国申请专利的数量大大增加了。

很多德国家庭有电子管收音机。德国生产的东西质量好到现在还可以使用，可以听广播。有德国人就对记者说：这台收音机是我爷爷用过的，我用这个旋钮的时候，就好像在跟我爷爷握手一样。

在座各位，大概没有几个人家里有家谱吧？我就没有。德国人很重视家谱。一般而言，欧洲人都很重视图纸这些东西。华沙在二战中被完全炸平，现在的华沙是完全按照图纸重新修建起来的，从下水道开始。他们是跟德国人学的。二战时，他们把华沙的图纸全部保存起来了。

青岛的下水道是德国人修的，直到今天都还管用，而且不用修。

其实青岛以前跟深圳一样，就是一个渔村，德国人说这个地方好，要变成他们休闲的地方，然后他们就去修。最后把它修起来了。对中国历史来讲，是很不光彩的一页。

德国有座王家歌剧院在二战中被美国飞机全部炸毁，那座歌剧院是过去建了 200 年才建好的，结果毁于一旦。二战后德国人就把这片废墟圈起来，集中了 100 多人，花了 35 年，把这堆破砖烂瓦又给装回去了。按照他们当初的图纸，你根本看不出来是已经重装过的，当然他们补充了一些新的东西，但是，绝大部分东西是保持原貌的。

联合国教科文组织说，这个重建过程本身就是世界文化遗产。德国人称自己的国家是不变的德国，不管有多少技术创新，不管有多少 iphone、ipad，德国有 30% 以上的出口产品在国际市场上没有竞争对手。

有人问西门子总裁，德国为什么有 2300 多个世界名牌？他说，德国的企业员工承担着生产一流产品的义务。记者说，企业不就是要挣钱吗？西门子总裁说，你说得不对。那是英美经济学，德国经济学是生产过程的和谐与安全，追求高科技产品的实用性，精益求精地制造产品是德国企业与生俱来的天职和义务。更可怕的是，不是西门子总裁一个人这么想，德国企业的职工都这么想。德国人不相信价廉物美，世界上没有价廉物美，我的产品就是贵，但是我的产品也确实好。

德国政府对创新是大力支持的，深圳 30 年巨变，就是依靠制度创新、技术创新，真正的亿万富翁马上会出现，只看你自己有没有这个想法，有没有这个决心。

创新

——德国立身新世纪强国之本

冯八飞

冯八飞

对外经济贸易大学教授，洪堡大学语言与语言学系博导。北京洪堡论坛副主席兼秘书长，国家社科基金、教育部人文社科基金等评议专家，《腾讯·大家》《南方周末》《经济观察报》《当代》等专栏作家。著有《沉浮莱茵河》《永远的白玫瑰》《瞧，大师的小样儿》《谁杀了岳飞》等。

德国从欧洲最落后的一个农业国，发展成为一个世界强国，只不过用了五六十年。从弱国变为强国，德国人靠的是什么？是创新。到了21世纪，德国很清楚，若想立足于世界之林，还是要依靠创新。德国现在提出了一个工业4.0，之后我们来讲什么是工业4.0。

创新是德国保持强国地位的最根本原因。现在没人认为德国质量有问题，只是认为德国制造太贵了，但是它贵是有原因的，因为它质量好。

德国中央银行

2008 年的全球经济危机，基本上摧毁了所有西欧国家的银行体系，当时各国非常紧张，如果应对不当，可能会导致整个国家经济倒退 30 年，只有德国不担心。德国之所以能够顺利度过欧债危机，就是因为它对银行的监管很严格，虽然是自由经济，而自由经济最主要的特点就是政府监管越少越好。为什么中国不受影响？因为中国所有的银行都受监管，中国的银行不是独立的，中国人民银行行长是国务院任命的。

德国中央银行行长是总统任命的，任期 6 年，德国总理任期一届才 4 年，他比总理任期还长，而且有专门的《中央银行法》规定他不听命于总理和总统，因此，德国央行是完全独立的。

欧盟以前的秘书长说过，不是所有德国人都相信上帝，但是每个德国人都相信德国中央银行。德国的中央银行对于德国经济的稳定和高速发展起着决定性的作用。

德国制造

我给大家展示几款德国制造。这是自动切割树的，这个是视频，不是图片。

这个机器完全自动，一棵树伐下来，就能够自动切成一段一段，一个人都不用。

再看这个割草机，碰见这个柱子它会拐弯。

还有这个铺路机特别有名，我们都是一块一块把砖往上铺，它是把那些砖排好了，可以一片一片往上铺。

德国制造是怎么来的？我们现在说德国人严谨，其实最开始的时候，德国人一点都不严谨。德皇威廉一世统一德国的时候，跟俄罗斯帝国的彼得大帝一样。彼得大帝要求俄罗斯贵族向西欧学习，那些贵族都是大帝的亲戚，他们拒不服从，于是彼得大帝铁腕治国，杀了很大一批亲戚，就是为了向人们展示决心。俄罗斯是从彼得大帝开始真正强大起来的。

历史上工业间谍不断

18世纪末，英国已经很强大了。德国的工程师、企业家开始络绎不绝地到英国充当工业间谍。1851年万国工业博览会在英国伦敦举行，普鲁士就曾经派人充当工业间谍。

德国1871年真正实现全国统一，1887年开始使用"德国制造"（Made in Germany），统一16年之后，英国人要求所有输入英国本土和英国殖民地的德国产品必须全部打上"德国制造"，就是为了强调德国产品是滥货，你们自己要买，自己负责。经过德国人几十年的奋斗，Made in Germany现在变成了一块金字招牌。

德国的伍伯塔尔布是恩格斯的故乡，那里很有名的是第一个电气悬挂高架式铁路，当年皇帝的专用车厢就挂在空中，现在坐在这个车厢里还可以喝咖啡、吃点心，节假日的时候专门开通让大家享受一下。

该铁路运行115年来到现在只出过一次小事故，而且这次事故还是人为的，不是机械事故。

收藏文件档案的习惯

中国最古老的德国制造在哪里？位于兰州的黄河上第一座铁路桥。德国人1909年建成，中国人民解放军解放兰州时把这座桥的桥板烧没了，但整个铁结构还保留着。合同规定质保80年。1989年，这座桥建成80周年，德国专门派专家检查这座桥，然后很正式地给兰州市政府写了一封公函，说质保期到了，这座桥以后再出现什么情况我们不负责了。这座桥现在变成了兰州的市级文物，这件事特别典型地体现了德国人做事的风格，它有完备的文件档案。

从工业1.0到4.0的变迁

什么东西德国人都不舍得扔，这个活生生的例子证明 Made in Germany 确实是一块金字招牌。

1887年，Made in Germany 还是山寨货的一个标签，一个耻辱的标签，这才多少年，它现在已经变成一块金字招牌了。谁做到的？不是德国皇帝做的，也不是德国总理做到的，是德国工匠做到的。

德国制造对于中国来说有非常巨大的借鉴意义。中国东部比如上海、深圳、广州，现在遇到很多瓶颈，工业发展比较乏力，中国提出中国制造2025，非常正确，中国制造2025，实际上就是德国工业4.0。那么，工业1.0是怎么回事？

工业1.0就是第一次工业革命，英国首先发明蒸汽机，人类历史上第一次用机器代替人力，手工业就走向工业了。英国正是因为有了蒸汽机所以才能称霸世界。

工业2.0是电气化，用电力带动机器，不用蒸汽了，而且它把零部件生产与产品装配分开，高度分工，高度专业化。工业2.0代表着工业进入大规模生产时代。

工业3.0是自动化。机器不仅代替了人的大部分体力劳动，1990

年我第一次去德国留学，在德国工厂参观，200 米长的车间没有几个人，当班工人在控制室看电视，观察屏幕，然后有一两个人在车间巡游，其他全都是自动化。几吨重的钢板，磁铁一抓起来，一下把它弄上去，搁在冲床上，照模型一压，汽车框架就出来了。当时真是佩服得一塌糊涂，然后就想：哎呀，我们中国什么时候能这样呢？现在，我们有不少工厂已经实现自动化。所以，不能说我们新中国几十年，什么都没实现。这么说是不对的。

工业 3.0 带来的最大问题是什么？就是产品过剩。工业 3.0 发展到最后，它遇到了两个巨大挑战。第一是产能极大过剩，产品卖不出去；第二就是它遇到了互联网的挑战，特别典型的就是快的、滴滴、专车对出租车的挑战。互联网是对我们人类思维的一种颠覆，事实上它对人际关系都是一种颠覆。手机加互联网深刻地影响了人类交往的方式，我们已经习惯于在虚拟空间中交流，不习惯面对面交流，这个现象是存在的。

产能过剩和互联网迫使工业 3.0 必须要升级，工业 3.0 就是大规模的集中生产，但是工业 4.0 要求你做什么？就是要快速小批量定制化，要做细分市场。你要是不做，你这个生意就被人家抢走了，你这个生意经常被人家抢走，你这个公司就完了。德国叫工业 4.0，美国称之为工业互联网，还有人把它称为 Internet of Things，叫 IOT，也有人叫它物流物理互联网，Physical Internet，这个 Physical Internet 的发明人是美国的一个教授，他提出了物流互联网概念之后，人家就说你去申请专利，他说不用，这个本来就是大家的，人类的智慧，大家可以免费用。我就很佩服这个人。

工业 4.0 有六种境界

中国现在提出中国制造 2025，中国制造 2025 的目标就是要让 Made in China 变成金字招牌。实际上在非洲、越南、柬埔寨，Made in China 已经是金字招牌了。在津巴布韦，人民币是官方货币，你到了那里不需要换钱，人家就当这是美元。其实中国制造只是跟现在一流水平相比还有差距，但是我们一定会赶上。

按照现在德国人的说法，工业4.0有六种境界，我觉得挺有道理。

什么叫作工业4.0？

第一种就是细分生产，就是我要土黄色的奔驰，奔驰公司说可以呀，你在网上下单就会生产出来，智能生产。

第二种是智能产品。智能手环就是典型的智能产品。

第三种就是从卖产品过渡到卖服务。比如现在你驾驶汽车一共行驶了多少万公里呀，你这个人的驾驶习惯是什么样的，所有这些数据汽车上都有仪器记录，并且自动全部发给总公司。总公司掌握每一个消费者的数据。现在卖一辆车才赚多少钱，后续服务包含丰厚的利润，赚的是那个钱。

第四种就是云工厂，这是真正精彩的。全球化云工厂就是我现在甚至能够知道津巴布韦某个县里面的某个小工厂，它生产的这种螺丝钉是不是供过于求，全球采购的背景下，连仓库都不要。

第五种，这个云工厂还不是工业4.0的最终状态，还有更高一个层次是什么？叫跨界商业。我们现在说"互联网＋"，"互联网＋"其实还是传统工业生产方式，只不过加了一个互联网而已。革命性的改变是跨界商业，什么是跨界商业？凡是所有戴着苹果手表的人，你的大脑已经被美国人控制了，为什么呢？特别简单，这个苹果手表一天到晚都把你的个人数据自动发送到苹果中心去，你每天走多少步，你心跳是多少，你出汗量是多少，血糖是多少，它全都给你测出来。苹果公司拿这个数据没有用，但是人寿保险公司就有用。保险公司可能要跟苹果手表合股。扫二维码也是跨界商业，扫码后送你一个苹果，结果把你手机里的信息全都提取了，自动化和信息化的深度融合意味着所有的商业模式都将被重塑。

工业4.0的最高境界是什么？大家看过电影《黑客帝国》吧，它背后有哲学思想。《黑客帝国》告诉我们，你真吃了什么其实不重要，重要的是你的大脑告诉你，你吃了什么。最简单的例子就是素斋，把豆腐做成红烧肉，口感还非常像，那不是一种欺骗吗？但是欺骗对你有好处，因为你吃太多肉脂肪会多，血脂会升高。但是你吃豆腐没关系，你的大脑告诉你，你吃的还是红烧肉，你得到的口福享受是同样的，但是你吃下的东西是健康的。《黑客帝国》是一样的，整个世界被一台主机控制，主机告诉你，你吃的是牛排，味道很好，你说对啊，我吃的就是牛排。其实你吃的是菠菜糊糊。软件重新定义了世界。

工业 4.0 的第六种境界就是人的社会和世界被软件所定义。一切在数据统计的基础上被精确控制。人类的大部分体力劳动和脑力劳动都将被机器和人工智能取代。德国现在的智能生产很厉害，德国智能生产的一个工厂，外表看就是三座厂房，没什么，其实它是未来的工厂，所有生产汽车的人都用它生产的零件。1989 年它生产 100 万个电子产品出错 560 次，2014 年减少为 11.5 次，生产质量提高了 40 倍。从下定单到送货送到哪里，全球配送，你还需要自己的工厂来生产这些电子零件吗？

现任德国驻华大使对德国超强的创新能力有三个总结。第一是人才开发，第二是企业自主创新，第三是知识产权的保护。人才开发主要指大学，德国只要是大学就是好的，但是德国还有职业高校，很厉害。自主创新以中小企业为主。德国刀具集团占世界市场 98％ 的份额，它根本不用担心自己的工厂会倒闭。德国保护知识产权的手段很厉害。

中国制造 2025，很多人说不会实现，我请大家相信，中国制造一定可以媲美德国制造，谢谢大家。

创客：智能硬件的万众创新时代

李大维

李大维

深圳开放创新实验室创始人、实验室主任，中国第一个创客空间——上海新车间创始人。曾参与史蒂芬·斯皮尔伯格的交互式多媒体项目、迪斯尼虚拟世界、日本 IT 企业项目和 facebook 的社交应用设计，并发起过众多开源软件项目并服务其中。

2015 年 1 月 4 日，总理到了深圳，到了一个 40 几平方米的创客空间，就是深圳的柴火创客空间，在这里他喊出了现在国务院最重要的一个口号，叫"万众创新、大众创业"。在总理来过之后，国内出现创客热，很多人开始尝试了解什么是创客，不止国内领导人对创客有兴趣，美国前总统奥巴马在 2014 年 6 月 18 日，也在白宫举行所谓的 Maker Faire（创客嘉年华），也谈到创客运动，他希望创客能够创造一种精神，鼓励美国新的发展。英特尔的 CEO 上台以后也讲，创客是英特尔未来最重要的合作伙伴。2015 年当众创空间计划由国务院颁布之后，英特尔第一时间表示要做众创空间加速器。

为什么政治领导人、商业领导人对创客这么有兴趣？因为他们看到了一个新的潮流，就是所谓物联网的到来，物联网是泛指所有能够接上网的设备。今天我们身边最主要能够联系到物联网的设备有手机、平板电脑、笔记本。

2015 年年底，物联网的数量达到 50 亿，想一想它达到了什么样的规模，它产生了什么样的效益。在物联网产业里，苹果、三星、华为、戴尔等大公司，整个中国沿海的经济，很大部分跟这 50 亿的物联网装置相关，在未来 5 年，这个 50 亿会成长到 250 亿，其中一半会是未来三年创立的公司做出来的。

创客带来的影响是草根性的

2010 年，我在上海成立国内第一个创客空间，叫新车间，这时创客其实很简单。创客经历了很多代，从 2004 年开始，一直到 2011 年、2012 年，这个时候出现的创客空间，实际上有钱就行，互联网上有相当多好玩的东西，这些是实体，这些是硬件，包括 3D 打印机、机器人，一大群朋友聚在一起，觉得这个很好玩，但需要有空间接纳这些东西。

2011 年，我们发现，创客除了玩以外，还带来一种新的可能性，一个新气象。我跟纽约大学的 Anna Greenapan 教授和密歇根大学的 Siliva Lindtner 教授合作，成立了一个智库叫 Hacked Matter，我们开始分析创客怎么成为一种新潮流、新创造，新的创新方式，它会带来什么样的可能的改变和影响，它怎么对接到中国现有的产业，可能对中国产业带来什么影响。从 2011 年开始，通过学术论坛、田野调查或者演讲，我们发现，其实创客带来的影响是草根性的，是一个新的大时代的机会。这个影响跟中国息息相关，这是重新了解制造、重新了解生产力的一种方式。

2015 年，在英特尔的支持下，我成立了创客大爆炸，同时跟深圳工业设计协会合作，我们成立了深圳开放创新实验室，通过研究发现，我们需要这两种平台支持下一代创客发展。

创客运动通过三件事情获得支持

什么是创客？每一个人都觉得，创客好像钢铁侠一样在玩黑科技。

我们看到的所有的创客活动，都涉及机器人、3D 打印机、飞行器，突然觉得社会上出现了很多高手，其实这是不大正常的看法，因为这些人也没有在机器人公司上班，也不在生产业里，背景都是业余的，都是这两年才开始兴起的。

过去十年，整个创客运动通过三件事情获得支持，一是开源硬件，二是数字生产，三是互联网分享，这三个新的力量把科技创造变成是大众都可以参与的活动。

什么叫开源硬件？开源硬件就是一个准许大家拷贝、准许大家修改、准许大家改进的一个硬件系统。我们最经常看到的开源硬件，叫作 Arduino，在 2003 年、2004 年的时候，它来自几个艺术系老师，为了让同学们更好地开展互动艺术，他们做出了新的硬件。

第二是数字生产。很多人为什么不去做东西，像我一样，因为手不巧，比如拿个木板给我，叫我去锯个圆，锯出来通常都是很奇怪的形状。其实数字生产的工具，包括 3D 打印机，包括激光切割机，已经很普及了，有什么好处？我今天要再切一个圆，我不用再自己切，我只要能够在电脑上画个圆出来，让机器切，非常容易。以前学雕刻，刻一条龙，没有十年、二十年的功力做不到，今天有了 3D 打印机，任何人只要得到这个龙的档案，就可以把它很容易做出来，只要通过电脑软件你就可以修改。

第三是整个创客运动，在互联网时代，大家做出来的东西，放到网上分享，一步一步地，越来越多的人能做，这就开始进入了一个所谓创客指数型的成长，就是它的成长不是每年增加一点点，是每年倍数型的成长。

当事物出现指数型成长的时候，它会带来新的变化，因为突然之间身边出现很多人能够做这个东西，一个新的时代让我们感到惊讶。2011 年之前，整个创客运动还是一个运动，大家觉得有趣、好玩。但是在 2011 年，创客运动遇到所谓的产品众筹，改变了做硬件、卖硬件的本质。传统上我做一个硬件，需要研发，需要资金，生产出来，包装起来，投入销售渠道一年之后，再看看库存，才知道到底有没有赚钱，这是个很高的门槛，具有很大风险。

互联网成为新的创业资金的来源

在 2011 年、2012 年，互联网上出现了众筹这个概念，今天生产出一个产品，通过众筹，通过互联网，可以到全世界找 100 个、200 个、500 个、1000 个有这个需求的人，他们愿意现在先掏钱，6 个月以后再拿到东西，这就是众筹模式，顾客愿意实实在在地拿出钱，支持这些年轻人有趣的想法。

总理到柴火创客空间时，站在他旁边的那个年轻人有个很有趣的故事。他们大四的时候在深圳一家公司实习，他们跟老板说，我们做机械臂吧，老板说不做。9 个月之后，实习结束了。他们四个人后来决定创业，不是一讲要创业，就拿着 10 页 PPT，然后就四处找投资人。这四个同学就拿着实习赚的钱，在龙岗租了一个 60 几平方米的民宅，用了两个月时间，他们把这个机械臂做出来了，放到众筹网上，在一个月里，预售了 27 万美元，这家公司就这样成立了，最底层、最直接、最万众创新的案例就是这个样子。

有个叫莉萨的女孩子喜欢烹饪，她觉得市场上缺乏一种法式慢煮的厨房工具，所以在 2012 年，她到深圳参加了一个硬件加速器培训，3 个月后把这个硬件放到众筹上，获得 63 万美元。有 4 个音乐系的学生，他们一辈子学音乐，最恨的就是那个节拍器，于是他们在深圳做了一个可振动的节拍器，然后就开始众筹，得到二十几万美元。总之，不管你来自什么背景，你只要有想法，互联网可以成为新的实现梦想的方式、新的创业资金来源。

在传统市场里，长尾市场是不存在的，没有人愿意投那个钱，这些东西就不会被创造出来。今天这种创客开放的方式，使很多人可以做硬件，众筹还让很多人在市场上以很低的风险做出产品，长尾市场就出现了。

比如一个团队想研发一辆会飞的脚踏车，开始脚踏车飞不起来，但是我们需要钱继续做下去，所以把0.1版当作纪念品放到众筹上，看看有没有人支持他们继续把这个梦想撑下去，然后这个项目又募了十几万美元，这个脚踏车继续走在去飞的路上。我们可以看到，再疯狂的方式，再疯狂的想法，现在都可以通过互联网找到支持。

创新通过山寨体现出来

很多人讲创客就是玩，其实创客本来就是一个大众能够开始做硬件、大潮流来临的象征，千千万万的人突然发现他们可以通过众筹，实现这个理想。

很多人就讲，这个事情真的有可能吗？一群没有专业背景、没有科技背景的人，真的能够把一个智能产品做成一个产业吗？

我们在深圳观察到，很多人说山寨就是拷贝，就是假苹果、假三星，其实如果把那一层表面拿掉之后，山寨真正在做的事情很可爱、很有趣。

有种手机有7个音响，叫轰天雷，我们看到的统计数字是卖了1700多万部，轰天雷是干什么的？一部手机放出来的音乐，比广场舞大妈的音响还大声，到底谁买它呢？主要是给建筑工地的工人用的，因为他的工作环境非常嘈杂，需要娱乐，他不能戴耳机，因为在工地上有事发生的时候，他要能够听得到，这样的发明，这样的创造，这样以人为本的创新都在山寨中体现出来，一个个奇奇怪怪的需求，一个个奇奇怪怪的想法，都能够在这里实现。

假想在 2006 年，我如果站在台上预测诺基亚在 10 年内会倒闭，主持人会认为我疯了，实际上，不到 10 年，2012 年，诺基亚就不见了，被微软收购，现在虽然再回来，已经没有人关心这个品牌了。发生了什么事？不是因为苹果，公司要成长，要有新市场，要有新客户，但是这些大公司很急着满足主流客户，忽略了各个地区各种人对各种不同手机的需求，而山寨满足了这些需求。2012 年，山寨机的出货量是 3 个亿，是全世界 12 亿手机出货的 1/4。

今天我们可能面临同样的情况，苹果和三星都是大品牌，其实创客也有机会，因为长尾会推翻短投，为什么深圳有这样的一个环境？这不是说没有专利保护，可以随便拷贝，真正的原因是，它有一个完全所谓公板公模的开放创新。我今天需要做一部手机，我什么都不懂，我也不用自己做一个板，我可以买公模，公模公板凑在一起，去找一个新市场。市场找到之后，我可以根据市场反馈改进我的产品，伴随这些集合知识的成长，进展会非常快。

这个体系欢迎任何人

创客没有什么门槛，不一定是高大上的工程师，这个体系欢迎任何人，只要有想法就可以来尝试。Wiko 手机可能很多人没有听过，但它现在是法国第二大手机品牌，在 2011 年才介绍到法国市场，2015 年超越三星，有些人说它是法国的小米，其实有点不公平，因为这家公司不是在炒股票，它是真正在销货。

平衡车很有趣，2015 年成为欧美圣诞节最受欢迎的礼物。记者开始要报道的时候，突然发现，不知道这个东西正式的官方名称，因为它来自这种公板公模，大家开始找市场，通过电商，通过社交网络，开辟了一条全新的产品出路，2013 年基本上还不存在的产品，2015 年达到 1400 万台的销售量。

深圳体系不但非常庞大，而且它非常有趣。在华强北可以看到的一个杂志，我们经常开玩笑说这叫作深圳创新快报，因为最新、最酷、最好玩、最有趣的东西，都会出现在上面。

很多人谈创客，认为这是草根创新的根本，美国 Clay Shirky（克莱·舍基）在《人人时代》里谈道，当人人都可以去用这些东西，人人都可以参与的时候，它会带来产业的改变、生态的改变。在人人都可以参与的情况下，它不再是一个寡头竞争，大家开始合作，互相找到自己在这个体系里面的位置。麻省理工教授埃里克·冯·希普尔在《创新民主化》中谈道，过去 30 年，知识产权专利版权已经成为创新的绊脚石，我们必须重新思考怎么创新，重新思考知识产权在创新里面是否还有用。

很多新的研究也认为，创新的力量不再来自科技领先，不再来自技术领先，更重要的决定因素是，今天整个商业生态体系是不是支持你创新。创客是让人人都可以参与的一个新的世界潮流，在深圳，山寨是人人都可以参与的典范。为什么创客到深圳就像找到了家，不只是因为在华强北可以买到很便宜的零件，而是在这里遇到的人、遇到的文化跟创客追求的创新、开放、合作的态度非常接近。

深圳成为世界创客之都

深圳在成为世界创客之都的同时，我们要思考一件事情，深圳并不是凭借很便宜的电子产品，很便宜的生产，很便宜的劳动力吸引全世界的创客，吸引大家的其实就是深圳已经具有的开放的文化，来到这里，创客感觉就是到了家。

2015 年我送小孩去美国游学，还没去之前，对方的寄宿家庭已经把微信安装好了，并加入群聊，我第一个反应是，惨了，对方不讲中文，我老婆英文不好怎么办？她们一定会每天叫我翻译，但是我发现，她们群里面的对话一直在进行，我一直没有被拉进去，为什么？微信上面有自动翻译，它是人工智慧的结果，虽然不是很完美，但是足够让两个妈妈了解小孩子过得怎么样，人工智能已经悄悄来到我们身边，而且已经付诸应用。

我们已经进入一个新的运算的时代，电脑不只是很机械化、很固定的东西，它可以看、可以听，大家现在都有手机助手，iphone 手机上有 Siri（智能语音控制功能），它已经可以听，可以了解我们说什么，虽然它还不成熟，还有很多缺陷，但是这个时代它已经可以开始工作了。当然人工智能会不会追杀人类，这是属于好莱坞电影里讨论的问题。

过去 10 年是互联网创业的黄金时段，每个人都可以参与，没有人再问你，你要创业互联网，你懂互联网技术吗？马云每次上台第一句话讲的就是，我不懂互联网技术。到了这个时代，人人都可以参与创客，真的不懂的话，网上找的 12 岁小女孩甚至都能教你怎么变创客，所以这有很大的市场。

2015 年，我们为了找到更多创客，开始直接培养创客，我们准备了一个 14 周的课程，我们在 5 家学校展开，大概 200 多个学生参加。上课时，同学什么奇奇怪怪的想法都提出来，我们告诉他们什么叫物联网，什么叫智能硬件，然后通过设计思维，让他们把这些变成有价值的产品，能够推销给客户。

到目前为止，有 7 个项目我们正带着大家走向众筹真正商业化的路上。2015 年的中美创客大赛，持续了两个月，在 10 个赛区大概有两三千名同学参加，前十的项目都是大学生的，其中有好几个现在都在走向商业化的路上。

万众创新到底是什么样的？我们打造很漂亮的创客空间，大家来这边喝咖啡，跟风投聊天，看看能不能拿到资金，但是，这是一种对社会不公平的做法。美国现在已经开始讨论，整个风险投资，创业者其实是既得利益者，99.95% 的创业者其实同风投没关系。一个有趣的报道是，过去 10 年，过去 5 年，大家都在追独角兽，什么是独角兽？就是公司还没有上市，就有超过 10 亿的估值，但有一堆独角兽没有成长，不知道怎么继续成长下去，因为有太多钱也死不了，所以现在存在很多僵尸独角兽，在硅谷和世界各地走来走去。投资人从 2015 年开始也在转向，美国硅谷的投资人开始在谈，他们不想要独角兽，他们要小强，因为小强有生命力，小强知道自己怎么活下来。

深圳有世界上很独特的气氛

深圳是个移民城市，大家来这边打拼创业。过去十年，我们在华强北可以感受到，人人到这边找机会，虽然在深圳人看起来，这个地方拥挤不堪，但是这种要闯出一番天地的热情，是世界上很独特的气氛。这个气氛底下支撑它的就是开放、分享、合作的创新方式。

这几年，通过我们的课程，我们希望让更多年轻人了解，你要创业，不要一天到晚只是想写个实验PPT，你现在要证实的是，我真的有决心把这个东西带到市场上。

习惯上，小孩在一到三岁的时候，大人会尽量抱着，看到什么东西就一直指给他看，一直跟他讲这些，有时我们抱着的小孩子好像没什么反应，大人的语言跟孩子的视觉，一直连接不起来。但一天天刺激后，语言就出来了，孩子对世界的了解就开始了。

今天，人工智能的成果大家看到了，上海华东理工大学的学生做了一个小小的机器人，专门给小朋友用，是让家长在没有时间的时候，还有另外一个伙伴，协助小孩子语言能力的成长。

一个比较宅男的小团队，他们是研究中医的。中医认为，晚上人的睡眠跟人的五脏有关系，通过追踪睡眠时间，可以知道你的五脏哪个部分更需要调养，隔天早起，就可以给你建议今天要怎么食疗。这些东西很简单，它的核心就是来自公板。现在所有的手环都可以做睡眠记录，怎么得到记录睡眠的核心？就依靠这块电路板。那时候刚好有一个朋友，他的手环刚研发出来，我打电话给他说，我们的新产品需要你的PCBA，他说好，一片五美元，1000片起订，这就是所谓中国美丽的合作方式。如果今天幻想你在美国，你打电话给另外一家在科技公司上班的朋友，你想要做一个跟人家的核心完全一样的产品，问人家这个东西怎么做？他肯定说这个电话不能再讲下去了，再讲下去我们会出法律问题。

因为这种合作，这种开放精神，深圳今天变成了全世界的创客之都。不能说深圳这段历史不光荣，这种文化已经协助全世界的创客聚集到深圳来，吸引全世界的人才到深圳来，怎么正视这个文化，怎么重新评价这个体系带来的优势，是我们下一步很大的挑战。

这个时代潮流真的来临

往前看，一个新体系的打造，一个通过众筹、通过电商、通过分享、通过人工智能产生的奇奇怪怪的应用，会打造一个很有趣的未来两百亿的新物联网装置的世界。更重要的是，今天这件事人人都有机会参与，你只要开始想，并赶快验证这个产品有没有市场，成本会越来越低。

我们坐在深圳这块宝地上，后面的体系、产业已经准备好了，全世界的人都跑到这里来了。对我们来说，这就是创客运动。我们现在看到的市场上，很多人讲，创客做来做去无非就是飞行器、无人机、3D 打印机，没有什么新东西出来啊，其实有，原来不是开发硬件的人，原来不是从事人工智能研发的人，已经进来捕捉物联网的机会。

我从 1995 年开始从事互联网行业，绝大部分的人在九几年的时候，会觉得互联网就是一个技术，这个事情跟我无关。所以我们第一代的泡沫是被技术驱动的。第一代的互联网公司没有剩下几家，真正漂亮的互联网公司是在什么时候出现呢？是等到有一个在西湖畔的英文老师，没有互联网技术背景，没有互联网从业经验，他也可以在那边想，我要去做一家互联网公司，让中国的工厂跟外国的买家能够碰上。当一项技术到了被不懂技术的人能够用起来的时候，这个时代潮流真的来临了，希望看到更多没有技术背景的人，参与、思考物联网，成为创客。谢谢。

二

科学自然

微航天的物理学

李　淼

李　淼 🖉

中山大学天文与空间科学研究院
院长。国家基金委杰出青年基金
获得者、中国科学院"百人计
划"入选者、新世纪百千万人工
程入选者。主要著作：《超弦史
话》《越弱越暗越美丽》《〈三
体〉中的物理学》等。在国际学
术刊物发表 100 余篇学术论文。

过去几年很多文章都在谈近未来，但是这里还找不到近未来的定
义。我给近未来下一个定义，就是不超过未来 30 年都叫近未来，再
以后就叫作远未来，或者就叫未来吧。

在我们的地球上，人类的进化是一个奇迹。用生物学的观点讲，
我们处于食物链的最顶端，可以吃所有的东西。为什么在短短 20 万
年之间，人类就登上了地球的最高处，万事万物都在我们的掌握之
中？

从始祖猿人开始，数百万年前在非洲，能人最早出现在 200 万到

300 万年前，直立人大概出现在数十万年到 100 万年前，远古智人距今大概只有 20 万年，我们的直接祖先也就是在 20 万年前在非洲出现，而他们那个时候的脑容量跟我们现在的脑容量相差无几。我们并不比他们更聪明，只是人类的知识积累更多了。

由于物质生活极大丰富，很多人现在变得越来越懒惰，经常坐在电脑前，或者躺在床上玩手机，吃垃圾食品，变得越来越胖。我相信人类不会一直这样下去。现在的科技日新月异，给我们带来更多刺激，也让我们省出大量时间做其他事情。大家都体会到，科技的发展让我们一方面显得更忙，但是又显得有时间了。比如我们不用去银行，用微信、支付宝就可以支付了，我们可以把这个时间用在健身、运动等方面。

人类为什么可以超越所有物种

人类为什么从过去 20 万年一直到今天变得越来越优秀，成为统治这个地球的物种？我觉得最主要的原因是有语言可以交流，有思维能力可以推理。这两种能力在小部分动物身上有。据说海豚可以通过它们的叫声进行交流。科学家做过实验，模仿海豚的叫声，一些海豚有反应，说明海豚听懂了。而且有些海豚有名字，你呼叫某只海豚的名字，它会有反应，海豚也有简单语言。

对人类来讲，万事万物所有的自然现象、所有的事情可以表述和表达。最重要的是，人类还有虚构能力，会编故事，这个能力我觉得超越了所有物种。可以想象，整个社会从部落到国家，到有警察、公司等这些事物看起来都是虚构的。你说一家公司是具体可感的吗？它是一座大楼还是这家公司的董事长还是总裁？都不是，它是一个虚构的存在。

人类有了这两种能力以后，一万年前，农业革命诞生了。到了 18 世纪 60 年代，英国发生了第一次工业革命，瓦特发明了蒸汽机，还发明了一种珍妮纺纱机，在手工作坊工作的人失业了，他们被迫重新到工厂就业,人类开始了大规模的机器生产。再到电气革命,人类开始用电,发明了电灯、电报,一直到第三次工业革命,机械自动化、机器人出现了。经过数次革命以后,现在我们进入了一个加快的工业革命阶段,随时随地都可能发生第四次工业革命,而第四次工业革命的本质现在还很难预言,当然也有人说第四次工业革命已经发生了,就是信息革命,我们现在进入了信息时代,信息革命让我们节约了大量时间成本,使人们有更多时间可以做想做的事情。

预言近未来

经过这么几次工业革命,30 年以内还将会发生什么?何谓近未来?我想用我自己掌握的物理学知识进行预言。

假设我们已经进入第四次工业革命,进入了信息革命,最主要的发明无非是计算机,计算机内部的基本原件是芯片。芯片上面有什么?无非是二极管、三极管。大家可以上网搜索一下,英特尔公司可以几粒沙子为原材料造出芯片来,可以用激光在沙子上面刻纹路,而刻出来的那些纹路最小的细节就是二极管和三极管。

大规模集成电路就是二极管、三极管串起来的。二极管、三极管有点像开关,串在一起就可以工作。如果我在一个芯片上面刻了很多开关,说明它的工作能力很强大。

英特尔创始人之一叫摩尔,摩尔定律大家听过,就是每隔 18 个月到 24 个月之间,一个固定尺寸上的芯片的集成电路数目会增加一倍,同时价格减少一半,这就是摩尔定律。从 1999 年到 2011 年的摩尔定律的发展是这样的。最小的集成电路有多大?180 纳米,纳米是多少?十亿分之一米,比一个氢原子仅大 10 倍左右,在 1999 年时是这样。到了 2011 年,就变成了 130 纳米,少了 50 纳米,一直到今天,变成了 22 纳米。集成电路大概每隔两年变小 1.4 倍。刚刚不是说集成电路每隔两年变小一半吗?怎么才变小 1.4 倍呢?因为真正的芯片占用的是面积,应该平方一下,1.4 的平方差不多就是 2。过去数十年，摩尔定律是成立的。如果把摩尔定律推到极限，再过两年，它又小了一倍，一直把它推到 2030 年，你会发现，22 纳米的芯片到了 2030 年就变成一个纳米了。到了一个纳米，摩尔定律就失效了，为什么？因为它再变小就变成一个原子大小了，这是没法做二极管的，有下面两个原因：第一，如果只有一个原子大小，它里面的量子就很重要；第二，一个原子大小的东西，它的热运动效应就很重要，放在室温下它会不停地摆动，你很难控制它，这两个效应使得摩尔定律失效。

也就是说，到了 2030 年，这个芯片要缩小到 2^{10} 也就是 1024 倍；同时，如果每隔两年芯片小一倍，如果苹果每隔一年都推出一部新手机，到 2030 年，iPhone 会出现 13S，这应该是最后一代手机。为什么？因为摩尔定律失效了，不可能做出更高效的芯片了。如果苹果公司还想再推出新手机，它只能从外观体验上更新，比如把这部手机做得更漂亮一点，手感舒服一点，但它的功能不可能再提高。

有没有可能突破这个瓶颈？有可能，这就要求量子计算机的出现。今天我们不谈太多量子计算机，因为它的出现我认为不会在近未来实现，今天的主话题是微航天，我们谈的都是"微"，英特尔做出来的产品非常微小。现在英特尔最小的二极管也是六七纳米左右。纳米机器人已经开始进入具体研究阶段。

纳米机器人有很大的商机。在 iPhone 之前，科学家其实已经有这个概念。那个时候已经有机器人了，能不能想办法把这个机器人变得小到可以注射到人的身体里？机器人要小到一定程度才行，基本上肉眼看不见，因为肉眼看得见的东西，注射到人体里肯定对人体有伤害。比如把一滴污水滴到眼睛里，你的眼睛肯定很难受。一定要做到非常微小，有可能是 1/10 毫米，或者是 1% 毫米。

如果出现纳米机器人，我们将来会有翻天覆地的变化。首先，对于医学来讲，现在我们吃的药基本上都是化学药品，能够在我们的身体里引起一些化学反应。纳米机器人属于物理学领域的新生事物，它有很多作用。我举个例子：比如患者体内有癌细胞，化疗很痛苦，而且它会杀死很多正常细胞；如果真的研制出了纳米机器人，可以让它携带一个追踪器，追踪到所有癌细胞，然后一个个杀死它们。现在有很多物理学技术都在应用于日常生活，并造福人类，如激光去毛、激光美白、激光去皱纹等。今天不谈物理学原理，我只想告诉大家物理学技术可以做很多事情。

一种完全不同的计算机

摩尔定律再过 15 年左右就会失效，因为不可能把芯片做到原子大小，因为原子是不能当作一个元器件的，它不能做二极管或三极管，要突破这个瓶颈，我们必须研制另外一种完全不同的计算机。

能不能用原子来计算呢？原子的特性就是量子，量子计算机有没有可能呢？量子计算机非常了不起。为什么？因为它的开关可以同时开同时关；量子现象有不确定性原理。

一个基本粒子，如果不去观察，它可能同时在这里，也可能同时在那里；一个开关如果是量子，它可能同时是开的，也可能是关的，甚至 30% 的可能是关的，70% 是开的。这样利用它做计算就非常有效。为什么？很简单，比如迷宫，通常只有一条通道可以从这头进去从那头出来，如果你选择了错误的路径，经常会进入死胡同。普通计算机类似普通人走迷宫，只能每次选择一个通道，要把这个通道找到，它要尝试很多次，假定我们有 100 个通道，如果运气很好，尝试一次就成功了，也可能尝试 100 次才成功；平均来讲尝试 50 次才成功，非常耗时间。假定把一个人化成一个基本粒子，因为他的位置是不确定的，所以可以同时走 100 个通道。量子计算机就是利用这个原理，不是一个个试，而是同时试，可以把结果很快地算出来。所以，一旦我手里有一台量子计算机，就不得了了。但我不认为在 30 年之内我们会把量子计算机造出来。

量子计算机有什么用？

真正的人工智能需要量子计算机。为什么这么说？我们每个人都有体会，就是我们的行为跟电脑不一样。比如，你拿你的手机出来，跟 SIRI 说一句话，只要你讲的是同样的一句话，SIRI 每次的反应是一样的，但是人是不一样的。一个帅哥和一个美女在大街上相遇，他们之间会发生什么事情，两个人都没法预言，因为人有不确定性。这种宏观的不确定性跟我们大脑内部的微观不确定有关。我相信人类的大脑是一个量子计算机，或者是它的主要部分之一是量子计算机，因为我们大脑里面有很多神经原，相当于英特尔芯片里的二极管、三极管，但是它可能还有一些其他部位能进行量子计算。

前段时间谷歌的阿法狗战胜李世石，我们都很害怕。其实不用害怕，因为计算机研制出来的程序当然比人脑要快捷，相当于人类跟汽车赛跑，肯定跑不过汽车，但是我有必要害怕汽车吗？而阿法狗做的计算跟人类的计算方式不一样，人类可以联想、创造，但普通机器做不到。我的另外一个原则就是，在量子计算机出现之前，我们不要害怕人工智能，因为不可能造出跟人一样聪明的机器。

人何时可以飞出太阳系

谈微航天之前，我还要谈谈能源。

现在人类利用整个太阳照射到地球上的能量不到1‰。假设我们充分利用太阳照射到地球上的能量，就有可能改变气候，这对我们的地球环境不好。即使我们用了1%，也就是我们现在耗能的100到1000倍之间，那也不得了，哪怕50年以后我们做到这一点，这也非常可怕。刚刚主持人问我，人类什么时候可以飞出太阳系？我个人认为，必须把太阳整个能量用到很大一部分，比如1/10，太阳不断地辐射阳光，我们把太阳辐射阳光所带来的能量用到1/10，人类就可以飞出太阳系了。需要多长时间？我估计需要200年，这个估计是根据人类在上千年到数百年之前一直到现在，我们利用能源的经验推断出来的。假定这个非线性发展还将继续下去，50年后，我们可以用到地球上所有的能源，200年后，我们可以用到整个太阳能，当然为了地球考虑，不要把太阳能全占用了，否则地球就会变得冰冷无比。200 年后，我们将进入微航天时代，也可能是载人航天飞出太阳系。

在 21 世纪人类不可能飞出太阳系，但是肯定会登上火星。可以确定 30 年后人类应当会登上火星，是中国人还是美国人，说不准。按照现在中国的航天水准进行推测，如果眼光放到 30 年后，中国人领先美国人非常有可能。

中国科学肯定超过美国

从经济上看，我有一个简单的计算。2015 年，《科学的美国人》——美国的高端科普杂志，对 900 多个顶级的科学杂志，对各个领域包括物理学、医学、化学、生物学的数万篇最优秀的文章做了一个统计，并按照文章质量排序（他们叫自然指数），中国的自然指数现在是美国的三分之一，排在第二位；第三位是德国，占我们的一半不到。第四是日本。我们总说中国科学落后，这是外行人说的话。在科学体量上，我们早就超过德国、日本了。而且看发展态势，我们的GDP 最保守估计 2016 年得有 5% 的增长，2015 年是 6% 左右，但是我们的自然指数 2015 年提高了 20%；30 年以后中国的科学会怎么样？如果以这个势态发展，中国肯定超过美国。

30 年以后，当中国领先美国，我们的生活质量肯定完全不一样；现在我们可以用滴滴，已经进步很大了。谁都没想到共享经济的到来，你并不需要拥有一辆汽车，你可以在任何时候叫来一辆车。现在很多国家包括中国在做无人驾驶实验，今后几年无人驾驶可能会商业化，10 年以后，有可能跟现在的滴滴一样，你坐上去，让它开到什么地方，它就把你送到什么地方。我觉得最多 15 年就可以实现；而30 年以后，我非常保守地估计，很多生活的自动化将更加普及，90% 的日常生活将实现自动化。

虽然我们现在的生活节奏在加快，但是我们有了很多富余时间。非常遗憾的是，可能 80% 的人把这些富余时间都浪费掉了，他们可能在刷微博、玩电游、刷微信朋友圈。30 年以后，甚至在家里就可以工作了。很多东西不用去商店买，可以订购一个软件，原材料就放在家里，我家的厨房就是一个工厂。

民间航天大有前景

下面的时间我讲一下微航天。

"微航天的物理学"这个题目有一点夸大，因为微航天涉及很多物理学知识，最简单有几个方面，能源还有航天本身的一些技术，比如发动机、通信、导航等，这些都是航天的基本要素，而每个要素里都有无数个物理学细节。

太阳帆这个概念五六十年前就已经提出来了，这个人就是著名科幻作家亚瑟·克拉克。可能在座的看过《2001 太空漫游》，这是他跟库布里克合作的一部科幻电影，20 世纪 60 年代拍摄的。那个时候库布里克已经是大导演了，他要拍一部大家都知道的科幻电影，于是他就想跟亚瑟·克拉克合作。当主角坐上他们的航天器去月球的时候，在途中看到一个太空站，当时预言是 2001 年，他看到了中国的太空一号。说明亚瑟·克拉克基本上准确预言了中国航天技术的发展。大概在 2000 年到 2010 年之间，中国已经有太空站了，确实如此。2020 年，中国将发射一个巨大的太空站，大概由 3 个太空箱组成，每个太空箱长 20 米，宽六七米，造价保守估计是 600 亿元，有可能是上千亿元。中国太空站一旦发射上去，那个时候美国和俄罗斯的国际太空站就已经退役了。

亚瑟·克拉克还做了一个设想。他写了一部短篇小说，设想太阳帆船比赛。就是利用太阳光的压力驱动帆船，但光的压力非常微小，所以这个帆要特别大，让太阳风吹，在太空中比赛，我觉得这是非常美妙的设想，在太空里面比赛太刺激了。但是我们至今没有实现。

霍金的摄星计划非常有可能用上这个技术，当然它的风帆是用什么材质制成的，我也没有办法设想，这肯定是保密的。

　　几十公斤到一公斤大小的航空器都叫微航天，但是这个概念马上要突破了，因为这跟霍金提出的摄星计划不一样。霍金提出的摄星计划，是发射上千艘小飞船，不可能是一公斤，只能是几克甚至比克还轻。深圳有一家东方红公司，是做小微卫星的，而且深圳还有一部分航天爱好者在民间也做火箭实验，政府同意他们做，因为现在看来，民间发展航天事业是一个方向。如果中国民间不发展航天，我们跟美国的航天水平差距肯定会越来越大。美国 Elon Musk 已经三次把火箭回收了，两次在海面上就已经回收了。当然 Elon Musk 是不是纯粹民间组织呢？我相信美国宇航局给了它关键技术，但是这个火箭回收不是美国宇航局做的，是 Space X 做的。如果中国民间看不到这个航天商机，肯定在航天领域会落后，所以中国民间航天还是有大好前景的，但最好从成本较小的小微卫星开始做起。

航天里面的概念

　　下面跟大家讲讲简单的一些概念。

　　在同步轨道上，航天飞机的速度是每秒钟 7.6 公里，同步就是说，它绕着地球转的同时，地球也在自转。如果这个航天飞机重 100 吨，我们需要多少能量使它的速度达到 7.6 公里呢？需要 3 万亿焦耳，也就是用 3 万加仑汽油。当然真正的航天技术不用汽油，我只是用汽油代替，如果用汽油，大概花 10 万美元。除了送上同步轨道，还要用火箭，还有很多东西，加起来远远不止 10 万美元。

　　为什么说 Space X 的火箭回收非常重要？因为火箭发射一次所耗费的能源还是次要的，而火箭的造价可能是千万美元到上亿美元级别的。如果每次都可以回收，可以节省多少钱啊。实际上航天飞机使用的燃料比汽油成本高 10 倍，美国航天飞机每次执行任务的成本是 200 万美元。未来的航天如果要真正把它变得可行，实现商业化，肯定在能源回收等各方面都要改进。

我觉得中国航天飞机执行一次任务，估计要一亿美元，还是很贵的。

经常有些科幻作家设想，不用汽油，用反物质推进器行不行？大家知道，反物质跟物质是相反的，两者碰在一起会全部转化成能量。爱因斯坦著名的公式是，所有的质量都是能量。如果把同样多的物质和反物质放在一起，全部变成能量，不是比汽油效率高很多吗？如果把航天飞机送到同步轨道上，让它的速度每秒达到7.6公里，需要0.016克反物质，几乎看不见。有人说，我们赶紧制造反物质吧，但很遗憾，反物质很难造，因为它的成本更高。

在什么地方我们可以造出反物质？在高能粒子加速器上，我们拿电子质子碰撞，碰撞了半天，飞出的一点点碎片就是反物质。然后我们再想办法把反物质储存起来，如果把十亿分之一克反物质和物质放在一起变成能量，相当于燃烧10毫升汽油，根本没用。目前全球加速器每年反物质的产量不足十亿分之一克。反物质推进器在近30年之内不可能产生多大作用；微航天也好，普通航天也好，将来采用反物质推进器这一手段，几乎没有可能。因为它造价太昂贵了。

不要想象航天器以光速运动

广东是核能大省。大亚湾核电站的发电功率是200万千瓦，加上岭澳核电站，全部造好以后就是600万千瓦，一年发电量大约是20亿亿焦耳。这相当于一公斤物质和一公斤反物质碰在一起产生的能量，但产生反物质太难了。

中国年需能量大约3000亿亿焦耳，相当于未来我们需要150个到200个大亚湾核电站。大家说核能很危险，但是核能还是未来的发展方向，更远的未来是利用太阳能。我们要到太空上建立太阳能发电站，然后通过微波方式把收集到的能量传回地球。这才是真正的未来。

大亚湾核电站耗能相当于每年使用一公斤物质和一公斤反物质，也就是说，全国需要200公斤反物质。美国人口是我们的1/4，但是它的耗能是我们的四倍，这很可怕。爱因斯坦公式告诉我们，我把一个物体加速以后，如果它接近光速，我可能需要巨大的能量。现在我要谈到霍金的摄星计划微航天，把一公斤飞行器加速到光速的1/10，需要2.5克反物质。但是将一公斤飞行器加速到光速的99%呢？那就不得了，需要七倍这么多的反物质。如果我要加速到光速的99.9%呢？那就远不是七倍了，很难想象我们真的把航天器加速到非常接近光速，耗能太可怕了。未来的航天和微航天，只能以光速的百分之几或者百分之几十来估量，不可能做到99%，而且也没必要到99%，因为90%和99%相差并没多少，可能耗能差好多，所以微航天的物理学最重要的概念就是，不要想象航天器以光速运动，而是想象航天器以光速的50%，或者20%、60%这样的速度运动。到时候，怎么减速还是个问题。

人类智慧无限

最后，我还要谈到激光风帆。激光风帆不用物质和反物质作为能量，而用激光；亚瑟·克拉克想象的在太空上冲浪，就是用巨大的帆让太阳光照到上面产生驱动力然后冲浪。摄星计划不可能使用普通发动机，把一点点东西推到光速的1/5，火箭需要多大动力？可以想象这个成本非常大。要把一克东西送上天，需要巨大的火箭，成本太大。从物理学角度讲，考虑激光风帆是对的。我今天讲的就是未来20年摄星计划要克服的第一个困难就是制作风帆的材料，这个风帆真的不能比航天器重太多，重10倍可以接受，重100、1000倍就没法接受，而且它要足够巨大，因为激光能量辐射上去，需要很大面积。

一克的飞船能不能实现我们需要的所有功能？这是另外一个问题。一克飞船至少要有通信设备，到达比邻星后还要做一些工作，比如给比邻星拍照，还要带个微摄像机，希望在20年以后可以实现。

为什么跟大家讲科技生活的近未来呢？也就是说，20 年之后，我们能不能在一克的飞船里放上微摄像机？我觉得可能，到了 2030 年，当 IPhone 13S 出现的时候，我们可能会造出微摄像机，或者微通信设备。假设一克飞船可以做到，达到 20% 的光速需要 1.8 万亿焦耳能量，世界最大的激光器是用来核聚变点火的，就是使很多束激光产生极高温度，导致热核聚电，该激光器功率巨大，一秒可以输出 500 万亿焦耳，我们只需要 1.8 万亿焦耳。但是这个激光器辐射时间非常短，远远不到一秒，它最多只能辐射出 200 万焦耳能量，即使把这个激光器用上，都没有办法驱动一克重的飞船。

激光技术在 20 年之内还要发展。能不能输出激光总的能量，而不是功率？在很多零秒之内闪一下的功率很大，但是它没有办法持续地闪，能不能制造出能量强大的激光器，可以输出 1.8 万亿焦耳，把一克飞船驱动到 1/5 的光速？今后两年，俄罗斯可能会出现最大的激光器，但是它的能量输出为 460 万焦耳，是美国的 2.3 倍而已。当然俄罗斯人也不是用其来驱动飞船的，它是用来点火的，导致热核聚变。

还有一个物理学问题非常简单。如果一颗星距离我们 4.2 亿光年，我们瞄准稍微偏一点，哪怕偏 0.0001 度，就不知道偏离出去多远，所以要发出很多飞船，这个激光器的瞄准必须非常准确，这又是一个要攻克的物理学难题。但是我觉得人类智慧无限，通过大家的努力，说得乐观一点，20 年后，这些物理学困难都可以克服，说得悲观一点，30 年内应当可以克服。

今天的演讲就到此结束，谢谢大家。

四大梦想

——基因带来的福祉

尹　烨

尹　烨 🖊

华大基因 CEO。曾任华大科技总
裁、华大集团首席运营官
（COO）。先后从事体外诊断试剂
研发、管理及基因组研究行业。

今天跟大家分享的主题叫"四大梦想"，这四大梦想都和基因相
关。

这是一个从鱼到脊椎动物的进化过程。一开始，鱼会慢慢地将鳍
变成爬行所需的器官，试图将活动范围由水中转移到陆地上，此后就
演化成了青蛙、蜥蜴，随后，一些演化成了鸟，一些变成了今天的
兽，最终出现今天的人。生命的演化就是这样一个过程。人类曾历经
千辛万苦，终于实现了直立行走。然而，因为今天有了电脑，所以大

家又坐了回去。本质而言，我们在神态上已经越来越不像自己的祖先，人类也多了很多原本没有的疾病。

我们人类只是万千物种中非常渺小的一个。要知道，哺乳动物有4000～5000种，鸟类有一万多种。因此，人类并不特殊，和其他物种都是平等的。从一个简单的数据就能看出这一点：我们跟哺乳动物的基因组大小相差无几。但是，人类非常有意思，总把好的个性、品质归为人性，把邪恶、引发犯罪的因素都归为兽性。然而，和人性相比，可能兽性更懂得维护自然，维系自然的可持续发展。

最近很火的一部片子，叫《侏罗纪世界》。恐龙曾经统治地球1.5亿年，在此期间，地球被保护得非常好。相比之下，有文化可考的人类，统治地球不过一万年，但这个星球已经被糟蹋得不成样子，这点我们有目共睹。大约在这一万年里，尤其在最近100年间，由人类制造出来而历史上从不存在的化学废物就超过了2000万种。可想而知，人类这一物种对自然界的破坏是非常巨大的。

所以，在进行任何生命研究时，我们都必须铭记人性的根本，特别要注意不能事事都秉持人类沙文主义，不能肆意屠戮其他物种。另外，基于某个因素，将这个物种的意义无限放大，也是不可取的。这也是开展生命科学研究时最需要考量的一件事情。如果自己孩子手上被切了一个口子，大家都会很心疼。但是，你有没有想过，如果今天蒸了一锅的阳澄湖大闸蟹，大闸蟹的妈妈会怎么想？其实，在生物界中，怪兽或者天敌是相对的。对金丝雀而言，猫就是怪兽；而人对猫就会相对适应些。如果秉持这样的态度，我们在面对一草一木时，在看待、理解这个世界时，就会有一种全新的感受。

事实上，基因就是由一大堆数字串组成的。不过，这个数字串不是计算机二进制代码0101，而是A、T、C、G四种最基本的碱基。

打个比方，一副扑克牌有54张，分为黑桃、红心、梅花、方片四种牌型。类似的，我们的基因有30亿张牌，都能归类到A、T、C、G这四种类型中。如果打牌时抓了一手好牌，比如6、7、8、9、10、

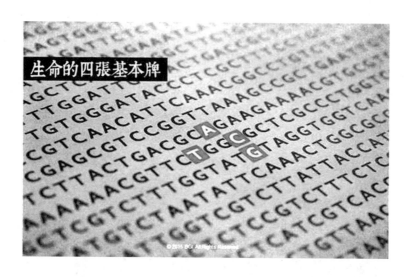

J、Q、K一个顺子，一把就能打出去。然而，如果你手中的牌变成了6、7、7、9、10、J、Q、K，就变成了一手单牌。虽然只错一张，这副牌就打不出去了。

我们的基因也是一样。虽然只是某个基因、某个位点或某个碱基出错，但正是这个基因、位点或碱基上的问题，恰好就造成了一种遗传病，或者产生了一个肿瘤，人就可能会因此罹患一些对应的疾病。由于基因错配导致的问题就是这样出现的。

我们常把达尔文的学说称为"进化论"。事实上，对这个名词的翻译并不是特别准确。生命的车轮真的是一直向前行进的吗？如果从与环境协同的效果及可持续发展的情况看，从恐龙时代到今天似乎是越来越差的。显然，物种的沿革并不是简单的进化或退化，而是随环境变化而产生的演化。

在中国，第一个翻译《物种起源》的译者是严复，他将书名定为《天演论》。这个"演"字，要比今天翻译的"进化"二字更为准确。有一些基因在历史上是有效的，但到了今天就失去了效用。我们没法判断这些基因的优劣，只能说某些基因更适应当前的环境。基因本没有好坏之分，只是和不同环境相互作用，会出现不一样的结果。

如果达尔文的"演化论"无误，那么让我们看一看这张图。首先看到的是一棵草。我们有 2.2 万个基因，每一个基因由一大堆的碱基组成。不过，其中 17% 的基因是和草共享的。苍蝇是一种昆虫，但我们和它们共享了 39% 的基因。另外，我们也养鱼，用鱼做菜下饭。然而，我们跟鱼共享 63% 的基因，跟老鼠共享 80% 的基因。如果到动物园看见猴子，千万别再喂过期食物了，我们有 93% 的基因是一样的。

© 2015 BGI All Rights Reserved.

我们跟猩猩之间究竟有多大的差别？这是离我们亲缘关系最近的黑猩猩，我们彼此之间就只有 4% 的基因差异。这就是猩猩跟我们高度相似的原因所在——彼此之间的分化时间就没多长。和 50 亿年的地球史、36 亿年的生命进化史相比，人和黑猩猩间短短 700 万年的分化史，真就是"几个石头磨过"而已。

那么，再看看人与人之间的差异。你与我、我与他之间，在基因上到底有多大的差别？其实就只有千分之五。只不过，千分之五乘以30 亿对碱基，差异的总量就变得很大了。

首先要明确一个概念：人只有一个种。有些人不禁要问：人怎么可能只有一个种？我们不是还有黄色人种、白色人种、黑色人种和棕色人种吗？其实，我们跟黑人一样可以结合，也就是常说的混血，依然能生出很好看的宝宝。同理，白人跟黑人也能生出肤色介于黑白之间的宝宝。人与人之间是没有任何生殖隔离的，可以稳定地生育后代，而且这个稳定的后代兼具了双方的优势。一个南方人和一个北方人结合，往往能发挥所谓的基因远端杂交优势，将双方都有的优良基因组合到一起去。所以，在生物学上，人就只有一个种。所谓人种的概念，更像是从种族主义衍生出来的。听完了今天的课，我们就明白了，人其实只是万千物种中的一种。然而，要命的是，我们的人数现在有70亿，这对于单个物种而言实在是太多了。

请大家记住，在DNA的碱基水平上，人和人之间的差别就只有千分之五。但是，请大家看一看，这千分之五会造成哪些有趣的现象。

比如这句话，通常我们一定是这么念的：A woman, without her man, is nothing. 也就是说，没了男人，女人就啥都不是。不过，也许正确的读法应该是：A woman, without her, man is nothing. 这是什么意思？其实就是说，没了女人，男人就啥也不是。只是一个标点符号不同，整个句子的句意就完全颠覆了。

生物学上研究的问题，都是像这样的一点点小差别。就因为出现了这一点点的小差别，牌面就从一条顺子变成了一堆单牌。而基因上的小小不同，就会造成很多大家意想不到的差异。

比如，你可以长成像姚明那样2.26米的大个子，也可以长成吉尼斯世界纪录上最矮的钱德拉，身高只有54.6厘米。他们两人之间，可能就只在几个特定基因的特定碱基上有差异。

有没有两个人的基因是完全一样的？这是一对异卵双胞胎，两个孩子长得很像，但是肤色明显不一样。如果这件事情出在中国，估计会闹得很大。好在今天有了亲子鉴定技术，我们能很方便地证明两个孩子来自同一对父母。在生物水平上，这个概率大约是三百二十万分之一。

我们有30亿个碱基，上帝有时候就会掷骰子做决定。所以，在生命科学的问题上，唯一的不例外就是例外。如果没有例外，我们就只有遗传没有变异，整个自然界乃至整个生物界就不会有演化的动力。

基因可以决定许许多多我们看得见、摸得着、数得出的表型。比如，有些人的拇指可以弯曲，有些人则弯曲不了。不能弯曲的拇指你也别掰，因为这是基因决定的，即使掰断了也弯曲不了。还有，舌头能不能卷，也是由基因决定的。有些人是单眼皮，有些人是双眼皮。单双眼皮是可以遗传的，如果孩子生下来是双眼皮，父母中至少有一个人是双眼皮。当然，也会发生基因突变。其实，性状遗传是很自然的事。

再举一个喝酒的例子。过去，大家比拼酒量高低时，总说一人一杯最公平。其实，这种说法是不对的，要喝酒就得先测酒量。那么，酒量是由什么决定的？八成以上取决于两个基因。一个是乙醇脱氢酶，另一个则是乙醛脱氢酶。当乙醇脱去一个氢，就变成了乙醛，再脱去一个氢就变成了乙酸，就此"酒败成醋"。此后，乙酸再和呼吸产生的二氧化碳发生反应，就会变成水分，通过排尿的方式离开身体。如果这两种酶天生缺失，可能就会出问题。如此一来，身体内的乙醇可以转化为乙醛，但却无法转化为乙酸。累积的乙醛进入血液循环系统，就会造成毛细血管的扩张，人的脸就红了。还有一部分人比较受罪，第一步转化实现不了，第二步转化却发生得很快，于是越喝酒脸就越白。在华大，我们可以给这类型的人做一个基因检测，证明他不能喝酒。

基因检测证明和我们身份证的道理是一样的。它能告诉你，什么事情能做，什么事情不能做。有些孩子自打出生以来，一喝牛奶就会拉肚子。如今我们明白，之所以会有这种现象，一部分是肠道菌群的问题，另一部分则是因为天生乳糖不耐受。大家要知道，牛奶是给小牛喝的，而不是给人喝的。只是因为人奶不足，所以才以牛奶代替。欧洲人比较适应牛奶，因为他们是最早摄入牛奶的一部分人，所以基因都跟着发生了变化，对牛奶的接受程度也越来越高。所以，相比我们亚洲人，欧洲人的乳糖耐受程度要高很多。中国人喝牛奶也不过是近30年的事，所以才出现了所谓舒化奶。舒化奶中的成分不是乳糖，而是半乳糖，所以吸收起来相对容易些。

还有一些更有趣的现象。北方人为什么能喝酒？因为喝酒更有利于保持自己的热量，在非常寒冷的地方，能喝酒就能活下来；不能喝酒，可能就会被冻死。当然，南方气候足够温暖，大家似乎用不着喝酒。所以，北方人比南方人的酒量好。

为什么地中海贫血这种基因缺陷病在两广地区高发？因为在1000多年前，这个地方疟疾肆虐。如果得了疟疾，可能几天之内就一命呜呼。相反，地中海贫血患者不那么容易患上疟疾，可以多活几年甚至几十年。两害相权取其轻，地中海贫血的基因流传了下来。地中海贫血患者的红细胞和普通人不同，不是球形而是镰刀形，疟疾也就很难发作。然而今天，这个基因就成了大麻烦。

在石器时代，我们天天要跟野兽搏命，谁凝血快，谁就能活下来。如果两个人都被老虎咬了一口，其中一人得用一个小时才止住血，另一个人5分钟就止血完毕，谁活下来的概率更高？当然是后者。然而，到了今天，我们已经不需要再跟老虎作战了，凝血快反而成了劣势，容易出现"三高"现象。

这就是我一直强调的观点：基因是在演化的，基因没有绝对的好坏，它的状态都跟当前的生活环境有关。所以，大家不要单纯地说某个基因是好或是坏。只有适合自己的，才是最好的。

男性一次射精会排出几千万个精子。在产道里，这几千万个精子会展开一场漫长的马拉松式竞赛，卵子每次只会供给一个。最先到达的精子，会将其上的顶体撞到卵细胞上，给后者传递一个化学信号。接到信号后，卵细胞会瞬间打开一个孔，然后很快将孔闭上，其间只能容纳一个精子经过。人类的繁衍就是这么精确。但是，正如我们所说，生命科学唯一的不例外就是例外。如果一不小心进去了两个精子，就会形成双胞胎，进去了三个就形成了三胞胎。在医学记载上，最多的一次进去了六个精子，形成了六胞胎。

精子除了将自身的30亿个遗传物质交付给卵子，和卵子的30亿个遗传物质结合成30亿对，它在生理学上对这个孩子的贡献就几乎没有了，剩下的事情都由卵子包办。受精卵要经历二分裂、四分裂、八细胞、囊胚等许多阶段，逐渐形成一个胚胎。随后，胚胎开始长大，到40周也就是280天左右，就离开母体，成为一个新的生命。

人的诞生就是这么一个过程。

母亲为什么伟大？因为女性可以非常恒定地抚养后代，从而维系人类的稳定。男性终身都有生殖能力，而女性尤其是在50多岁时就会进入更年期，会出现闭经，进而失去生殖能力。然而，今天中国人的平均寿命是多长呢？大约是74岁。女性相对长一些，是76岁。如果50岁闭经，70岁去世，20年时间恰好能把又一代孩子抚养成人。自然界的安排就是这么巧妙，妈妈依然可以养大最后一批生下来的孩子。从这个意义上讲，女性对人种的延续做出了卓越的贡献。

我们都知道，在基因层面上，人类有30亿个碱基对。如果把这30亿个碱基像扑克牌一样整理成一摞一摞，就会缩成23对染色体，其中一半来自父亲，另一半来自母亲。其中，1到22号是常染色体，第23对是性染色体。在女性身上，这一对是XX，而在男性身上则是XY。1到22号染色体是从大到小排列的，如果X和Y这两种性染色体也参与排列，X在全部染色体大小中能排第八，而Y只有几个基因。而且，在过去的几百万年间，Y的基因还在不断地丢失。所以，有人预测，也许男性终有一天会不复存在。

大家也不用觉得多么奇怪。现在，科学家将一个卵子的卵母细胞诱导成精母细胞，精母细胞又变成精原细胞，精原细胞再变成精子。随后，将精子和自己另一个卵子结合，再重新植入母老鼠的体内，就可以实现孤雌生殖。这么一来，老鼠妈妈就能靠一己之力，凭着自己的两个卵子生出老鼠宝宝。所以，从这个意义上看，男性是否存在，也许真不是什么大的问题。

况且，人类也许本就没有性别。为什么我们觉得人一定要有性别？物种一定要有性别？事实上，大肠杆菌并没有性别。在大肠杆菌里有两根链，一根叫正义链，另一根叫反义链。虽然大肠杆菌没有性别，但正义链就是阳，反义链就是阴，阴阳还是存在的。所以，所谓性别未必要在染色体层面上体现。

再看看绿海龟类的例子，绿海龟的受精卵并没有性别之分，有性别决定基因，可以根据温度选择不同的基因变化。当外界温度高于

32℃时，孵出的绿海龟幼龟全是雌性，而当温度低于 27℃时，孵出的幼龟全是雄性。当温度介于这两者之间，比如 29.5℃时，孵化出来的幼龟恰好雌雄各占一半。另外，黄鳝也是先雄后雌，随后终身保持雌性状态。在电影《侏罗纪公园》里，克隆再生的都是母恐龙。然而，因为恐龙群当中没有公的，母恐龙就自然变成了公恐龙。这就是基因的玄妙之处，我们本来是没有性别之分的。

金枪鱼鱼群中有一条雄鱼，往往非常漂亮，看起来色彩斑斓，负责领航。澳大利亚颁布了一条保护金枪鱼的法令，如果钓上来的恰好是雄鱼，就必须要放生，不然会影响金枪鱼鱼群的种群稳定性。然而，有些时候，雄鱼还是被好事之徒捞走了。几天之后，鱼群中有一只雌鱼就变成了雄鱼，重新引领这个鱼群，继续在海里遨游。这个物种的自我调节能力其实相当强。

我在这里特别想讲一点，目前，中国每年大约有 1700 万个新生儿，深圳每年会有 20 万个孩子降临人间。然而，我们的出生缺陷率大约是 5.6%。也就是说，中国每年有 100 万个新生儿存在出生缺陷。如果这部分患者都能活到 10 岁，中国会出现一个达到千万个以上规模的遗传病或罕见病的群体。

我们可以看看地中海贫血。我很想向大家发出呼吁，希望大家能够一同关心这个可怜的群体，他们其实替我们承担了人类演化史中的小概率错误。95% 的人都是健康的，而这 5% 的概率却被他们赶上了。5% 的人应该得到另外 95% 的人的救助，这是一个应有的态度。所以，如果大家要做慈善，就去救助罕见病群体吧。没有什么比救助罕见病更有意义的慈善公益事业了，这个群体实在太可怜。

近代医学有三个最具有里程碑意义的伟大发现或发明。第一个是狂犬疫苗，巴斯德在 1885 年发明了狂犬疫苗，这是全世界最重要的一个疫苗。前段时间，疫苗闹出了很多纠纷，导致大家有些恐慌，甚至有些人提出不要打疫苗。这种观点是不对的。事实上，迄今为止，能为公共健康保驾护航、为我们提供第一道最坚定的抗病毒屏障的就是疫苗，所以大家一定要给自己孩子接种疫苗。虽然，我们不能否认，有十万分之一到百万分之一的疫苗是所谓的不良接种，进而引发不良事件，即打了疫苗之后，孩子在最严重的情况下可能会失去生命。但是，整个群体依然会因为疫苗受益。

第二个是青霉素。1929 年，弗莱明发现放线菌可以产生盘尼西林，也就是我们常见的青霉素，并因此获得了诺贝尔奖。今天，青霉素在医院里已经找不到了，针管里的注射药物已经升级为头孢二代、头孢三代等，或者是其他的抗生素。但是，在 1945 年的时候，青霉素的价格比今天的靶向药还贵，价格基本上比黄金还要高。也正是因为有了抗生素，二战因为感染而死亡的人数尤其是士兵人数大幅度下降了。

第三个是 DNA 结构。在 1953 年的剑桥，沃森和克里克共同发现了 DNA 双螺旋的结构，我们才得以洞窥人类遗传的天机，从此找到了珍贵的遗传密码。多亏了这三项重大发现或发明，人类健康在 21 世纪有了一个核心的守护神。

其实，不管是在怀孕前、产前还是在孩子出生之后的新生儿阶段，我们都可以通过基因检测的方式，确保孩子的健康。当然，做这个检测不是盲目的。现在大家也可能听过，有很多的公司声称能检测天赋基因，其实有点夸大其词。所谓的天赋基因检测，就是让孩子检测一下，看他适合当贝多芬、罗纳尔多还是达·芬奇。其实，这都是无稽之谈，因为孩子的兴趣和所接受的教育是由生活环境决定的。

但是，一些遗传病就能很清楚地检测出来。比方说，如果孩子在筛查时发现有一个耳聋缺陷基因，就不能打链霉素针，否则可能出现药物性致聋。像这样的情况，我们就要尽早对他进行干预，恨不得在他去医院的时候，就给他脑门上贴上"此娃终生不能打链霉素"的警示语。大家知道，《千手观音》是由 21 位聋哑人表演的舞蹈，非常精彩。其实，当中有 18 个人刚出生时并不聋，就是因为打了链霉素才出现了药物性致聋。如果像这样的情况能得到科普，我相信这个出生缺陷在中国就会大幅度减少。

只要抽妈妈一点血，就能检测出胎儿是否健康。我们做了 100 万例检测，进行了很多大数据方面的分析。今天，我不讲很多学术性比较强的东西，单说几个有趣的例子。比如，中国女性受孕高峰是在8月份，天气最热的时候。湖南的女性生双胞胎的概率是平均水平的两倍。另外，我们理解生男生女就应该是一比一，但实际上大家不要忘了，男性的寿命比女性的寿命要略短，所以即使没有任何的干预，实际男性比女性的自然生产率还是会高那么一点点，大概是50.5：49.5，来弥补年龄上损失的这部分差距。这其实是自然界随机调配出来的。

像无创产前基因检测这样的技术，深圳的价格是全世界最低的，在美国做这样一个检测要2000美元，在深圳只要100多美元。因为深圳市政府要求华大降价，政府也给一部分补贴，还有一部分可以报医保。所以，深圳市的很多孕产妇都因此而受益。从这个意义上讲，先进的科学技术需要有更好的政策来保驾护航，才能够更好地为百姓的健康福祉做出贡献。

我的第一个梦想就是希望与生俱来的基因健康，创造一个没有罕见病的未来。如果大家都能够有一个正确的基因观念，比如说关于地中海贫血，两广地区所有的孕妇以至所有的夫妻，在孕前甚至在婚前都检查一下，我们就有办法让后代远离这一疾病。所以，如果说每个人的基因都是与生俱来的，我的第一个梦想是让与生俱来的基因健康起来。

大家除了出生缺陷，想必现在最害怕的就是肿瘤，如果出生的基因是与生俱来的，那么肿瘤的基因我们管它叫与时俱变的。根据2014年世界卫生组织发出的世界癌症报告，全世界新增的癌症病例是1410万，我们预计到2025年达到1900万，而2035年会增长到2400万。按中国国家癌症中心给出的一份2015年的肿瘤年报，2015年中国新增病例是429万，这里面应该还不包括很多在农村可能都从来不会去医院的人。换算成秒的话，差不多每7秒就有一个中国人被确诊为肿瘤病，约占全世界新发癌症的1/4。

为什么现在肿瘤检测非常火？得了肿瘤应该怎么办？有没有更好

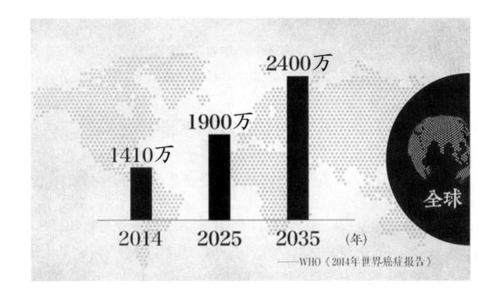

——WHO《2014年世界癌症报告》

的办法？首先，40 岁以上的群体，恶性肿瘤的发病率会快速升高。我们最终能不能远离肿瘤？如果让我们所有人都不得肿瘤了，这是不可能的。1949 年在中华人民共和国成立的时候，中国人平均寿命不到 40 岁，今天我们平均寿命已经达到了 74 岁，日本人跟我们的遗传背景基本一致，平均寿命达到了 84 岁。人类从来没有这么长寿过，所以我们也从来没有见过这么多人得肿瘤。

今天的"三高"（指高血压、高血糖和高血脂症）、老年痴呆、肿瘤等疾病多发，正是因为我们整个群体规模变大，寿命变长，还有环境污染也确实严重了。此外，检测手段也比以前强大很多了，以前很多人去世，可能不知道是因为肿瘤。所以人类如果不得肿瘤，这是很难做到的。但是如果把肿瘤作为一种慢性病来管理，我认为这是大有希望的。

例如艾滋病，1980 年才被发现，我们开始谈"艾"色变；2001 ~ 2003 年，因为非法采供血、吸毒等闹得沸沸扬扬；最近大家好像不觉得艾滋病有多可怕了，为什么？因为得了艾滋病不死人啊。现在艾滋病人如果可以被很好地照顾，他们在感染之后有一个 10 年的窗口期，能够再健康地活 10 年、20 年的大有人在。

那么有没有可能，我们跟肿瘤达成某种妥协，达到一个很好的带瘤生存的状态？我们在医学评价上经常说，这个人用了某种药，可以让他延长 6 个月的生命。我想请问，这 6 个月的生活质量怎么样？如果天天躺在 ICU 里面，今天放疗，明天化疗，挂满点滴，打着营养液，那可能还不如《非诚勿扰 II》里的香山，得了黑色素瘤，最后跳海算了。所以，面对生死大家还是应该坦然面对。

当然不是所有的肿瘤我们都没有办法去对付，并且，科学家从来没有像今天这样对治疗肿瘤充满信心。首先，什么是肿瘤？归根结底所有肿瘤的共同特征是细胞生长的失控。细胞生长失控就是因为基因失控。有一部分基因我们称之为原癌基因，有一部分基因我们称之为抑癌基因，如果原癌基因不表达，抑癌基因很好地去表达，这个人就没事。原癌基因像油门，抑癌基因像刹车。如果有一天，油门踩到底，刹车坏了，就会得肿瘤。一个细胞变成一个癌细胞不要紧，就怕它越聚越多，然后通过血管，在人体内四处转移。比如，淋巴道转移、血道转移、远端转移。如果这个时候它逃过了你的免疫系统，你又没正确地用药，这个肿瘤就慢慢地发展起来了。所以，肿瘤应该早防早治。

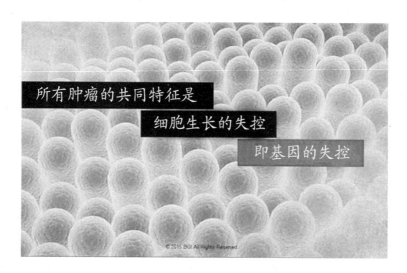

提到乳腺癌，不得不想到姚贝娜，是我们深圳的一个歌手，星途无限，得了乳腺癌去世了。不是所有的癌症大家都没有办法，在今天

的美国，乳腺癌、前列腺癌，还有甲状腺癌五年的生存率都高达90%，甚至将滤泡甲状腺癌都剔除出癌症行列了，大家认为这已经不是一个癌症了。那么乳腺癌如果在早期被发现了，并且通过规范治疗，就不会是一个很悲惨的结果。

相反，美国影星安吉丽娜·朱莉，大家看过《古墓丽影》的话就应该熟悉她，她因为做了基因检查，发现乳腺癌 Brac1/Brac2 基因，有一个阳性的。安吉丽娜·朱莉的妈妈和阿姨都得过乳腺癌或卵巢癌，也就是说她如果不干预的话，会有 87% 的概率患乳腺癌，50% 的概率患卵巢癌。所以她在 2014 年选择切除了双侧的乳腺，过了一年她又把卵巢切了，把输卵管也切了，她采用了一种非常极端的方式来对抗自己的癌症。也因为《时代周刊》连续报道她的事迹，我相信在中国做乳腺癌筛查的女性也会越来越多。

对女性来讲，乳腺癌毕竟还是第一大杀手。在所有的肿瘤疾病里排名，乳腺癌也是排在前几位的。一般来说，女性要做好乳房自查。比如洗澡的时候，捏一捏有没有肿块，注意乳头和乳晕的颜色有没有改变等。我在这里劝各位女性，乳腺的基本功能是哺乳，它不是什么事业线，而是我们人类的生命线。也请各位女性，不要因为一时的爱美之心，而放弃母乳喂养，放弃生育，这可能都会影响很多激素的正常表达。如果过了 40 岁，有经济条件的也可以用一些影像学方法做乳腺检查，比如钼靶等，这样的方式也能够帮大家及早发现一些乳腺疾病。

如果说，全世界有一种癌症能被大家齐心协力控制住，那就是宫颈癌。为什么？因为宫颈癌就是一种被 HPV 病毒感染引起的疾病，这个发现在 2008 年获得了诺贝尔奖。也就是说，如果没有长期地被 HPV 病毒感染，就不会得宫颈癌。所以，18 到 55 岁的适龄女性，只要大概每三到五年做一些宫颈癌筛查，及早发现及早干预，我们就可以做到远离宫颈癌。

因为宫颈癌离世的人也有很多，比如说梅艳芳 40 岁时因为宫颈癌去世。宫颈癌一旦发作就不易治愈，因为它在腹腔里迅速扩散了，但是从被 HPV 病毒感染到变成宫颈癌，这个时间要长达 15 到 30 年，我们有足够的时间去阻断宫颈癌。那能不能打疫苗呢？原来默沙东和 GSK 都有宫颈癌疫苗，深圳最方便，到香港就能打。但是，它所预防的 HPV 的型别是 16 型和 18 型，这两个型别是白种人的特有流行型；在中国人中虽然也高发，但是中国人除了流行 16 型和 18 型，还流行 52 型、58 型、35 型等。所以中国人要去打疫苗的话，建议打今天默沙东的 9 价疫苗，它预防的型别更齐全。在欧洲和美国等发达国家，10 岁左右的少男少女，都已经被推荐去打 HPV 的疫苗。宫颈癌是最有可能被全世界第一种攻克的癌症，希望大家听了今天的演说，都向自己周围的适龄女性推荐做这个检查。

我们一直讲，从来就没有突然发生的肿瘤，肿瘤的成因要追溯到十几年甚至几十年前，但是肿瘤都是突然被发现的，一旦发现，基本上就是中晚期，这个时候就很难治愈。如果肿瘤还在原位的时候，手术基本上就能有很好的效果；一旦发生了近端或远端转移，很多时候真的是神仙难救。我们可以通过一些高灵敏度、高深度的测序，使得早期筛查肿瘤成为可能。但这个技术的使用成本现在还比较贵，我们叫作液体活检。如果液体活检的成本降到几千块钱，我坚信它会在这些大城市的中、高收入群体中快速普及起来。也就是说，以前我们验血，看的多是生化指标；以后我们检查是否会得肿瘤，更多会看基因指标。

那如果真正得了肿瘤怎么办？要辨证施治。其实从来就没有一种肿瘤叫肺癌，肺癌是因为一大堆小的癌症都长在了肺上，但它后面的驱动基因是不一样的。病理学是这么来分的，有小细胞肺癌、大细胞肺癌、非小细胞鳞癌、非小细胞腺癌。但是如果从基因角度去看，它可能被分成几十个型别。所以，如果得了肿瘤，最重要的是要搞清楚得了什么样的肿瘤，才能有针对性地治疗。比如说肺癌同癌异治，这个很接近于《黄帝内经》的同症异治，都是肺癌，基因不一样，治疗方法就不一样。

有同癌异治自然就会有异癌同治。阿瓦斯汀是一种靶向药物，原本主要是治疗非小细胞癌当中的腺癌，它对 VGF 基因起作用。

现在阿瓦斯汀也被用于因为 VGF 基因导致的肾癌、恶性胶质瘤和结直肠癌。

那么，如果真的有了肿瘤，非常精准地知道因为什么引起的就非常重要。有这样一个令我非常兴奋的消息，英国的一个孩子叫 Layla，在 3 个月大的时候，她得了急性的白血病，化疗和骨髓移植都无效，医生给她下了死亡通知书。这个时候法国一家生物公司给这个小女孩做了细胞治疗，通过其自身的细胞，做出没有免疫排斥的超级"药物"进行精准治疗，最终这个孩子被治愈了。现在这个孩子已经存活一年多，这在医学史上，也是一个奇迹。所以，大部分肿瘤只要发现得早，治疗方式得当，我们是可以带瘤生存的。

所以，我的第二个梦想是，让与时俱进的基因可控，创造一个远离肿瘤的世界。

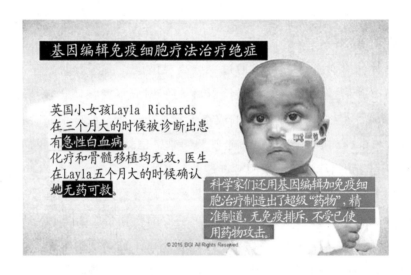

最近大家特别关心，雾霾跟肺癌有没有关系。这一刻无法做出评价，是因为我们要经过很长的时间才能验证。但是雾霾引起呼吸道病毒的增加，对肿瘤是个负面的因素，这是一定的。

还有很多人会问，抽烟到底是否会引发肺癌？我只能讲，从大数据来看，虽然抽烟是导致肺癌的一个重要因素，但是很多不抽烟的人，也得肺癌，特别是女性。虽然我还无法确定抽烟就一定导致肺癌，但是有一点我能肯定的是，抽烟的人得了肺癌比较不好治。这是因为烟就是药，抽了 30 年的烟，就等于吃了 30 年的药，细胞被积累了很多突变，使得靶点不是特别的多。所以，这个问题仁者见仁、智者见智吧，有节律地控烟，不要那么过分地去放纵自己，应该是一个比较正确的态度。

如果问大家钱和命哪个更重要？大家肯定说命重要。但是我们习惯性存钱，却很少有人存命。存命不是仅指生活习惯越来越好，而是在年轻的时候把更多生命的种子存起来，甚至把自己的粪便都存起来。人类是一种三维的生物，但实际上我们生活在四维的空间里，还有一个时间轴，我们是调整不了的。我们想象一下，如果有一条蚯蚓在无穷大的桌面上爬，对它来讲，世界就是二维的。这个时候有人把这条蚯蚓拿起来，放到下面一层，对蚯蚓来说，就完成了一次空间的穿越。

我们人类没有办法穿越四维的空间，但是我们还是有办法让时光倒流，比如说现在很多女性都会选择去做一些恢复容颜的手术，这个话题在学术界最近特别热烈。美国正在做几个特别疯狂的实验，比如换头，这是很恐怖的事情。

我们说干细胞有全能性。比如，无心插柳柳成荫，柳树根本不需要种子，掰一条枝，往地上一栽就开始长，说明植物细胞有分化的全能性。蚯蚓一切两段，每一段又可以再长出来，变成两条蚯蚓。但是人失去一条胳膊就不能再长出一条来。大家能理解这些概念就会明白，到底什么是干细胞。在进化演化的过程中，越高等物种再生能力就越弱，因为细胞分化的全能性随着物种的复杂程度在降低。我们人类都是从一个受精卵发育而来的，如果大家都回到受精卵的状态，我们就具备了分化的全能性。

所以，推荐大家在年轻的时候把免疫细胞储存下来，虽然今天的免疫疗法还有非常长的路径要走，但是这个研究一定会很快地向前突破。我们如果把肿瘤理解成小偷和强盗，把免疫系统理解成警察的话，应该用年轻的警察去抓年轻的强盗，而不是用 60 岁的警察去抓

20 岁的强盗。在比较年轻的时候储存所有的免疫细胞，有一天它可能能够真正地拯救你。最好的储存成人免疫细胞的时期是在 20 到 40 岁，大家存得越多，价格会越便宜。最终一个人储存细胞的价钱，会从今天的几万元钱降到几百元钱，那个时候每个人都应该去储存细胞，生命银行的概念也就会真正形成。

现在可以通过干细胞分化，使得原来得了糖尿病的老鼠恢复正常。很多人在老年以后，会有一些视网膜的黄斑退化，经过干细胞移植，视网膜当中的色素可以增加到正常水平。这个项目是在日本做的，日本从发现这个黄斑病变到最后治愈，只花了大概四年的时间，已经可以在临床中去应用。现在很多老年人视网膜黄斑变性，可以通过自体干细胞直接在视网膜上注射，从而重新恢复视力。视网膜甚至可以通过干细胞培育而成，人类也在积极地尝试通过 3D 打印和三维分化，做一些迷你的器官。今天已经可以大量地培养皮肤细胞、干细胞，甚至迷你的心脏和迷你的大脑。所以再生医学的发展，还是非常超乎我们想象的。自 2000 年以来，有大量的诺贝尔奖也都是集中在干细胞领域的。

最后一个梦想我们聊聊健康，中国人今天的平均寿命是 74 岁，我们有没有可能通过现在的生命科学让整个人类健康地活到 100 岁？要知道，哺乳动物的寿命是生长期的 5 到 7 倍，如果人的生长期为 20 年，我们的极限应该是 100 到 140 岁。而我们欣喜地看见，从鸦片战争到现在，我们人类整体的寿命的确在不断地增加，人的寿命一天可以延长 5 小时，中国人还有 10 年的平均寿命的提高空间，这些要通过疾病的治疗，更多通过我们健康的干预。我想教大家做一件事情，调节食谱，改善菌群，控制血糖，因为基本上所有的病还是吃出来的。

首先我们都不孤单，每个人都是一个行走的生态系统。一个 100 斤的人，肚子里有 4 斤的细菌，这 4 斤的细菌组合超过了 1000 种，但是分布不一样。测一点大便，就能给你分一个型，跟血型一样，我们称之为"肠型"。有干吃不胖的，也有喝凉水都长肉的，这是因为你肚子里的菌群不一样。

肠道菌群对我们的影响，并不逊于基因。一对双胞胎，因为肠道菌群的不同，就会出现巨大的差异；实验中的两只老鼠，原来一只瘦、一只胖，基因没有变，只对调了肠道中的菌群，胖瘦就开始逆转。为什么有些人怎么减肥都减不下去？为什么有些人吃啥都不胖？因为我们的吸收是不一样的，有一个吸收概率的问题。

这是新生儿的第一次大便，菌群检测还与妈妈的并不相像，等到12个月再检测就会发现，婴儿的肠道菌群就和乳母非常接近了。也就是说，妈妈通过12个月的喂食，将自己的肠道菌群定向培植到了孩子体内，这是一个口粪传播的过程。

为什么我会提倡顺产？为什么我会提倡母乳喂养？为什么我会提倡两岁以前病因不明，不用抗生素？原因很简单，要让孩子建立起一个足够强大的菌群。有的时候讲，不干不净吃了没病，是有道理的。西方人什么都好，但他们的环境太干净了，所以得哮喘的概率比我们高很多，花粉过敏的概率比我们高很多。剖腹产太干净，只吃奶粉，就得不到母乳里面很多的乳糖，而这些乳糖是为了诱导肠道菌群而存在的，所以这其实是非常有意思的。

美国斯坦福有一个银行叫粪便银行，只要你的大便是健康的，你就可以储存粪便，50美元一次。很多新生儿腹泻，用抗生素没法治，最后怎么办？把妈妈的菌群通过新生儿的肛门给进去，这叫作粪菌移植。甚至现在有很多剖腹产的婴儿，用妈妈胃肠道的菌群做肠道菌群浴。所以人类绝不是地球的主宰，地球的主宰是微生物。生一个孩子就连自己的菌群都移植进去了，这非常厉害。为什么有夫妻相，一个是因为微表情互相模仿，另一个是因为两人天天吃一样的东西，菌群都长得一样。

一个人在深圳吃海鲜长大，他的肠道菌群就会逐渐习惯于这些高嘌呤、高蛋白的物质。假如有一天，到了一个吃面食为主的地方，肚子里的细菌就不适应了——我们以前是以吃蛋白、嘌呤为主的，现在你给我吃淀粉，不愿意！有些肠道菌群无法得到相应的营养，就会释放内毒素，这些内毒素或其他化学物质，或者会造成肠壁局部的炎症，或者通过循环系统，作用到垂体和下丘脑，你可能就会有很想吃海鲜的感觉。所以，到底是你想吃海鲜还是你肚子里的细菌想吃呢？如果这个问题能解决，大家就应该明白，我们为什么有的时候说要吃素食，就是为了让你的菌群更健康，人类生出来不是为了吃肉的，我们吃肉就几十年的时间，我们应该定期去吃一些益生菌来维持自己的胃肠道正常蠕动。

所以，对人类来讲，爹妈给我们的不只是基因，还有菌群，还有家教，即我们所谓的文化。这三位一体合在一起不断传递，才构成了今天一个民族生存和繁衍的基础——基因、菌群、文化。

大家听精准医疗听了很多，精准医疗不只是测测基因，还有我们的蛋白质、代谢、微生物等。现在我们一辈子大大小小的体检大概有273次，数据加起来可能有65MB，而以后我们的基因组检测，哪怕只做一次也会让每个人的数据达到4TB。所以其实我们每个人天生就是大数据，只是我们没有检测。

我们华大基因的董事长汪建，是全世界第一个做完了多组学检测的"大白鼠"。他的理念就是：我的基因我知道，我的细胞我储存，我的菌群我调整，我的肠道我掌控。他喝的酸奶是根据他的肠道菌群调的，还为他定制了各种各样的营养餐。当我拿到他最新一期报告，看完所有的指标，我跟他说如果没有任何问题的话你应该死不了，因为你的指征没有肿瘤的倾向，也没有心脑血管病的倾向，你唯一要做的是继续维持你的状态。只要你不太任性，别去做极限运动，别去冒险，你基本死不了。

汪老师给自己修了一个墓，1954年到2074年，共120年，也许这是唯一一个活人做这个事情。其实每个人都可以把自己的健康掌握在自己的手里，希望能"吃得对，保养好，活得长，死得快"。我们见过太多的人生不如死，非常痛苦。所以我们要追求的不是单纯的一个生理寿命的极限，而是健康有质量的生命。

最后一个话题，基因不能解决全部问题。比如，30年前中国只

有 1% 的人有糖尿病；今天中国 50 岁以上的人，有一半都有糖尿病的前期。因为吃得太多，动得太少。现在不光人得糖尿病，峨眉山的猴子都超过 80% 得糖尿病，为什么？因为猴子在自然界中很难得到糖类，它会把人带去的含糖饮料都喝掉。提醒大家以后尽量不要顿顿喝大米粥了，大米粥太精致，吃大米和吃糖差不多，推荐大家吃小米，通过吃粗粮来不断地调节自己的血糖，诱导正确的菌群。

还有现在广泛存在的干眼症、颈椎病，这个跟基因没有关系，就是大家看手机看的，恐怕有 6.5 亿人有这些症状。这是一种传染病，传播途径是"WiFi 密码多少"，疫苗是停电。今天大家所谓的安全感，不是带了钥匙带了钱，而是手机满电有信号。所以，健康的本质其实是人性的管理，管住嘴，迈开腿，避免很多不恰当的嗜好，才能够让你活在一个健康的世界。

《黄帝内经》讲，上医治未病，未病的时候谁去看大夫？所以自己就是自己的上医，我的健康我做主，而不是得了病才到医院，让医生做主。只有健康管理才是颠覆医疗。所以我的最后一个梦想就是，用人性去战胜懒惰，实现一个人人健康的大愿！

人类非常渺小，我们的已知圈越大，未知圈就更大。想要让人类与其他物种长期和平共处，一句话，不忘初心，方得始终，谢谢！

走开吧，肿瘤君

茅 矛

茅 矛

华大基因股份有限公司首席科学官，肿瘤学、医药遗传学及分子诊断专家。荣获教育部"杰出青年教师奖""上海市银蛇奖"等多个奖项。发表学术论文80余篇。

"癌症"跟"肿瘤"几乎是两个不同的术语，但是几乎是一样的事物。肿瘤事实上分恶性和良性，比如我脸上有一颗痣，就是良性肿瘤。

"肿瘤"是什么？就是一团增生细胞，就是像瘤子一样的东西。在这里，良性和恶性是什么概念？良性可能长得很大，甚至巨大，只要不对重要脏器产生压迫作用，就没有生命危险。恶性是什么概念呢？会转移，比如它开始长在肺上，最终它转移到肝上去了；或者肠里那个肿瘤，转移到肺上或脑子里。所有的癌症或者肿瘤病人死亡，最主要原因就是肿瘤发生了转移，转移到其他部位产生极坏的影响，把人的能量耗费掉了，把人的最重要的脏器弄坏了，所以恶性肿瘤才是我们今天要面对的。

"癌症"是什么概念呢？恶性肿瘤起源于上皮细胞，从胚胎学讲，胚胎有几种不同的细胞，有一种叫作上皮，包括我们胃黏膜的细胞、肠黏膜的细胞、肺的细胞，还包括我们的皮肤细胞等，都属于上皮。从上皮里面生长的恶性肿瘤，叫"癌症"。恶性肿瘤也可能来自其他部位，但这种情况不太多，比如来自软组织，来自骨头的恶性肿瘤叫"肉瘤"，非常凶险。血细胞里发生的恶性肿瘤叫作"白血病"。长在淋巴里面的这些恶性肿瘤，叫"淋巴瘤"。它们在今天看来没有太大区别，我主要讲这些恶性的肿瘤。

肿瘤无所不在。对于个体来讲，概率永远存在。

肿瘤是我们生命的一部分，肿瘤或者癌症是正常细胞演变过来的恶性组织，只要我们是人，我们就有那些细胞，这些细胞就有可能变成"恐怖组织"、变成癌症。这也是大家所焦虑的。

每年产生 300 万新肿瘤病人

1992 年夏天，当时我在复旦大学做研究，暑假我回老家看我爸爸妈妈。我妈妈讲，我爸在三个月以前有过一次血尿，就是小便带血，很快做了一个肾脏和膀胱 B 超检查，是阴性的。于是我陪我爸到市第一人民医院做 B 超，发现右侧肾脏里面有一个乒乓球大小的东西。在上海复旦大学肿瘤医院，通过手术把这个肿瘤切除了，又做了两轮化疗。我爸比较幸运，现在没有处在肿瘤状态，当然幸运里面有很多因素，包括他的肿瘤当时应该没有转移，恶性程度不高，每个病人的运气不一样。

中国的现状是，差不多每年产生 300 万新肿瘤病人，（每年）大概 220 万人死亡，肿瘤的死亡率达到了 70% ~ 80%。

中国肿瘤的发生率占世界的22%，可能比相对发达国家高一点。但全球的死亡率是26%，我们比世界平均死亡水平高很多，因为我们的诊疗手段，我们所用的药，加起来达不到世界的平均水平。

比较特别的肿瘤，像肝癌、食道癌，中国占世界1/2，这里中国有它的特殊因素。

男人得肿瘤的概率远远超过女人，差不多是2:1。

有些肿瘤有明显的城乡差别。女性第一位是乳腺癌，城市里面的人发生率比较高，农村人发生率比较低。有的肿瘤受生活水平、习惯等影响，比较典型的城乡差别的肿瘤——乳腺癌、大肠癌甚至同经济收入有关系。

有一些生活习惯跟肿瘤相关，比如肉吃多了素菜吃少了，大肠癌发生率就增高。胃癌跟食道癌往往是穷人比较容易发生的肿瘤。

肿瘤的凶险性

第一位是肺癌，生存希望很小。更典型的例子是胰腺癌，属于不治之症。但甲状腺癌相对来讲比较良性，手术切除就没事了。肺癌发生率增高，还同空气污染有关系。

为什么乳腺癌发病率增高了？我个人认为，因为我们生小孩少了，成年女性有雌激素，对乳腺细胞来说是一种生长激素，它会维持乳腺细胞的增长，雌激素在一直有的情况下，突变概率提高，得乳腺癌的概率会增高。

生小孩之后的哺乳期，妇女雌激素水平很低，主要的激素是孕激素，乳腺细胞缺少刺激，得乳腺癌的概率会下降。中国很多大城市里，过去15年甚至可以看到乳腺癌发生率在翻番，这个现象同一胎化有关系。

癌症首先有一个病字头，它是一种病，中间这个部分其实就是石头。中国人认为癌症就是一块石头。

为什么我们会得肿瘤？很多因素在影响我们：第一，遗传；第二，行为；第三，环境；第四，其他因素。

2004年，《解码安妮·帕克》推出，这是一部讲述女性努力对抗病魔的温馨感人的故事电影。安妮是加拿大一位30多岁的女性，她不幸得了乳腺癌，后来又得了卵巢癌，这部电影讲她得癌症之后所经历过的很多事情。

这部电影还讲了她跟一个科学家之间的互动。这个科学家是Mary - Claire King博士，是一个遗传学家，她发现乳腺癌有家族聚集现象，一定跟遗传相关，所以她就采用了一些遗传手段研究这个疾病。最终她发现了疾病基因，叫作BRCA1，英文简称就是遗传性乳腺癌。她把这个基因定在某个染色体上，美国从20世纪90年代中期开始，针对这个基因做测序，看究竟有哪些乳腺癌病人有这个基因突变。

美国有个非常美丽的影星叫作安吉丽娜·朱莉，不仅人长得漂亮，会演戏，还是导演。两年前，她向世界宣布，她把她的乳腺组织切除掉了。这到底是怎么回事呢？因为她存在基因突变的可能，她妈妈死于卵巢癌；她外祖母死于乳腺癌，她姨妈死于卵巢癌，这个家庭非常不幸。医生让她做了基因检测，发现这个基因某个位点已经发生了突变。

20年来，美国人对基因突变进行了大量研究，已经掌握了超过10万突变人的大数据，遗传学专家的判断是，她这一生得乳腺癌的概率是87%，与此同时，因为基因突变，她得卵巢癌的概率是50%。她就做了一个预防性的乳腺组织切除，之后又做了一个卵巢切除。做乳腺组织切除大家相对比较容易接受，因为影响不大，但切除卵巢不太容易接受，因为女性需要卵巢分泌雌性激素，如果没有雌性激素，会带来很多问题，甚至是早衰。

发生肺癌最主要的原因是吸烟

吸烟可以导致肺癌，还有其他癌症，但是很多人仍然在吸烟，当然今天情况好了很多，但我们还是经常被迫吸二手烟。

美国的做法比我们坚决一点。首先，公共场合不能吸烟；其次，公共场合的门口也不能吸烟，必须距门口 20 米，公园现在不能吸烟了，唯一能吸烟的地方就在家里。

吸烟原来是印第安人的嗜好，后来烟草商就做商业推广，美国吸烟人数开始增长，到了 20 世纪 70 年代，烟草业开始走下坡路，因为大家意识到吸烟的危害性，政府就采取了一些措施，烟草公司的生意越来越难做。

在过去 100 年，发生肺癌最主要的原因是吸烟。

吸烟减少以后，男性肿瘤的发病率在降低，但是女性的发病率似乎维持不变，除了吸烟之外，还有一些因素在影响着肺癌的发生率，虽然吸烟是最主要因素。

当然吸烟不会马上使人得癌症。研究表明，差不多 25 年之后其影响才表现出来，吸烟使得患上肺癌的风险提高 25 倍。

癌症会不会传染？

非常明确的证据是，宫颈癌跟 HPV，也就是人类乳头状瘤同病毒感染相关，而且 HPV 感染是宫颈癌最主要的致癌因素。另外，中国 80% 的肝癌是由乙肝病毒所引起，也就是慢性肝炎状态所导致，另外 10% 是因为丙肝感染，还有 10% 是其他因素，基本上跟喝酒有关系，酒喝多了，人的肝脏受到损伤，就会发生肿瘤。

另外，胃癌跟幽门螺旋杆菌相关，经常洗手，某种程度上可以减少幽门螺旋杆菌的感染。为什么美国 100 年前胃癌发生率排名第一，今天肺癌发生率排名第一，主要就是这个原因，所以癌症跟我们所处环境里面这些病毒、细菌相关。

由于性生活关系，HPV 病毒在人之间传播，这个病毒特意性地感染宫颈部分的上皮细胞，这个病毒有两个很特别的蛋白叫作 E6 和

E7，这两个蛋白我们可以简单地确认它是癌蛋白，有了这个蛋白之后细胞可以产生恶变，最后变成比较大范围的宫颈癌。

乙肝病毒跟肝癌之间的相关性是怎么回事呢？有了肝炎病毒之后，肝脏细胞就有恶变的可能性。台湾的个案发生率曾经比较高，20世纪80年代起，台湾开始全民健保，每个人都注射乙肝疫苗，肝癌的发生率就明显降低了。

人人都可能得癌症

雾霾现在是一个非常严重的问题。

雾霾可以导致癌症，如果PM2.5达到100，肺癌的概率将增加20倍。当然雾霾跟吸烟很类似，必须有20到30年时间才能看出有没有癌症增长的趋势，我们今天没有数据说明这个问题。至少10年以后，这个现象才能说得清楚。

为什么人人都可能得癌症，为什么我们逃不掉？每个人都有一个碰运气的过程，就是在人的基因里，有些基因负责我们身体的生长，当它发生突变之后，这些细胞就会比较疯狂地增长，就变成癌细胞了，一个变两个、两个变四个，它就像恐怖组织一样极速地扩张。癌症作为一种突变，某种程度上正好落到了癌基因头上，所以说就看运气好坏。

癌症跟年龄因素的关系不能说最大，也是非常大的。

很少听说小孩得肿瘤。40岁开始，癌症发生率急剧上升，年纪越大概率越大，80岁以后会有一些下降。为什么年龄越大得肿瘤的可能性越大呢？从总体上来讲，癌症是因为基因突变引起的，在一个变成两个的过程当中，所有的DNA都被复制了，当然我们身体内的细胞里有一个保证系统，复制过程中错误极少，还有一个修正机制，即使出错了还可以改过来。但是，从头到尾一到三十亿，在有致癌因素的情况下，发生改变的概率肯定增加了。

吸烟为什么导致肺癌呢？因为尼古丁等烟里面的化学物质，它本身就是一个致癌物，致癌物使得 DNA 发生差错，这个差错不管是在复制过程当中还是吸烟过程当中出现的，它是随机的，它在任何部位都会发生，一旦这个差错出现在一个关键的部位，比如跟肿瘤相关的基因上，这个细胞就变成了癌细胞，然后它就可能扩增，它就变成了一个肿瘤。

为什么年龄增长使得患癌症的机会增多呢？因为细胞每分裂一次，就增加了一个出错的机会。年纪越大，细胞分裂的机会越多，出错的机会就越多，得肿瘤的机会就越多。

靶向药物针对基因突变

得了肿瘤之后怎么治疗？比较常识性的东西跟大家分享一下，下面讲相对比较前沿性的内容。

古人是怎么对付肿瘤的呢？西方人跟东方人不太一样。西方人比较喜欢动手，中国人比较喜欢动脑。西方人长了这个东西就把它切了，东方人的做法是，给它下毒药，以毒攻毒。这两个方法都不是非常有效。为什么通过手术不能把大多数病人治好呢？因为癌症会转移，会跑来跑去，切除的只是局部的东西，那些转移到远处的，你看不见也切不了，所以这不是最根本的、使得癌症能够根治的办法。中国人的做法是以毒攻毒，可能把肿瘤消灭了，也可能把人也给毒死了。

现在的诊断和治疗是由科学和技术发展所形成的。有了 X 射线，我们可以确知肿瘤在什么部位。

显微镜有什么作用呢？我们把肿瘤组织放到显微镜下放大，可以看到一个细胞水平，知道它是恶性还是良性，这个细胞到底长什么样，可能会有不同的方法治疗它，显微镜使得今天出现病理科的很多术语，如"非小细胞肺癌""腺癌"之类。对细胞形态有一个描述，也是为了根据不同细胞形态做治疗。

现代医学是怎么通过药物治疗肿瘤的？一战当中，开始有了化学武器，放毒气消灭敌人。这时候医生看到一个奇怪的现象，那些中毒的士兵血液里面的白细胞不见了，也就是这个东西可以把白细胞杀死。医生为什么关心这个问题呢？因为当时一个不能治疗的恶性肿瘤就是白血病，白血病发生在血液里，无法切除，就需要一种药物能够在血液里跑来跑去，把这个肿瘤细胞杀死，人们使用化疗就是从那个时代开始的。

20 世纪 50 年代，医学发展到可以培育肿瘤组织、分离肿瘤细胞。可以先在肿瘤细胞上试验能不能杀死它，先不让病人试，在肿瘤细胞上有效，才给这些病人用药，不再拿病人做试验。

再后来，遗传学、分子学取得进步，我们可以通过靶向药物针对这种基因突变，杀死这些肿瘤。放疗是什么概念呢？就是用放射的办法来摧毁这群癌细胞，局部定点消灭它。

所谓的靶向治疗跟免疫治疗是什么概念呢？因为癌基因发生突变，我们能够设计一种特殊药物把它消灭。十多年来，靶向药物研究得到很大程度的进展。

比如腺癌，中国大概有一半病人有 EGFR 基因突变，还有大概 5% 到 10% 的病人有 KRAS 基因突变，还有的病人有一个比较小众的突变叫 ALK 基因融合。

现在有一些新的靶向药物已经被中国药监局批准了，EGFR 突变、ALK 突变等这些病人已经可治了。

可治（疗）是什么概念呢？当这个病人是晚期的时候，他已经没有希望，通过使用靶向药物，这个病人今天躺在床上，可能两个星期之后就能够站起来了，效果非常明显。

有一些比较小众的突变，我们也做药物研发，也做临床试验。今天虽然把肿瘤里面整个基因都搞清楚了，我们依然不知道哪个是最重要的“恐怖组织”，不知道最重要的突变是什么，这是目前的状态。

靶向药物当然不是（一个）万能药物。道高一尺，魔高一丈。我总觉得肿瘤比我们聪明，你攻击它，它可以产生一个防御机制，药物就无法发挥作用了，对它没办法了。肿瘤细胞不停地在演变，靶向药物就带来一个很大问题，就是耐药性。当然可以再设计一种药物

（再）针对它。

如果把肿瘤切下来一块做基因分析，可以确定哪个癌基因发生突变了。但问题是这个肿瘤组织不能随便提取，比如长在肺上面，如果靠气管、支气管比较近，就无法提取。因为很多肿瘤比较分散，使得这种检测非常有限。

还有一个办法是液体活检。因为肿瘤在生长的时候，跟血管连在一起，这种死掉的细胞（的）坏掉的肿瘤DNA会释放到血液里面，（当然）极其微量。可以采用一种很先进的方法，把这个肿瘤DNA从血液里面检测出来，这叫作"液体活检"。

现在已经有新的药物正好针对这种耐药性突变，这些病人可以用新的药物治疗，也就说要动态地针对性治疗（肿瘤DNA）。

突变改变蛋白质顺序

还有一个什么招数呢？有的肿瘤测序显示可能有几千个突变。如果这个突变会改变蛋白质顺序，它就产生了一个新的蛋白，可以做一个抗体出来，使新蛋白能像疫苗一样有效。所以未来肿瘤治疗方法是N多个武器攻击这个肿瘤，因为N多种特性都是肿瘤所特有的。这就是最近美国提出的"肿瘤登月计划"。因为美国副总统有个孩子死于癌症，他现在就负责这个"肿瘤登月计划"，针对每个肿瘤的特性针对性地研发疫苗。

基因发生种种突变，事实上给了我们一个信息，需要借助计算机应对其治疗的复杂性、动态性，这里面需要人工智能——就像打败世界级选手阿尔法狗这样一个程序完成。人类需要不停地像机器一样自动学习才能战胜它，这才是对付这种复杂疾病的方法。

阿司匹林性价比高

多吃蔬菜跟水果，能够使我们罹患肿瘤的概率减少，锻炼身体同样如此。

为什么今天很多肿瘤病人不能生存下来，因为发现得太晚了。如果在一期就发现，生存率要远远高于晚期病人，但是肿瘤在早期很难发现，尤其手段还不太多的情况下。我们现在能做的基本上就是定期体检，因为不知道它什么时候出现。我们采取定期体检的方法，针对那些肿瘤常发的部位进行检测，比如：针对乳腺癌做乳房的 X 线检查；针对宫颈癌做 HPV 病毒筛查；针对结肠癌做定期大便医学试验，大便里面带血提示被测者可能有肿瘤。刚才我提到，对高危人群要定点筛查。如果有肝炎病史，可能要针对性地做肝癌筛查；胃癌的可能性比较大，每年可以做胃镜筛查；如果你吸烟，可以做低剂量螺旋CT 扫描，看是不是有早期肺癌。

再就是基因体检。我刚才提到 BRCA1/BRCA2 基因突变，尤其在高风险人群里。比如，如果自己的妈妈曾患乳腺癌，姨妈也是乳腺癌，这时候可能要想一想，是不是有遗传性因素，当然乳腺癌还包括自我检查。

还有一个方法就是注射疫苗。比如宫颈癌，完全是 HPV 病毒引起的，前几天 GSK 药厂的 HPV 疫苗刚刚被批准，这个疫苗在美国已经批准 10 年了，可以通过这个疫苗使得宫颈癌变成一个可以预防的疾病。再比如肝癌，我刚才提到台湾乙肝病毒的免疫接种，包括内地也在做这件事。胃癌是因为幽门螺旋杆菌引起的，可以用抗生素。

研究发现，低剂量阿司匹林不仅可以减少患心肌梗死的机会，同时可以减少患大肠癌的概率，这是性价比比较高的药物。

今天我们可以使用很多基因手段更加准确地预防和治疗肿瘤。比如遗传性乳腺癌基因筛查，可以起预防作用。还可以监测基因在血液里面的变化，我们希望有一天能够做到肿瘤早期筛查，目前还在研究阶段，估计三到五年之后可能会有比较好的方法，通过基因筛查肿瘤。诊疗部分，根据基因突变，可以运用不同靶向药物，根据肿瘤治疗过程中变异的情况，及时改变治疗措施。

天人之学与生态文明

李耀南

李耀南 ✎

华中科技大学哲学系教授、博士
生导师。研究领域为道家哲学、
魏晋玄学、东晋佛学以及中国美
学。发表专业论文 40 余篇。曾
应邀到美国密歇根州立大学、国
内多所大学和国学堂讲学。

　　回顾改革开放以来的几十年，中国的经济有了很大增长，中国已
成为世界经济强国、经济大国。但是一个不容忽视的问题就是生态。
生态问题当然不仅仅是中国的问题，也是全人类所面临的共同问题。
但中国的问题可能比较严重，比如资源过度消耗，环境污染严重，生
态系统整体恶化已经成为有目共睹的事实。生态问题可以说直接制约
了国家的永续发展和人的生命存在。面对如此严重的生态危机，我们
要寻找解决方案。我们一方面要借鉴吸收其他国家相关理论和成功经
验，另一方面，中国传统思想当中的天人之学也可以给我们提供极有

现实意义的理论借鉴。

首先我解释一下什么叫天人之学。各位如果读过司马迁的《报任安书》，里面有几句话非常有名，司马迁提到自己撰写《史记》的目的，是要"究天人之际，通古今之变，成一家之言"。其中天人之际，就和天人之学相关。所谓天人之学，一言以蔽之，就是探讨天道自然与人的社会政治和现实人生之间的关系及其意义与价值。

什么是生态文明呢？生态就是作为自然存在物的存在状态以及与环境之间的关系。文明是人的历史性创造的成果。我们常说的"生态文明建设"，其实质就是修正、调整乃至根本改变人对自然的观念、态度与行为，构建人与自然的新型关系。

首先，我们要谈人和天地自然的关系问题，这是一个最根本的问题。我个人认为，应对当今所面对的各种各样的生态危机，我们当然要拿出具体操作方案、措施。但是仅此不够，要回到本源层面认识人与自然的关系，必须改变人对自然的基本观念和态度。因为这个基本观念和态度的改变会影响到我们整个社会对生态的看法。在这个方面，我觉得天人之学有非常重要的意义。

人与天地自然的关系

天人之学首先涉及人与天地自然的根本关系，这种关系我觉得有两个方面。首先是天地之于人的关系，古人怎样看待天地和人的关系呢？《周易·序卦》讲，"有天地，然后有万物；有万物，然后有男女……"天地包含今天自然界的含义，天地先于万物而存在，没有天地就没有万物和人类的产生。在这个意义上，天地之于万物和人的生命具有本源的意义。《尚书·泰誓上》中有这样的话："惟天地万物父母"，庄子讲，"天地者，万物之父母也"，古人认为，天生物，地养物，天地对于万物有如父母一样。天地能孕育人类万物，这是天地崇高的生生之德的表征。汉代董仲舒讲："为人者，天也，人之为人本于天。"人是怎么来的？一般理解，人是爹娘所生，父母所养，董仲舒认为是天创造了人。中国古人把天看作人的生命本源，是我们生命的大本大宗。这是第一个意思。

其次，人同天地的关系。人和天地有什么关系呢？"故人者，其天地之德，阴阳之交，鬼神之会，五行之秀气也。"所谓"天地之德"，是说"天以覆为德，地以载为德"，天无不覆，地无不载，故从根本而论，人是天地之德行两相和合的产物，是阴阳二气凝聚而成，是形魄和精神的妙合，人萃聚了五行最为灵秀之气。《内经》说："人生于地，悬命于天，天地合气，命之曰人。"这里的"命"当指人的寿限，人成形于地，寿限秉自于天。天人之学此类论述甚多，其要义在于：天地自然不是外在于人的仅仅可供利用的对象，而是与人类具有母子一样的血脉关联。既然天地创生了人类的存在，没有天地就没有人类，古人认为天地于人有巨恩，人对天地要有敬畏之心，遂有"敬人畏天"之说。天地具有不可测度的神秘性，唯其如此，古代天子诸侯有祭祀天地的传统，《国语》云："天子遍祀群神品物，诸侯祀天地、三辰及其土之山川"，天子要普遍祭祀万物诸神，诸侯要祭祀天地日月星辰以及封国境内的山川，表达人对天地神祇、日月星辰和山川之神的沟通与仰戴，目的在于"报本反始"，就是对于人与万物之本源的一种报答。这种祭祀具有浓厚的宗教政治意涵，同时也表达了古人对于自然意义上的天地山川的依赖、感恩和敬畏之情。

随着近现代社会巨变，传统天人理论架构完全解体，尤其在现代工业化的进程中，人与自然关系的传统理论多被大众忽略乃至忘却。建设生态文明不能只是停留于一些具体的措施、步骤，以及技术层面的操作方案，而应从根本上改变我们对于自然的观念和态度，回到本源的层次进行深度的理论反思。只有深刻领悟自然之于人类的本源关系，才能修正人对自然单纯的实用功利立场，寻回我们史上曾经有过但尔后失落已久的对于自然的依赖、感戴和敬畏之情。今天提倡对于自然的依赖、感戴、敬畏并非要求人们回到图腾崇拜时期，让人匍匐于自然的威力之下，也不可能采取古人祭天祀地的形式来加以表达。它是让人有一种深刻的理性自觉，自觉到人在自然面前永远的有限性，自然在终极意义上永远具有我们所不可知晓的奥秘，我们对于自然的行为会产生什么样的影响，这种影响反过来对于人与万物又会产生什么样的效应，这些我们可能无法有清楚的了解，但如此一来人在自然的终极奥秘面前应当始终保持戒惧和敬畏，人对于自然的作为应该慎重。这样说并非倡导不可知论或者神秘主义，而是站在更高层次对于自然的一种洞见，是人的理性为自己设置边界。唯其如此，才能使我们在自然面前持守谦恭，我们对于自然的行为才会谨慎一些，生态文明建设才有根本的理论支撑和引领。

人与万物一体共在

天人之学另一个重要的思想就是强调人与万物一体共在。第一，人与万物平等且一体共在。庄子说："通天下一气耳。"气是构成万物的质素与动力，人与万物都是一气所化生。所谓"假于异物，托于同体"，人之生是气的凝聚，这个气此前曾经构成其他的不同事物；人之死是气的消散，这个气又会形成其他的事物。人和万物各有其特性和存在方式，气作为构成人与万物的共同基质与生命动力，使得人与万物没有绝对界限，人中有物，物中有人。人往往从自身需要和自身价值立场出发，把物区分为有用无用、高低优劣等诸多层级，并且以为人高于万物。庄子认为，立足于道的立场来看，万物并没有人所谓的高低贵贱之分。"号物之数谓之万，人处一焉。"（《庄子·秋水》）人不过是天地万物中之一物而已，在存在的层次上，人并不优于万物，而是与万物平等，一体共在。人有其存在的意义和价值，万物各有其存在的意义和价值，万物存在的意义和价值既不逊让于人，也不取决于人的评判赋予。"毛嫱丽姬，人之所美也，鱼见之深入，鸟见之高飞，麋鹿见之决骤，四者孰知天下之正色哉?"（《庄子·齐物论》）人以毛嫱丽姬为美，这只是人的审美评价，这种评价不会得到人以外的其他物种的普遍认同，因此人应等视人自身与万物的存在。韦政通认为，庄子齐物思想"含有一种普遍尊重生命的伟大伦理精神"。尊重万物的生命存在，就不当为人的存在而轻视万物的存在。"以功观之，因其所有而有之，则万物莫不有；因其所无而无之，则万物莫不无。"就功能而言，人有人的才智能力，万物也都各有其能，各有其用。同时，作为有限的存在，人和万物都有各自所不具备的功能，人缺少物所具备的功能，物也不具备人的能力。我们不可以人的才智秀出万物就可以漠视乃至否定万物各自之功用。更重要的是，物的功用也许和人相关，也许和人没有直接关系，万物各自的功用在天地整体的格局里都是不可缺少和替代的。万物的意义不能总是从人的角度来衡定，万物首先作为其自身而存在就是万物最根本的意义。郭象提出："天下莫不相与为彼我，而彼我皆欲自为，……然彼我相与为唇齿，唇齿未尝相为，而唇亡则齿寒。故彼之自为，济我之功弘矣"，人与万物两相对待，互为彼此，人作为人而存在，任何一物都作为其自身而存在，物不是为了人的存在而存在，人也不是为了物的存在而存在，然而人与物各自的存在又成就了彼此的相为相济之功。这样每一物与他物的存在都有不可分离的关系，人的存在成就了物的存在，物的存在也成就了人的存在。物与物以及人与物构成了一种"相与于无相与，相为于无相为"的唇齿相依的存在整体，这个整体中的任何一物对于他物和人而言都是不可或缺的。

第二，"利用厚生"与"以时禁发"。"利用厚生"就是尽物之用以有益于民生，正因为人的存在必须利用物，物之于民生不可或缺，天人之学主张人对物的利用应有节制。古代中国作为农业种植的国度很早就提出："土功不极美，美不害用。"耕种土地可以生长人所需要的作物，但是不要过度耗损乃至穷竭地力，穷竭地力就会影响以后的耕种；不穷竭地力，土地就能持续生长物产供人受用。所以人要爱惜地力，节制人对地力的无尽掠夺。与之相关，就有"以时禁发"的思想来协调人的需要与物的存在。"以时禁发"约称为"时禁"。"时"指天地四时寒暑变化，以及发生于其中的"风雨雷电等直接关系农事活动的自然现象"，"时"与"人类的政治、生产、生活等各方面的活动"同样密切相关。"天有四时，不时曰凶"，人的作为要顺乎四时节令变化，应时而动，适时而止，违背时令的妄作妄为就有凶厄发生。"以时禁发"就是对于山林薮泽的采伐和禽兽的猎捕在特定时令开放，其他时段封禁，目的在于既考虑人对于物的各种需要，又关切物的存在繁育。"以时禁发"凝聚了古人既利用物又对物保持自我节制的深刻智慧。有论者认为，"时禁"的历史可能要追溯到氏族时代，《尚书》记载帝舜以伯益为"虞"，"虞"是掌管山泽所生之物及有关采伐捕猎之禁令的职官，虞官的设立表明"以时禁发"成为国家的政令制度。《逸周书·大聚解》云："旦闻禹之禁，春三月，山林不登斧，以成草木之长；夏三月，川泽不入网罟，以成鱼鳖之长。且以并农力执，成男女之功。夫然，则有生而不失其宜，万物不失其性，人不失七事，天不失其时，以成万财。"根据周公的讲述，在夏禹之时就有明确的"时禁"思想，禁止春天进入山林砍伐，春气为生，春天伐木杀物会戕害自然的生气，这个禁令的实质就是"无伐不成材"，让林木适时生长。夏天是鱼类繁殖的季节，禁止去江湖中下网罟，以成就鱼类的繁殖生长。这样既让自然物产能持续供给人们的需要，也是让万物生息繁衍；既是尽人性，也是尽物性。我们可以看到"以时禁发"实际上是在国家制度和法律层面来处理人与万物的关系，人与物的关系没有处理好就会影响国家治理。"时禁"思想甚至与人的孝、恕、仁、天道等重要观念结合起来，天人之学主张对于自然万物也要持有类似于人的道德伦理观念，或者说，人的道德伦理观念也适用于自然万物，对待万物如同对待人自身那样。商汤的"网开三面"被诸侯称为仁德施及禽兽，孔子的"钓而不纲，弋不射宿"也是对万物有仁心的具体表现，孟子提出君子要"爱物"，惠子主张"泛爱万物"。董仲舒提出："质于爱民，以下至于鸟兽昆虫莫不爱，不爱，奚足谓仁！"仁爱不是只限于人的范围，而是推及于鸟兽昆虫，仅仅爱人而不爱鸟兽昆虫，不能算是真正的仁爱。王守仁本着人与万物一体的思想，把对人的爱推广于天地万物，人不仅见到"孺子之入井"会产生怵惕恻隐之心，即使看到诸如动物的哀嚎、草木的摧折，乃至无生命的瓦石的毁坏等，也会同情地体会到万物的"痛楚"，产生顾惜悯恤之心。这是一种极为博大仁厚的生态伦理情怀，值得我们深思汲取。

第三，天人之学更重视天地万物与人的精神联系，这种联系表现为道德与审美两个方面。《周易》的"天行健"是说天运行不辍，具有刚健强劲之德；"地势坤"是说地容载万物，具有广厚之德。天地创生万物体现了天地的至善之德，"继之者善也"，传继天地之道的就是善。天地不仅是生命的来源，也是人的德行的根源，人的德行系由秉承天地的德行而来。老子有所谓"上善若水"，上善就是最高的善，老子以水拟况上善之德，万物得水则生，失水则死，水利万物而不与物争，且甘处卑下之地，具有上善之德的君王也应该如同水一样，能够守柔、处下、不争，如此方能为万民所归往。《说苑》载录孔子"水者君子比德"的言论，从水的多种特性领悟人的仁、义、智、勇、贞等多种德行。从儒道二家的天人之学看来，物也有其德性，物的自然性似乎本身就是某种德行的显现，由此成为人所学习的范本，物性启示了人对德行的自我觉悟。物的德行与人的德行冥会暗通、两相融汇。

天人之学更注重天地万物的审美意义。庄子云："天地有大美而不言"，有形莫大于天地，天地不言而四时不忒，万类创生，这是天地的大美。庄子又云："圣人……其于物也，与之为娱矣"，"娱"是一种审美的愉悦，圣人之于万物超越功利实用的关系，与物相娱相乐，与物为春，自然物作为美的对象给人以精神的自由感。儒道二家对于天地万物的审美意义有很多精辟的阐发，深刻影响到中国人的文化心理，造就了中国文化因为对于自然的审美关怀而独具的诗性品格。此外，就是直接或间接的层面上，物对于人没有显示任何意义，如《庄子》所载的无用之"大瓠"、大樗等。庄子认为，物之于人的实用价值"不是物的意义的全部，更不是物之于物自身的意义"，物无用于人而仅仅作为无所为而为的存在，这才是物的本真意义，也是物的最高意义。

反观当今，今人罕有庄子"天地与我并生，而万物与我为一"的那种深厚宏阔的存在体验，也不再把道德与天地自然联系起来，人对自然的自由的审美活动转变成今天的旅游，旅游变成了消费，因而天人之学中的人与物的丰富全面的关系至此已经萎缩为片面畸形的实用关系，人们把万物仅仅视为可以满足自身各种欲求的对象，自然界只是一个可以开掘或者有待开掘的库藏。除了满足人的需要之外，人疏略万物自身的存在。生态文明建设应该将人与万物从狭隘的实用功利关系中解放出来，重建天人之学中所论述的人与天地自然全面丰富的关系，包括人与万物一体共在的关系、审美和道德的关系，等等。

顺应自然是天人之学处理人与自然关系的根本原则

顺应自然是天人之学处理人与自然关系的根本原则，其经典论述是老子的"辅万物之自然而不敢为"。老子的自然不是有形质的自然界，而是贯通道、天、地以及人与万物的最高法则。自然即自己如此，自己成为自己这样。具体而言，就是道的存在与运行是自己如此，道创生宇宙天地是道自己如此，天地万物依赖道而生成，但道对于天地万物不加宰制，一切如同天地万物自己发生，自然而然地存在，道的作用似乎泯然不见。同样，人的生成与存在也是自己如此，自己成为自己这样。"自然"旨在尊重万物的发生、存在的自主性，否定人之于物的粗暴干涉。"辅万物之自然"的主词是圣人，"万物"包含人和自然物，"辅万物之自然"就包含圣人辅助人之自然和辅助作为自然物的"万物"之自然。"辅"人之自然涉及老子的治国思想，属于政治层面，体现为君王不滥施政教法令。"辅"作为自然物的"万物"之自然是处理人与物的关系。如果说万物之自然是"非目的论式的、动态的、开放性的、不断成为自己和认定自己的过程"，"辅万物之自然"也就是对于万物成为自己、认定自己之动态开放性过程的辅助。从老子的"辅万物之自然而不敢为"看来，"辅"不同于"为"，圣人对于万物之自然可以"辅"，但是"不敢为"。"为"的本义《说文》训作"母猴"，"猴喜模效人举止，故引申为作为，其字则变作伪。凡作伪者异自然，故引申为诈伪；凡诈伪者异真实"。可见"为"出自人的诈伪，是背离万物之真实的作为，物之真实就是物之自然，背离物之真实就是背离物之自然。"不敢为"体现为人对万物之自然的尊重及人对万物之作为的自我制约。"辅万物之自然"就是人的作为不背离万物之真实，不背离万物之真实的作为就是顺应万物之自然的作为，体现为人在尊重万物之自然的前提下，顺应万物的发展态势，人力对于万物的施为与万物之自然的存在特性与发展方向内在一致，人的作为渗透消融于物自身，使得万物的生长衰杀纯然如同万物自作自成、自生自灭，了无人力施加的痕迹。

顺应自然在庄子体现为顺物之自然性而为，且不可突破自然性所容许的限度。"牛马四足，是谓天；落马首，穿牛鼻，是谓人。故曰：无以人灭天……"。"天"是物之自然本性，诸如牛可以负重而马可以致远，这是牛马各自的自然性。人有自己的需要和目的，诸如人需要他物帮助自己负重致远，等等。人理解牛马各自的自然性，遂因牛之性而穿其鼻以载物负重，因马之性而络其首以疾走致远，此正随物之性而施人为。物性有其限度，人为亦当以物性所能容受的范围为限度，并留有余地，不可无视物之自然而从人的单极立场出发，伤害物之自然。伤害物之自然是"以人灭天"，"无以人灭天"就是对于人在顺应自然而为的行动中的自我制约。《淮南子卷九·主术训》载造父之善御马乃在于"内得于心中，外合于马志。是故能进退履绳，而旋曲中规；取道致远，而气力有余"。如此御马，马既能助人实现"取道致远"的目的，又能合乎马之善于奔走的心志，无论马的进退周旋等，都不伤害马，而且马尚有余力。《管子》的"顺天"

则强调人力当顺应自然物的力量。"其功顺天者天助之；其功逆天者天围之。天之所助，虽小必大；天之所围，虽成必败。"人对自然物的作为如果能够顺应自然事物发展的趋势，人力的施为与自然力的方向一致，人力得天功之助，自然物的发展就会帮助人们取得成功，这样既能实现人的目的，又能成就物之自然。如果人无视自然物的力量而单纯从自身的立场出发，人的作为违背自然的发展方向，就会造成人力与天功的对立。人力终不能胜天功，自然的发展变化终将背离人的目的。所以，得到自然力的帮助，很小的人力施为就会有很大的成功；人力与自然力相违逆，纵或一时有成，终将难免落败。《吕氏春秋·十二月纪》载有古人根据天地阴阳、物候节令的变化来安排王者政事、生产劳动，将因顺自然的原则落实到具体的操作层面。《内经》则从医学的角度指出养生当顺应天地四时的推移，适应寒暑节令的变化；治病要"法天则地，随应而动"，也就是随顺天地阴阳的变化对患者施治，如此就会有更好的疗效，这是因为"人体的内环境昼夜四时的变化，无不受自然界昼夜四时变化的影响"。

至此我们不能回避荀子天人相分的思想。荀子既主"明于天人之分"，则人之于天有其相对的独立性。天人各有职分，有天能成而人不能成的事功，有人能成而天不能成的业绩，此则人之于天有其能动性。人的能动性有其限度，人要"知其所为，知其所不为矣"，不能"与天争职"。人的独立性与能动性体现为，既不舍弃人事的作为而徒羡上天的恩赐，又能根据人事的需要，参照天道所显示的征象，事先作好准备以与"发展变化的大自然期会"，人的能动性就在于对天之常道的顺应践行。由此荀子的"制天命而用之"并非倡导人对自然的宰制、征服，而是主张以人事的"强本而节用"来顺应自然，利用天功来实现人的目的。总的来看，天人之学从国家政治到养生治病等无不以顺应天地自然作为实现人的目的之根本原则，在顺应自然中追寻人与自然和谐共处、相即相亲的富有德行和诗意的境界。

工业化时代比照于传统的农业社会，人的生产生活方式已经发生根本改变，今人似乎不再像古代那样依赖自然，而是可以远离自然，把自然当作填充人之目的需要的质料，在这种背景下，传统的顺应自然还有无意义？笔者认为，人无论作为个体或者物类都是有限的存在，在终极意义上，自然作为生命存在的基础，无论科技如何发展，人都无法从根本上离开自然，更不可能征服自然。人们常常有征服了某某高峰、某某极地等说法，其实那只不过是人攀上了那座高峰，来到了那处极地而已，高峰、极地并不因为人的到来而屈就于人。庄子说过："物不胜天久矣"，自然在终极意义上是不可战胜的，顺应自然是人的唯一选择，只是当今顺应自然的方式和内容与古代会有所不同。人类已经为工业化进程对于自然的漠视付出了环境污染和生态恶化的沉重代价，直接影响到人自身和万物的存在与发展。因而，对于今天的生态文明建设而言，顺应自然仍旧是一个极有意义和价值的根本原则。我们不妨设想，科技发展使得未来有一天人类真的可以实现星际移民，从地球迁徙到另一个类地星球生存。即便如此，那时的人类依然要受制于那个星球的自然环境，人类还必须顺应那里的自然，而破坏那里的自然亦将难逃人类在地球上曾经遭遇的厄运。在这个意义上说，顺应自然具有恒久的指导意义。

节制物欲：天人之学所启示的解决生态危机的根本出路

建设生态文明应该在人自身下功夫。生态严重恶化缘于工业化进程对于自然资源的无节制的攫取盘剥，以此满足人不断膨胀的物质欲求。在一定意义上可以说，物欲的膨胀导致对于物的劫掠鲸吞是生态恶化的根本原因。自觉节制物欲对于缓解人与自然的紧张关系，恢复被破坏了的生态环境，建设生态文明具有至关重要的作用。在这方面，天人之学同样能给我们以深刻的启迪。

人生而具有感性欲望，嵇康把人的感性欲望分为"性动"之欲和"智用"之欲两个层面。凡是人之自然性的产生，而非人的心智思虑激发出来的欲望，称为"性动"之欲，这种欲望只要得到与之对应的相关物，它对于对象不加分别，欲望满足了就不会再去追求。作为维持生命存在和种族延续的"性动"之欲出于自然之理，天人之学既承认其合理性，同时也主张当以宜于生命的平和调适来规范纠正这种欲望。凡是人的心智主观催生而非人生理产生的欲望属于"智用"之欲，"智用"之欲无关生命存在之所必需，只是专注于欲望实现的过程与结果所产生的官能快适，对于外物有很强的选择性。"智用"之欲终将走向物欲的放纵和对外物无节制的索取，对此天人之学力主节制乃至禁绝。

欲望的实现就是物自身存在的取消，物欲的无限扩张首先会过度耗费自然资源。《逸周书·卷三》云："生十杀一者，物十重，生一杀十者，物顿空。"这就是说，自然界动植物的繁殖生长是有限度的，人的采用也应与之适应。人对自然物的采用远低于自然物的增长，物数就会大量累积；如果人的采用远远超过了自然物生长的数量，自然资源就会很快耗尽。其次，物欲的扩张伤害人的生命。《老子·道德经第十二章》说："五色令人目盲，五音令人耳聋，五味令人口爽，驰骋畋猎令人心发狂，难得之货令人行妨。"生命存在需要耳、目、口等感官与物相交接，各种官能原本是服从于生命存在的内在需要。现在为了单纯的感官快适而不断追逐声色口味，生命存在的需要让位于欲望的泛滥，其结果就是伤害生命本身，导致目不辨色、耳不闻声、口不辨味，乃至人心丧失正常的理智，妨碍德行的修成。老子说："祸莫大于不知足；咎莫大于欲得。""不知足"就是欲望丧失理性的控制而不断扩张，"欲得"就是欲望所要得到的外物。"不知足"的欲望永远追求所要得到的外物，人就成为单纯的欲望的存在者。人最大的过错就在于放纵欲望，生命最大的祸患就来自对外物的无止境的追求。"甚爱必大费"，贪爱外物愈深，耗费的心力也就愈大。由此老子主张"少私寡欲"，"寡欲"不是禁欲、绝欲，而是减损那些超出生命存在所必需的欲望。庄子更认为，"其嗜欲深者，其天机浅"，"外重者内拙"，人一旦深陷物欲之中，他就缺少生命的灵性，只追逐外物的人，其心灵就会笨拙。庄子看到无节制地追逐物欲实际上让人成为欲望的奴仆，人被外物所宰制，成为"物之逆旅"，人生蜕变为一个只是不断让外物来填充、不断消耗外物的过程，受欲望支配的生命已然被物化，人成为仅供外物往来暂住的旅舍而已，丧失了人生的根本意义。再次，物欲的扩张败坏人的德行。孟子揭示了德行中"心"与"多欲"的对立。心具有进行道德自我反思的能力，先天具有仁、义、礼、智四端的德行。耳目官能欲望不具道德的自我反思能力，最易被外物所牵引。"其为人也多欲，虽有存焉者寡矣"，人的欲望过多就会淹没其先天的道德心性，存养道德心性的关键在于"寡欲"。最后，放纵欲望引发社会纷争，影响国家治理。荀子认为，如果"纵欲而无穷"，"欲恶同物，欲多而物寡，寡则必争矣"，如果君臣上下无止境地放纵欲望，欲望日益增加，而外物不足以供给，势必造成人与人的纷争，导致天下的秩序分崩瓦解。《乐记》以穷极人欲为天下"大乱之道"，正是因为看到放纵欲望对于自然资源、人的生命以及社会政治所带来的种种祸患。《礼记》有"欲不可从"之说，《说苑》有"纵欲则败"之诫，老子的"不欲以静，天下自定"，是把根绝贪欲视为邦国归于自然安定的途径，汉末的荀悦把"奢"视为治理国家应该首先去除的四大祸患之一。

当今带动经济增长的一种重要手段是扩大消费，消费是与欲望直接相关的活动。为了单纯追求经济增长，于是就有了刺激消费、超前消费等消费观念，以各种各样的方式激发人的消费欲求，实际上是激发人的欲望放纵，为此人们对消费主义必须加以深刻反思。如果我们参照天人之学的上述观点，当今消费的最大特点就是消费不仅仅是为了生命存在，生命存在的基本需要在今人的消费中只占较小的份额，更多的则是为消费而消费，消费本身成为目的，至于崇尚奢华淫靡，更是人欲恶性膨胀的直接表现。所有的消费直接或间接地都将还原为资源的消耗，资源的消耗就是生态的消耗，生态消耗突破了生态系统自我调节的界限就造成生态灾难。和天人之学格格不入的消费主义直接造成人的生命的物化和精神的沉沦，与生态文明建设是根本对立的。

由此一来，如何处理人欲与物的关系成为生态文明建设的关键。荀子深刻指出："欲必不穷于物，物必不屈于欲。"就人而言，人不应该只是欲望的存在者，人欲也不应仅仅专注于物，更不应该以人欲来穷尽物，把一切物都只看作欲望的对象。就物而言，物虽然可以满足人的欲望，但不可因人欲而使物丧失自己的全部意义，更不能放纵欲望来无尽地掠夺物，导致物的枯竭。荀子由此提出"礼"的观念，一方面以礼养欲，在礼的规范下使人的基本欲求按照其各自所处的社会层级得到合理的满足；另一方面，以礼节制人欲，防止欲望的膨胀。节制欲望既是让人不被物化，不做欲望的奴仆，以养成不为物役的德行，同时也是爱物，让自然生生不已，这样使得人和物双方都可以持续存在发展。荀子的"礼"作为一种具有特定内涵的社会典章名物制度，客观上呈现出维护自然持续生命力的旨趣，具有保护生态的意涵。这也启示我们，只有相应的政治、经济等方面的完善的制度建设，才能为生态文明建设提供制度保证。制度怎么协调处理人和自然万物之间的关系？除了个人的道德修养之外，怎样运用制度来节制我们的欲望？这些是很有意义的问题，可能超出了我的讲题范围。

今天大体上就讲这些。其目的就是从传统的天人之学当中，汲取有利于我们面对当今生态危机的思想智慧。它也许不能一时解决我们当下的所有问题，但是能打开我们思想的视界，在反思人与天地自然关系的过程中，改变我们对待天地万物的观念与态度，也改变我们对人自身的观念与态度，更改变我们的生活方式，这些改变实际上就是在缓解生态压力，如果我们所有的人都有这些改变，生态的恢复和良好的生态系统的形成是完全可能实现的。谢谢大家。

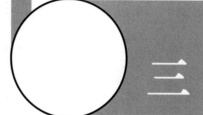

三

文学历史

现代人的心灵漂泊

傅书华

傅书华

《名作欣赏》杂志社主编，太原
师范学院文学院教授。原太原师
范学院文学院院长，赵树理学会
副会长，中国作家协会会员。曾
主持国家和省级科研项目多项。
论文《细读十七年小说中个体生
命的碎片》获中国文联文艺评论
二等奖、山西省人民政府赵树理
文学奖，《心灵的迷狂》获中国
文联文艺评论二等奖。主要著作：《山西作家群论稿》《蛇
行集》《从个体生命视角重读十七年小说》等。

今天中国的社会文化思想界，对中国现在面临的实际问题，观点
多种多样。不管是公开场合还是私人空间，每一个人如何生活，上下
几代人之间，或者同代人之间，认识的差异性很大。现在整个社会每
个人好像都充斥着一种浮躁的或者不知所以的茫然感觉，但这种感觉
不是今天形成的，或者说早在鸦片战争之后就已经出现了。文学是人

学，优秀的经典文学作品一定对那个时代人生最典型的形态有一个最深刻的表现。我想拿一些文学作品做例子，不是讲文学，是以文学作品来谈人生形态是什么。

超稳定社会结构对文明形态的影响

在讲人生形态之前，我想先做一个社会历史背景性的介绍。

中国从先秦开始到鸦片战争，叫传统中国，或者叫老中国。不管历史多长，学界有个公认看法叫"超稳定的社会结构系统"，这个结构系统里，不管朝代、皇帝怎么更替，人生价值系统不发生根本性变化，君君臣臣父父子子，修身齐家治国平天下，大家认同这些价值观，都觉得应该这么生活。苦恼的只是我怎么不能实现修齐治平，苦恼来自自己明确的目标的不能实现。这样的价值系统，尽管经过大规模的文化入侵，比如魏晋南北朝时期大规模的文化入侵，从老百姓到皇帝都信奉佛教，或者大规模的武力入侵，比如蒙古族人和满族人的异族入侵，从皇帝到县一级官员的正职都是少数民族，但这些都并不影响普通百姓的人生观和价值形态，他们都被同化了。

这种社会结构和人生价值形态的破碎发生在鸦片战争之后。

鸦片战争为什么作为一个起点？中国的社会结构形成期是先秦，生产形态基本上都是以农耕文化为代表，只是社会结构形态不一样。比如征税，有各种各样的管理方式，哪种管理方式都会提出自己的合理性，有自己的文化代言人，这就产生了百家争鸣的现象。

秦帝国诞生之后，整个管理方式把其他的生产管理方式基本上给吞并了，实现了郡县制。这种郡县制需要一种文化形态支持它，于是汉代出现了"废黜百家，独尊儒术"，中国基本的社会结构形式和文化形态就是这个时期建立的，一直很稳定，到唐代达到鼎盛时期。北宋出现新的商业文明的苗头，可能导致经济方式和人生形态发生根本性变化，但是这个变化却没有完成，随着蒙古族人和满族人入主中原，游牧文化的入侵，本来商业文明可以取代的农耕文明，面对游牧文明，再次获得了合法性。

两次异族统治，政权的管理者都是少数民族，但是文化形态为什么没有发生根本性的变化？因为游牧文明的生活形态并没有取代中原人的人生形态和价值形态，反而是学习融化到了中原人的人生形态和价值形态中，当融化到非常成熟的地步之后，农耕文明开始再次向商业文明转化。

鸦片战争发生的时候，正值中国再次转向商业文明，但西方商业文明正在走向一个转折阶段，它靠自身不能发展下去，一定要向完全不同于西方的东方文明来汲取营养，这时候它的商业文明和资本经济文明发展到了非常强盛的阶段，而中国刚刚处于萌芽阶段。

在这个过程中，中国传统的价值形态发生了变化。这种变化明显开始于北宋时期。比如柳永有一首词《定风波》："自春来、惨绿愁红，芳心是事可可。日上花梢，莺穿柳带，犹压香衾卧。暖酥消，腻云嚲。终日厌厌倦梳裹。无那。恨薄情一去，音书无个。早知恁么。悔当初、不把雕鞍锁。向鸡窗、只与蛮笺象管，拘束教吟课。镇相随，莫抛躲。针线闲拈伴伊坐。和我。免使年少，光阴虚过。"青春岁月最可珍贵，怎样"免使年少，光阴虚过"？"闻鸡起舞"的目的是什么？不再是修身齐家治国平天下，而是要"针线闲拈伴伊坐"，这就是与传统主流价值完全不同的一种人生价值追求，这种价值追求在商业文明初起的北宋，在民间可以说是全民性的，"有井水处，就有三变之词"。这种追求到什么时候再次发生强大的历史回响？就是《红楼梦》。

在《红楼梦》当中，贾宝玉这一时代新人形象，代表的完全不是修身齐家治国平天下，而是一种私人性个体性的儿女情长，这里有两个要点，一是个人性，二是以情感为载体的生命本体性，这是中国现代人生形态最初的发生点。但这一人生形态，在中国无法立足，所以贾宝玉最后的结果是离家出走。稳固的精神家园虽然曾经很好，但是一定要离开，因为在这个家园当中不能生存下去。自从中国社会发生这种根本性的变化之后，中国人的人生就处在漂泊状态之中，不知道人生的最终目标是什么，不知道怎么度过自己的一生，不知道自己的人生价值形态怎么样能够得到大家认可。标志着这个根本性转折的历史事件就是鸦片战争，而文化事件就是《红楼梦》。

西方三种强大文明对中国的影响

在中国发生这种根本性的社会变革的时候，中国商业文明主要受西方三种强大文明的影响。一是从南方进入的西方文明，从洋务运动、戊戌变法、辛亥革命，一直到五四运动，从技术革命、政治革命到文化思想革命，这样的一种经济形态和社会结构形态，一直到抗日战争爆发前，基本上已经形成。但这样的结构形态在中国没有能够发展起来，因为从国际环境来说，1929年爆发了全球性的资本经济危机，在中国国内，社会上也出现了很多不能克服的问题，比如贫富悬殊巨大、官员普遍腐败、全民性的价值动荡等。

二是西方另外一种文明形态，其从北方进入最后占据了领导位置，形成了一种新的社会结构。这种文明是通过法国、德国和俄罗斯传递过来的。但是这种文明形态在20世纪30年代的苏联遇到了危机，导致苏联出现大清洗运动，一直到1953年以斯大林的去世作为结束的最初标志。中国则在1953年后开始进行这样的社会结构建设，结果遇到了和苏联一样的社会矛盾，不断地发生了一系列的政治运动，最后以"文革"作为结束点，这种社会结构和价值结构形态也没有得到整个社会公众的认可。

三是日本近代文明。日本文明最早奠基于儒家文明，当中国儒家文明衰落之后，日本推行明治维新运动，脱亚入欧，进入西方文明系统，一下子变得非常强大，后来又试图用这种强大的社会形态和价值形态改造中国，给中国造成了极大的灾难。

三种西方文明进入中国后都没有在中国完全实现。

不同价值导向的局限性

到 20 世纪 90 年代，中国商业文明、市场经济再次活跃起来，出现了很多社会问题，比如贫富悬殊、官员腐败、全民性的价值动荡，中国的文化思想界不能提供一个令人信服的价值指向。学者提出了各种各样的主张，比如现代自由主义、五四人文主义，他们觉得应该进一步向西方学习，特别是汲取西方现代社会的思想资源。比如新左派，他们认为应该用过去的革命文化和西方左派文化来构建中国的现代文化。比如文化保守主义、国学热，他们认为现在中国主要应该继承中国的传统文化。比如后现代主义，他们认为要接受西方最新的社会人文思潮。比如民主社会主义思潮，他们重新肯定第二国际的设想及在北欧的社会实践。比如新威权主义，他们认为中国只有经过一个权力相对集中的时代才能推进现代民主化进程。

这些不同的价值导向，互相争论得很厉害，而每种价值导向又不能够让公众全面信服，导致今天社会公众不知道自己的价值形态应该如何确立；不知道自己的人生形态、人生指向，不知道怎么和社会相处；不知道怎么追求自己的利益，同时又不妨碍公众的利益等，这就是我们今天的精神心灵因没有家园而漂泊无依的社会历史根源所在。

李白有诗云：何处是归程，长亭更短亭。我觉得，面对这样的一种无家可归的漂泊，我们可以选取一种角度，就是通过文学经典作品中的人生形态，给大家提供种种的人生参照系，引发大家的现实思考。文学经典之所以是经典，就是这些经典是对某一代人的生活、心灵、精神的极致的体现，我们看这些作品，能够知道他们的迷茫在什么地方，为什么他们始终没有找到一个清晰的价值指向，始终处在一种漂泊状态的原因是什么。

中国新文学的高峰在五四时代及 20 世纪 30 年代，我们把那个时代所有的经典作品一个个整理一遍，会发现每个经典作品中，都体现了作者精神上无可皈依的感觉。这些作品包括鲁迅的《过客》，周作人的《乌篷船》，胡适的《蝴蝶》，郭沫若的《凤凰涅槃》，郁达夫的《沉沦》，冰心的《寄小读者》，徐志摩的《再别康桥》，戴望舒的《雨巷》，朱自清的《荷塘月色》《背影》，曹禺的《雷雨》，老舍的《骆驼祥子》，丁玲的《莎菲女士的日记》，巴金的《家》，茅盾的《子夜》，张爱玲的《金锁记》，钱钟书的《围城》，柔石的《二月》，等等。这是这个阶段大家公认的经典作品，这些作品都表现了一个共同的漂泊主题，成为一种民族的精神原型。

鲁迅：追寻目标、毫不松懈的"过客"

鲁迅最好的作品是散文集《野草》，其中最典型的是《过客》。内容主要是老翁、女孩和作为中年男人的过客的对话。这可以看作是鲁迅的自画像。一个中年男人疲惫不堪，双脚鲜血淋淋地走在路上，碰到一个对未来充满美好希望的小女孩。小女孩告诉他，人生的前景是花园。他说，不对。饱经世故的老年人告诉他，人生经历过所有的沧桑，最后走向死亡。他说这也是不对的。老年人问他认为人生什么是对的？他说，不知道，要去找一找。鲁迅不承认传统文化是他的精神家园，是他价值能够生发的根基。在寻找的过程当中，他对过去和现在一概不认可，譬如他说，他不知自己从哪里来；譬如小女孩说，我给你一块布你包一包你受伤的脚。他说，我绝对不敢要你的东西，因为这块布会影响我对今后的判断。

鲁迅彻底的革命性、批判性就在这里，他对所有的东西不认可，但他不知道要向什么地方去。鲁迅所有的作品当中，体现的都是人生无路可走，非常绝望，但还是要反抗绝望，知道寻找不到还要继续寻找。鲁迅非常冷静，批判性特别强。但是他真正的彻底的批判性来自对社会的理想化和大爱，如果不充满这种彻底的爱与理想性，他就会部分地认可现实，正是这种彻底的爱与理想性的光芒，烛照出既定现实的种种不合理处，也使鲁迅的一生，以批判、攻击性为主，最后痛苦而死。林语堂对这一点看得很清楚，他在

《悼鲁迅》一文中说，鲁迅的这种大爱，像一把火，烛照着鲁迅前行的途程。

周作人：用平和冲淡对抗绝望

与鲁迅在精神世界中有许多相似之处的是他的二弟周作人。

五四时期，文学的高峰是散文。鲁迅讲过，五四时期，小品文的成就要高于小说和诗歌，周作人的成就主要体现在散文写作上。周作人最好的散文就是《乌篷船》，1000多字，很短。他说，有个朋友去他的老家绍兴，这个人以为绍兴是他的故乡，要他介绍那里有价值的所在。但他却说绍兴不是他的故乡。他和他哥哥一样，不承认精神家园的所在，认为我们所说的精神家园，就好像他所说的故乡一样，只是因为我们在那里停留的时间比较长，对之比较了解而已。然后，他又说，如果没有一个具体的目标，那速度慢的船比速度快的车更有人生的趣味。他和他哥哥一样，不承认从什么地方来，不知道向什么地方去，不知道人生价值是什么。他跟他哥哥不太一样的地方是，既然我们不知道，我们遇到什么，我们就以审美的态度面对什么，这些东西要和我们保持一定的距离，不要和我们发生切身的实际关系，这样我们就可以心平气和地去领略，人生只是一个过程而已，他强调在这过程中的人生姿态。

但是，这种极致的个人至上，无论在以群体中体现个人价值的传统中国，还是在对象化过程中体现个人存在的西方，都是很难做到也很难为人所理解的。所以，周作人像他哥哥一样感到极端的孤独，这封信是以给朋友写信的口吻，自己写给自己的。一个人无处言说，自己说给自己听，可见其孤独的程度，也可以看出其绝望的程度。所以，周作人虽然表面上平和冲淡，但其根本性的前提却是拒绝一切的绝望。鲁迅曾说过，对这一点，很多人是没有能力理解周作人的。

这种价值导向使他失去了对社会各种实际利益的价值追寻和认可，这也是他成为汉奸的文化根源之一。

胡适：绝望前提下的改良

胡适，五四时才 26 岁，领导了一个时代的潮流。很多人说 20 世纪是鲁迅的时代，21 世纪是胡适的世纪，这种说法是否科学暂且不说，但可以看到胡适在今天的重要地位。《尝试集》是胡适最早的白话诗集，其中的一首诗是《蝴蝶》，"两只黄蝴蝶，双双飞上天，不知为什么，一只忽飞还，剩下另一只，孤单怪可怜，也无心上天，天上太孤单"。他对人生的理想目标是放弃的。已经离开自己生存之地，但天上又是不能去也不想去的地方，而且，为什么不能去、不想去的原因也不知道：不知为什么，一只忽飞还。所以他和鲁迅、周作人一样，对目标充满了绝望。但他又不像鲁迅那样，痛苦中反抗绝望，也不像周作人那样，放弃现实价值认可对抗绝望，他提出了很著名的口号，叫作不谈主义，多谈问题。就是放弃目标的追寻，着重于现实问题的解决。

他反复告诉年轻人，你们不要痴迷于天下大事，这都不是你们能做到的，你们能解决一点自己人生的问题就解决一点，强大你自己就是强大你的国家。他反复告诉年轻人，不要追求理想化的实现，能够做到点点滴滴的改良就行。他在当大学校长时，每次给毕业生讲话，讲的都是这些主张。但是，若你不设定一个理想目标，你现实当中遇到的点点滴滴的改良的价值依据是什么？这些改良与现实存在的关系是什么？这始终是被人们所追问的问题，也是胡适的改良在中国屡屡不能实现的原因，它在现实中国中无法立足，仍然属于一种漂泊状态。

郭沫若：凤凰陨落虎头山

郭沫若最好的诗集是《女神》，《女神》中最好的一首诗就是《凤凰涅槃》，它以有关凤凰的传说为素材，借凤凰"集香木自焚，复从死灰中更生"的故事，象征着旧中国以及诗人旧我的毁灭和新中国以及诗人新我的诞生。其主题是，我们所有曾经辉煌过的东西，现在完全都没有价值，其之所以如此，我们找不到理由说明。这就是五四时代的主旋律，这就是我们已经熟悉了的绝望主题。他在诗中讲，东西南北，前后左右，处处是囚笼，处处是坟场，唯一能做到的，就是自我的彻底毁灭，在彻底毁灭中求得新生，而这新生，就是与传统中国彻底决裂的个体至上。

这样的方式是不是可行，诗歌里并没有写明白，只是说新事物肯定会到来，而且他要欢呼，把旧的东西全部否定掉。但是郭沫若用他自己的一生，对他的这种追求作了一个实证性的否定，他最后变成了完全失去独立性的文人。什么原因我们不做探讨，他的命运轨迹却是这样的。他最后的一个很大的人生悲剧就是，他去世的时候，正是学大寨的回光返照期，他留下遗嘱，把他的骨灰撒到大寨虎头山上。诸位如果有机会到大寨看一看，你们会发现，在高高的虎头山上，有一个非常壮观的墓，那是陈永贵的墓。而作为一代文豪的郭沫若的骨灰埋葬在哪里？就在高高的虎头山下的一个角落。识字无多的农民与一代文豪的对比是如此鲜明，也是一个时代的隐喻。郭沫若就用这种方式，给自己的人生实践画了悲剧性的句号，用一句形象的话说，凤凰陨落虎头山。

郁达夫：沉重的肉身

五四时期还有一个很著名的人物就是郁达夫，他最具代表性的小说是《沉沦》。小说借一个中国留日学生的忧郁性格和变态心理的刻画，抒写了"弱国子民"在异邦所受到的屈辱冷遇及其中的绝望苦闷，而这些，又都是围绕着身体和如何面对身体而发生。戊戌变法、辛亥革命时期，中国人主要的学习对象是日本，大批人去日本学习，学习当中最敏感的问题就是身体。怎么面对自己的身体？中国传统文化当中没有身体话语，古人提倡存天理灭人欲，人欲当中最具备冲击性的就是身体欲望，中国有一句话是万恶淫为首，修身齐家治国平天下，修身主要是抑制身体的欲望，所谓儿女情长，英雄气短。

传统中国以群体伦理为社会价值本位，现代社会则以个体生命为社会价值本位。身体是个体生命得以存在的根基之一。从中国的社会转型来说，人性的复苏是转型期的主要时代特点，这一特点，又集中地体现在如何面对身体上。日本则恰恰在身体欲望方面表现得非常充分。有学者做过统计，那个时候中国在日本的留学生，不管是作家还是学经济、法律、自然科学的，他们写的作品、日记当中，日本女孩子大多像郁达夫《沉沦》当中写的女孩子一样，是丰满的、外向的、活泼的。中国男留学生则大多是病态的、猥琐的、内向的，在身体文化上表现出那一个时代中国先进分子的文化心理。在这篇小说当中，就有一个非常精彩的象征性的细节，《沉沦》主人公住的房间的女房东在洗澡，主人公对身体充满了一种渴望，于是隔着窗户偷看，他从来没有看过女孩子的身体，脑袋碰到窗户上，一下子晕过去了。

怎么面对身体的诉说、身体的渴望，中国传统文化没有提供积极的精神资源。从《诗经》开始，一直到《红楼梦》，很少有对身体的描写与诉说。在《红楼梦》当中，贾宝玉对他珍惜的女孩子如黛玉、宝钗、晴雯都没有身体行为，只有对他不看重的花袭人才会发生身体行为。中国传统文学，一旦写到身体，往往流于粗鄙，我们将其归之为黄色文化，或者低级文学，比如《金瓶梅》。作者们认为在情爱生活当中，一有身体的加入就变成了肮脏的东西，但身体恰恰又是男女情爱发生的基础。由于没有这种精神资源，在今天，我们经常会听到一句话，叫作结婚是恋爱的坟墓，当有身体接触之后，没有深化情感，反而导致情感的终结。

所以，我觉得刚才我们提到的郁达夫《沉沦》中关于身体的细节，是中国传统社会开始进入现代文明之后非常精彩的一个细节。这个身体充满了渴望，不知道真实的身体是什么，也不知道如何面对身体，我觉得这在中国的今天特别明显。今天中国的欲望性和中国的社会理性存在极大的冲突，这特别凝聚在男女身体上面，表现为不知道如何面对。这种不知道如何面对，造成了对中国公众现实生活及伦理观念的极大冲击，在这种冲击下，国人普遍地出现了郁达夫《沉沦》主人公面对女性身体的"晕眩"。

郁达夫这篇小说的结尾，写主人公在身体导致的精神苦闷发展到绝望时，跑到大海边上，面对大海的这边说：祖国，你快强大起来吧。但是，当我们知道他是从大海的这边去那边专门寻求这些而寻求不到的时候，对原来出发地的呼求其实是得不到回答的，这是非常绝望的祷告。

冰心：对个体生命的神性诉说

冰心也是五四时期很著名的作家，能够以一个十几岁女孩子的身份而与鲁迅、胡适、周作人这样知名的男作家比肩而立，这本身就很值得研究。很多人觉得她是儿童文学作家，那是大错特错了。她其实是通过作品体现成人世界当中巨大的人生命题。什么命题呢？

因为冰心的家庭出身，因为冰心独特的人生经历，她接受的是西方的人生形态，是西方的人生价值谱系。西方把人生分为此岸世界与彼岸世界，分为价值形态和现实形态两种。彼岸世界、价值形态永远不可企及，但却因其不可企及，才构成了对此岸世界与现实形态的召唤，彼岸世界是神居住的地方，神性高于一切，神性不存在于现实世界之中，不能等同于人性，却是人性的极致性追求。

冰心的散文，譬如她散文的代表作《寄小读者》（通讯七），挺短的一篇散文，写在人生旅途中，在现实世界中，人要用无功利的心态面对自己的处世的行为，要有博爱之心，个体生命尽管在社会实现上有社会价值大小的区分，但在个人生命价值上却是平等的。所以，她在这篇散文中，写她在船上像孩子般玩耍，写天下的母亲是一样的，写浩渺的海是好的，幽小的湖也是好的。认为只有超越现实存在才能获得人生的自由。这种人生价值观念，与传统中国注重现实生存的可能性是格格不入的，但又是中国从传统向现代转型中具有前沿性质的精神元素。所以，冰心借此成为五四时代的大作家，但也因此在中国现实中几乎少有立足的土壤。

前不久杨绛去世了，引起国人很大震动。很多人觉得，杨绛这样的精神贵族，永远是我们真正学习的榜样。她跟冰心有一定的相似之处，但是还远不能成为中国公众人生的常态。当国人还被日常的物质生存、实际生存所困扰折磨的时候，冰心所提倡的人生方式，站在价值彼岸以神性之光照耀着我们，让我们向那个方向发展，但却不是我们的现实立足之地。

徐志摩：生命存在于瞬间

以上我介绍的是中国五四时代人文界所觉悟到的人生形态，把中国 20 世纪 30 年代几乎所有的作品认真扫描一遍，你会觉得几乎都是这些人生形态的发展或变体。比如，徐志摩写的《再别康桥》，这是很多人都非常喜欢的一首诗。

每个人的人生都是独特的、别人所无法取代的，这个独特的别人无法取代的人生又是一次性的，每个人生瞬间都是不可重复的。徐志摩所要追求的人生形态，就是让自己的人生过程中的每一个瞬间，都能达到那种超越现实功利的自由，这种自由形态，在每一个生命瞬间，其实都不一样。所以作者不看重柳树的物质性，看重的是柳树在波光里的艳影，是"波光里的艳影，在我的心头荡漾"，而每一次荡漾的形态，都是不一样的，都是要好好珍惜的。人生的过程，就是这样度过，所以诗人说，"沉淀着彩虹似的梦"。这种人生形态，又是非常私己性的，是他人所无法理解与沟通的，所以，作者会说，"沉默是今晚的康桥"。这种人生形态是我们非常非常向往的，所以这首诗让我们百读不厌。但他又是神性的。作为现实人生，每一个现实瞬间，我们做的每件事情，其实都要和自己的实际生存及与自己实际生存有功利性关系的事物产生有机性联系，这样才构成我们现实性的价值追求与实现。如果我们把神性追求与人间实现等同为一体，一定会导致自己悲剧性的人生。徐志摩与陆小曼的情爱悲剧，徐志摩的死，看起来都有偶然性，但其实都是必然的结局，是他人生形态追求的必然性结果。

戴望舒：固守失去之美的悲凉

历史在行进过程中，是以经济的发展为根本性动力及价值尺度的。所以，李泽厚曾提出历史进步与道德付出的二律背反定理。所以，在中国的社会转型期，其实，不仅仅是中国的社会转型期，在每一个历史性的社会转型中，有些美的形态成为永久性消失，固守这种美的形态的人，其人生形态就注定是悲凉的。戴望舒的《雨巷》表现的就是这样的一种悲凉之感。当大家都已经成群结队，按照现代方式生活的时候，他还想一个人固守着传统的精神家园。他知道这条路窄而又窄、长而又长，是条走也走不完的雨巷。他很想找到一个精神伴侣和他同行，但没有人和他做伴，连最具美的天性的女性伴侣都不可能出现。这种悲凉感，在中国社会转型的今天，许多上点年纪的人，恐怕对此都会有比较强烈的共鸣吧。

朱自清：追求现代的无望与回归传统的必然

朱自清的《荷塘月色》与《背影》是大家所熟知的。中国人以血缘关系作为人际关系的基本纽带，血缘关系，一是血亲关系，就是代际关系，二是姻亲关系，就是两性关系。朱自清的这两篇散文写的就是这两种关系。

《荷塘月色》写晚上的时候，一家三口，妻子哼着催眠的歌哄小孩入睡，这是很温馨的三口之家，也是传统中国人感觉非常温暖的时光。白天在外处在种种自己不得不接受的限制中，奔波很长时间，晚上终于回到了一个认可自己而自己也认可的温馨的港湾休息，这是传统中国人人生的归宿所在。但是在走向现代社会的朱自清看来，这个传统的归宿所在，一分钟都不能忍受。他一定要从这里出走。但他要寻求的对象，在现实当中实际上寻求不到，所以，他只能在虚幻当中寻求。他说，叶子、水、月光，怎么怎么像心爱的女孩子，他怕别人看不懂，还专门说明像刚出浴的美人，像舞女的裙，讲得很清楚。但他的追求，是现实当中所没有的，无奈之下，只能再回到家里去，回到他曾经待不下去的出逃的家。如果说他出逃的时候，妻子还在哼着歌，当他被迫回去的时候，家里更变得死一般寂静，妻子已经熟睡好久了。这就更加重了这种绝望的感觉。新的找不到，原有的旧的存在程度更加深了。

《背影》写儿子对父亲的回归。人年轻的时候都想追求新事物，都想按照自己的生命要求，按照生命法则做自己想做的事情。但是真正进入社会之后，才发现这个社会不是按照你的生命法则建立的，而是按社会法则建立的，要进入社会当中，就必须要服从这个社会法则。所以最开始青春期都会有反抗，等到他进入社会之后，就会说我那个时候真是不懂事，我对我父亲太不理解了。朱自清看自己的父亲，是背影，朱自清的儿子看朱自清，也一定会是一个背影，每一代人都是这样，代代延伸，没有止境。而这些又是以生存、以情感为维系的纽带的。《背影》于是成为永远的经典。

现代社会与传统社会的一个很大的冲突，表现在个人与整体和社会的冲突上。男女之情是最具个人性的，个人对社会的反抗最初总是通过男女情感体现的；个人的生命性对社会形态的反抗，最初又总是通过青年人体现的。朱自清的这两篇散文，描写了这种反抗的无望与一次次回归的必然，这是朱自清给我们描画的人生图景与中国现代社会进程的历史图景。

曹禺：走不出去的人生循环

曹禺的《雷雨》写了一个很有意思的话题。周朴园年轻的时候是公子哥，他喜欢丫环侍萍。成人之后，他觉得这有违于社会法则，不会被社会所认可，就好像现在如果有大学教授、博士生导师找歌厅舞女，找发廊小姐，那一定会被认为是有违现行道德标准的。于是义无反顾地把她抛弃，找了一个受过现代教育的如花似玉的好蘩漪。这样的举措符合社会法则，但是不符合人性法则，他真正的感情始终在侍萍身上。30 年之后，从江南到江北，他以为侍萍投河死了，其实被人救起来了。当侍萍突然出现在他的客厅的时候，侍萍觉得这个客厅怎么那么熟悉。周朴园告诉她，30 年前我们在一起的时候，家具怎么摆设，位置是什么，现在完全还是这个样子。侍萍刚进来的时候问下人，雷雨之前特别闷热，窗户为什么不开？仆人说不知道我们老爷怎么回事，天天在这个屋子里待着，而且窗户再热也不让开。周朴园告诉侍萍，你当时生第一个孩子怕受风，所以我们窗户没有开。就是说，30 年他永远生活在这样一个与虚幻中的侍萍生活的屋子里，他心中的怀念刻骨铭心，怀念的对象是侍萍。所以，尽管如花似玉的蘩漪就在他身边，尽管按照社会法则，他对蘩漪也可以照顾得无微不至，但是，他其实对蘩漪毫无感情。蘩漪凭着女性直觉感受到了这一点。但是当侍萍真正出现在他面前的时候，他又觉得这是他年轻时候做的很丢人的一件事情，会使自己在公众面前丧失声誉，所以，又催着侍萍赶紧走，说要什么条件我都答应你。

周朴园有两个儿子，一个叫周萍，另一个叫周冲。周冲作为一个青年人，出场时，穿着一身洁白的运动衣，拿着网球拍，脸是红扑扑的，充满青春的纯洁和热情。有一次，周冲告诉他的母亲，我的早餐钱不要了，我要资助给小丫环四凤，也就是侍萍的女儿，我要让她上学，他对四凤充满了一种纯洁的感情。作者通过这样的描写，让我们看到，周朴园 30 年前和侍萍的关系也就是这样的。周萍呢？在他年轻的时候，出于情感，他和继母蘩漪发生了男女之间的情爱关系，这是非常违背社会伦理的，是很丢人的事情。所以周萍成年之后坚决要断掉与蘩漪的关系。蘩漪非常气愤，说你年轻的时候，你跟我好的时候不是这样说的，你说你将不顾及一切爱我。周萍说，我那个时候不懂事，现在懂事了，所谓懂事，就是懂得社会法则要求我做什么，不要求我做什么，允许我做什么，不允许我做什么，然后繁漪说，你真像你父亲，你可真是你父亲的儿子。

这个故事想说明的是，周冲长大一点，就会变成周萍，周萍长大一点，就会成为周朴园，一代一代的人都是这么走过来的。为了服从社会法则，成为社会所公认的好人，虽然非常痛苦，但却在痛苦中，压抑、扼杀自己个人的天性，伤害对方，其实也在人的生命本质上，伤害了自己。这虽然是悲剧，但却是一代一代人走不出去的悲剧，是悲剧的循环。但《雷雨》明知如此，对此却是不认可的，他知道这是绝望的，但却要反抗绝望。

老舍：对人性缺陷的价值性认可

老舍的作品，最开始写的都是一个很好的人，比如《骆驼祥子》，一开始是个非常好的年轻人，一个淳朴的乡下人到城里，发现城市里存在很多违背人性的、功利性的现象。祥子看到了很多人力车夫怎么抢同行的客人、骗人家的钱、逛妓院、赌博等，他说我坚决不做这样的人。但小说结尾，我们看到，不管出于什么原因，祥子比这些人力车夫更坏。

也就是说，祥子刚刚来到城里所看到的这些人力车夫，他们年轻的时候也和祥子一样，纯洁过，但是在有缺陷的社会当中，这种健全的人格被有缺陷的社会摧毁掉了，这是无奈的循环。

他写的《月牙儿》也是这样，主公人是被命名为月牙儿的女孩子，她的母亲为了让自己心爱的女儿上小学，过一种温饱的生活，当了妓女。当女儿知道真相之后，不能理解自己一向非常敬重的母亲为什么会是这个样子，对社会美好的认识一下子就崩溃了，于是，一定要离家出走，虽然离开的时候很痛苦，她说坚决不能过母亲这种生活。但当她走向社会，经历很多几经挣扎的事情，最后她自己也当了妓女，导致她当妓女的，是以公正执法著称的警察，真正到妓院来找她的，是那些所谓社会上的好人、君子。

小说的结尾，作为整顿风尚的警察局长去劝说月牙儿的时候，月牙儿不接受这种劝说，最后一口痰吐在警察局长的脸上，表示了有缺陷的个体生命对外表完美的社会法则的反抗与拒绝。老舍认为，这个女孩子像月牙儿一样纯洁。老舍的《茶馆》也特别值得一看。这个话剧写一个表面非常自私、只想着自己能够过好日子的茶馆老板王利发的悲剧命运。表达了不管是什么时代，这个社会永远有缺陷，在有缺陷的社会当中，人性永远是被损害的，人性永远是有缺陷的。老舍的作品，永远写的是那些被损害的人性，写那些有缺陷的人性。但老舍却认为，对这些有缺陷的人性与人生，应该给予真正地理解和同情。在老舍看来，人性都是纯洁的，但是在一个有缺陷的社会当中，人性的缺陷又是无可逃避的悲剧。而对这样的人，大家不给他们以真正的同情，反而站在道德的制高点上对他们进行鞭挞和指责，这是老舍所不能接受的。在老舍看来，应该指责、批判的，是总把自己打扮得完美无缺的有缺陷的社会，是社会的缺陷。从生存论的角度说，一个不能让骆驼祥子、月牙儿、王利发这样的人性、人生有缺陷的小人物生存的社会不是一个好社会。从价值论角度说，老舍认为应该给这样的人性、人生以价值性的认可。这就是老舍的博大的人道情怀。这种人道情怀，对于习惯于道德至上道德批判的国人来说，是十分陌生的。

早期丁玲：对传统文化与西方文化的双重拒绝

早期丁玲的成名作是《莎菲女士的日记》，作品写女孩子莎菲面临着两个男孩子，一个男孩子叫苇弟，具有中国传统男人所有的美德，但有全面的伦理美德却独独缺少生命激情，所以莎菲怎么也看不上他，拒绝他所有的感情表达，而去非常狂热地追求另一个生命欲望非常强烈的西方化的男子凌吉士。她对凌吉士其实很陌生，但这种陌生感更强化了莎菲冲破旧的规范的冲动。最后她虽然终于追到了凌吉士，但却发现，凌吉士根本不是她理想中的人。在双重失望面前，最后她离家出走了。

这种对中国传统文化和西方文化的双重拒绝，拒绝之后，又不知以什么样的方式生存的惶惑感、无出路感，我想，在座的诸位一定并不陌生。

因为时间关系，我不可能再对作品所呈现的人生形态——展开分析了，但还是有几部作品向大家做简单的介绍，希望大家看看。

巴金的《家》写长子觉新为了成全他身边的亲人，牺牲自己的学业、工作，牺牲自己最珍惜、最看重的爱情，最后才发现这种牺牲毫无价值，只能使他身边的亲人用他的牺牲去过更加荒淫无耻的生活，或者只能使他的亲人重复他的人生悲剧。牺牲自我，成全大家，本来是我们这个民族最赞赏的人格，长子，历来是继承祖业的天然代表者，巴金写了这样的一个长子形象，发人深省。老三觉慧看到了大哥的悲剧，虽然对家有着千丝万缕的血缘情感关系，但最后还是忍痛离家出走。去了什么地方，小说结尾没有写，巴金则用他的一生写完了这部小说。他晚年写的《随想录》中说，我以为我走出过这样一个家庭，但到最后临死的时候才发现，我根本没有走出这个家，我走了一圈又回到了这个家中。可见能够走出是多么的不容易。

茅盾写的《子夜》，写吴老太爷年轻时，推崇西方文化，甚至把中国人最看重的孩子也送到西方学习，但等儿子学成回来之后，老爷子才发现，学来的东西与他的初衷完全相反，于是他在惊恐不安中又重拾他年轻时所反对的国粹。让我们来看今天的中国文化界，许多60岁以上的人，30岁左右时，他们大力推崇西方文化，但一过60岁，又都转回到中国传统文化。

张爱玲的小说很多女性非常喜欢，她写女性的生命形态写得确实非常深入。女性的个人性生命欲望永远比男性更强，张爱玲的小说，譬如《金锁记》，写化入个人生命的生命能量，如果被压抑、扭曲、伤害，她就会以"复制"的方式，加倍地施之于她周围的人，谁和她靠得越近，谁受的伤害就越重；她在哪方面受的伤害越深，她在哪方面对他人的伤害就越深。因为她会用一种变形的方式，把自己心中不能得到的欲望，用一种扭曲的方式，在攻击别人时，得到自我实现的满足。在伤害自己周围人的时候，其实也构成了对自己深深的伤害。我们在中国的人伦关系中，在中国历次政治斗争人与人的伤害中，可以真切地体会到这一点。小说的结尾说，这样的故事还没完，完不了。是不是这样呢？我觉得还是这样。

很多人说钱钟书写的《围城》谈的是婚姻和家庭，其实不是。人永远觉得下一站会是你的家园，等到了下一站，发现这根本不是家园所在，人生就是永远在出城和进城的过程当中，永远没有终点，永远没有你可以归属的所在。

柔石的中篇小说《二月》写主人公在现代社会碰得伤痕累累，想回到一个传统文化家园当中，好像现在我们很多人也想回到传统文化温柔的怀抱当中，最后却发现这只是一个美丽的幻想，最后又出走，但他还能再去什么地方？

最后，让我们来小结一下，通过这些作品中所描写的人生形态，我们看到的最多的是什么？是从原有的精神家园出走，虽然这精神家园曾经十分美好，但出走是必然的。出走之后呢？是无可归依的各种漂泊状态，譬如命运的循环、身体的安放、目的的寻找、个人的觉醒、存在与虚无、个体与整体、生命法则与社会法则等；是在这种漂泊状态中种种的精神形态，譬如孤独、绝望、抗争、无奈、悲凉、茫然、温情等，是对各种漂泊状态与精神形态的揭示与剖析。了解了这些，会有助于我们理解今天这个时代普遍的精神浮躁与价值动荡，有助于我们因为知道了漂泊形成的社会原因，知道了人们曾经做过怎样的努力，做过怎样的人生试验，在有了历史的纵深感后，对现实人生作出比较深刻的判断，引发我们对重建精神家园的思索。这就是我与大家进行交流的目的，谢谢大家。

汤显祖在广东的那些事儿

黄树森

黄树森 ✐

广东省人民政府参事，广东省文艺批评家协会名誉主席，中山大学兼职教授，广东省社会科学研究院特约研究员，文艺评论家。曾任《作品》《现代人报》《当代文坛报》《文化生活》编辑、副主编、主编。先后荣获"广东省鲁迅文艺""五个一工程""优秀图书"等多个奖项。主要著作：《题材纵横论》《手记·叩问》《春天纪》《黄说——叩问岭南一甲子》。主编了《叩问岭南》《文人笔下的历史回响——〈白门柳〉》《中国九章》《地道广东》等多部系列丛书。

今年适逢汤显祖与莎士比亚两个世界文化名人逝世 400 周年纪念。20 世纪初，日本汉学家青木正儿在《中国近代戏曲史》中，首次把莎士比亚、汤显祖并列，倏忽已近百年，历经 400 年风雨雷电，今天一并来纪念，意义很不一般。而且，今天的纪念，更加入了极为重要的命题，汤显祖与岭南文化有着血脉绵延、千丝万缕的联系，汤显祖在岭南孕育了《牡丹亭》、胎教了《牡丹亭》。

莎士比亚的研究和传播非常广泛。莎士比亚于 1599 年创作著名历史剧《亨利五世》，着重描写英法阿金库尔战役。由农民和部分贵族组成的英军在极为困难的劣势中击败了数倍于己的由贵族组成的法军，莎士比亚对这一战役的描写，后来被作为英国爱国主义教育的必修课。亨利五世在阿金库尔战役的著名演说中，读出来的只有"怕"字，怕人多势众的法军，怕没有信心的士兵，更怕上帝不公正。战役结局是恐惧战胜了高傲，农民战胜了贵族。恐惧，是文明的凿子，是制胜的利器，恐惧成了英国的一种文化精神。

莎士比亚在世界文化中无处不在。《罗密欧与朱丽叶》，家喻户晓，源于《麦克白》的《纸牌屋》疯靡世界，其音乐舞蹈也凸显莎翁强烈的存在感。英国有句流行语，"宁可舍掉一个印度，不可舍掉莎士比亚"。英国文化，包括西方文化，很注重文化软实力，强调人的精神、灵魂。而我们对于汤显祖的研究比较乏力，传播也比较苍白，很多人不知道"临川四梦"，也不了解《牡丹亭》，更不知汤显祖与岭南有什么样的关联。

2004 年 4 月，由著名作家白先勇主持制作，中国的大陆、香港暨台湾艺术家携手打造的青春版昆曲《牡丹亭》开始在世界巡演，给这门古老的艺术赋予青春的喜悦和生命，在美国上演时场场爆满。可以说让欧美"惊艳"，甚至"疯掉了"，系 1930 年梅兰芳赴美演出后最大的轰动。大学生以懂昆曲为荣。"世间只有情难诉"，"相思莫相负"，"古今同一梦，青春牡丹亭"，成为这个时代的流行语。这是中华民族文艺复兴的一个真实吉兆。我作为青春版《牡丹亭》的一名义工，已经 10 年，也深感荣幸。

白先勇在《牡丹亭》演出 100 场纪念庆功宴上提出：要让中国每个大学生都能够看一次《牡丹亭》。年复一年，一代又一代，《牡丹亭》作为中国传统优秀的昆曲剧目，作为一席顶尖美学盛宴，就可以一代代传承下去。

汤显祖从小聪明好学，21 岁中举，34 岁中进士，后历任太常寺博士，詹事府主簿。明万历十九年（1591）因不满朝廷腐败，而上《论辅臣科臣疏》，弹劾大学士申时行，抨击朝廷，触犯神宗皇帝而被贬岭南。汤显祖在徐闻做典史，后来就到了浙江遂昌做县官，400 年后的今天，遂昌举办汤显祖文化节，影响很大，群众性的昆曲比赛，举办了好几年。江西抚州是他的家乡，也有很具规模的纪念活动。广东这个月在徐闻召开《岭南行与临川梦——汤显祖学术广东高端论坛文集》，开展系列纪念活动。

究竟汤显祖与岭南、广东有怎样的联系？

浙江大学教授徐永明根据哈佛大学 CHGIS 即"中国历史地理信息系统"，以及徐朔方撰写的《汤显祖年谱》，查出汤显祖的人生路径和活动地点以及其经纬度。

地名	经度	纬度
临川	116.35	27.985
南昌	115.9	28.675
北京	116.37	39.931
宜城	118.74	30.947
南京	118.77	32.053
黄州	114.87	30.447
杭州	120.17	30.294
通州	120.85	32.01
绍兴	120.58	30.005
吉安	114.97	27.103
赣州	114.93	25.847
保昌	114.3	25.119
梅岭	114.34	25.322
广州	113.26	23.135
东莞	113.75	23.047
南海	113.26	23.135
香山	113.37	22.526
澳门	113.55	22.2
长沙	112.98	28.198
恩平	112.31	22.192

地名	经度	纬度
阳江	111.96	21.845
琼州	110.36	20.008
徐闻	110.16	20.33
肇庆	112.45	23.057
遂昌	119.26	28.588
藤县	117.16	35.085
丽水	119.91	28.449
温州	120.65	28.081
扬州	119.44	32.391

在汤显祖活动的 29 个城市中，有 12 个属于岭南（含澳门、琼州）（徐永明：《中国古典文学研究的几种可视化途径》，见《岭南行与临川梦——汤显祖学术广东高端论坛文集》，花城出版社 2016 年版，第 183 页），这个可视化的展示，证实汤显祖与岭南的紧密思想、文化关系，纬度误差只是把开平长沙误作湖南长沙。

下面谈一下"汤显祖在广东的那些事儿"，谈一下汤显祖的岭南行孕育了《牡丹亭》。汤显祖有 6 条金句，透视了他的哲学、文化思想，以及在岭南的种种顿悟。

第一句话，"是花都放了，那牡丹还早"。反映了汤显祖被贬以后的心情。他被贬广东以前只写了《紫钗记》，另外三个梦《南柯记》《邯郸记》《牡丹亭》是被贬岭南之后写的。这句话反映了他被贬岭南后的心情，是花都已经开了又凋谢了，岁月没有老，还有希望，因为牡丹还没有开。在岭南，他得到了别样的文化熏陶，六祖思想的冲击、海外贸易的景象，异域的山山水水，让他视野开扩、脑洞大开。他的心情有很大变化。汤显祖在岭南留下两处遗址，一是徐闻的贵生书院，二是到东莞（今深圳南头），探望友人祁衍曾遗孤，看到黄舒的墓，还写了一篇《东莞县晋黄孝子特祠碑》，刻为碑文，以表彰孝子黄舒，这黄舒正是深圳南头人，黄舒行孝影响深圳千年，成为深圳地区南北文化大融合的一个重要标志，"参山乔木"成为"新安八景"之一。黄舒墓成为深圳历史坐标。

苏东坡弟弟苏辙被贬到雷州以后，生不如死。看看他的诗文，什么东西都看不惯，度日如年，盼望皇帝把他早点召回去。韩愈当年到潮州，对广东感觉也不好。广东地处边缘，西学东渐，但对中原来的人非常包容。韩愈在广东名声很大，广东人把他作为贤人供养起来。其实贬官的生活安逸自在，游山玩水，吃吃喝喝，甚至被贬成了一种荣耀，被贬，拥戴者就多了，身价也随之提高。苏东坡在广东吃蚝，写信给他儿子，说：广东生蚝很鲜美，你来了，我会请你吃，但此等美妙事，不可与人言。如果把历代被贬的文人心境做个比较研究，是很有趣的。

汤显祖在广东的心态是相对平和的。翻过庾岭小梅关，便入广东的南雄县境，从南雄乘船顺浈水南下，在韶关附近的曲江县城芙蓉驿站住下，曲江县城东南的曹溪之畔便是南华寺，受刘应秋之托，汤显祖要看看六祖惠能留下的衣钵是否还存在。

他在广州停留20多天，在澳门停留三四天，关于他在徐闻多长时间有争论，有的说一年，有的说8个月。粤北整个片区他都游览了。之后到粤西去上任。又去粤东。后来又从广州到澳门。

牡丹花有"国色天香"之誉，色泽艳丽，富丽堂皇，是花中之王。它的品种很多，以黄、绿、肉红、深红、银红为上品。

元代诗人刘敏中描写牡丹是"栽时白露，开时谷雨，培养功夫良苦"，过了谷雨，春天将尽的时候，牡丹才开，牡丹抓住春天的尾巴，那是宋诗中所说的"千金不惜买繁华"的意境。"牡丹还早"带有点哲学意味，人生有上有下，有起有落，有哭有笑。过去了就过去了，现实点，依然要看到未来，未来就是"牡丹还早"，未来还是有希望，"花开，花落，花还早"，从自然的现象来看是这样，莎士比亚正好讲过一句话，"一切过去皆是序幕"。从哲理上看，是积极向上、眼界开阔的心境。

看昆曲的时候，当春香念道"牡丹还早"时，拖音很长，昆曲腔调里的拖音，让人感到回肠荡气。整个气氛余音袅袅，韵味无穷。

"是花都放了，那牡丹还早。"那是一种力量的张扬，一种"繁华"愿景的诉求，一种忍耐的陶冶。

拜谒禅宗六祖。汤显祖感慨万千悟道："新州百姓能如此，惭愧浮生是宰官。"也就是说，作为百姓，六祖能够创造一门禅宗教派，而我作为朝廷的官，什么都没有做成，感觉很惭愧。从皇朝思想开始向民间思想转换。

这第二句话，讲到禅宗。在研究六祖的时候，常常会涉及两个故事，一是比喻印度的，二是比喻中国的。印度的故事说，你想当宰相，到朝廷里面做官，你头上要顶上一罐烧滚的热油，顶着这罐油走，旁边出现了美女你也不能斜视，油不会倒出来，你这个宰相就能做成，在路上遇到什么问题，你都不能旁顾左右，就是说你遇到任何情况，你心里面要安定，这样才能够顶着这罐油走到终点，这就成功了。这在印度教里面叫"定"，心里面安定的定。

中国有一个极端的例子。一个父亲要传授偷窃智慧给他儿子，父亲是个惯偷，一进房门就知道贵重宝物藏在哪里，他把宝物包上以后，就把儿子推进柜子，把柜子锁上，自己马上就跑。主人回来了，儿子在柜子里学老鼠叫，啃衣服。主人以为是老鼠在里面，没有注意，就没去抓他。后来这个儿子跑出来，被人发现以后，在路上搬了一块石头，丢在井里，追的人以为他投井自杀了，就没有再追。后来父亲告诉儿子，偷窃的技法，就是我刚才教你的这个套路。中国人把这种做法叫"慧"，一个是"定"，另一个是"慧"。心性上不迷乱，也不愚昧。胡适对比印度和中国文化时，举了这两个极端的例子。"圆通定慧"，这在中国武侠功夫秘籍中是个关键词。

岭南到了六祖慧能的时代，文化发展到了最高峰。有学人认为当时岭南文化就是中华文化中心，慧能是个标杆。他很清高，皇帝请了他好几次，他都没有去，说身体不好。

汤显祖到岭南来，悟出慧能智慧，写出了"新州百姓能如此，惭愧浮生是宰官"这样的金句，有很丰富的思想。他到岭南以后，写了一封信给金陵友人师惟审，说得很得体："弟在岭海，如在金陵。清虚可以杀人，瘴疠可以活人"。也就是说，瘴疠之地的岭南，跟繁盛之地的南京毫无二致。广东这个地方是流放犯人的地方，苏东坡、韩愈、苏辙、寇准对蛮荒之地都很难融入，或度日如年，或生不如死。汤显祖到了徐闻，也是夜不能寐。但这封信透露汤显祖面对逆境，随遇而安；在清虚瘴疠之间寻求一种舒张和平衡，是一种大智慧。

汤显祖在岭南游历了十几个地方以后，变得很豁达。这是第三句话。

在 20 世纪 80 年代，深圳有人提出，深圳文化有没有祖宗？经过几十年发展，现在还会不会有人提出这样的问题？实际上文化是一个很广泛的概念，以往对文化的理解很狭隘，文化不只是文化局的文化。对文化的理解，据说有 260 多种，我采纳德国迈尔词典的说法，文化包括物质文化、精神文化，还包括制度文化，是一种大文化概念。为表述方便，文化与经济乃一个铜钱的两面。

全世界最瞩目的美国大片，它的文化附加值、经济附加值都相当高。除了典籍，很多文化附加在文人身上。包公在粤西做了几年官，我们就要写包公；苏东坡在惠州做过官，我们就要写苏东坡，连他的妾室也不放过。文人行踪里面很多内容可以是文化的承载体。

除了典籍、人物，传说、习俗也是文化的承载物。文化的存在可以表现在方方面面。比如说，杨贵妃吃的荔枝，是哪儿产的？是从哪儿运送去的？四川？海南？广东？长期存有争论。广东荔枝也因利玛窦而闻名于世，在《利玛窦中国札记》中说，广东有很多"欧洲人从未见过的水果"，"当地人把这些水果叫作荔枝和龙眼"。这事我们后面再详细讲。

第四句话，汤显祖有诗说"二子西来迹已奇"。这个"二子"，就是意大利的利玛窦教主和特·彼得利斯，利玛窦是"西学东渐"的第一人。澳门是西方文化沿中国东南沿海而形成的一条中西文化走廊原点。马六甲海峡开通以后，西方人主要是传教士第一次从马六甲进入澳门，然后在肇庆居住一段时间。汤显祖在这首诗里说，利玛窦和另一个传教士特·彼得利斯，来到端州（肇庆），这是中国历史上一大文化事件。利玛窦到中国以后，首先绘制了中国第一张世界地图，当时的清朝皇帝搞不清楚意大利、葡萄牙在什么地方，常常把意大利、葡萄牙笼统称为欧洲，没有具体地理上的概念。利玛窦在中国写了很多书，还学了中国画。他在东西方文化传播上面功高至伟，在中国文化史上有很崇高的地位。后来他在北京去世，"文革"中其墓地被红卫兵毁掉了，"文革"后重新把他的墓地恢复。汤显祖是否跟他见过面？这是值得探究的课题。汤显祖在端州闻说"西学东渐"的第一人，此外端州伏四水之便利，据两广之要津，"水驿连三峡"，"人家各一溪"，"烟雨一秋迷"，以及"尊六祖而不轻八祖"，端州的秀丽山水和深厚人文，对他的学问和思维的影响是潜移默化的。

第五句话，汤显祖在《牡丹亭》里说："天下人古怪，不像岭南人。"这句话挺让人琢磨，作为蛮荒之地偏居地角的岭南是异质的、个性化，有别于"天下"的存在。据徐朔方考据，在25岁以前，汤显祖已经跟岭南官吏有来往。广东人带给他的信息、文化、熏陶决不同于他在内地包括江西、金陵所接受的文化。

梁启超讲，广东人对西方人的态度，既不拒之，也不畏之。广东开放早，唐代就有约二十万华侨出国了，他们见世面比较早，很多人了解外面的世道。另外，面临海洋，还萌生一种海盗文化。满载而归的渔船可能遭遇抢夺，还会发生海难事故等，命运难测，使得广东沿海居民都有一种彪悍、威猛的秉性。这种广东文化视角的多元，藏有一种包容性。在"非典"肆虐期间，最淡定的是广东人。因为蛮荒，因为"下南洋"，因为挖金山，因为背井离乡，因为漂泊流离，在原始的地方催发出来的，在艰苦的环境里面挣扎的，产生一种强大的生命力，不畏惧狂风暴雨，不害怕困苦灾难。

这样一个开放的崭新世界，让汤显祖在澳门看"花面蛮姬"也就是"鬼佬""鬼婆"、外国美女；看海外贸易，"十日过交栏（印尼），十二帆飞看溜还"，从越南到印尼，10天来回；另外，看广东定期"互市"，也就是当时的交易会。

如黑格尔所说，"海洋和河流使人接近，反之，山岳使人分离"。相对中原传统文化累叠融淀、封闭稳定，岭南是另一番景象。在讨论地域文化时，一味强调中原文化对岭南文化的影响，一味渲染岭南的瘴疠、蛮荒而忽略两种文化的双向影响和交流，我以为是偏颇的。需要补补偏、救救弊。汤显祖的"临川四梦"，岭南荔枝运送长安的旷古奇迹，都是有力的佐证。

杜牧诗里使得"一骑红尘妃子笑"的这荔枝来自何处？四川？海南？闽南还是广东高州？长期存有争议。我认为：粤北高山上的西京古道，据考证是为了送荔枝而修建的，此其一。2004 年，随着坐落在陕西省渭南市蒲城县保南乡山西村的唐代大宦官高力士墓地抢救性考古发掘完成，考证了高力士是当年容城所辖 14 个州中的潘州（今广东高州）人，专家在解读高力士生平墓志铭时，发现当年驿马传送进宫供杨贵妃享用的荔枝，是一种产自高力士与杨玉环家乡名为"白玉罂"的优质早熟荔枝。高与杨都是容州都督府人。高力士家乡高州距杨玉环家乡容州普宁县仅 100 公里，高力士作为皇帝和杨玉环的忠实宠臣，介绍家乡的佳果也是情理之中的事。此其二。

山高路远，保鲜期极短，高州的"白玉罂"是怎样运到长安的？2010 至 2012 年，我去了高州三次，调查民间说法。高州早熟荔枝，在果熟前一个多月，连树枝带果截枝，然后用泥巴把截枝口包扎起来，整棵整棵的树枝经南岭山脉，越过崇山峻岭进入湘江，通过秦岭运到离长安最近的驿站，荔枝果在泥土护养下逐渐生长成熟，随即摘下果实，放入竹筒内密封之，最后用快马送到长安。这个说法比较靠谱。此其三。根据这三点，私意以为，杜牧"一骑红尘妃子笑"送到长安的荔枝就是高州的"白玉罂"。运载方式也并非清人早已质疑的"昔有七日至长安""怠妄"之说（清吴应奎《岭南荔枝谱》）。"一骑红尘"，让我们看到朝廷的劳民伤财，极度奢靡，也折射岭南作为边陲的艰难历程、无比智慧。

"残余片段，以窥测其全部结构"，陈寅恪所揭示的方法论，让我们看到汤显祖的岭南行一路美梦不断，苍梧梦，顿教梦，海洋梦，梅花梦，以及荔枝公案中跃动的民间传说和沉淀史籍中折射的汤显祖一语中的的"天下人古怪，不像岭南人"的独异的岭南文化生命和精神。这类岭南"残余片段"，在汤显祖的《牡丹亭》中比比皆是，如第二十三出《冥判》中，汤显祖借末与净之口，历数了30多种岭南行所见到的花色品种。又如，在第五十五出《圆驾》中，为岭南吃槟榔习俗辩解：（生）老平章，你骂俺岭南人吃槟榔，其实柳梦梅唇红齿白。再如，在第二十二出《旅奇》中写了被贬岭南的历程："香山岙（注：澳门）里打包来，三水（注：恩平、开平、阳江）船儿到岸开，要寄乡心值寒岁，岭南南上半枝梅"，现实与戏文互相映照。凡此种种，也窥测和叠加出《牡丹亭》的"全部结构"。

第六句话，在《牡丹亭》里讲到人性人情，有"世间只有情难诉""相思莫相负"句，白先勇当年选择《牡丹亭》并赋以"青春版"，因为这是一个青春恋爱题材。对年轻男女可以产生极大冲击力，这也是大学生喜欢这个戏，相当多年轻人也因此爱上昆曲的原因。

徐闻是南海和北部湾海水交界的地方，是神州之角大陆之尾，海水为两色：湛蓝色和灰蓝色，其"接吻浪"周而复始，年复一年，内有精魂，为世间一绝。这个圣地是爱情最坚贞的地方，引动汤显祖"情难诉""相思莫相负"的无限情思和生命追求。

归结一下，汤显祖在广东结识三个朋友圈，一是金陵旧友，二是岭南新友，三是做生意的一帮朋友。他在思想和文化上经历了三个转轨，一是从内陆的封闭向海洋的开放转轨；二是从皇朝向民间转轨；三是由瘴疠苦难向情之大本转轨。

20世纪60年代，我在阳江住了很长时间，阳江的渔民生活让我很震撼。每天下午4点多钟，女的都在海边等男的回来，一回来就一定选最好的海鲜大吃一顿，阳江话是要"吃胀"，夜晚跟老婆拼命做爱，他们的子孙非常多。命运多舛，前途难测，不知道下一次下海，还有没有命回来。大海带给人的信息是生死不确定，这也给汤显祖的思想和理念以强大冲击。他在写《牡丹亭》时悟道：情之大本。这也就是清代戏剧家洪昇评述的生死在肯綮之间。

文化是交流的、多元的、互补的，不能说哪个文化优或劣，一种文化可以影响、感召另外一种文化，可以融合另一种文化。文化的征服，是最后的征服。世界上所有的竞争，最后的竞争都是文化的竞争。这就是莎士比亚在英国乃至世界上有这么强大的存在感的原因所在。汤显祖在岭南、在广东孕育了《牡丹亭》，胎教了《牡丹亭》，《牡丹亭》这个儿子生下来是不是靓仔，智力高不高，都是由岭南行决定的。汤显祖被贬岭南，有繁花易落、青春已逝的惆怅，但吸吮着密结于瘴疠、临海、异域的中西交汇的岭南文化元阳，而获得一种全新的、自由的、体验式的历史感受和思想源泉，铸就了"是花都放了，那牡丹还早"的刚毅坚强的个性和创造不懈的精神。今天我们纪念汤显祖这位世界文化名人的时候，就是要把他作为中国文化的一个标志符号、作为一种文化软实力、作为一种经济的附加值来看待。

古典名著中的人才竞争

张 军

张 军

深圳市社会科学院文化研究所所
长，研究员。兼任深圳市华文文
学学会会长、深圳市文学学会副
会长、广东省作家协会会员。曾
参与多项国家、省、市级重点研
究课题，发表论文百余篇。主要
著作：《飘香的晨雾》《空门》
《叙事英雄》《基础诗学》。

古典文学名著是多元多义、多角度、多层次的，可以随着时间的
流逝不断被阐释。从名著中我们不仅可以读出国学价值、文学价值、
社会价值，也可以读出人才竞争、商战谋略、博弈之道来。

我今天说的古典名著更多是以《三国演义》为材料，和大家分
享深圳怎样的人才竞争才是我们所需要的？怎样才能正确地发现、引
进、使用、管理、培养人才，加上激励、奖励、竞争。今天重点从五
个方面讲解、分享。

第一，发现和引进，是事业成败的关键。

首先，要明确什么是人才？"人才"源于《诗经·小雅·菁菁者莪》，诗曰："菁菁者莪，乐育材也，君子能长育人才，则天下喜乐之矣！"

简洁地讲，现在的人才是以其创造性的劳动，为社会发展和人类进步做出一定贡献的人。"才能杰出者"即为人才。这样的人深圳非常多，因为深圳是一个创新性城市，创新文化支撑着深圳的发展。像华为每年拿出10%的经费作为研发经费，而且它的研发团队也占到整个职工的40%，这些都是人才。

事业成败关键在于得到人才与否，汉高祖刘邦曾说过，"夫运筹帷幄之中，决胜千里之外，吾不如子房。镇国家，抚百姓，给饷馈，不绝粮道，吾不如萧何。连百万之众，战必胜，攻必取，吾不如韩信。三者皆人杰，吾能用之，此吾所以取天下者也。"（《史记·高祖本纪》）

《三国演义》向世人展示了贤人智士各尽其才的辉煌画卷，这部名著所塑造的许多政治家通过对人才的招揽、利用，最终获得成功，尤其引人注目，也给我们很多启示。

三国的领袖们推行"唯才是举"的人才方针，不论出身贵贱，不看社会关系，凡有超尘脱俗的才能者，一概收罗，吸引人才。在《三国演义》中，人才的开发和掠夺是空前的，一个集团为了垄断人才，可以说费尽心机甚至不择手段。引进所需的，用好现有的，培育发展的，留住关键的，人才流动空前绝后。刘备文不能安邦，武不能定国，但是他有自己的一个驭臣之术，思贤若渴，唯才是用，是小说中树立的典范，他成为后人思贤、求贤、用贤、惜贤的楷模。人才是一个国家的头等大事，要夺取天下，必先夺取人才。三国时期，袁绍、袁术、刘表、董卓、吕布、刘璋等人周围原本有很多智力超群的谋士和武艺精湛的战将，可最后的成功者却是起于微末的曹操，走投无路的刘备，寄人篱下的孙策。根本原因就是他们能正确选择人才和留住人才。

拿识人来说，曹操的最大特点是"唯才是举"。只要有真才实学，不管出身贵贱，不管门第高低，不管资历长短，也不管是否与自己沾亲带故，一律加以任用。荀彧原来在袁绍手下，后离开袁绍投奔曹操，曹操与他交谈一番，非常高兴，称之为"吾之子房也"（汉高祖刘邦的头号谋士张良，字子房），马上委以重任。以后，曹操每次率兵出征，都让荀彧留守后方，主持许都日常政务；荀彧将一切处理得井井有条，并在几个重大关头提出关键性的意见，帮助曹操选择正确的战略决策，为曹操统一北方作出了巨大的贡献。

在《三国演义》中，我们通过大量的实例可以看出一个集团为了笼络人才，可以说是费尽心机甚至不择手段。

第二，人才的使用与管理，是一种科学合理的战略方针。

把人才引进来了，要进行一定的使用和管理，才能发挥他的作用。现实中，我们总喜欢赋予人才更多理想色彩。就拿诸葛亮来说，我们总希望他十全十美、百战百胜。没有万才俱备的人，无论是对诸葛亮还是对其他人才，我们都不能苛求。应让人才各得其所、各尽其才。

自古及今，真正做到把得人才与否放在事关功业成败、身家性命之地步的，当首推曹操。他在《短歌行·之二》中说："山不厌高，海不厌深。周公吐哺，天下归心。"

有人精于此而疏于彼：孙权未见出奇谋，但能任贤举能集众智、众力于一身，故成为一代明主。周瑜虽不冲锋陷阵，但能运筹帷幄、决胜千里，被誉为英明的统帅。马谡任主将不行，却是个有智谋的人才。马超虽不善谋略，却是骁锐莫当的勇将。故用人要量才录用，不要强用其所不能。正是坚持对各类人才采取包容的科学态度，三国才演绎了波澜壮阔的历史故事。

《三国演义》不仅提出了争取人才的战略思想，而且强调了使用人才的重要性。刘备认定了诸葛亮是人才，便不嫌他年轻，让这个27 岁的年轻人做军师，指挥关羽、张飞、赵云这样老资格的将军。

刘备临终前特别叮嘱诸葛亮："若嗣子可辅，则辅之；如其不才，君可自为成都之主。"这些用人不疑的故事脍炙人口，向企业家展示了企业管理首先是人才管理的意义。诸葛亮本人绝不上战场冲锋陷阵，但他合理地使用人才，获得了几乎每战必胜的成果。

刘备在人才使用管理上，有三个办法。

一是讲仁爱。桃园结义时即宣布他出来做事的目的是"上报国家，下安黎庶"。做安喜县尉时"与民秋毫无犯"。在新野遇曹操大军相逼，不忘带百姓一起逃跑。部下建议："不如暂弃百姓，先行为上。"他流泪说："举大事者必以人为本。今人归我，奈何弃之？"这种"仁爱"的声誉对于刘备争取人才有着极大的作用。

二是讲义气。"义"产生于封建社会，当然有其糟粕。不过互相帮助，彼此信任，为同一理想奋斗，又不失为受压迫者团结起来反抗压迫的一种武器。刘、关、张桃园结义，誓言"同心协力，救困扶危"，显示出对等关系来，史称三人"义为君臣，恩犹父子"，更反映出社会下层人民在患难时相互扶持的理想色彩。

三是施礼。以礼感人，礼就是礼貌的礼。其中三顾茅庐请诸葛亮出山，是最明显的例子。像诸葛亮这样的士人，如果不想躬耕陇亩一辈子，唯一的出路是依附一个统治者，凭智力谋出路。他"每自比管仲、乐毅"，就是盼望有明主聘用，施展治国平天下的抱负。刘备其实是诸葛亮选择的理想君主。不过，诸葛亮又是有才智的士人，肯定不会主动到刘备那里去乞食，刘备为了得到人才，必须要礼贤下士，于是主动至隆中拜访诸葛亮。虽然诸葛亮已经了解到刘备具有其他统治者所不能达到的思想境界，但却不知刘备将怎样对待自己，于是在与刘备见面前多次试探并故意摆了一点架子。

"一吕二马三典韦，四关五赵六张飞，七许八黄九姜维，还有夏侯紧相随。"关、张、赵、马、黄等第一流的战将，凭着这样一支人才大军，取得了常人难以取得的成就。刘备争取人才的多方面经验对于现代企业家自然是极有启发的，为此，三顾茅庐成为现代企业家反复研究的内容，并不断加以引申。

再一个，曹操与袁绍相比，他们两在用人上也是一优一劣。当时的曹操在各个层面都不能与袁绍相比，但就是如此弱小的曹操却打败了实力雄厚的袁绍，在此就针对两个人的性格和心胸才略展开剖析。郭嘉当时是曹操招纳的谋臣，他对袁绍的评价是：此人手下将士和有能力的谋士很多，但他疑心重，不能充分发挥每个人的优势，不能很好地信任和利用他们，只是不停地猜疑，导致手下能人异士都另寻明主，因此就胸怀和才智上，曹操就略胜一筹。曹操能根据客观实际判断出这个人说话的真假，然后判断这个人的才能究竟怎么样，所以他才能够挟天子以令诸侯，这都是他个人才能的重要表现。

第三，人才的管理与培养，是一种可持续的竞争智慧。

三国时期与罗贯中所处元末农民战争时期这样一种"乱世"，对于被封建王朝所压抑与冷落的人才来说，是百年不遇的机会。他们可以通过依附，选择不同的统治集团表现自己的才干，争取个人人生价值获得更大程度的实现。一贯唯我独尊的统治者，为了避免在兼并战争中被消灭，也只好礼贤下士，以争取人才求得自己的生存与发展。这样一种竞争时代的智慧，便是《三国演义》的精髓。

有了人才可持续的培养和发展，才能在竞争中立于不败之地。深圳过去注重人才，现在深圳在人才引进和人才使用方面，出现了一些深水区的问题。

关于管理与培养，可以用德、智、能、劳四个字概括。

先说德。从古至今，从中到外，德均为做人之首；德者居上，这是亘古不变的真谛。经商者、企业家也同样如此。秉持传统与现代结合的新道德，是企业领导的首要条件。对于率领企业人在商场搏杀的老板来说，一定要有德行，也就是三观正确，然后才能做到任人唯贤。"三顾茅庐"可谓选人上的典范。古人云："若非先主垂三顾，谁识茅庐一卧龙"，刘备"三顾茅庐"，不仅成就了诸葛亮的旷世之才，也使得自己"三分天下"，成为千古佳话。

企业领导者要有两个本事：一是以身作则、自我约束，二是有胸怀、有眼光。《三国演义》中，曹操在选人上率先提出"唯才是举"，所以，曹操手下人才最多，谋士如云，战将如雨；孙权选人视野广阔，不论贵贱，"拔吕蒙于戎行，识潘璋于系虏"，所以手下出身"寒门"的大将很多。《西游记》唐僧、《水浒传》宋江，善于用人所长，前者虽然有时不辨人妖，但还是完成了西天取经之大业；后者开头和中间做得还是不错的，但结尾却因革命不彻底未能大获全胜，所以留下败笔。而唐僧既非擒妖能手，又不会料理事务，但他为人有德，行事有定力，矢志不渝，坚持不懈，最终修成正果。

再说智。智为做事关键。说到智者，《三国演义》里有诸葛亮、《水浒》里有吴用，《西游记》中有猪八戒。猪八戒虽然好吃懒做，但也有他的优点：爱动脑筋，爱提意见，用王小波的话讲，他是"一只特立独行的猪"。他的观点立场，往往基于个体生命的真实感觉，并不取悦于领导者唐僧。他从不放弃言说的权利，取经路上常发议论，且多为反对意见，他是个出色的"反对党"和勇敢的"批评家"。遗憾的是，很多企业都不能包容猪八戒这样敢于发表不同意见的人，但身心散发着慈悲美善光芒的唐僧就可以做到。所以，上天安排猪八戒参与取经事业，是唐僧取经团队的幸运，这保证了取经途中不断"发扬成绩，纠正错误，以利再战"。还有，《红楼梦》中的刘姥姥，也是一个智者。她凭借自身高超的公关技巧，两进荣国府讨钱，两次满载而归。讨钱是求人的事，求人就要有求人的手段，要让对方高兴。刘姥姥的做法是：一是给王熙凤戴高帽；二是给贾母讲乡下故事。刘姥姥没有文化，不会识文断字，但却有乡下女人的生存智慧，这种生存智慧在现代社会仍未过时，会成为现代公关学当中的经典案例。

再看能。能者，能力之谓也。如果智是心机、心计，那么能则是实践、行动的本领。《三国演义》也好，《水浒传》也好，都有很多能人。

《红楼梦》里，王熙凤是众所周知的理财能人。王熙凤把自己的私房钱经营得有声有色，"一年竟赚了上千的利钱"。那个时候，理财工具严重缺乏，股市、债市、汇市等投资渠道一概没有。王熙凤的投资主要是通过钱庄进行。钱庄类似于今天的期货等高风险理财渠道，尽管有可能带来较高收益，但风险同样也十分巨大。一旦遭遇损失，很可能是血本无归。

王熙凤的理财观念是"懂""精""度"。"懂"，是要懂得理财，够专业。"精"，就是精明，是一种敏锐的眼光。静若处子，动若脱兔，该出手时就出手。"度"，把握分寸恰如其分。《三国演义》中的魏延乃一员降将，诸葛亮认为其"有反骨"，但刘备还是用其镇守汉中，就是看重魏延的军事才能。与智多星诸葛亮相比，近乎神的齐天大圣孙悟空不愧为世间无与伦比的能者，是一个优秀的职业经理人，他上天入地、随机应变、无所不能。

最值得称道的是，孙悟空不是奴才，也不是一般人才，而是一个本事很大的"人物"，"人物"和人才、人力不一样，是不可替代的。孙悟空是个有独立人格的能者。但他不是一只特立独行的猪，他是一只特立独行的猴，一只具有"自由之精神，独立之思考"的本事很大的猴子。

再说劳，在《西游记》中，沙僧是一个任劳任怨的人，还有唐僧的白龙马，都是为唐僧团队服务的劳动者和打工者。有句话说得好，老板手下，"神仙、老虎、狗，样样都得有"，"神仙"是智者，负责提供智力支持，比如诸葛亮、王熙凤、吴用等人；"老虎"即能者，负责搞定困难、问题，这些人往往办法比困难多，比如腾云驾雾七十二变孙悟空、景阳冈打虎英雄武松；"狗"就是鞍前马后、挑担牵马做好服务的角色，这样的人别看没有什么大本事，但可以效"犬马之劳"，比如沙僧和白龙马，他们做到了任劳任怨、不遗余力，如果给他们考核评分的话，我看可以评优秀或者一百分。

第四，激励与奖励，发挥人才的最大潜能。

曹操挟天子以令诸侯，用财大气粗的阔佬儿办法争取人才，曹操凭着一双识人的"慧眼"看中了关云长。这位"温酒斩华雄、大战虎牢关"的猛将，当年之所以能脱颖而出，全赖于曹操不论门第、力排众议的大胆启用。基于这一缘故，曹操乘刘备兵贬之际，不惜答应关羽提出的苛刻条件，费尽心机地去感化关羽促其归顺，特别是他对关羽的恩宠礼遇、百般争取，更是人所共知的。曹操为了使关羽能留在曹营效力，不但优待俘虏、不计前嫌，并予以"汉寿亭侯"的高爵和"上马金、下马银""三日一小宴，五日一大宴"的丰厚礼遇，而且给官给名、给房子、给金钱、给美女、给面子、给衣服、给赤兔马。这都是刘备一样也使不出来的手段。

《三国演义》反复渲染天时不如地利，地利不如人和，正是将"得人心者得人才"的原则给予极大的推崇。曹操得势以后，对人才的尊重远不如前。他手下人才虽多，但用人如器，不尊重人。杨修说穿了曹操一些驭臣之术的谜底，被以"惑乱军心"罪名杀害。杨修是聪明反被聪明误。杨修是曹操的谋士幕僚，他出身世家、才思敏捷，一度深得曹操的器重，最终却以罪被诛。《三国演义》大肆描绘和渲染此事，是用以贬斥曹操的忌才和残忍。后人认为杨修表面上是恃才傲物招人妒，实际上是自作聪明惹的祸。

人才激励必须因人而异，诸葛亮最谙此道。关羽骄傲自大，少不了要捧几句；张飞鲁莽暴躁，要鼓励他多动脑筋；赵云忠心耿耿，值得表扬肯定；马超与西凉羌人关系密切，正好用来镇守西部少数民族地区；黄忠不服老，可以激发他争先立功；魏延易起二心，需要控制使用。

人才激励与奖惩必须因人因事而异。诸葛亮没有考虑到马谡一直是以谋士身份献策，轻率地派马谡去守街亭，结果纸上谈兵，丧失街亭，诸葛亮只好劳而无功地退回汉中。如何根据实际情况适当地发挥人才的作用，这是《三国演义》反复强调的内容，也是当代企业家正在考虑的问题。

就深圳来说，首先必须发现和引进人才，然后就是使用、管理，现在必须有一些奖惩制度，古代人到此就为止了，不像我们现在还可能用科学方法评价，过去的评价就是皇帝的一句话、丞相的一句话，或者将帅的一句话。

这些历史对我们现在有什么借鉴和启示？我觉得这是我们需要厘清的问题。我们学习历史并不完全是为了了解一些常识，不同的体制、不同的社会、不同的价值观对历史的解读都有不同的角度。

第五，人才竞争的启示。

一个集团中没有人才是可怕的，有了人才没有合理利用，不能使其发挥作用，是悲哀的。以诸葛亮近乎神话的形象，却没有让蜀国长治久安，相反在三国中却是最先灭亡的，这一直为后人所不理解。从历史看，蜀国灭亡虽然有偏安一隅，生产力发展水平低，连年征战，国力、人力空虚等因素，但南宋学者陈亮曾尖锐地指出，蜀国的灭亡，在于没有贤德的君主和可以辅佐的大臣。

1. 知人善任是保证事业发展的基础

"善任人者，总其纲，则万目张，握其纪，则万目起。"合理使用人才就是要区别好管人和管事的界限。不同特长的人才是为不同领域服务的，马谡熟读兵书、胸藏韬略，出谋划策是他的强项。从平定南蛮之乱和反间曹魏取得的成效来看，马谡的能力是无须质疑的，如果从智囊者的角度思量，马谡应该是一个非常优秀的幕僚，但如果从战地指挥官的要求评价，他既没有实战经验又死搬教条，所以称马谡是一个人才，就有点难为他了。诸葛亮弃之所长、用之所短，失守街亭自然就不奇怪了。

不同特长的人才在不同领域进行服务。像深圳很多企业，有的可能属于公关型人才，有的学历高，可能属于研发型人才。像荀彧或者贾诩这样的人可能给领导当好谋士，上情下达。所以要知人善任来用人。

克劳塞维茨说"理论应该培养未来指挥官的智力"，"而不应该陪着他们上战场"。这里提出了一个很重要的问题，即如何把丰富的知识转化为作战指挥能力。曹操深知大用者不务细行的道理。刘备虽然在其他方面有些不足，但在建立西蜀政权时，人才济济，而到武侯治蜀时，西蜀人才已经寥若晨星。后来，魏向蜀发动进攻时，蜀国只剩下姜维一人东遮西挡。这时，后方兵力空虚，尤其是人才空虚。

2. 培养人才才能可持续发展

刘备在夺取西蜀政权时，身边有五虎上将，又得卧龙凤雏相佐，可谓盛极一时。然而盛世一过，随着这些将领谋臣的相继亡故，西蜀也就人才无几了。吴国的孙权听取了鲁肃的建议，建立了大学社，面向全社会广招人才，才使吴国后继人才源源不断，才会有"周瑜之后有鲁肃，鲁肃之后有吕蒙，吕蒙之后有陆逊"的人才新老接替局面。

有比较才有鉴别。曹操为实现统一中原的政治野心，一开始就实施其长期的人才发展战略，曹操当权时，推新以待智谋之士，所以在他周围聚集着荀彧、郭嘉、程昱、贾诩、荀攸、刘晔、满宠等，形成一个人才群体。曹操死后，又出现了司马懿、邓艾、钟会等一群身藏韬略的智囊人物，保证了魏国不断强大。

3. 要培育人才的忠诚度

良禽择木而栖，贤臣择主而事。当今世界人才流动极其频繁，没有忠于企业的人才甚至没有忠于职守的员工，我们什么事情也无法做成，"身在曹营心在汉"是人才的大忌，徐庶终身不为曹魏设一计，固然有其政治诉求和人心所向，但也就失去了其人才的属性。而"忠臣必出孝子之门"的古训也为人才打上了道德的标签，所以，忠诚是人才属性的根本和基石。

人才是推动历史发展和人类进步的重要因素，在世界经济一体化的今天，人才关乎民族兴衰、关乎国家长治久安、关乎民生，爱才惜才、合理使用人才、持续培养人才仍然是我们永恒的话题。

4. 人才流动的自我实现

《三国演义》第二十九回写道，孙权听到周瑜非常敬慕鲁肃，命周瑜前往聘请。鲁肃当时正打算到别处谋事。周瑜见状，引用了东汉初年马援对刘秀说过的一段话："当今之世，非但君择臣，臣亦择君。"以此来说明当时的社会风尚，极力称赞孙权的"礼贤下士"和"纳奇寻异"，劝说和打动鲁肃。鲁肃经过斟酌、选择，终于改变初衷投奔了孙权。从此他们君臣相济，鲁肃得以充分发挥自己的雄才大略。

君择臣，臣亦择君，"君择臣"在人们看来天经地义，不足为奇。而"臣亦择君"，却难能可贵。正是这个"臣亦择君"造成了三国时代如现代所云的人才流动的生动局面。

对于现代企业来说，人才流动是从战略全局上充分利用人才，从战略未来上更好地培养人才的重要措施，具有巨大的心理功能和社会效应。

人才流动可以激励人们去追求高层次的精神目标。而追求高层次的精神目标，是人才的一个特征。流动可以为人才实现高层次精神目标创造机会和条件，从而使人超出物质需求的局限，致力于高层次精神目标的追求，促进整个社会的精神文明。想当年，诸葛亮如果没有等来刘备，大概只能当一辈子"村夫"。尽管他素有凌云大志，但村夫毕竟还是村夫，总得计较春种秋收，吃饭穿衣。长此以往，他那出众不凡的志趣也终会被消磨殆尽的。

人才流动有利于形成尊重人才的良好社会风气。对一个管理者来说，人才流动是启示也是压力。由于流动可以充分发挥人才的效能，促成人才个人价值的实现因而使管理者更加清楚地认识到人才的重要价值。同时，由于担心本单位人才流失，管理者将更加注意爱才、选才、用才、护才。这必将推动整个社会形成尊重知识、尊重人才的良好风气。

最后结论就是，深圳企业只有把握人才的竞争，才能使企业具有更大的竞争优势，这就需要去完善员工的工作环境，把握用人机制的核心，切实从员工的生活、工作和发展空间出发，留住优秀人才，发挥优秀人才的这种潜能，为企业创造更大财富。

电影不只是娱乐

尹　鸿

尹　鸿

清华大学新闻与传播学院常务副
院长、影视传播研究中心主任，
博士生导师。兼任中国电影家协
会理事及理论评论委员会主任，
北京电影家协会副主席，中国电
视艺术家协会高校委员会副主
任，中国传媒经济与管理学会副
会长，北京大学、北京电影学院
等高校兼职教授、客座研究员，
多家电视媒体顾问。曾负责数百部（集）影视节目策划。

　　我刚从上海国际电影节过来，我主持开幕的第一场论坛的主题是
"资本与电影"。越来越多的人认为，由于资本的进入，导致电影商
业气息越来越浓，过度重视娱乐，似乎电影只有娱乐一种功能，或者
我们能看到的只有一种电影，就是商业娱乐电影，如果不娱乐就不叫
电影。

　　而我今天讲的主题就是，电影不只是娱乐，而且全世界的电影也

不止是好莱坞的《变形金刚》《复仇者联盟》这一类的商业娱乐电影。实际上，电影是多种多样的，同样中国也一直都有很多丰富多彩的电影，即便是在高度市场化的今天，电影的形态、类型、风格和功能都是多元化的。通过电影发展过程的描述，我们可以看到电影在社会文化、技术、市场的推动下，如何保持这种多样性。而且电影的这种丰富多彩并不只属于电影评论家，而是属于大家，属于热爱电影的普通观众。有许多不完全是为了娱乐的电影，不仅好看而且耐看，不仅带来心理愉悦而且也带来心灵感动甚至心灵震撼。

在现代文明中诞生的中国第一部电影《定军山》

简单回顾一下电影的历史。1895 年，世界上第一部电影诞生，中国电影晚了 10 年。我们在 1905 年拍了第一部电影，叫《定军山》，是一个京剧片段，这个电影胶片由于受到战火影响，没有留存下来，只能从一些记载当中知道。

电影为什么会出现在这个时候？

第一，媒介自身的发展，每个人都希望延伸肢体、感官，延伸有限的生命和空间。大家都知道一首诗"前不见古人，后不见来者，念天地之悠悠，独怆然而涕下"，为什么？因为每个人的一生只有一次，不可逆转，你不可能改变空间，也不可能改变时间。我们需要通过媒介来认知更复杂、更多样的世界，以扩展延伸我们的生命。

我们很早就开始讲故事，很早就开始有了戏曲，有了各种艺术形式。但这些形式都有个问题，跟我们的现实生活的接近性、相似性很弱，必须通过很多虚拟假定的方式表现生活，后来有了更逼真的绘画，有了油画，有了雕塑，还有了照相机，我们可以更接近对人的真实生活的表现或者再现，但是这些影像都是静止的，不能展开一个时间过程，只是一个静态平面，这个时候电影就应运而生。电影是人类重新认识自己、扩展自己的媒介，是认知更复杂世界冲动下的产物。

第二，19 世纪末期，很多人试图发明电影设备和机器，工业文明为电影的诞生提供了方便。光学、机械、化学，所有的科学技术发展为电影的出现奠定了基础。电影问世之后，最初的电影很简单，就是一个纪录片，不能剪辑，不能把电影胶片连接起来，一部电影就是一分钟、两分钟、三分钟，一个镜头完成。最早的《火车进站》《水浇园丁》都是单镜头电影。但是我们开始用电影记录生活，当看到动态镜像的时候，人们欣喜若狂，那时候的电影还是无声的，经历了30年无声时期后，开始具备声画的视听手段，这就是我们讲到的第一个阶段，电影的成长年代。

电影从一个单镜头到剪辑成片，到60分钟、90分钟、100分钟的长片，从没有声音到有声音，实现了对生活复杂再现的可能性。在座的都看过卓别林的电影，就是无声片时期的高峰。当时卓别林的表演相对程式化，他不能用对白来表现复杂的人物情感，只能靠肢体动作，大家都知道他的一身穿戴，一根拐杖，两只拐脚走来走去的方式，其实都是默片的产物。有声电影出现以后，电影表现生活的能力大大提高，电影从有声到有色彩，20世纪30年代以后电影进入黄金时代。

电影的黄金年代为人们创造了集体梦想

20世纪30年代，欧美国家发生了一次全球性的经济危机，应该说蔓延的国家和社会阶层非常广泛，但即便这种情况之下，电影仍然得到了快速发展。这说明人们越是在生活处于困境的时候，越需要梦想，越需要希望。

在这一时期，美国拍了一大堆我们今天称为经典的好莱坞电影，像《窈窕淑女》《罗马假日》《鸳梦重温》《一夜风流》等很多经典电影，带给美国人，也带给全世界很多电影观众关于未来的一些梦想。比如很多灰姑娘的故事里，灰姑娘一定会遇到一个小伙子，小伙子一定会遇到一个漂亮姑娘，在这些电影故事的结局，当他们纯洁的爱情得到实现的时候，会突然发现对方原来还是百万富翁，原来他有一大笔遗产可以继承，这样的电影带给许许多多人在困境生活当中对未来的一些梦想，也表达了一些美好的情感。

这个时期电影得到了高速发展，全球电影得到巨大普及，在中国也一样。在20世纪40年代，中国民族电影发展很快，也出现了很多大家熟悉的电影，像《渔光曲》《一江春水向东流》《乌鸦与麻雀》。中国电影跟世界电影一样进入快速发展时期，只是中国电影发展相对来讲经过了特殊的社会转折，所以高峰期滞后于世界很多国家。

在座各位可能有这样的电影经验，在某个阶段，可能全中国人只能看几部电影，如著名的"三战"（《地道战》《南征北战》《地雷战》），当时每个中国人平均观影次数不下30次，记得这些电影我是爬到树上看的，都是露天放映的，有人甚至爬到篮球架上看，台词倒背如流，每个动作都能掌握节奏点，那时候全中国只有这些电影。"文化大革命"结束后，我们国产电影开始恢复，1979年是中国电影的最高峰，那一年观众达到了290亿人次以上，这是什么概念？当时中国总人口10亿左右，也就是平均每个中国人一年看了30次电影。所以，"文革"结束之后的1970年代末和1980年代初，是中国电影的黄金时代。当年，谢晋导演的《天云山传奇》《牧马人》等电影所创造的观众人次纪录是今天那些高票房电影难以望其项背的。

电视冲击波

欧美从20世纪70年代开始，中国从20世纪80年代开始，电影高峰面临一个巨大挑战，就是电视的出现。由于有了电视，家里摆上了有声音、有视像，同样可以播剧的家用电器，我们只需要用遥控器选择就可以了，不用多花一分钱，不用出去淋雨、晒太阳，我们可以坐在沙发上，舒舒服服地不花钱看电视节目，这个时候，电视对全世界的电影都带来了致命冲击，所有国家的电影观众人数急剧下降，大家都在家里看电视，尤其在中国更加突出。中国跟世界其他国家还不太一样，中国是世界上免费电视频道最多的国家，而且中国也是世界上在免费频道上播放电视剧最多的国家。

在座的各位知道，在美国、英国的电视频道当中，电视剧通常一周播一集，而且是季播，一季播两到三个月，播完了以后，这个故事没有完，要到第二年再播，有时候一个剧要播 10 年。可是在中国，中国电视观众非常幸福，每天晚上在家里拿着遥控器有 40 个频道在播电视剧，而且一晚上播 3 到 4 集，应该说中国电视观众有了这样的条件之后，对电影很难产生消费需求，中国电影面临着一个低谷。由于受到"文革"的影响，中国电视的发展比西方国家慢，所以中国电影的危机来得也慢。从全球范围来看，20 世纪 60 年代以后电影危机出现了，但是中国是 80 年代开始才出现电影危机，通常把这个时代叫作电视后时代。有了电视，电影必须发生改变。电视后时代对今天我们看电影应该说有很大影响。在电视出现之前，电影内容无所不包，当时只有这一种影像媒介。当年我们看电影，有两种最不喜欢看的类型，一类是新闻简报，是由中央新闻纪录电影制片厂拍摄的胶片电影，相当于我们今天电视上的"新闻联播"，主要是播出党和国家领导人的各种活动。还有一类叫作科教片，北京科学电影制片厂拍摄，介绍怎么喂猪，怎么放羊，怎么施肥，怎么挖水库等，那个时候我们的电影承担着用影像对社会传递知识的功能，但是有了电视这样的媒介替代品后，电影这些功能被分化了，变得更加要满足人们的消费需求，人们为什么放弃在家里舒舒服服看电视，而愿意跑到电影院里面看电影，必须要满足这样的一种转换。

从 CG 图像到 3D 电影，从 VR 到 AR

我们今天进入了电影的数字时代。由于数字技术的出现，给我们带来整个电影工业巨大的改变。从生产、发行到放映，所有的方式都出现了新特点，我们进入了一个新时代。

今天在座的听众有不同年龄段的人，每个人的电影记忆都会不太一样。早期电影在操场上看，在单厅电影院看，后来是多厅电影院，再后来在非常舒服的沙发电影院看，还有很多情侣电影院。有段时间只有两类人看电影，一类是在城里打工的人；还有一类是谈恋爱的人，这是电影危机最严重的时候。但是今天我们都在数字化技术装备起来的现代电影院观影，其效果是家庭电视机、电脑所无法比拟的。

今天我们进入数字化时代。数字化带来了什么改变？就是没有什么拍不出来，只有我们想不出来。

过去拍电影受到技术条件限制，很多特效拍不出来就是拍不出来，我们没有办法呈现。而且现在拍电影的方式也发生了改变。如果看过一些电影花絮，会发现在很多演员背后有一块绿屏，完全在一个虚拟空间里表演，因而对演员提出更高要求，最后是数字影像合成到某个特殊空间。

这段时间幻想类电影这么多、发展这么快，跟数字技术的发展有很大关系，用数字可以创造出一切人们想要呈现的影像。最近 5 年来，因《阿凡达》热映而普及的 3D 技术，让我们有了 3D 电影体验，现在逐渐成为主流商业电影的标准配置。

今年电影节主题就是 VR，就是"虚拟现实"，还有 AR，即所谓"增强现实"，很多人预言这两大技术会给电影美学带来颠覆性挑战。观众戴上一个头盔、眼镜，可以环 360 度看到周围所有的影像世界，我们似乎置身在一个现场，这就叫 VR。很多人说 VR 改变了电影，传统电影美学一定会被颠覆，每个人不仅仅成为看电影的人，我们也成为走进电影里的人。但是我一直认为，VR 不可能替代传统模式。为什么？因为人有被动接受的天然需求，我们不需要在每个故事当中都把自己变成主角，我们希望自己是被动的观看者，我们被别人的故事感动，这是故事天然的本性。我们希望通过看别人的故事来扩展我们的生活，扩展我们对世界的认识，了解不一样的人生是什么样的。如果你非要把我放到那个故事里，我变成了主人公，那不又是在经历我自己的人生吗？虽然我的环境不一样，但还是我在经历，而不是我在看别人不同的人生。所以我讲 VR

不可能改变电影，至少在很长时间内，不可能改变传统的电影叙事美学，因为我们有需求。

总之，数字化时代，电影可以创造一切人们想象的内容和奇观。所以幻想类电影开始大量出现；同时，全球同步发行变得更加简单容易；再到后来，出现了 3D 电影的主流化，改变了人们的电影体验方式。数字化可以说最大限度地解放了人们的想象力和创造力，电影的美学观念也有了根本变化。电影与日常生活距离越来越远，而与人们的想象越来越近。数字化为电影的想象插上了翅膀。

新技术和分级制为现代电影的"影院性" "必看性"插上翅膀

20 世纪 60 年代之后，在电视的竞争下，世界电影科技飞速发展，银幕变大了。早期电影的长宽比，跟电视机的长宽比是一样的，但是为了跟电视竞争，人们把电影变成了宽银幕，边框就跟电视机不一样，画幅也就不一样了，要跟它形成差异。这个时候开始演变为宽银幕、超宽银幕、穹幕、环幕。总之屏幕变得越来越大，可以表现千军万马，可以细致入微，电影出现了大场面，可以表现气势磅礴的景象。

电影的声音也发生了巨大改变，从单声道到立体声，然后到环绕声 5.1、7.1。在录音过程当中，我们可能有几十个音轨，可以重新设计、对比、平衡，然后把它组合到一起。现在，如果人们去高档的电影院看电影，人们享受的不仅是优质的画面，而且能够享受到日常生活当中从来没有享受到过的超高音质，因为你在电影院听到的声音的每个细节，每个物品的声音都不一样，而且分解透视非常好，带来一种全新的听觉体验。非专业观众可能没有觉得声音对我们有多么重要，你为什么会去影院，实际上很重要的原因就是影院里面的音效能给你创造与众不同的体验，而且是你在生活当中没有过的体验。有一些电影里面的声音本身就是一首交响乐，所有的音效都像交响乐一样组合在一起，经过音效师非常认真的调校，每个声音都经过精心设计，声音的魅力非同凡响。

现代电影在声音上所花的功夫一点不亚于画面。媒介发生分化，整个制作也开始升级，这时候电影的投资规模越来越大，开始出现我们今天在中国叫作大片的电影，当时把它叫作重磅炸弹，就是高投资电影，现在好莱坞的投资规模都是过亿美元，一两亿美元已经很正常，相当于10亿元左右人民币。大制作的电影使得电视难以竞争。其实，所有这一切的变化，就是区别于电视的"影院性"。

电影还有一个重要改变就是内容上的差异。在电视没有出现之前，因为电影要给男女老少看，对电影的管理在全世界相对比较严格。但是有了电视以后，普通的小孩子，当他们不能够理解某些成年化内容的时候，现在有了一个新的影像媒介可以选择，他们可以在家里看电视，不需要去电影院，电影院毕竟是成年人主导的消费场所，小孩不能自己去电影院。像美国20世纪60年代开始出现电影分级制，亚洲地区，像中国香港、韩国、日本先后出现电影分级，让电影的题材得到了一定的扩展。过去我们认为电影不能拍的题材，分级之后，可以制作成电影了。

一说分级，我们非常容易联想到拍三级片、色情电影。其实，分级不是为了拍色情片做的制度上的安排设计。分级的核心是让合适的电影提供给合适的观众。全世界大部分国家都采用了三级的分级方法，第一级普通级，任何人都可以看，第二级叫辅导级，不限制未成年人观看，会告诉成年人电影当中可能有部分内容、个别内容，不适合未成年人观看，成年人有责任、有义务帮孩子判断，这个电影适不适合他这个年龄段看，或者有义务引导他，告诉他不要模仿《猫和老鼠》里面的场景打架，这么打会受伤，或者说告诉他窗台不能跳，家长有义务辅导孩子。第三个级别叫限制级，通常不允许未成年人观看。限制级别的内容不仅包括与情色相关联的部分，也包括黑社会，可能涉及吸毒，可能有过多暴力镜头，或者有一些内容具有反社会倾向，或者反主流价值观的倾向，未成年人观看这些内容，由于缺乏成熟的鉴别能力，可能会受到影响，所以我们通过用限制级的方式让孩子们不能接触这些作品。

像美国，三个级别划分还太粗糙，或者太简单，美国后来扩展成了五级，从 G 级，到 PG 级，到 PG13，所谓的 G 级就是普通级，PG 级就是辅导级，PG13 就是 13 岁以下需要辅导，还有一个级别叫 R 级，不强制限制非成年人观看，只是说不适合未成年人观看，成年人需要判断未成年人是不是适合观看。到了 NC17，17 岁孩子不能观看，这是美国电影最高级别，需要验证观影者的身份证，必须年满 17 岁才能观看。

有了分级措施以后，全世界电影题材有了很大改变。美国电影《教父》是描写黑社会的，但这些人物有某种正面性，如果没有分级，这样的电影就不能拍。有了分级，这样的电影可以拍，可以不让 13 岁以下孩子看，或者家长自动地就不会带 13 岁以下孩子观看，我们就可以用成年人的方式鉴别里面的善恶是非，这样一来题材就发生了很大改变。

韩国的电影为什么后来能够崛起，同电影分级有很大关系。电影分级使得韩国电影题材有了巨大扩展，关于暴力包括情色的尺度有所扩展。不是说有了分级以后，大家都会拍色情电影，曾经一度，有一些国家或地区有分级制度之后，确实拍过色情电影，但很快这个过程就过去了。在全世界主流商业院线当中，很少能看到类似 NC17 级别的电影。为什么？因为这些电影有严格的法律限制，电影院都不愿意放映，而且会影响电影院的品位，大部分主流商业院线不放映这样的电影。

最早的像《邦妮和克莱德》，讲的是两个年轻人抢银行的故事，包括《教父》，包括后来美国拍过的一系列越战题材电影，都是这个时期的产物，而且电影更加强调影院效果，更加强调这部电影必须到影院观看，才能享受到、体验到它带给我们的美感。

整体上来讲，内容差异产生了一些新的经典电影，同时增强了电影的娱乐性，解决了观众为什么要进电影院的问题。我刚才讲了，看电影跟看电视不一样，看电视没有成本考量，看电影有交通成本考量，有电影票成本考量，还有时间成本考量，因为电影是定时定点放映的，你必须要在固定时间观看，所以这些成本考量决定了你在看电影之前会做一个判断，我为什么要看电影？值不值得我抽出专门时间走这么远的路、花这么多的钱看电影？因此必然会要求电影增加对观众需求的满足，所以需求性成为电影必要的前提。电影不仅要有可看性，而且要有必看性。电视只要有可看性就行了，在家里看觉得还行就可以看，电影不行，电影有必看性，必须要说服观众，为什么要看。电影因此发生了很多改变，出现了新好莱坞。

电视追求本土性，电影走向全球化

过去的电影很多时候还是在本土市场发行，现在电影开始全球共享，尤其是美国电影。借助二战之后它所获得的在世界上的政治、经济地位，美国电影对全世界产生了巨大的覆盖和影响。到现在为止，美国电影占全球市场份额最多。大部分欧美国家，包括拉丁美洲国家，本土市场电影份额60%、70%都是美国电影，在亚洲稍微好一点。比如在中国、韩国、日本、印度，这4个国家基本上保证了国产电影票房份额超过美国电影，超过好莱坞电影，而世界上绝大部分国家都是好莱坞电影占主导，这是全球化的一个大的趋势。

在这样大的时代改变当中，现在我们面临的是全球的电影文化。今天，我们在市场上看到的电影，不仅是中国电影，同时看到美国电影，美国电影几乎在全球同步发行，同样的时间，我们也看韩国电影、日本电影、欧洲电影，所以电影在全球作为一个最重要的文化形态进行流通。我有个观点，电视就像我们家的窗户，更多的是让我们看到同步生活发生着改变，就像邻居在发生变化。看到窗外发生什么改变，跟我们是同步的。电影更像是一个梦，虽然外表各种各样，有的像中国人，有的像外国人，但是梦的核心是我们内心的欲望，我们内心的期望，我们内心的梦想，所以梦反而可以全球共享。

在所有的艺术形式当中，电影是最大众、最全球共享的一种艺术形态。现在国际电影节是观众最多的，影响面也是最大的。无论音乐、舞蹈、戏剧，没有像电影节这么受大众欢迎的节日，这是电影特殊的形态，所以电影变得越来越全球化。因为它的全球化，所以它要更多表达人类的一些共同意识。大家可能会看到，现在不管商业电影、普通电影，表达环保的主题越来越多，表达人类共同面对危机的越来越多，面对生化危机、环境危机，人类开始越来越一体化。随着经济全球化，随着国与国之间边界的逐渐开放，我们会发现世界变成一体，现在很多电影题材，我们分不清是哪个国家的。《功夫熊猫》是哪个国家的电影？中国题材，中国美学，但是美国人在制造。《指环王》是哪个国家的电影？《哈利·波特》是哪个国家的电影？我们越来越分不清楚它的国家性，而它越来越代表人类共同的意识，在创造一些文明的共享价值，这也是电影为什么能跨越一些国别到不同国家被人观看的原因。

电影要表达一些共同的价值观，因此出现多元文化融合。很多电影当中既有东方文化，也有西方文化，而且要表现文化之间的相互平等、相互尊重。《通天塔》表现的就是不同种族在同样一个社会当中，他们互相的生活命运差异有多么巨大，最后他们仍然是一体的，他们任何一个人命运的改变，都可能会影响另外一个人，人类的文化越来越融合。

文化产品能不能够输送到全球流通，被看成是一个国家文化软实力的体现。我们知道，目前来讲，世界上我们物质产品在大流通，但重要的是文化信息流通。国际品牌大多数是在发展中国家加工生产，实际上质量一样，但是它的价值为什么差异很大？加了一个标牌，它的价格就会产生很大差异，其实是因为负债的文化。未来，全世界商业流通也罢、人际交往也罢，我们的名片都是文化名片，这也是为什么电影在全球商业贸易、文化贸易当中占据重要地位的原因。电影变成一个名片，恰恰是文化让一国的产品，让一国的民族，让这个国家与众不同，可以识别。

电影在今天变成国家文化软实力，也是各个国家都提出电影发展政策的原因。美国虽然没有电影的政府管理部门，但是在美国的商业政策当中，把电影放到了非常重要的位置上。国务院提出了电影发展规划，相关部门也一直在推进中国电影不仅要跟外来电影文化之间形成平衡，而且要走出国门、走向世界。韩国、法国也有电影发展相关规划，电影成为各个国家最重视的一个文化"走出去"的样本，这是全球电影文化的状态。

在这种情况之下，当代电影文化开始越来越多元、越来越多样。这些年全球的电影态势应该说越来越丰富。一方面，我们每年看到很多大制作的商业电影，年龄大的观众对一些科幻电影可能不习惯，《变形金刚》《复仇者联盟》《蜘蛛侠》《蝙蝠侠》，钢铁的，肉身的，老的，新的，而且它们都系列化，出一、二、三、四、五、六、七，它们活跃在我们的银幕当中，特别是暑期档。这些主流商业电影，在满足青少年失败的英雄梦想，满足青少年时代渴望变化、渴望奇观、渴望看到不同世界的那种心理需求，我们要承认这种需求。哪个孩子都曾经张狂过，哪个孩子都梦想成为英雄，这些电影给孩子们提供了超级英雄的模板，我们希望除了美国超级英雄，也应该有大圣归来，有中国超级英雄。

主流商业电影越来越娱乐化、游戏化

世界电影可以分成两大类型，一类是主流商业电影，强调内心假定，有些很多年不进电影院的观众，现在进电影院看不懂电影，不光是他们，像我经常看电影，但我也觉得有些电影让人比较费解。比如《X战警》，它有几个系列，看完了以后常常不记得里面的人物。我经常要让孩子先给我做一下普及，这里面究竟谁是正面的，谁是反面的，给我讲完了，再去看的时候心里会比较踏实。商业电影伴随着一代人的记忆，这些年轻人是看动漫、漫画成长起来的，同我这个年龄段的人确实有隔阂。

关于电子游戏我只玩过《魂斗罗》，没有玩过《魔兽世界》，魔兽都是电脑时代的产物。在游戏卡机的时代，人们玩《魂斗罗》，玩《坦克大战》之类，接触《魔兽世界》之前我心里很惶恐，因为我从来没有玩过。后来我发现，孩子们是跟着《魔兽世界》一起成长的，而且很多孩子们没日没夜地玩。

这些电影可能不是我们的最佳选择，是很多年轻观众在某个青春成长阶段的选择，因为主流商业电影越来越多地强调内心的假定、玄幻。假定一个不知道的世界，《哈利·波特》《指环王》都是虚拟假定的世界，他们有自己的世界观，有自己的设定，有自己的叙事方式，这是一堆满足青少年观众的商业电影。这些电影看起来很夸张，好莱坞主流商业电影价值观上都非常主流，都是爱人、爱家、爱国、爱人类、爱地球，有时候，简单、单纯让我们成年人觉得太梦幻、太虚假、太漂浮，越主流的商业电影，反而价值观越非主流。

这些商业电影虽然是娱乐电影，在满足人的娱乐需求的同时，总体上讲，可以引导青少年认同社会的主流价值观。其实在内在的价值观上，带有非常强的教育性。而这种教育性是通过娱乐方式来呈现的，这是很多西方国家主流电影的一大特点。

商业电影中还有大量的类型电影，比如恐怖片、青春片、动作片、悬疑片，不是大成本的，不是高投资的，类型假定，像麦当劳、肯德基一样吃的就是汉堡，不可能吃出鲍鱼来，但是可以满足人们的日常需要。今天工作很辛苦，这一周加班太频繁，到周末，我想释放一下情绪，选个恐怖片。最近爱情受到挫败，到了周末，我想治疗情感创伤，选个浪漫题材的爱情片，满足我们日常的一些精神娱乐需求。

在商业主流电影当中，有一类电影是精品，在分类学当中我们把它叫作情节剧电影。《泰坦尼克号》《阿甘正传》《当幸福来敲门》等都属于这一类型的主流情节剧电影。这类电影有一个完整的事件和人物命运的交代，但是它通常会采用相对现实主义的手法表现它的戏剧性，它既有戏剧性的命运，又有强烈的现实主义色彩，这样就能够跟我们的情感和生活有更紧密的联系。这些电影在数量上不是特别多，往往是电影当中最雅俗共享的那一部分。

中国商业电影的价值观误区

说到主流商业电影，让我们来看看中国电影的现状。这几年，我们有很多票房超过5亿元人民币甚至超过10亿元、20亿元人民币的电影。这些高票房的电影在全球的电影票房当中，当周当日都可能排到票房排行榜前几位。如果一部电影在中国市场上非常卖座，一部国产片能够在全球票房排行榜上排在前三位，中国现在可以说是一个电影市场大国，但是中国的主流商业电影现在确实面临很多问题，一些影片只有娱乐没有净化，只能满足消费需求，没有社会化引导。比如有的电影中骗子当道，欺骗者在电影当中不受惩罚，也会得到漂亮姑娘的爱情，实际上就会暗示人们，欺骗不重要，只要你帅，就可能有漂亮姑娘喜欢你。

西方国家也拍"才子佳人"电影，这样的电影，我如果爱上你，两个人是平等的，跟你的财富没有关系。在很多国产的经典爱情电影里，男方很有钱，由于各种原因，他故意装作很穷，两个人相爱以后，女方突然发现男方家里怎么那么有钱，于是相爱的人就受伤了，觉得他没有对自己诚实，所以要分手，这个人必须告诉她，钱根本不重要，只有你才是重要的，于是他才能得到这份爱情，最后他如愿以偿。

但是西方电影的价值观告诉我们，爱情与财富无关。但是我们的一些主流商业电影不是这样的，为什么我会爱上他，因为他是高富帅。从价值观上一开始就把大家引导到一个错误的爱情观念上，后来就有一种说法，"宁肯在宝马车里哭，也不坐在自行车上笑"，类似这些价值观都会反映在电影当中。所以我们的商业电影不是因为其商业而备受诟病，而是因为它们没有文化，不维护主流价值观念，这对青少年观众影响很大。实际上商业电影承担的文化责任要比普通的小众电影更大，因为看片子的人更多，而且大部分都是青少年观众，他们接受价值观影响的可能性比成年人大，中国电影最需要提升文化价值基本含量的，恰恰应该是这些最主流的商业电影。

商业化的艺术电影与艺术化的商业电影

世界上有很多丰富多彩的电影，不仅提供娱乐，还提供大量题材独特、风格独特、视野独特的艺术电影，这些电影来自世界各国，也来自好莱坞大制片厂之外的美国独立电影公司。

从 20 世纪 80 年代开始，二三十年来，在世界影坛上先后刮起过中国风，从张艺谋的《红高粱》，到《大红灯笼高高挂》《菊豆》，一直到陈凯歌的《霸王别姬》，在世界影坛上，中国提供了一大批优秀电影，他们至今在北美排行榜上，还能够挤进外语片票房前 50 名。除了中国电影，一大批伊朗电影也被世界观众所热爱，包括前不久荣获奥斯卡奖项的电影《纳德和西敏：一次别离》，再到后来的韩国电影、日本电影，实际上世界上不同的电影都有自己的风貌，丰富、充实了整个电影市场和电影文化。当然也出现了很多不同风格的艺术大家，涌现出一些作家电影，这时候的电影文化越来越丰富。

在美国，除了主流商业电影，还有一种独立电影。美国独立电影主要指的是相对于六大好莱坞制作公司之外的这些独立电影公司生产的电影，实际上有非常特殊的电影工业的概念含义，但是在中国，我们把这个独立电影借用过来，指那种不是最主流的大众商业的一类电影商品，这类电影通常不见得没有商业性，但是一定要强调商业性当中的艺术品位，是艺术化的商业电影，或者商业化的艺术电影，即艺术和商业的一个综合。

大家都知道我们现在通常讲的非主流商业电影仍然有两类，一类是小众的艺术电影，通常需要非常好的电影鉴赏水平和专业知识能力才能接受，普通大众很难看懂。而另一类则是试图大众化的艺术电影。虽然它看起来不是那么主流的、大制作的、众星云集的或者大场面的电影，但是它的题材、它的故事仍然可以被普通老百姓看懂。如果有机会看到这些电影，我们一定会被感动、打动，我们会觉得这么好的电影为什么过去不知道。

这类电影很多。很多观众由于接收信息的渠道非常有限，受到大片宣传推广的影响，往往选择看一些主流商业电影，而忽略了我们身边很多非常动人的、优秀的、通俗易懂的好电影。中国观众就会出现一个悖论，每次都选择看大片，但是每次看电影的时候都会表示各种报怨和不满，但之后依然会继续选择看同样类型的电影。电影文化的普及不够，使得大家接收信息的渠道非常有限，我们说要通过电影文化的普及让更多人知道，其实世界上有很多非常好的电影，大家看了都会感动。

这些电影的第一个特点是个体视角，不再讲一个你所知道的故事，而是用人性化的视角看生活、看现实，看人与人的关系。第二个特点是非常强的社会关怀，比如关怀社会的同性恋人群，女性的自由平等，包括种族差异，包括我们社会当中出现的种种男女不平等现象，包括警察跟公民之间的关系等。第三个特点是探究特殊人性，比如一个罪犯犯了罪，我们把他当成一个罪人，说他的犯罪给社会带来伤害，很多优秀的电影会引导我们从个体化的视角关心他，他为什么会成为罪犯，为什么铤而走险，为什么心理变态，为什么会反社会，是什么造成的，是他的童年阴影吗？是他跟父母之间的关系吗？是因为教师某次对他的错怪吗？还是社会对他忽视了呢？用个性视觉让我们关心每个人，哪怕他是一个罪人，这就帮助我们理解不同的人性，也帮助我们面对生活当中不同的人，能更好地包容、更好地理解他人。

韩国、美国都拍过很多批判现实主义作品，比如批判政治腐败的、批判法律腐败的、批判法律不公的这样的电影。这些电影形态多样，我们比较熟悉的有现实主义角度的电影，也有一些超现实主义形态的，比如预言类电影，或者多视角电影、结构性电影，当然还有一些情节剧形态的，比如通过一个非常完整的戏剧性故事表现生活，还有一种很强的结构主义，故意从五个不同的角度表述事件，让我们看到一个事件的多样性，类似这样的电影有很多。

好电影不仅满足感官而且征服人心

我下面可以列举很多作品，可以说都是非常优秀的电影，普通人看了以后会深受感动，像《楚门的世界》，楚门一出生就由一个电视制作人克里斯托安排成为一档真人秀电视节目的主人公。克里斯托策划了一个电视节目：将楚门从出生以来的生活，全天 24 小时向全世界直播。楚门对此全然不知，以为自己快乐正常地在一个宁静和谐的小岛上生活。他与周围的人相处融洽，每一天对他来说都那么美好。然而，他没有想到的是，这一切竟然都是电视台的安排。他生活的环境是一个巨大的摄影棚，他的朋友、邻居甚至父母都只不过是演员而已。从他呱呱坠地开始的 30 年来，他生命中的一举一动、分分秒秒都暴露在隐藏在各处的摄像镜头面前。这个节目成为一部受到全球上亿观众喜爱的肥皂剧——《楚门秀》。为了创造一部史无前例的真人秀，为了保持极高的收视率，电视台的幕后操纵者千方百计地隐瞒一切，但是伪装终究是伪装，虽然这个谎言持续了 30 年，最终真相还是暴露出来。楚门厌倦了这种被人摆布、被人观赏的生活，毅然踏上了逃亡之路，开始了对新生活的追求。其实《楚门的世界》在表达，我们每个人都自以为生活在真实的世界，实际上我们生活当中的所有一切都是媒介给我们建构起来的，只不过这个假象我们没有发现而已。这部电影非常有感染力。

2016 年刚获奥斯卡奖的电影叫《聚焦》，故事讲述《波士顿环球报》"聚焦"报道组的编辑和记者，面对巨大的政治压力、宗教压力、环境压力，披露世界很多国家天主教会试图掩盖神父性侵儿童的丑闻。

德国电影《浪潮》以德国的一个中学作为故事发生的地点，我们都认为法西斯主义已经离我们远去，法西斯主义不可能再出现，但是这部电影告诉我们，在一个星期的课堂试验当中，这群孩子们就被培养成为法西斯主义者。作者用这个故事告诫大家，法西斯主义没有远去，它就在我们的心中，很容易被重新唤起，这部电影在全世界引起很大讨论。

类似这样的电影非常之多，中国电影的发展也日益多样化。除了那些主流的、大制作的商业电影，这些年中国也有很多多样化的很好的电影，像《1942》，虽然很沉重，毕竟告诉我们一段沉重的历史。像《老炮儿》，它在表达我们正在逝去人的尊严，以及现代社会当中的悲剧性的对抗。当然还有像《十二公民》这样，表达中国在法治转型当中，公民应该如何进行理性讨论、理性判断，虽然这个故事借用了全球非常流行的一部戏剧，但是这部电影仍然有很深的社会穿透力。像《烈日灼心》《解救吾先生》《狼图腾》，这些年中国电影市场扩展之后，中国电影多样化跟过去相比有了快速发展，每年我们都有那么二三十部非常优秀的电影，遗憾的是普通观众了解不多，而且大家普遍不会选择去影院看这些电影，大家经常会选择特别商业、特别主流的电影。

曲高和寡的艺术电影

另外一类就是我们通常讲的艺术电影，这类电影不是普通观众愿意选择的。比如最佳外语片《纳德和西敏：一次别离》《入殓师》《绝美之城》，《卡罗尔》是同性恋题材的，像《入殓师》，通过一个为死者整理仪容的化妆师，来表现对生和死形而上的思考，《纳德和西敏：一次别离》表现了信念和真诚，面对信仰和亲情的考验，应该怎么做出选择。这些电影非常好，需要一定的文化修养和电影鉴赏能力才能更好地理解。

这两年，国产片也有一些这样的作品，像2015年的《刺客聂隐娘》，我非常喜欢，可能不会有太多观众喜欢，因为电影的形态大家理解起来有难度。像《山河故人》，贾樟柯导演的，2015年这部电影超过了过去所有公映电影的票房总和，说明我们能够接受艺术电影的观众越来越多。另外，还有引起很大争议的《黄金时代》，这部电影我看得津津有味，我是学现代文学的，从这部电影当中，我看到了五四一代文人的心灵史、情感史，确实需要相应的文化共鸣，这是我们讲的艺术电影。

建构常识的小康电影文化

总体上讲，在全球多元化形势之下，中国电影迎来了生机。现在中国是全球第二大电影市场，最迟明年，将成为全球第一大电影市场，超过北美。中国电影这个成绩来之不易，全面市场化改革之前，12 年之前，中国一年的电影产品不足 100 部，电影票房不到 10 亿元，很多电影厂都要关门了，全国电影银幕不超过 3000 块，现在是 3 万块，票房 2016 年要超过 500 亿元接近 600 亿元，中国电影创造了世界奇迹，连续十几年保持 30% 以上的增长幅度。

市场做大了，下一步要把市场做好，要有更多的多元化电影。一方面，中国的电影改革最坚决，市场越来越好。但是工业还比较落后，制作比较简陋，精品匮乏，而且有些作品出现价值观困惑，过于拜金，过度娱乐，这样的现象确实在国产电影当中存在。

最后，讲到中国电影的下一步发展，我称之为小康时代的中国电影。小康时代是我们需要过正常生活的时代，意味着我们有精神文化消费满足的权利，我们需要快乐，与此同时，我们需要小康社会的价值观，我们需要找到人与人之间交往和相互信任的一种方式，所有的这些东西都需要电影帮我们一起共同创造。

中国电影要迈过征服市场的关口，走到征服人心的高度，至少要解决两个问题。

一是提供健康的娱乐。我一直有个观点，娱乐无罪，但是娱乐需要健康。娱乐不仅仅是让我们开心，而是要让我们笑了以后觉得干净，让我们觉得生活有希望，觉得人间情感是美好的，提供健康娱乐的一个核心就是人道主义，一切以对人的尊重作为前提。

二是建构文明常识。有的主旋律电影歌颂一些非常英雄的、高大的、忘我的、圣人般的形象。但是另外一些作品的表达过度拜金、过度情色，而我们最缺的是中介。人人可以选择自己的价值观，这是我们的自由，但你要尊重别人的自由，自己要权利，同时要尊重别人平等的权利，恰恰这在我们的电影当中较缺乏。培养权利与义务对等的现代公民，培养尊重自由和平等的现代人格，是中国电影文明常识的使命。

不能说美国拍的似乎都是好莱坞商业电影，美国拍过很多其他类型的电影，像《达拉斯买家俱乐部》，表现如何让艾滋病人得到合法权利而进行斗争，《为奴十二年》，表现为黑人的平等权利而斗争，我们表现这类题材的电影反而比较少。

韩国也拍摄了许多被称为"改变国家"的电影，如大家熟悉的《辩护人》。它以1981年韩国第五共和国全斗焕军事独裁政权执政初期的釜山为背景，讲述了平凡税务律师宋佑硕（宋康昊饰）为震惊全国的"釜林事件"受害学生进行人权辩护的故事。这一事件对推动韩国社会的法制化起到很大作用。

只有爱美的观众，才有美的电影

归根结底，电影应该传递美好情感。我们现在表现人与人之间钩心斗角、尔虞我诈、各种婚外恋的电影非常多，归根到底，我们还是应该倡导人与人之间的信任、关爱，甚至必要的牺牲，这仍然是人类能够相互依存、持续发展的前提。

这可能会成为未来我们对小康时代中国电影的期望。在2016年上海国际电影节上，李安先生讲，时间还很长，我们的电影要能等，我们要有耐心。社会需要电影提供娱乐，同时更希望电影提供营养，让我们的生活变得更加美好。未来的中国电影只有能够创造让生活变得更加美好的记忆，中国电影才有未来，才有希望，才能够真正走向世界，才能够被大家发自内心地喜爱，这一切还有一个前提就是，观众应该更加成熟，只有爱美的观众，才有美的电影。如果我们审丑，电影就会变丑；如果我们爱美，电影就一定会变美。电影跟观众之间的互动，永远是让电影变得更好的最重要的推动力。所以，我也希望能够传达一些正能量给大家，帮助大家看更好的电影，谢谢大家。

人间孔子

师　飙

师　飙

中山大学中文系教授，曾被中山大学学生评为最受欢迎的 5 位教师之一。主要著作：《人在风尘》《江东浪子》《苍水魂》《魏晋风流》；电影剧本：《金戈铁马少年时》《血洒天涯》《神捕铁中英》；电视剧剧本：《芳草天涯》《乱世飘萍》《刀镜传奇》等。

在很多人心目中，孔子是个非常庄严、很有仪式感的人，他的举手投足都有一定的风范。

如果看过孔子的《论语》，你们可能觉得孔子是一个圣人，其实他非常平凡，他的出身稍微有点高贵，他父亲是春秋时期宋国的贵族，是一个武士，当时属于贵族阶层。武士有什么作用呢？平时习武，参加军队训练，当国家社稷遇到困难，他们必须冲上前线。

孔子的父亲有九个小孩，非常遗憾的是，前面八个都是女孩。他为什么这么努力地生孩子？因为他的贵族爵位必须有人继承，而且只能由男孩继承。第九个终于是男孩，但是很遗憾，这个孩子患小儿麻痹症，不能够骑马上战场，所以他非常沮丧。

这时候，他们家来了一个新保姆，叫颜徵在，才20岁。孔子父亲已经60岁了，他就跟颜徵在商量，希望她为他生一个孩子，颜徵在答应了。孔子的父亲当时已经是鲁国的卿大夫。在一个春天，孔子父亲跟颜徵在来到郊外。这就是中国史书上经常写到的两个字"野合"，为什么要野合，其实是有根据的。

在中国上古社会，科学知识还不是特别先进，人们认为，在春天播种，秋天一定会收获，这是关键。为什么到野外去？道理很简单，中国人从来讲究人是天地之灵气的结晶，什么地方与天和地最接近？山上。在州县附近的山上，孔子的父亲和母亲结合了，后来果然生下了孔子。这座山叫尼山。为什么孔子的字叫仲尼？因为他生在尼山，当时根据地名取名字很正常，不仅仅是中国人，日本人也是。孔子诞生时，他父亲61岁，孔子3岁时他父亲去世。

非婚生的儿子在社会上没地位，变成单亲家庭后，爵位又没有了，孔子只好跟着母亲回到外婆家。他母亲是一个帮工，就是在乡下当某个有钱有势的人家要做祭祀的时候帮工。后来没有地方可去，他们住进了太庙，母亲打杂，儿子到处跑到处看，入太庙每事问，三人行则必有我师。在这种环境下，孔子人生的第一次体验就是，在太庙他觉得什么都新鲜，这个庙里为什么有那么多隆重的场面，有那么好听的音乐，有那么多人在按部就班地举行典礼？他们身上穿的衣服为什么经常在变化，有那么多进场仪式？

正常情况下，小孩没有这么敏感，最多就是好奇。但是作为孤儿，他特别敏感，他对很多东西保持一些好奇心，他就不断地问，由3岁一直到他成年，几乎整个青少年时期，他都是在这样的生活里度过的，于是他获得了当时所谓原始儒家的许多生存技能。他识字，他懂得音乐，他懂得语言交际，比如在太庙要迎接来宾，言谈举止必须非常得体，见什么人就必须说什么话，不能够乱了秩序，乱了辈分，因此他的语言表达能力非常好。

　　除此以外，祭祀一定有音乐，按照今天的说法，既有乐队伴奏，也有唱诗班，由此他接触到了当时中国最先进的文化艺术，就是诗歌。

　　在春秋时期，有两种社会事件最重要，一种是祭祀，另一种是战争。祭祀在一个国家的社会生活中占了非常重要的比重，其实今天我们也很重视，比如阅兵仪式、盛大晚会或者庆祝活动，这些都是祭祀活动在今天的一种演变。因为这是国家凝聚力的表现，具有非常隆重的仪式感。

　　在这样的环境里，他接触了社会最中心的这些部分，从小耳濡目染，他终于觉得自己有了文化，已经见识了很多东西。他觉得自己长大了，没有任何人教他，所有人都是他的老师。他拥有一颗我认为是非常高贵的心，就是他拥有强大的知识体系。

　　祭祀场所是当时中国非常中心的一个社会文化领域，他在这个领域里长大。他18岁时，他母亲去世了。这时候孔子觉得，他有必要向社会表明他是一个完整的人、健全的人，但他还不知道他父亲葬在哪里。《礼记》记载，他母亲非常害怕把他父亲的经历告诉他，因为她担心孔子忍受不了这样的羞辱，就是我父亲原来是贵族，现在葬在哪里我都不知道。他母亲从来没有告诉他，他父亲葬在哪里。后来孔子通过很多人向父老乡亲打听，终于知道他父亲葬在防地。

　　他找到了他父亲的墓地，做出了一件在当时包括我们今天看起来都非常令人震撼的事情。他把他父亲的墓刨开，把他母亲跟他父亲埋葬在一起，表示他要回归他的家族，他不是孤魂野鬼，他是有家族的人。我到现在不明白，为什么当时没有人对孔子提出质疑，他为什么要做这种出格的行为？后来我突然意识到，他应该这样做，因为孔氏家族只剩下八个女孩，还有一个残疾的男孩，他们已经无力维护昔日家族的荣耀。现在这么出格的一个少年重新归来了，这是家族荣幸，所以孔氏家族重新接纳了他，这是孔子第一次展示他作为成年人的这种勇敢和坚定。

孔子向社会和体制挑战

随后，他准备回归他父亲的贵族阶层。有一天，鲁国举办一个贵族祭祀盛会，全国的士大夫贵族到这个人家里参与家宴，孔子也去了，他认为自己本来就是贵族后代。结果他遭到拒绝，这个贵族家的主管很傲慢地对他说，我们接待的是贵族士大夫，不是接待你这种人，请你回去。这时候孔子没有争辩，他只是冷冷地看了他一眼，转身走了。

孔子这时候已经有了一个非常坚定的想法，他再也回不去原来这个等级社会了，这个社会已经变了，但是他觉得自己充满了力量，他可以比原来的贵族生活得更好，使自己的人生变得更加辉煌。在春秋时期，所有教育的权利都属于贵族，同平民老百姓无关，所谓学在官府。贵族把教育的权利全部垄断了。这时候孔子想，可以通过他把文化传播到平民阶层，他可以在平民阶层培养出大量贵族，因为他就是贵族。

我很佩服孔子。这个经历了苦难的年轻人决心证明自己究竟有多大力量，按照今天很流行的说法，在当今社会，你做大事之前一定要回答自己一个问题，我是谁？我的长处和短处有哪些？我最擅长什么？我的性格是什么？我的知识结构是否完善？等等。

孔子心里很明白，他已经具备了非常丰富的知识，有一颗坚定的心，愿意向现存的这个社会和体制挑战，以他个人的力量向当时整个社会宣战，把教育权利从贵族手上夺回来，然后把它普及到平民。

我们一定敬佩这种人，所谓开天辟地，他能够做出让世界震惊的事情来，孔子就是这种人。他开始办学。困难有多大？我们只知道后来孔子的教学规模是弟子3000，贤人72，有没有这么多？这是一个大约的数字，在《论语》和其他史书著作里，我们所能看到的孔子有名有姓、有行为有言论的学生大概有43个，我的学问不够，我能

195

够了解到的只有 27 个。

一个没有任何背景、没有任何资历的人，要想把教育的权利夺过来，要让很多平民报名读他所开办的学校，一定很困难。我们几乎找不到任何资料证明当时那些学生到孔子这里报名的情况，现存唯一有记载的是，他只是要求两条束脩作为学费。很多人解释为，任何人只要拿出两条腊肉，就可以来孔子门下听他讲课了。台湾学者傅佩荣先生说，错了，束脩不是腊肉，它是指孔子对他的学生提出了报名的年龄限制，男子过了 15 岁，必须把头发束起来，这就是束脩。

会不会有人报名，我一直在猜。有一次我看书突然发现，孔子的 27 个学生里，有两对父子，第一对是被称为亚圣的颜渊和他父亲颜路，还有一对是写孝经的曾子和他父亲曾皙。我突然有一个想法，为什么孔子那么喜欢颜渊，跟他母亲颜徵在有关系吗？也就是他可能是颜氏家族的人。第二个问题，为什么他们父子都来报名当孔子的学生。颜氏家族的人一定倾尽全力支持孔子办学，最盛大的时候达到 3000 弟子 72 贤人，家族对孔子肯定鼎力支持。

孔子要让儒家重新出类拔萃

孔子办了几年学校以后，突然发现儒家学说并不被全社会尊重。举一个例子，春秋时期出现过一个重大学派，叫墨家，创始人是墨翟，就是墨子，他是孔子的学生。墨子后来终于走出了儒家大门，组建了墨家学派。人们问墨子，你为什么叛儒家而立墨家？墨子回答，我看不惯儒家，他们把任何仪式或者庆典做得无比盛大，浪费那么多钱，让人那么辛苦，这不好。人应该节俭。

道家也看不惯儒家。庄子专门写了一篇讽刺儒家的文章，《庄子·外物》曰："儒以《诗》、《礼》发冢，大儒胪传曰：'东方作矣，事之何若？'小儒曰：'未解裙襦，口中有珠。'""《诗》固有之曰：'青青之麦，生于陵陂。生不布施，死何含珠为？'接其鬓，压其顪，儒以金椎控其颐，徐别其颊，无伤口中珠。"

上文的大致翻译是这样的："儒生表面运用诗、书而暗地里却在盗墓。大儒在上面向下传话：'太阳快升起来了，事情进行得怎么样？'小儒说：'下裙和内衣还未解开，口中还含着珠子。'""古诗上就有这样的诗句：'青青的麦苗，长在山坡上。生前不愿周济别人，死了怎么还含着珠子！'"大儒说："挤压他的两鬓，按着他的胡须，你再用锤子敲打他的下巴，慢慢地分开他的两颊，不要损坏了口中的珠子！"

看明白了吧？这个故事是说两个儒生按照《诗经》中的行为规范盗掘坟墓，偷窃随葬品，讽刺伪君子的道貌岸然。

道家不满意，墨家不满意，法家不满意，大家都不满意，那么儒家到底是干什么的呢？儒生在当时其实并不是像我们今天说的叫作知识分子，他们是方术之士，从事算命、求医、炼丹、堪舆，诸如此类。秦始皇有项暴政叫焚书坑儒，坑的是知识分子吗？其实不是，坑儒在前，焚书在后，他为什么坑儒？不是想长生不老吗？后来秦始皇发现上当了，一怒之下就把这些骗他的方术之士全部拉到山沟里活埋了。这个历史事件同后来的焚书不同，当六国完全被兼并以后，为了防止六国反对秦国的力量重新复燃，以李斯为代表的新的秦王朝对六国进行了一次总清算，就是焚书，把所有对秦国不利的，对独裁统治不利的，对封建大一统背道而驰的言论和文字统统销毁了。

李斯发布的这个命令，当然得到秦始皇首肯。很多人猜测，这次焚书坑儒可能是因为李斯害怕以韩非子为代表的一批学者，他们的言论让李斯感觉到不安，当然这个解释也不一定正确。

这个时候，所有的学派都在攻击儒家，儒家该怎么办才能够摆脱这种困境，这是孔子必须考虑的问题。孔子考虑让儒家重新在所有学说里必须出类拔萃。

把"六艺"变成《六经》

孔子做了非常多的考量，因为儒家以六艺为谋生手段，这六艺指的是礼、乐、射、御、书、数，什么意思呢？数，就是计数；书是写字，做祭祀活动不懂得写字不行；射是什么？不完全是射箭，叫投壶，就是仪式之前有一种前戏；之后就是御，指驾驭马车；最后就是礼和乐，要懂得礼节，要懂得音乐，其实就是一些生存技能。

孔子把"六艺"变成了"六经"，即《诗》《书》《礼》《乐》《易》《春秋》六部典籍，《诗》是《诗经》，包含了音乐、语言，是非常重要的社交工具。《诗经》中的语言最优美。所谓的四字成语，在《诗经》的300多篇文章里，最少有500个成语我们今天还在用，在人们的日常生活中成为交际用语，高雅，含蓄，留有余地，非常优美。人们在交流时用《诗经》互相问答，表示这个人既有学问，又有品位。《诗经》作为音乐和语言的载体成为孔子的教材。

第二是《书》，"六艺"的书是指会写字。当时中国流传的各国文字有24种，至秦才统一，可是"六经"里面的书不是书法，而是《尚书》，乃上古之书，其内容包括中国上古时期最有名的政府文献资料及文告命令，还有国家领导人向民众和军队发布的命令和演说。它具备史料的性质，绝对真实，只有懂得历史，才能够把握今天，这是孔子的想法。

《礼》是人们的礼节，包含三种，即周礼、礼记、仪礼，它包括祭祀的、政治的、社会的，各种场合下人们所应该遵守的行为规范，也就是人们必须有自己的风度。

《乐》，音乐。现在很多人让小孩学音乐，因为音乐能陶冶人的性情，能够鼓动人。孔子不仅喜欢高雅音乐，连通俗音乐也很喜欢。孔子认为音乐最好，尽善尽美，有节奏，既有很柔和的，也有刚健有力的。

大家都认为《易经》就是用于占卜的，其实《易经》是一部哲学著作。它告诉人们怎样通过社会生活现象总结出规律，孔子对《易经》非常推崇。

当时跟孔子齐名的还有一位人物是道家的老子李聃，这个人非常有才能。孔子专门带了学生从山东来到安徽涡阳县见老子，我们称之为上古时期中国文化思想领域里的一次高峰会谈。老子告诉他们怎么认识社会，怎么认识世间事物，不过孔子不太赞同，孔子想的是治国之道，以人来治国，以礼来治国，双方观点不同。

孔子说，我有我的学术主张，老子说服不了我，我也说服不了他。到了 40 岁，二人又进行第二次高峰会谈。老子告诉他，有生于无，也就是我们说的无中生有，一切要顺其自然，柔可克刚，老子把《道德经》的一些观念灌输给孔子。孔子说，好像也对。到了 50 岁，孔子就有点认同了，为什么？因为老子告诉他，你应该读《易经》，后来的 20 年里，《易经》没有离开过孔子，他读《易经》到什么程度？现在还有很多孔子的批注流传下来。

在《论语》里，孔子的语言风格大体沿袭《诗经》和《易经》，以四个字为主体占了《论语》很大成分。好好读一两本书，我相信你的文章，你的文风一定会有变化，前提是你必须认真读它，而且动脑筋读它。你要爱好它，不要觉得它可有可无。我们现在读书太功利，要提高自己的素质，我相信大家一定能够在阅读中得到乐趣。

最后是《春秋》，孔子编的，这是历史。

具体来说，《春秋》是历史，《易经》是哲学，《音乐》是艺术、美学，《尚书》是文献学，《诗经》是文学和音乐。我们现在所谈到的高素质人才和精英人才应该掌握的人文知识，全部包含在孔子所提倡的"六经"里，远远超过了原来儒家的所谓"六艺"，二者分属两个层面，后者只是为了谋生，前者是让你成为一个很了不起的人，这是孔子最伟大的地方。

孔子让我们知道活着是为了什么

我相信在上古之前，先人一定对生命、对人生没有很深刻的透彻领悟，只是为了活着而已，穷困的人为了无病、没有饥饿生活一辈子，有权势的人为了金钱和杀戮生活一辈子。人生到底是为了什么，在孔子儒家学说产生之前，很多人一定非常糊涂，一定是迷茫的，一定是不清晰的。可是有了孔子的"六经"，有了他的儒家学说，人们开始对生命、对人生，对自己要成为一个什么样的人有了更加透彻的理解，这是孔子最伟大的地方，他让人们不再浑浑噩噩地活着，他让人们知道活着是为了什么，这个目的后来提升为"修身齐家治国平天下"。

孔子的伟大就在这里。他把文化知识，把教育的权利归于平民。他为平民们设计了他们的人生目标，所谓达则兼济天下，穷则独善其身。不可能每个人都是达者，但是你既然是达者，你就应该兼济天下，为社会、为老百姓做一些好事；穷则独善其身，你可能很平凡，但是你必须独善其身，你活着必须有底线，不可以暗室欺心。

孔子很早就告诉我们，君子有三个标准，仁者不忧，智者不惑，勇者不惧。这三句话后来被梁启超先生写到他的信里告诫他的子女。

仁者不忧，你达到了一定的做人的境界，就不会患得患失、瞻前顾后。没做亏心事，不怕。什么是仁者？按我们说的，就是无愧于心，活得踏踏实实。孔子讲课的语言特别优美，大家回去再看看《论语》，可以一句句读，有些内容不是读一遍就会明白，我在中大开先秦诸子课十多年，到后来才明白，有些话根本就不是我原来理解的那样。

"学而时习之，不亦说乎"，有人说是无稽之谈，让学生考前复习，他开心吗？他会觉得是一个很大的负担，这个习应该怎么解释呢？实践。学而时习之，学了知识以后运用到实践中检验，是正确的，当然就很高兴。所以这个习不是温习，是实践实习。

"有朋自远方来，不亦乐乎"，接待一两次朋友你还好，太频繁肯定会不耐烦，如果理解成有朋友从远方来跟你讨论学术问题，这才是最令人高兴的。第一，人家尊重你。第二，你有了同道中人。那该是多么快乐的事情，那才是不亦乐乎。

孔子的这些话其实都是讲学习，这样理解我们就把孔子读通了。

孔子的心很柔软

孔子有两个学生，一个叫公冶长，另一个叫南宫适，这两个学生很不幸下了大牢，孔子说非其罪，这两个学生都是无辜的。很多人说，这个人完了，后半生就只能坐牢。孔子说，他们没有罪，世道不好，把正常人当强盗。为了证明这一点，孔子告诉人们，他依然尊重他们，他愿意把女儿嫁给公冶长，把他哥哥的女儿嫁给南宫适。最后孔子真的把自己的女儿和他的侄女分别嫁给了这两个人，而且他跟大家说，南宫适是个非常谨慎的人，所以把哥哥的女儿嫁给他，而公冶长个性冲动，万一遭遇不测，那受连累的是他女儿，不是他哥哥的女儿。孔子的心真的很温暖，很柔软，很体贴人，他对人的爱是真诚的，我们谁可以做到呢？

我最喜欢从这些地方看孔子。他的学生有很多，每个学生都有不同特点、不同个性、不同特长，孔子懂得怎么把他学生的特长充分地发挥出来，让学生了解自己的弱点，加以改善。

对孔子的评价，今天学术界要么尊孔，表现形式很多时候就是举行祭孔大典，穿着各式各样所谓古代的祭祀服装，非常庄严肃穆，而且不伦不类地在进行表演，这其实很不好，打着拜孔祭孔的旗号，蛊惑人心，盲目追求所谓商业价值。孔子思想的核心，也就是我们要提倡的儒家精神，不是让人们穿着宽袍大袖戴着官帽拜谁，我们需要真正领悟孔子的精神。

孔子谈到过天下为公这四个字，孙中山先生也谈天下为公，可是有几个人能把天下为公这几个字解释清楚？"士不可以不弘毅，任重而道远"是《论语·泰伯章》中曾子说的一句话，意思是作为一个士人，一个君子，必须要有宽广、坚忍的品质，因为自己责任重大，道路遥远。我们现在还有这样的情怀吗？

孔子告诉学生子夏，"汝为君子儒，无为小人儒"，你要做君子，不要做小人。这个小人做什么解呢？孔子反复说的小人，与君子相对立，并列并称，君子是受过良好教育，有坚定人生理想的人。小人没有受过什么教育，不懂得对社会、对家庭要负责任。我很欣赏子夏，他非常听老师的话，而且他听出了老师话里面寄予他的一个非常重大的期望，后来子夏终于在所有儒家弟子里，自己开辟了另外一个学派，就是站在当时时代最前列的西河学派。

西河学派是在孔子去世后，其弟子子夏来到魏国跟秦国之间的西河讲学，传播儒家经典、文化和学术思想而形成的著名儒家学派之一。他在那里培养了很多改革家，子夏是真正继承了孔子教育思想的人，他不仅传授儒家思想，还有道家思想、法家思想，当然也包括没有列入这个所谓百家里面的易家、兵家，这是一个包容了各家学派之长的学派。

希望把学生培养成为君子

孔子一直希望把学生培养成为君子、成为一种贵族，所以我们把孔子的教育称之为精英教育、贵族教育、人格教育，三种教育是并列的。

孔子年轻的时候想回归贵族阶层，但是被那个年代的贵族拒绝。后来他培养了大量学生，都是按照贵族教育来培养的，他的培养对象是平民，但是他培养的目标非常高端。人格教育是我们现在的教育家一再提倡的，可是现在在我们的学校教育里，只有两个字：成绩，你走到哪个学校里看到的都是排行榜。小孩考得好有英雄榜，考不上的呢？就是差生了吗？这就是对人格教育根本不重视，大家眼睛里看到的只有成绩，我们都迷失在这里面。

当经济改革、社会繁荣达到了一定程度，民族文化、民族精神就靠这些东西传承，今天看《论语》，不是说它有多么神，其中确实有非常多合理的地方，我们称之为经典，希望能够复苏这种古典精神，因为它是我们民族精神的精华，是最优秀的思想。

我选择教授先秦思想作为选修课，因为我对孔子有很难割舍的一种情怀，他是老师，我也是老师，尽管我比较反叛，也比较跟得上潮流，但是我的内心依然是很传统的一个人。我的稿子都是手写的，密密麻麻，有时候我会脱稿讲，挂一漏万，讲得不好请大家原谅，谢谢。

说说鲁迅

杨争光

深圳市文联专业作家，兼职副
主席。1998 年央视版《水浒
传》编剧（与冉平合作），电视
剧《激情燃烧的岁月》总策划。
主要著作：《黄尘》《老旦是一
棵树》《少年张冲六章》《从两
个蛋开始》《杨争光文集》（十
卷本）。

　　10 月 19 日，是鲁迅逝世 80 周年，网上和微信圈有关鲁迅的文
字比平时多了许多，我自己的公众号也推介了鲁迅的一篇《野草题
辞》，算是一个认同并尊敬鲁迅，且以文字为生的人对鲁迅的纪念。

　　我不是鲁迅研究专家，只是喜欢读鲁迅的作品，关于作品之外的
鲁迅，我所知道的也来自阅读。所以，今天要讲的，与学术无关，只
是因为阅读鲁迅，以及对鲁迅作为中国现代文学史、文化史、思想史
无法回避也无法忽略的"鲁迅现象"的所思与所想，纯系个人视角、
个人观点，也许还是偏见。这是我首先要说明的。

我不是专家，事先也没有准备，很难有条理。但我还是想尽可能地讲得有条理一些。就分两个部分来说吧。

"自为与自在"的鲁迅

在我看来，鲁迅不仅是一位伟大的文学家，也是中国的一位具有现代意义的知识分子。他在开始文学创作的同时，也显现了他作为现代意义的知识分子的立场和作为。

鲁迅写的第一篇小说是 1918 年发表的《狂人日记》，这是他作为小说家、文学家的登台亮相之作。他同时发表于《新青年》的《随感录》，则是他作为现代知识分子的最为直接的证据。

鲁迅对婚姻和爱情的选择，显示了他对社会伦理的对抗，以及他的决绝。他称朱安是"母亲送给他的一件礼物"。这样说，听起来有些残酷，但事实比他说的更残酷。他无法接受这样的礼物，也没有趁机占朱安的便宜，把她原封不动地还给了母亲。他后来选择了许广平，一直到他生命的终结。

鲁迅对文学的选择，有其清醒的认知和使命。学医期间的一段录像使他弃医从文，对于病社会，救治精神比救治肉体更为紧要，这样的认知决定了他的文学立场。

从小说集《彷徨》《呐喊》到 1927 年《野草》的出版，薄薄的三本著作，作为文学家的鲁迅，其纯文学创作基本完成。出版于 1928 年的散文集《旧事重提》，即后来的《朝花夕拾》，和出版于 1936 年的《故事新编》——收录的作品是 1922 年到 1935 年的小说，以现在的说法，可称之为历史小说。这两本书，是鲁迅纯文学创作的后续和补充。

鲁迅作为小说家，不仅是中国第一位白话文小说作家，其在中国现当代文学史上也具有至今无人超越的高度。他在他的小说世界里，不仅显示了他现代性的叙事伦理和现代性的叙事艺术，更为中国和世界文学塑造了不朽的艺术形象。他的狂人和阿 Q，与世界文学史上的任何一个艺术形象相比，都不输其魅力。尤其是阿 Q，是和堂·吉诃德一样伟大的人类的精神形象。中国现当代文学史上还有第二个这样的人类精神形象吗？

作为散文家，他的《野草》和后来的所谓杂文——散文的一种，在中国现当代文学史上同样具有无人能够企及的高度。《野草》中的许多篇章，其文采和精神与鲁迅的小说具有同等的艺术价值，在当时和现在都是最具现代意识的中国文学作品。

在我的阅读视野里，中国叙事文学有三座孤峰：司马迁和他的《史记》，曹雪芹和他的《红楼梦》，鲁迅和他全部的小说与散文。他们的作品都是前无古人后无来者。

鲁迅对《史记》和《红楼梦》都有精准的评判——

"史家之绝唱，无韵之离骚"是鲁迅对《史记》的绝评。

鲁迅对《红楼梦》的评价，我能想起来的是这么两段：

> "自有《红楼梦》出来以后，传统的思想和写法都打破了。——它那文章的旖旎和缠绵，倒是还在其次的事。"

> "谁是作者和续者姑且勿论，单是命意，就因读者的眼光而有种种：经学家看见《易》，道学家看见淫，才子看见缠绵，革命家看见排满，流言家看见宫闱秘事……"

我以为，这也是绝评：《红楼梦》是中国叙事文学历史上的一个里程碑；面对《红楼梦》这样一部伟大作品，可以从接受美学和社会学意义方面加以评论；鲁迅的评价是对《红楼梦》的博大精深作的最深刻阐述。

鲁迅以《呐喊》《彷徨》《野草》，基本完成了他作为一个作家的自我塑造。其后，鲁迅的所有作品，不仅是文学的继续，也是作为现代知识分子的鲁迅，全方位的自我塑造。这些作品的主体，就是后来人们所说的鲁迅的"杂文"。

事实上，在出版《野草》之前，鲁迅作为知识分子的写作早已开始，发表于《新青年》的《随感录》就是这样的写作。鲁迅以其独立之思想，自由之精神，以良心与正义直面社会，直面现实，有立场，有关怀，有担当，"管闲事"。更为深刻的是，这一切都是他的主动选择。

我把鲁迅这一类的写作通称为"社会批判"，我所说的社会批判中也包括文学批判和人性批判。

这也就是我认为的知识分子写作。是的，所谓的现代知识分子，不管他身在何处，社会批判都是他的天职。

从1925年出版第一本杂文集《热风》，直到1936年10月离世，前后十多年，鲁迅的社会批判从未终止，从未妥协，一直到他生命的终结。

鲁迅这一类的作品在他生前结集出版的有：

《热风》（1925，北新书局）

《华盖集》（1926，北新书局）

《华盖集续编》（1927，北新书局）

《坟》（1927，未名社）

《而已集》（1928，北新书局）

《三闲集》（1932，北新书局）

《二心集》（1932，合众书局）

《伪自由书》（1933，青光书局）

《南腔北调集》（1934，同文书局）

《拾零集》（1934，合众书局）

《准风月谈》（1934，兴中书局）

《集外集》（1935，群众图书公司）

《门外文谈》（1935，天马书店）

《花边文学》（1936，联华书局）

《且介亭杂文》（1937，三闲书屋）

鲁迅离世之后，经别人编辑的这一类作品，还有：

《且介亭杂文二集》（1937，三闲书屋）

《且介亭杂文末编》（1937，三闲书屋）

正是这些被人讥讽过的"杂文""小品文""花边文学"，创造了中国现代文学史上的奇观，文质互助，互为表里，且一枝独秀，丰富了鲁迅作为伟大的文学家的经典形象，也成就了鲁迅在中国现代文化史、思想史上孤独而又决绝的经典形象。他以他的学识与见识、眼界与心界、深刻与尖锐使当时及后来几乎所有的所谓文化学者，甚至国学大师无法望其项背，无力比肩，不仅是失色，还要失血。

社会批判还会继续，但如鲁迅这样精到的社会批判的文学或文字，是否会成为绝唱？以《史记》和《红楼梦》为参照，也许会成为绝唱。

也就是在他的这些杂文中，他的笔触触及了中国文化的根系，中华民族的根性。

他的杂文不仅是论说，也有刻画。这种刻画，是他小说和散文的继续，他在丰富着他的阿Q，他的孔乙己、祥林嫂、杨二嫂、闰土、九斤老太。而且，也刻画了许多新的形象与性格，比如，以知识阶级甚至知识分子自诩的学者和文人的形象与性格，其丰满与生动，不但不亚于他小说中的任何一个人物形象，而且，以艺术形象的塑造而论，也只有鲁迅能够做到，这在中国文学史上绝无仅有。

以战斗论，如果说鲁迅是一个战斗者，他进行的是一场孤独的、绝望的战斗。

鲁迅并不拒绝他作为一个战斗者的形象，把文章比之为"投枪与匕首"，应该是他的发明。在《野草》中，他就有一篇《这样的战士》的散文，几乎可以看作是他的自画像。

"两间余一卒，荷戟独彷徨。"

——题《彷徨》

"绝望之为虚妄，正与希望相同。"

——鲁迅著《野草》

207

他是绝地里为希望的战斗者？还是绝境里因绝望的反抗者？

这不是一个要求得到答案的疑问，而是一个事实，也是一个形象。这个形象不是孤立的存在。他和他脚踏的土地与头顶的天空在同一个画框里——还要有地下的熔岩与地火，天空之外的虚空；还要有他的孔乙己、狂人、阿Q、祥林嫂、闰土、九斤老太；还要有他写过的与他论战过的文人学者等，这个形象才有可能是完整的、立体的。

鲁迅生前搅进了很多是非，身后生出了很多是非，这些是非和他的全部作品一样，也是留给我们的遗产。他生前的几次所谓"论战"，在他生前的是非里引人注目，也为后世所称道或诟病，并成为学术的题目，使很多人有了混世的"饭碗"。

在我的阅读记忆里，鲁迅"骂"过的现在被称为大师的人有：胡适、章士钊、林语堂、梁实秋、郭沫若、成仿吾、陈西滢（即陈源）、徐志摩、李四光、沈从文、朱光潜、周扬。有人曾编辑过双方的"论战"文字，有两大本，这正是鲁迅生前希望的。有兴趣的朋友可以找来看看。看"论战"和看拳击一样，只看一方的拳脚是不可想象的。只看出击而不看反击，只看防御而不看进攻，出击、反击、防御、进攻，都是孤立的，甚至是滑稽可笑的。而且，我主张看原始的音像资料，即原始文本，别人转述的并不可靠。

阅读鲁迅的"论战"，我在意的不是"论战"的人，而是"论战"的事，以及其时的是与非。比如，和《现代评论》的创办人之一陈西滢的"论战"，争执最激烈的应该是请愿学生在段祺瑞执政府门前遭屠杀一事，双方的立场和"论战"的文采、性情都在其中。对这一事件的反应，以及和陈西滢等人的"论战"，鲁迅留下了诸多名篇，比如《无花的蔷薇》《死地》《我的"籍"和"系"》，以及许多人都很熟悉的那一篇《记念刘和珍君》。现在读来，仍然有一种切身的现实感，好像新写的一样。

在我看来，这里所谓的"论战"，准确的表达应该是"论辩"。双方的论辩，目的在"理"，而非"人"。双方各自所持的"理"与各自的"人"有关，但"人"是大于"理"的，而"理"又代表着许多人所认同的理。所以，当我们在说某某某和某某某"论战"的时候，其指向性有偏重于"人"而偏轻于"理"的嫌疑，把"理"的"论辩"误解为人与人的搏斗。论辩中难免会有的意气，涉及对方的脾性、癖好，以及在现实生活中具体作为的文字，会被误读为恶意的攻讦，并被津津乐道。如果这样对论辩的误解不是无知的话，也是一种检验，检验着在对论辩的转述评述时评述者的智力、气度和癖好。

鲁迅和胡适，都是现代文化史上的大师级人物，梁实秋、林语堂也是大师级的作家与学者。胡适、梁实秋、林语堂的社会立场、学术立场近似，是当时的净友、是批评者，而终归是维护者；是学术的"正宗"。而鲁迅，不管是社会立场还是学术立场，都可以称之为"绿林中人"，而且是自觉的"绿林中人"。鲁迅就曾以"绿林书屋"给自己的书斋起过名。

关于和他们的"论战"，鲁迅留下了《论"费厄泼赖"应该缓行》《"丧家的""资本家的乏走狗"》等诸多名篇。

这些大师和鲁迅本应是同道，也有曾经的朋友，比如林语堂。鲁迅去厦门大学教书，就是因为林语堂的邀请。成为"论敌"是因为世事，而不是因为私事。

就我的阅读印象，鲁迅的"论战"是尖刻的，用词有时候也是刻薄的，但他的尖刻并不来自他的舌头，而来自分析看待事物的目光。

鲁迅和这样的"论敌"展开"论战"，"论战"的双方都没有因为"论战"而污其身、毁其名，相反，还是一种自我成就。

和创造社的郭沫若、成仿吾等人的"论战"比较持久，应该说一直延续到了鲁迅死后。继续这一"论战"的是自以为鲁迅继承者的后来者，比如胡风，胡风们"论战"的结果并不限于文字，涉及了"论战"者的人生命运。这已不属于"论战"，而是政治与权力在实行人身迫害、精神和思想屠杀。

在和创造社的"论战"中，鲁迅留下了《我的态度气量和年纪》《"醉眼"中的朦胧》等名篇。

我在一篇有关批评的文字里，曾写过这么一段话：

> 上个世纪曾经有过一段近似于百家争鸣的时光。胡适、鲁迅、梁实秋、林语堂等等等等一拨人，在这一段时光里兴风作浪，互相"掐架"，不但没有掐死对手，反倒在互掐中呈现了他们各自的情怀、眼界、心界，甚至心性和脾性，他们各自的价值观和审美取向，留下了后来的我们至今无法企及的经典，也塑造了他们作为批评家的经典形象。

我曾在一篇文章里把鲁迅和胡适做过比较，其中有这么一段：

> 如果有"庙堂"与"江湖"，鲁迅属"江湖"中人，胡适则心系"庙堂"。
>
> 如果有"官方"与"民间"，鲁迅属"民间"中人，胡适则意在"官方"。
>
> 如果有"多数"与"少数"，鲁迅属"少数"中人，胡适则身在"多数"。
>
> 如果有"清流"与"浊世"，鲁迅属"浊世"中人，胡适更中意"清流"。
>
> 如果有"右倾"与"左倾"，鲁迅属"左倾"中人，胡适更偏向"右倾"。
>
> 如果有"保守"与"激进"，鲁迅属"激进"中人，胡适更倾向"保守"。
>
> 如果有"传统"与"现代"，鲁迅属"现代"中人，胡适更在乎"传统"。

在许多人看来，鲁迅有批判，而少有建设，甚至没有建设。

面对现存秩序，鲁迅所做的更多是拆骨扬灰，而不是李逵式的造反。

面对中国文化，鲁迅看到的是癌与败血，他主张"换血"。

面对文坛和文场，鲁迅所做的更多是砸坛和踢场，砸掉虚伪的文场和文坛，剩下应该有的文场和文坛。

面对浊世，鲁迅所做的更多是撕开所谓清流的皮肉，露出他们的骨头。他要的是"清白之世"，而不是浊世中的所谓清流。

但这并不意味着我对胡适这样的社会精英的轻蔑。

没有完美的、绝对健康的社会肌体。多看它的正面，会称其为"盛世"，多有颂歌。虽有批评，也是为了祛肌体之"病"，我们称之为"小骂大帮忙"的批评就属此类。如果多看它的负面，会称其为"病社会"，很可能只有批评，而没有颂歌。胡适一类的精英，只有在这样的社会里，才有他的价值和意义，而且其意义和价值是正面的。在这样的社会里，只看其负面，只有批评，甚至诋毁而不及其余，很可能就是一种别有用心。

如果社会病入膏肓呢？

鲁迅和胡适是同时代人，同在一个社会里，他们对所处的社会的批判性有着根本的不同，作为也就不同。胡适因为他的作为成为社会精英，而鲁迅的作为几近于"绿林中人"。他们两位同为新文化的旗手，同为中国进入现代社会时期的启蒙者。他们两个中的哪一个对他们所处社会的判断更为精准呢？我想，历史已用事实做了证明。我认为，与他们同时代的人以及后来者，对他们两位有着完全不同的态度和评价，原因就在于此。

他们都是社会精英，他们为不同的社会所需要。而他们面对同一个社会，也都做出了各自的选择，都成为现代史上的经典形象。

以上就是我阅读到的"自为的、自在的"那个鲁迅。他的所作所为都是他的自我选择、自我塑造。

"他为与他在"的鲁迅

我之所以想把这一次演讲的题目叫作"在现代中国的鲁迅先

生"，除了因为他曾经写过的那一篇文章外，更因为鲁迅和孔夫子这两个人生前与死后的运命极其相像——生前的孔子活得并不"如意"，鲁迅生前活得也不如意；死后的孔子，"被"作为中国文化思想史上的源头与核心，鲁迅在他死后的命运，也差不多。

鲁迅生前的"论敌"梁实秋先生，在鲁迅离世多年以后，曾经写过一篇题为《关于鲁迅》的文字，其中有这么两段：

> 鲁迅本来不是共产党徒，也不是同路人，而且最初颇为反对当时的左倾分子，因此与创造社的一班人龃龉。他原是一个典型的旧式公务员，在北洋军阀政府中的教育部当一名佥事，在北洋军阀政府多次人事递换的潮流中没有被淘汰，一来因为职位低，二来因为从不强出头，顶多是写一点小说资料的文章，或从日文间接翻译一点欧洲作品。参加新青年杂志写一点杂感或短篇小说之后，才渐为人所注意，终于卷入当时北京学界的风潮，而被章行严排斥出教育部。此后即厕身于学界，在北京，在厦门，在广州，所至与人冲突，没有一个地方能使他久于其位，最后停留在上海，鬻文为生，以至于死。

> 鲁迅一生坎坷，到处"碰壁"，所以很自然的有一股怨恨之气，横亘胸中，一吐为快。怨恨的对象是谁呢？礼教，制度，传统，政府，全成了他泄忿的对象。

梁先生也是鲁迅的同时代人，他的"鲁迅一生坎坷，到处'碰壁'"，应该可以为我的"生前的鲁迅也不如意"作一个证据。

梁先生称鲁迅为"不满于现状者"。

孔子也是一个"不满于现状者"。

他们都是生不逢时的。

在我看来，"他为与他在"的鲁迅，除了和他"论战"过的所谓"论敌"们笔下的鲁迅，以及喜欢阅读他作品的读者笔下的鲁迅之外，其社会效应最为广泛并带来久远影响的且后果严重的那一个

"他为与他在"的鲁迅，开始于鲁迅和"左联"的关系。

1930 年 3 月，左翼作家联盟在上海成立，鲁迅在成立大会上发表了一篇《对于左翼作家联盟的意见》。我无法判定鲁迅和左翼作家联盟中的骨干人物，如周扬、夏衍、冯乃超、冯雪峰的私交有多深，也无法判定这个左翼作家联盟是不是一个纯粹的文学团体，但它的政党政治背景则应该是不言自明的。

鲁迅的这篇《对于左翼作家联盟的意见》，除了作者的自主性之外，有没有政党政治的诱因？我无力判证。但其中的一些思想，比如，文艺家与社会、与民众的交集，以及文艺家自觉的自我洗礼意识，在后来成为推崇鲁迅精神和思想的国家政权对文艺家的强制性要求。顺之者昌，逆之者亡，导致百花成为一花，百家只能一尊，一直到"文化大革命"时期的一本小说和八个样板戏，则是我们经历过的现实。

我一直存有一个私见，那就是鲁迅的这篇文章，和后来的另一次现实效应更为有力、影响更为深远的讲话，有一种潜隐的关系。

早在后一次讲话发表之前，鲁迅就已经有了"民族魂"的徽章和"中国文化新军最伟大和最英勇的旗手""中国文化革命的主将"的封号。而"旗手"和"主将"的封号正是后一次"讲话"的作者，在之前的一篇名著《新民主主义论》中"颁封"给鲁迅的：

> 二十年来，这个文化新军的锋芒所向，从思想到形式（文字等）无不起了极大的革命。其声势之浩大，威力之猛烈，简直是所向无敌的。其动员之广大，超过中国任何历史时代。而鲁迅，就是这个文化新军的最伟大和最英勇的旗手。鲁迅是中国文化革命的主将，他不但是伟大的文学家，而且是伟大的思想家和伟大的革命家。鲁迅的骨头是最硬的，他没有丝毫的奴颜和媚骨，这是殖民地半殖民地人民最可宝贵的性格。鲁迅是在文化战线上，代表全民族的大多数，向着敌人冲锋陷阵的最正确、最勇敢、最坚决、最忠实、最热忱的空前的民族英雄。鲁迅的方向，就是中华民族新文化的方向。

一连用了 9 个"最"。

我不清楚鲁迅知不知道这一篇名著赋予他的这 9 个"最"，更不清楚他对这 9 个"最"的态度。

鲁迅《对于左翼作家联盟的意见》中关于作家的自我认知，有这么一段话：

> 还有，以为诗人或文学家高于一切人，他底工作比一切工作都高贵，也是不正确的观念。举例说，从前海涅以为诗人最高贵，而上帝最公平，诗人在死后，便到上帝那里去，围着上帝坐着，上帝请他吃糖果。在现在，上帝请吃糖果的事，是当然无人相信的了，但以为诗人或文学家，现在为劳动大众革命，将来革命成功，劳动阶级一定从丰报酬，特别优待，请他坐特等车，吃特等饭，或者劳动者捧着牛油面包来献他，说："我们的诗人，请用吧！"这也是不正确的；因为实际上决不会有这种事，恐怕那时比现在还要苦，不但没有牛油面包，连黑面包都没有也说不定，俄国革命后一二年的情形便是例子。如果不明白这情形，也容易变成"右翼"。事实上，劳动者大众，只要不是梁实秋所说"有出息"者，也决不会特别看重知识阶级者的，如我所译的《溃灭》中的美谛克（知识阶级出身），反而常被矿工等所嘲笑。不待说，知识阶级有知识阶级的事要做，不应特别看轻，然而劳动阶级决无特别例外地优待诗人或文学家的义务。

在我看来，这一段话是作家说给作家自己的，即使是我们后来所说的"改造"，也应该是一种主动的"自我改造"，而不是强迫的。

要做"革命文学"须先做"革命人"，似乎也与鲁迅有关：

> 为革命起见，要有"革命人"，"革命文学"倒无须急急，革命人做出东西来，才是革命文学。所以，我想：革命，倒是与文章有关系的。（鲁迅《革命时代的文学》）

　　这段文字，是鲁迅在一篇题为《革命时代的文学》的演讲里说的。

　　就我的理解，鲁迅所说的做"革命人"，说的是作家及其写作与生活的关系。这样的话，都是后来的我们极其熟悉的。我以为，其之所以被我们极其熟悉，并不是因为鲁迅文字的本意，而是鲁迅成为"旗手""主将"之后，人们对他原有文字的曲解，并把这曲解转嫁给鲁迅，又强加给作家的。

　　就在这同一篇演讲文里，鲁迅还说过：

　　　　但在这革命地方的文学家，恐怕总喜欢说文学和革命是大有关系的，例如可以用这来宣传，鼓吹，煽动，促进革命和完成革命。不过我想，这样的文章是无力的，因为好的文艺作品，向来多是不受别人命令，不顾利害，自然而然地从心中流露的东西；如果先挂起一个题目，做起文章来，那又何异于八股，在文学中并无价值，更说不到能否感动人了。

　　鲁迅认为，要宣传，要鼓动，甚至煽动，又要是好文学，是不可能有这样的好文学的。

　　我们记着的是鲁迅对文艺的宣传作用的认知，而忘了他所说的"好的文艺作品，向来多是不受别人命令，不顾利害，自然而然地从心中流露的东西"。

　　有些人不知道鲁迅对政党政治持什么样的立场，以为看他的作品，他是只注重作家的自我立场。因为出于对自我立场的坚持，他和"左联"的骨干人物、领导者终于闹翻了。

　　其后的鲁迅，是实实在在的"旗手"和"主将"。在中国当代文化与文学甚至思想史上，这位"旗手"和"主将"同时扮演着"标杆"和"砖头"的角色。被鲁迅"骂"过的，以他为"旗手"和"主将"，给自己贴金，也以他为"砖头"砸人，然后又被别人用同一块"砖头"砸倒。

1949 年，当郭沫若等一大批所谓的知识分子从香港北上的时候，对沈从文等作家的批判就已经轰轰烈烈了，鲁迅被拉到这一批判中，成了一位逝去的在场者。其后的沈从文似乎再也没有写过小说，而去研究服饰了。一位优秀的作家不再写小说而去研究服饰，与这场批判有没有关系？这需要文学史家细究其详。

1950 年，以鲁迅学生自居的胡风，因一场文艺论争转而为政治审判，成为"胡风反革命集团"的首犯。胡风被审判，有没有鲁迅的因素？也需要文学史家细究其详。根据公开的资料，这一事件波及甚广，共清查了 2100 多人，逮捕 92 人，隔离 62 人，停职反省 73 人，到 1956 年，共正式认定 78 人为"胡风分子"，其中骨干 23 人。该事件也与此后中国大陆发生的历次文艺批判运动息息相关，居于中华人民共和国成立后一场文艺界的大规模政治整肃和清洗运动的开端。

作为文化革命的"旗手"和"主将"，鲁迅也是十年"文化大革命"不在场的参与者。具体情形也需要文学史家和政治历史学者细究其详。

我知道的是，鲁迅的书在那些年里几乎是畅销书。我高中毕业后拉着架子车，从一个村到另一个村，卖生产队的大葱，得到的几块钱就买了鲁迅的《门外文谈》和《准风月谈》，还有一本《红楼梦》。那时候的《红楼梦》不是禁书。

从小学到高中的语文课本里，都收有鲁迅的小说、散文和杂文。

我至今还能记得，我的高中语文老师讲授《论"费厄泼赖"应该缓行》时，在讲台上用不标准的普通话朗诵一样念出的这几句：

> 叭儿狗一名哈吧狗，南方却称为西洋狗了，但是，听说倒是中国的特产，在万国赛狗会里常常得到金奖牌，《大不列颠百科全书》的狗照相上，就很有几匹是咱们中国的叭儿狗。这也是一种国光。

　　那时候，"痛打落水狗"已经是一个极具革命性的战斗号召。对"落水狗"不但要痛而打之，还要踩上一万只脚，让它永世不得翻身，就是往死里打的意思。

　　也就是在这一时期，鲁迅在中国现当代文学史、文化史、思想史上的地位，达到了顶峰。

海昏侯刘贺的前世今生

黎隆武

黎隆武

江西省委宣传部副部长。主要著作：《千古悲摧帝王侯——海昏侯刘贺的前世今生》。参与北京电视台、中央电视台、香港卫视多场电视访谈，赴北京大学、香港大学等 20 余所高校讲学。

2015 年年底，江西南昌的一座西汉大墓的考古引起了全世界的关注，这个考古事件前不久被评为中国十大考古新发现。2016 年 3 月 2 日，江西省人民政府在北京首都博物馆举办了一场名为"五色炫曜——南昌汉代海昏侯国考古成果展"的展览，展览了四个多月，一票难求，全国上下对这个事件高度重视。

这座墓所出土的文物，它的主人传奇的经历，足以让世人为之震惊。

江西考古研究所的杨军是第一个下到盗墓贼留下的盗洞里探墓的

人。他跟我讲,当地老俵用打井用的摇辘轳的篮子,把他放在篮子里面绑住,顺着这个洞把他送下去。从顶到底大概有 18 米深。当下到八九米的时候,他闻到了一股扑鼻异香,当时心里就一惊,没想到这座墓竟可能是一座千年古墓。因为按照他的考古学专业知识来分析,有这种异香的墓至少在千年以上。因为明清以来的时间比较短的古墓,里面的有机物没有分解干净,会有难闻的味道。这种奇异的香味是他第一次遇到。杨军就开始思索,根据江西地方资料记载,这个千年古墓的主人是谁呢?

杨军下到地宫底层,发现上面厚厚的椁木板有两层,三四十厘米厚,盗洞一直打下去直到底部。封土的高度应该是十四五米,符合列侯一级官员葬制级别。由于年代久远,整个墓室内部结构已经坍塌,里面塞满了淤泥。杨军判断,虽然盗墓贼打下去一个洞,但对墓室内部来不及清理,所以他判断这座古墓可能逃过一劫。

金器之多无与伦比

后来国家文物局很快批准江西省人民政府,对这座古墓进行抢救性挖掘。2015 年年底,在经过近 5 年的科学全面的勘探后,终于把古墓上面的封土给打开。随着地宫的顶层被掀开,考古人员发现这个盗洞刚好打在这个墓的正中央的位置,盗墓贼的专业程度让考古人员为之震惊。按照一般王侯丧葬规格,绝大多数墓主的棺材都是放在正中摆设的,而这个墓主人因为是死在他的任所上,也就是后来我们所知的墓主人刘贺是死在海昏侯的任上,汉代有视死如事生的葬制,按照墓主人活着的时候的居室化布局,也就是东寝西堂,他的棺材被放在了东面的寝堂,位置摆放与通常居室中摆放不一样。

打在正中位置的这个盗洞,假如往东边偏移两米,就会打到刘贺棺材的上腰部。假如往西边偏移 0.6 米、0.8 米,就会打到西堂床榻底下整箱的马蹄金、麟趾金和金币。这伙盗墓贼忙活了一晚上,只留下了一个巨大的洞。由于作业时间不够,担心被人发现,天亮时盗墓贼撤离了，从而让刘贺墓逃过本来在劫难逃的一场劫难。所以现在我经常讲，这座墓能够保留下来，是老天爷对江西最大的眷顾。

这座墓出土的金器之多无与伦比，有马蹄金、金饼。回顾历史，当年汉武帝因为喜欢西域的汗血宝马，派人攻打西域的大宛城，牵回来一批汗血宝马。汉武帝是个尚武之人，他很高兴，就让人照着那些汗血宝马的马蹄子做了一批金器，用于宫廷赏赐，谁家里拥有马蹄金，他就拥有了尊崇和荣耀。

这座墓里还有很多珍奇宝贝，包括商末、周初的一些藏品。比如青铜缶，据考证是商末周初的文物，在刘贺那个年代就是国宝。铜滴漏，是刘贺用于计时的工具。带着把手的东西叫提梁卣，也是商朝末年、西周初年的国宝级文物。

刘贺墓里出土的一对雁鱼灯很有名，这是一个环保型的设计，一只大雁嘴里叼着一条鱼，鱼的腹部和大雁的脖子、腹部，都是空的。大雁的腹部装了水，经过实验发现，这个灯的油烟经过鱼的腹部进入大雁腹部，经过水处理，就变成很环保的气体了。2000 多年前刘贺那个年代，就有了这种环保理念，着实让今天的人们很是感慨。

墓里还有一组完整的编钟，共 14 枚钮钟，出土那天就可以敲出优美的乐声。这组钮钟有两组音阶，每组音阶比传统的宫商角徵羽五个音还多了两个变音，有点像今天的七音，从这里可以分析，墓主人的乐感非常好。

确定刘贺墓主身份

最终确定刘贺墓主身份的证据，是墓主人内棺材里的一枚私印。在刘贺的右腰部放书刀的位置，发现了刻有刘贺篆体字样的私印，方寸大小，是个龟钮印。正是因为在他的内棺材里面发现了这枚私印，才断定墓主人就是刘贺。3 月 2 日，在首都博物馆的文物展开幕式上，国家文物局局长向全世界宣布了墓主人的身份，最关键的证据就是这枚刘贺的私印。

除此以外，这座墓出土的文物有1万多件套，有大量精美的漆器、青铜器、玉器、竹木器，出土文物种类之丰富、数量之多，可能迄今为止中国其他的古墓考古还难出其右。

更让学术界关注的是，这座墓出土了大量记载有西汉乃至西汉以前秦汉时期的文字信息的简牍。其中木牍上面的隶书遒劲有力，有刘贺写给当朝皇帝汉宣帝刘询的奏章底册，现在很多书法家都达不到这种隶书水平。我们据此分析，刘贺很喜欢书法，也很守规矩，经常向皇帝汇报思想。

这个墓里出土的竹简有5000多枚，竹简上记载的典籍有汉代的《论语》《礼记》《易经》《孝经》，还有医药方面的典籍，这都是非常珍贵的。

杨军讲，根据最新发现，这里出土的《论语》竟然是失传了1800多年的《齐论》。《论语》有《鲁论》《古论》。我们今天看到的《论语》是后人依据《鲁论》和《古论》综合记录而成，那部传说中的《齐论》，早在1800多年前就烟消云散了。《齐论》和《鲁论》、《古论》是不同的，《鲁论》《古论》少了《齐论》里面的两篇文章，一篇叫《知道篇》、另一篇叫《问王篇》。现在刘贺墓里出土的《论语》版本竟然有《知道篇》的内容。杨军讲这部《论语》极有可能是《齐论》，因为刘贺有个老师就是研究传授《齐论》的大儒。

刘贺墓里出土的文物琳琅满目，对研究西汉的经济、政治、文化、历史有巨大价值，给后人留下了一份难以复制的丰厚的文化遗产。

围绕这座墓，历经5年，已经发掘出一个以刘贺墓为核心的西汉海昏侯国的墓葬群，以及当时的海昏侯国都城紫金城，方圆十几平方公里。最后成为一个面积很大的汉代海昏侯国遗址区，省里对这个遗址的保护和开发非常重视，成立了个副厅级机构专门做这件事情，要把它打造成世界级的文化遗产。

北有兵马俑，南有海昏侯，这个海昏侯遗址的价值足以和金字塔、兵马俑比肩，现在有关遗址保护开发的各项工作都在稳步、有序地推进过程中。

刘贺为什么能够当皇帝

接下来我要介绍的就是这个墓的主人，他的名字叫刘贺。刘贺的身世竟然无比显赫，他的爷爷是中国历史上著名的皇帝汉武帝。

为什么要追溯到他的爷爷汉武帝呢？因为刘贺能够当皇帝，和汉武帝当年说过的一句话有直接关联。当年汉武帝讲："生子当置于齐鲁之地，以感化其礼义。"这是当年武帝在处置他第三个儿子燕王刘旦自请立为太子一事时生出的感慨。从武帝说的这句话，就足见武帝对齐鲁之地的那个儿子的期待，他是谁呢？齐鲁之地的这个人是刘贺的父亲刘髆，他是武帝的第五个儿子。

这里我们先介绍一下汉武帝家族。汉武帝的皇位后来交给了谁呢？他最小的儿子，8岁的刘弗陵。汉武帝有6个儿子，老大是太子刘据，是武帝悉心培养的接班人，也是武帝和卫子夫皇后的长子。据说，在刘据出生的时候，武帝很高兴，让人写了一篇《皇太子生赋》，向天下人昭告，他是大统的继承人。很不幸，在武帝晚年的巫蛊之祸中，太子刘据因为受人构陷，奋而起兵，兵败身亡，连累自己的母后卫子夫也自杀身亡。

汉武帝的二儿子叫刘闳，是武帝和他的宠妃王夫人所生。刘闳命不好，很早就死了。

燕王刘旦是武帝第三个儿子，广陵王刘胥是第四个儿子，这两人是武帝和另外一个妃子李姬所生。燕王刘旦和广陵王刘胥是亲兄弟，性情暴烈，当王多年。刘旦在刘据和刘闳死后，一心希望武帝能立自己为太子。

晚年的武帝处于太子自杀身亡的丧子之痛中，完全没有立太子的想法。燕王急了，给武帝上了一份奏章，请求自立太子。这封信写了什么呢？两句话，一句话是我请求宿卫长安。也就是在武帝睡觉的时候，我请求在身旁保卫你。但是刘旦又加了一句"以备不虞"，也就是说万一出现了突发事件他好接替武帝之位。所以武帝看了燕王刘旦这封自请立太子的信后很愤怒，史书里面记载，武帝立斩来使，把送信的给杀了，而且严惩了老三燕王刘旦，削掉了他几个县的封邑。燕王刘旦从此一蹶不振。

老四广陵王刘胥和刘旦哥俩很相似，性情都不好，武帝很不喜欢。

武帝的第五个儿子就是昌邑王刘髆，当时封在齐鲁之地，是武帝和他最喜欢的妃子李夫人所生。武帝因为爱屋及乌，对刘髆很是喜欢并寄予厚望，把他安置在了齐鲁之地，也是作为储备的接班人来培养的。但是很不幸，刘髆因为种种原因，比武帝还早死一年，最后武帝只能把江山交给他最小的儿子昭帝刘弗陵，继位的时候才 8 岁。

昭帝才 8 岁，武帝当然不放心，就指定自己最信任的大臣，大司马大将军霍光辅佐昭帝。刘弗陵当了 13 年皇帝以后，21 岁时突然暴毙身亡。由于昭帝刘弗陵没有后代，谁来继位当皇帝，就成为汉代最大的一个难题。

武帝的 6 个儿子中，燕王刘旦在昭帝刘弗陵当皇帝期间试图造反被镇压自杀身亡，现在只剩下广陵王刘胥。但霍光非常不愿意这位正值壮年的广陵王登上皇位，他就提出，当年武帝对自己有交代，要善待他最宠爱的女人李夫人这一脉，现在昌邑哀王刘髆去世了，但刘髆有一子刘贺是第二代昌邑王，这个昌邑王正值英年，从辈分上讲又是昭帝的侄儿，可以过继给昭帝当继子，先承太子位，再接皇帝位。当时刘贺 19 岁。霍光用这个理由说服了群臣，于是刘贺被霍光征召入朝，当上了皇帝。

倾国倾城的李夫人

刘贺的奶奶，就是历史上著名的倾国倾城的李夫人。刘贺的奶奶为什么会成为汉武大帝刘彻的最爱呢？因为李夫人有个哥哥叫李延年，是西汉著名音乐家。李延年年轻的时候受过宫刑，被发配到皇宫养狗。为了改变命运，李延年充分地发挥自己的音乐才能，把武帝写下的很多诗、词谱上了曲，被武帝发现后，认为他是个人才，养狗可惜了，安排他到宫廷乐队当乐师。

李延年仍然不满足，还想彻底改变自己的命运。当年长安城有一首歌谣说，生男无喜、生女无怒，独不见卫子夫霸天下。李延年生活的时代，正是卫家势力最强盛的时代，卫青是大司马大将军，掌管天下兵马；卫夫人的外甥霍去病和匈奴打仗屡战屡胜，号称战神，整个天下都是卫家的。李延年也想成为像卫家那样最有权威、最有地位的外戚。怎么样才可能做到呢？

李延年就想到了自己那个国色天香的妹妹，只有把有倾国倾城之貌的妹妹引荐给武帝，让武帝喜欢上，自己的家族才有可能成为卫家那样显赫的外戚。但是，怎么把妹妹引荐给那个神勇的汉武大帝呢？李延年就以妹妹为原型写了一首歌，叫作《北方有佳人》。这首歌是这样写的："北方有佳人。绝世而独立。一顾倾人城。再顾倾人国。宁不知倾城与倾国。佳人难再得。"

这是两千多年前的语言，如果用今天的语言翻译这首歌，应该是这样的：北方有个姑娘，美丽举世无双；她往城墙一望，将士弃甲投降；她往君王一望，江山乖乖送上；难道不知危亡，实因美丽无双。

李延年用这样诗一般的语言，把自己的妹妹包装得美丽绝伦，终于引起了汉武帝的注意。有一次，汉武帝大宴群臣，让李延年表演了那首《北方有佳人》。之后问李延年，天底之下真有这样的女子吗？结果武帝的姐姐平阳公主就讲，我见过那个女子，她在排练这个歌舞的时候我看见过，她真的是那种倾国倾城之人。于是武帝就下令，把李延年妹妹召进宫，封为夫人，从此成了他的专宠和最爱。一年后，李夫人给武帝生下了刘髆，也就是武帝的第五个儿子，墓主人刘贺的父亲。

但是，自古红颜多薄命。生下刘髆以后，李夫人一病不起。武帝心里很着急，遍请天下名医，但就是没有人能够治好李夫人的病。李夫人在病重的晚期就做了一个决定，从此不让君王见她的面。每次武帝来探视，她就用被子蒙面，坚决不让武帝见面。武帝想，我心爱的女人，我见一面都不行吗？有一次就许诺，只要让我见你一面，我马上给你儿子封王，把你的哥哥们封侯，还给你千金赏赐。结果，李夫人仍然不让见，说赏不赏赐在你，我病成这样是不能见君王的，请不要让我坏了礼制。结果武帝十分恼怒，拂袖而去。

李夫人边上的人就问她，武帝如此地喜欢你，你为什么这么悖逆君王之意不让他见一面呢？结果李夫人是怎么讲的呢？她说，自古色衰而爱驰，爱驰则恩绝。什么意思呢？武帝为什么喜欢我？因为我倾国倾城之貌，现在我一脸病容，还有倾国倾城之貌吗？假如武帝看到我这副衰弱的样子，不要说过去的恩义可能一笔勾销，甚至还会心生嫌恶，到那个时候我又怎么可能委托他照顾我的孩子、我的哥哥呢？

李夫人聪明绝顶啊。一直到死，都在武帝心里保留了一种绝佳形象，把自己最美好的印象深深地嵌入武帝心中。李夫人死后，武帝很怀念她，专门让人画了一幅李夫人的画像，挂在自己睡觉的甘泉宫里，睹物思人。武帝下令以皇后之礼厚葬了李夫人，还留下诏令，将来自己死了以后，在下葬的茂陵，要把李夫人的墓迁过来作为他的陪葬墓。所以武帝在茂陵唯一陪葬的女人竟然是李夫人，而不是卫子夫。这个女人享受的待遇不是皇后，但胜似皇后。

武帝和李夫人这段美丽的爱情故事，汉朝人人皆知，而霍光也正是利用这一点，讲了刘贺和武帝与李夫人这种内在的关联，赢得了群臣们的支持。

在位 27 天下了 1127 道诏书

刘贺的一生有什么样的人生经历呢？他 5 岁时继承了父亲的王位，当上了昌邑王，一当就是 14 年。

汉昭帝刘弗陵突然驾崩，没有留下儿子，刘贺就进入了霍光的视线。霍光因为不想立广陵王刘胥为帝，讲了很多道理，终于说服群臣，把19岁的刘贺迎请入京，主持完昭帝的丧礼以后就接了皇帝位。但霍光仅仅让他做了27天皇帝，就把他给废了。

这27天到底发生了什么事呢？《汉书霍光传》里记载了刘贺在位期间的种种不合礼制的作为。归纳起来主要有这样几件事做得不够妥当。一是刘贺任人唯亲。刘贺当了14年的昌邑王，惯于在他的封国发号施令。但是当了皇帝的刘贺发现，现在满朝文武没有谁听他这个皇帝的，他们都听霍光的。于是，刘贺就把自己在昌邑王国几乎所有的班底，都搬入朝廷，把200多个旧部充实到朝廷各个部门。既然老臣们不听他的话，他就依靠原来的旧部发号施令，结果在位27天，刘贺竟然任性地下了1127道诏书，全面实施经济、政治、文化等领域的改革，触怒了霍光。

二是刘贺在居丧期间，严重违反礼制。比如，居丧期间不能吃肉，不能喝酒，不能欣赏乐舞，结果，这个青春年少的皇帝竟然不管不顾，和他的一帮下属在未央宫偷偷地喝酒吃肉，还安排人把先帝的那些乐女们找来，给他表演歌舞，属下苦劝也无用。先帝舞队里面有一个叫蒙的女子，据《汉书》记载，长得很妖娆、很漂亮，引起了刘贺的注意，结果导致酒后乱性。

霍光给刘贺安了个秽乱后宫、不堪社稷重任的罪名，由刘贺的继母、上官皇太后下了一道诏书，把他给废了。上官皇太后是谁啊？霍光的外甥女，昭帝的皇后。

废帝诏书定性刘贺昏庸无道、不尊礼法。因为秽乱后宫，不堪社稷重任，所以决定剥夺他的玉玺、印绶，押解出京，回到他老家昌邑，废除昌邑国，直接从皇帝废为庶民。

当皇帝之前，刘贺还是个王。现在不当皇帝了，反而成了庶民。但是很奇怪，这个被废的皇帝，不论是霍光，还是后来的汉宣帝刘询，竟然都没杀他，还给了他两千户供奉。为什么是这个样子呢？我查了一下，当年废刘贺的时候，霍光所依据的是什么理由。结果找到了三国时卢植的一段评价，说太甲既立不明，伊尹放逐桐宫。霍光依据的是商代伊尹放逐太甲这个历史典故。

商代名相伊尹辅佐过商汤在内的五任皇帝，其中有一个皇帝是成汤的孙子太甲帝。太甲当皇帝后昏庸无道，把国家搞得一塌糊涂，作为丞相的伊尹铁肩担道义，做主把那个太甲帝放逐到桐宫，让他在父亲下葬的地方面壁思过，给他父亲守灵。太甲放逐期间，伊尹代帝执政，接受各路诸侯朝拜。三年之后，那个太甲幡然醒悟，痛改前非，伊尹又把他请回来继续当皇帝。

刘贺庶民十年

霍光效仿伊尹放逐太甲，才有胆量把刘贺放逐了。但是，伊尹放逐了太甲并没有杀太甲，而且三年后还将太甲迎请归位。所以霍光想，还是不杀刘贺比较好，因为他选中的接班人汉宣帝刘询年方十七八岁，跟刘贺差不多。刘贺也许可以成为他手上的一枚棋子，如果刘询不听他的话，他还可以刘贺取而代之。

史书记载，刘询每次和霍光在一起的时候，都有一种感觉叫芒刺在背。这个典故说的就是霍光和刘询的故事，可见刘询也知道霍光留着刘贺自有深意，自己必须听霍光的话，否则刘贺随时有可能取代自己，那样的话，自己的下场比刘贺还要惨。

刘贺在庶民阶层一待就是10年。他从帝到民，好比从天上掉到地下，给摔醒了，他不再是那个年少轻狂的帝王，废为庶民后，活命才是最重要的事情，所以他学会了收敛克制。

为了活命也为了反省自己在帝王阶段的种种作为，刘贺重新读起了圣贤书籍，所以他墓里面出土了很多儒家经典。我想刘贺在庶民阶段应该是把这些过去不屑一顾的儒家经典读了一遍又一遍，从中悟出了很多从政、为人的道理。

这10年，大汉朝发生了一件天大的事情：霍光死了。按说刘贺应该感到最高兴，因为他们是死对头，但是现在刘贺因为读了那么多书，变得很成熟了，他竟然丝毫没有欣喜若狂的感觉，他甚至感到远在长安的未央宫，他的接班人宣帝刘询那双阴郁的眼睛，穿过千山万水，牢牢地盯住了他。如果不能解除宣帝对自己的疑虑，可能自己的死期就不远了。这时候的刘贺拿起了笔，给宣帝写奏章汇报自己的思想。

奏章有什么内容呢？我想，第一是歌功颂德。说国家在宣帝的治理之下非常太平，百姓安居乐业，宣帝很伟大；第二是反思自己的错误，说当年有负苍生，不堪社稷，宣帝很圣明，不但没杀他，还给了他两千户供奉，是个仁圣之君；第三是很委婉地提出，现在自己身体不好，能不能在他有生之年让他到庙堂向列祖列宗悔罪。

宣帝拿到刘贺写给他的奏章，浮想联翩。绝顶聪明的宣帝读懂了刘贺要传递的意思，他感到刘贺是要告诉他，你放心，我不会作乱。宣帝思之良久，他对刘贺的遭遇竟然是感同身受，自己当皇帝这些年，何尝不是在霍光的钳制之下呢？

但是他对刘贺又很不放心。刘贺的父亲刘髆当了11年昌邑王，刘贺当了14年昌邑王，父子两代25年的王，在齐鲁之地那一带很有基础。刘贺在皇帝位置上敢作敢为，这个人如果性情不改，振臂一呼，要夺取曾经属于他的江山，那样国家又要乱了。所以宣帝为了表明他念及骨肉之情，也为了让刘贺离开他的根据地，就想了一个办法，封他为侯，但附加了两个条件：第一，离开老家山东；第二，不得行宗庙朝聘之礼。什么意思呢？就是刘贺不能进长安、不能面见天子，不能到宗庙像其他王侯一样行祭拜之礼。因为按照汉朝礼制，每年八月十五日，王侯一级的官员都要汇集到宗庙，给列祖列宗进献酹金，每一千户人口要献四两黄金，所有的王侯官员都一样，既是一种待遇，也是一种规矩。而刘贺被剥夺了这项核心的政治权利。

刘贺在海昏侯任上很郁闷，他墓里出土的给皇帝的奏章底册，肯定有他要求入宗庙的内容，但是宣帝就是不批准。刘贺看不到自己的前途在哪里，处在一种很焦虑的状态，欲得不到，欲罢不能。他就用很多金子铸成了一块又一块的金饼，希望宣帝有朝一日能够回心转意，让自己去宗庙祭拜，做一个堂堂正正的侯。

刘贺的墓里竟然出土了385枚金饼。每个金饼250克，成色达到了99.9%。他希望宣帝诏令让他进宗庙，为此他宁愿把毕生的财富献给列祖列宗。但是一直到他去世，他都没能如愿以偿。刘贺看不到自己的未来，在海昏侯任上第四年，抑郁而终。

刘贺给今天的人们留下什么印象呢？正史记载，他荒淫昏乱，不尊礼法。在位27天，下了1127道诏书，是一个很荒唐的皇帝。野史里说，刘贺在位27天就干了1127件坏事。这怎么可能呢？从墓里出土的文物分析，刘贺展现的竟然是多面多样的形象。

首先，他非常富有。墓里出土的金器，专家测算文物价值超过10亿元人民币。那些金饼应该是刘贺准备进宗庙行祭拜之礼所用之物，但是这个心愿一直未能达成，只好将这些金器用于陪葬。所以他的随葬品中金器之多，震惊世人。

还有那些铜钱，有十几吨重，约200万枚，相当于汉代中期国家一年的铸币量的1%，他都带进了坟墓。

从出土文物来分析，刘贺还是个书法家、音乐家、美食家、艺术家。总之，他是个多面多样的形象，不像史书里记载的那样昏庸。

为什么刘贺的形象前后相差这么大呢？我认为，刘贺的人生分为上下两个半场，上半场帝王生涯任性至极，下半场从庶民到海昏侯，渐渐变得成熟稳重。

六个不可任性

我们回顾刘贺所处的那个年代，回顾刘贺悲伤早逝，他跌宕起伏的一生对今人有什么启示呢？我在写这本书的时候提出了六个不可任性。

第一，有权不可任性。为什么今天讲要把权力关进制度的笼子里？从这段历史我们今人可以得到启示。刘贺败就败在有权任性上，尤其在最高权力位置上太任性。

第二，年轻不可任性。青葱年少的刘贺因为不能够正确地处理好改革、发展与稳定的关系，最终丢掉了皇位。

第三，有颜值不可任性。刘贺的基因很好，颜值应该很高。西汉中期，还有几个著名女子也是高颜值，比如武帝的原配夫人陈阿娇。有一个典故叫金屋藏娇，藏的就是陈阿娇。陈阿娇颜值高，很任性，她的结局是在冷宫里度过了余生。

武帝的第二个皇后卫子夫，生下了太子。卫子夫颜值也高，但不像陈阿娇那么任性，皇后做了几十年，最终因为太子任性起兵，最后兵败自杀身亡，她也因为最后关头看不清天下大势，帮助儿子，死在任性上。

最有颜值、最不任性的人是谁呢？李夫人。她的颜值最高，但是她最不任性，给后代留下了倾国倾城这么一个凄美的爱情故事，直接影响到刘贺帝王民侯的跌宕人生。

第四，有功劳不可任性。霍光是有功之人，先后辅助了三任皇帝：昭帝、废帝、宣帝，但是有功的同时也任性至极。他在辅佐宣帝的时候发生过一件事，宣帝立原配夫人许平君为皇后，霍光和他夫人霍显想推荐自己的女儿霍成君当皇后，因为宣帝立了自己的原配夫人，霍显竟然买通御医，在皇后药里下了毒，把皇后毒死了。霍光知道这件事，瞒案不报，压案不查。最后跟宣帝说，皇后之死是上天的意思，宣帝就不敢查，把这个巨大疑团深埋在心底。最后按照霍光的意思迎娶了霍成君当皇后，隐忍数年。一直到霍光死后，才下令追查当年皇后之死的真相，牵连整个霍氏家族。就在霍显准备造反推翻宣帝统治的时候，宣帝先下手为强，把霍光家族杀得干干净净。

第五，有靠山不可任性。那个年代最大的铁帽子王是霍光，但以霍光为靠山的，无论是他夫人、儿子还是侄子，下场都难逃一死。

第六，有冤屈不可任性。刘贺从帝到民冤不冤呢？冤。为什么冤呢？太任性。他能重新被启用为侯，就是从冤屈里面醒悟了、反省了，他从任性走向成熟，才能够东山再起。当然那个年代还有几个著名冤案，比如巫蛊之祸，比如宣帝原配夫人之死，因为对待冤屈的态度不同，结局完全不一样。

从刘贺的人生、刘贺所处的那段历史，我们可以得出若干启迪。

中国共产党 95 年的筑梦历程

李东朗

李东朗

中共中央党校党史教研部教授，博士生导师。主要从事中共党史方面的教学和研究。撰写《抗战不能忘却的事件》，主编《长征全史》《影响二十世纪中国的十件大事》等 8 部著作。在《中共党史研究》《当代中国史研究》《党建研究》等刊物发表论文 100 多篇。

中国共产党成立 95 周年了，这 95 周年是引导中国发生巨大变化的历史。我从事中共党史教学和研究 30 多年了，有一些历史知识的积累，也有一些历史认识。我今天想就中国共产党 95 年的峥嵘历程、奋斗过程，就如何实现它的政治目标，如何履行它的历史使命，其中一些重要的关系问题，和大家进行交流。

关于中国共产党成立的历史必然性、必要性及其历史使命。

回顾中国共产党这 95 年的历史，首先应了解中国共产党为什么成立？它的政治追求是什么？它成立的历史必然性、必要性是什么？

我先讲中国共产党的成立和它的历史使命。

中华民族曾长期走在世界历史发展的前沿，但在近代中国落伍了。中国近代以来的历史是充满屈辱的、被帝国主义国家欺凌的历史，是国家主权沦丧、人民备受压迫和剥削的悲惨历史。

毛泽东对此有一个总结性的分析。他说，帝国主义欺负我们落后。侵略中国的是帝国主义国家、资本主义国家，是工业化的国家，而中国是一个落后的农业国。

近代中国落伍、备受欺凌，还有一个重要原因是中国的涣散，一盘散沙，四分五裂。用今天的话说，就是近代中国的国家治理水平、治理能力太差，没有形成国家凝聚力、向心力，因此在外敌入侵时老是打败仗。

仔细分析就会发现，第一次鸦片战争中，英国军队漂洋过海，只是派了几千人到中国，虽然有枪炮，但是当时这些武器的性能还是受很大限制的，结果却是几千人的英国军队就打败了中国，强迫当时的清政府签订了丧权辱国的协议，使中国开始变成半殖民地半封建的国家。除了中国落后、没有实现工业化之外，一个很大的问题就是清政府的腐败统治。清政府的军队，打仗没有人民群众的配合，没有形成国家整体实力。

八国联军侵略中国，中国被迫签订了辛丑条约，当时中国 4.5 亿人口，相当于每个中国人要赔 1 两白银。

严酷的现实，摆在中国人民面前。摆脱危机和沉沦、实现中华民族复兴是近代中国历史给定的主题，是中华民族复兴的必由之路。但在历史演变的过程中，清政府没有完成这个任务，不仅没有使中国走向复兴，而是每况愈下，情况越来越糟糕。辛亥革命推翻了清政府的统治，结束了封建皇帝统治中国的制度。但是，北洋军阀上台以后，胡作非为，国家危机依旧，衰败不堪。时人的一句诗形容辛亥革命付出代价之后，并没有获得想要的结果："无量头颅无量血，可怜换得假共和。"在这种情况下，早期的中国共产党人目睹帝国主义的疯狂侵略和横行霸道，目睹国运衰落，看到人民的深重苦难，从苏联十月革命的历史巨变中，接受和学习马克思主义，然后奋起成立了中国共产党。

中国共产党创始者成立这一政党的目的，从一开始就非常明确，就是复兴中国，彻底地改造和改变落后的、黑暗的中国。毛泽东提出一个很响亮的口号——"改造中国"，即结束当时衰败、落后、黑暗的中国，建设一个新中国。中国共产党成立之后明确宣布，它要在中国建设社会主义，使中华民族走向世界民族阵营。这就是中国共产党成立的历史缘由，是中国共产党的远大理想和奋斗目标，这就是中国共产党的中国梦。

历史地看，中国共产党是适应中华民族伟大复兴的需求而诞生的，是为了使中华民族走向复兴而应运而生的。

中国共产党明确宣示：要引领中华民族走向复兴，这是它的奋斗目标和历史使命。具体而言，中国共产党奋斗不息的政治目标就是两个：一个是国家独立、人民解放；另一个是国家富强、人民富裕。国家独立、人民解放就是要结束中国半殖民地半封建的社会，进行民主革命；国家富强、人民富裕的使命，就是要进行社会主义建设。

中国革命坚苦卓绝

中国共产党要使中华民族走向复兴，首先要完成第一个历史使命，即推翻帝国主义、封建主义和官僚资本主义的统治。在这个过程中，党面临的挑战、困难非常之多、非常之大。总体上说，困难主要存在于三个方面。一是如何进行中国革命。中国共产党成立时，只有58名党员，都是年轻人。中共"一大"共13个代表，平均年龄28岁，基本上都是知识分子和青年学生。有北大学生，如张国焘、刘仁静，有中学教员，如董必武、陈潭秋，毛泽东当时相当于小学校长。他们明确认识到中国需要革命，但不清楚如何革命。毛泽东后来讲，当年知道要革命，但是如何革命？怎么进行革命？先革什么？后革什么？不甚了了。不甚了了，就是基本不清楚，认识非常有限。同时，中国特色的国情决定了中国革命是极其复杂、极其艰难的。因此，中国共产党在革命过程中，出现了一些错误，比如一次革命，二次革命，三次"左"倾等。中国共产党对中国革命是什么样的革命、应该如何进行革命，经历了极其艰苦的、曲折的甚至非常危险的探索过程。二是面临强大的敌人。中国革命是革帝国主义的命，革封建主义的命，革官僚资本主义的命。而帝国主义、封建主义和官僚资本主义是一个强大敌人，它们互相勾结，形成盘根错节的反革命联盟，疯狂地镇压革命，镇压和屠杀共产党人。中共一大召开时，就曾经受到外国巡捕的搜查，中国共产党从成立之日起就受到当时的反动派打压。在北洋军阀统治时期，共产党是不能公开活动的。国民党对共产党的仇恨和打压更其，达到无所不用其极的程度，蒋介石对共产党的方针是四个字，叫"根绝净尽"。所以中国共产党要与远比自己强大许多的敌人进行殊死的搏斗，要经过坚苦卓绝的斗争才能夺取中国革命的胜利。三是党是在极其困难的条件下进行革命的。中国共产党革命的一切都是从头做起，白手起家。党、军队的发展和根据地的建立，都是在非常险恶的历史条件下，非常困难的环境中艰苦奋斗而形成和组建的，并且是在艰苦奋斗中发展壮大的。2016 年是长征胜利 80 周年，长征是中国共产党人英勇奋斗的一个缩影。比如中央红军长途跋涉二万五千里，爬雪山、过草地，那是革命英雄主义的光辉典范。但长征是极其艰苦的，其艰苦的程度是常人不可想象和无法克服的。高山峻岭，江河险滩，长途跋涉，战斗频仍，长征是一场生与死的考验和拼搏。举个简单的事例，长征途中的一个严重的困难就是没有粮食吃。中国工农红军第四方面军过草地时，开始平均一个人每天 4 两粮食，到后来每人每天 2 两粮。而这 4 两、2 两，不是按照今天的计量标准，因为当年的秤不是 10 两制，而是 16 两制。长征途中，为了突破国民党的围追堵截，有的部队一昼夜行军 240 里，而且还要作战，这种行军速度和难度，今天的人们是完全不可想象的。所以，今天人们称赞说，长征是共产党人在奋斗中挑战和突破了生理的极限。长征是以中国共产党人的胜利告终的，它只是中国共产党在新民主主义革命 28 年奋斗史中的一个片段，是中国共产党人艰苦奋斗历程中的一个代表性事件。中国共产党领导的革命，是经历了无数艰难困苦并战胜它们的过程。

胜利完成第一个历史使命

尽管敌人强大、困难重重，但中国共产党勇往直前地为宗旨和追求而努力奋斗。

中国共产党一成立就立即投入中华民族复兴的伟大斗争。1922 年到 1923 年初，掀起了第一次工人运动高潮，发动 100 次罢工，形成第一次工人运动高潮。当时共产党员也就 300 人左右，共产党人的革命能量通过工人运动充分地展现出来。

在斗争实践中，中国共产党人认识到，仅靠工人阶级和共产党人难以战胜强大的敌人，于是跟孙中山领导的国民党进行第一次合作，创办黄埔军校，组建国民革命军，突出军队的政治工作，开展工农运动，进行北伐战争。很快把革命从珠江流域推进到长江流域，推进到西北、华北，形成一个全国规模的国民革命高潮。

1924 年到 1927 年的第一次国共合作，政治基础是孙中山的新三民主义，就是联俄联共，扶助工农，推进国民革命，实现反帝反封建，因此革命斗争不断向前发展。这场革命遍布全国，声势浩大，因此称之为"大革命"。但是，1927 年，蒋介石、汪精卫背叛革命，以屠杀共产党人的方式和中国共产党决裂。在中国革命的关键时刻，中国共产党人选择了继续革命，要独力完成反帝反封建革命，实现国家独立、人民解放。

八七会议确定了武装反抗国民党反动派、发动人民群众进行土地革命的方针。从 1927 年到 1937 年，是十年土地革命战争时期。经过全党的努力，30 年代初，曾经有 30 万红军、30 万党员，形成一个大好的革命局面。但是在如何革命的问题上，党内出现了三次"左"倾错误，特别是以王明为代表的第三次"左"倾错误的领导，导致第五次反围剿失败，使中国共产党遭受了第二次严重的失败。结果，从 1934 年 10 月起，南方主力红军实施战略性转移，进行长征。

在一般情况下，这次严重失败可能导致党的整个失败。但是在长征过程中，中共中央在贵州遵义召开了政治局扩大会议，结束了"左"倾路线的错误统治，确立了以毛泽东为代表的正确领导。遵义会议标志着中国共产党走向成熟，是中国革命的一个重大转折点，所以要了解中国共产党的历史、中国现代历史，一定要明确遵义会议的意义。

党的成熟有许多标志，核心就是领导核心的成熟。遵义会议确立了以毛泽东为代表的正确领导，扭转了第五次反围剿失败的严重危险局面，引导取得了长征胜利，实行了政治路线转变，提出了抗日的民族统一战线的方针。之后把对待国民党的方针由抗日反蒋，调整到逼蒋抗日、联蒋抗日，实现了第二次国共合作。我们一定要看到第二次国共合作对中国现代历史演变的巨大作用。

1931 年 9 月 18 日，日本帝国主义制造事端，侵略东北，由于国民党当局的不抵抗主义，日本侵占东北，建立了伪"满洲国"。1935 年发动华北事变，想把华北变成第二个"满洲国"。中华民族遭遇了空前的危机。执政的国民党在很长时间里，以镇压共产党的力量作为方针，而对日本侵略一步步妥协退让。日本帝国主义由此得寸进尺，侵略步伐更加猖狂。1937 年卢沟桥事变，日本发动了灭亡中国的侵略战争。卢沟桥事变后，为什么中华民族实现了抗日呢？一个核心问题就是，国内情况变了，中国共产党逼蒋抗日、联蒋抗日，推动国共实现了第二次合作。这是中国共产党为中华民族做出的重大贡献。

2015 年抗战胜利 70 周年，台湾国民党的一个重要领导人郝柏村到了北京，他到卢沟桥抗日战争纪念馆参观时强调说，中国共产党当年在第二次国共合作时向国民党做出了四项保证。究竟有没有？确实有四项保证。但当年中国共产党向国民党提出的是五项要求、四项保证，如果能满足了五项要求，就给予四项保证。五项要求是，停止内战，抗日救国，政治民主，改善人民生活，凝聚全国人民力量抗日。

在这个前提下，中国共产党有四项保证，即实行停止武力推翻国民党政府的方针；工农政府改名为中华民国特区政府，红军改名为国民革命军；特区实行彻底民主制度；停止没收地主土地的政策，坚决执行抗日统一战线的共同纲领。中国共产党在提出四项保证的时候，有五项要求。同时，应该看到，中国共产党的四项保证是为了实现抗日而对国民党做的重大让步。

八年抗战，坚苦卓绝，中华民族为了民族统一，为了国家尊严，与日本帝国主义进行了殊死的搏斗，中国共产党为此作出了巨大贡献。

首先就是推进全国实现抗日，没有这一点，谈何抗日？

其次，中国共产党发动了抗日游击战。网上有人说，这是小打小闹，但是恰好这个游击战是击溃日本帝国主义的重要手段。日本侵略中国的战略是速战速决，因为日本是岛国，战略储备很有限，持久战于他们不利。游击战的巨大威力就是坚持持久战，大量消灭和消耗敌人。给大家举个例子，前几年有一部电影叫《血战台儿庄》，反映的是国民党正面战场在台儿庄地区消灭日军1万多人。而八路军开辟的华北抗日根据地有400多个县。当时规定，1个县一天消灭1个日本兵，那么一个月就消灭日军12000人。这样的战果，就充分体现了游击战的巨大力量。

日本人的战史表述，日本十几个精锐师团的重兵被牵制在华北地区。而日本在华北的主要敌人是谁？就是共产党和八路军。

抗日战争是一场力量非常悬殊的战争，要战胜强大的凶恶的日本帝国主义，必须有正确的治敌之策。中国共产党提出全面抗战的路线、持久战的战略方针、游击战的战术等一系列抗日方案，并用行动使之充分发挥效力，对于抗日战争的发展、持续和胜利起着决定性的作用；对鼓舞全国人民抗日斗志起着巨大的精神上的效果。八年抗战，中华民族付出沉重代价，终于取得完全的胜利。这是近代以来，中华民族反抗外国侵略所取得的第一次完全胜利。通过抗日战争，中国国家地位明显提高，中国成为联合国创始国和常任理事国，成为世界大国。中国共产党为抗日战争的胜利做出了巨大的贡献。

抗战胜利后，中国共产党希望通过国共合作完成新民主主义革命。用毛泽东的话说，对蒋介石实行洗脸的政策而不是砍头的政策。蒋介石脸上很脏，我们给他洗脸，即通过民主改革的方式完成新民主主义革命。但是蒋介石自以为力量强大，骨子里反共，发动了反共内战，结果是人民背弃了蒋介石和国民党，选择和支持了共产党，通过三年解放战争，共产党打败了国民党，取得了新民主主义革命的胜利。新民主主义革命的胜利就是反帝反封建革命的胜利，实现了国家独立、人民解放。中国共产党完成了中华民族近代以来第一个历史使命。

开展大规模的社会主义建设

接着中国共产党继续为完成第二个历史使命而奋斗，就是要使国家富强、人民富裕。新中国成立以后，中国共产党在巩固新政权的过程中，实现了国民经济的迅速恢复和发展。1953 年开始实行第一个五年计划，引进苏联 156 个项目，开始大规模经济建设。与此同时，教育、卫生、科技各方面全面发展。原子弹、氢弹的研制，都是在这个时候启动的。应该说取得了巨大的成就，当年中国非常落后，完全是农业国的状况，经过大规模的建设逐渐向工业化转变。

现代化是什么？就是工业化。当然我们今天可以赋予更多内容，但是在当年的认识中，所谓现代化就是工业化。新中国成立前，我们能够制造汽车吗？不能；拖拉机呢？没有；能够制造轮船吗？也不能。中国共产党领导全国人民在社会主义建设过程中，逐渐建设了一个种类齐全、初具规模的工业化基础。在经济建设过程中，党面临的挑战、困难，完成任务的艰巨性，不亚于战争年代，不亚于革命时期，甚至更加复杂。

如何实现工业化是一个非常艰巨的任务。在当年人们的认识中，工业化过程中最有效的方式就是苏联方式，就是我们今天讲的苏联模式。改革开放以来，许多人对其有不同认识。但是，苏联的计划经济促进了苏联的迅速发展，是其实现工业化、国力增强的基本途径。从30年代到50年代，世界上对苏联计划经济取得的巨大成功是一片赞扬声。新中国成立以后，我们进行社会主义建设，也是学习苏联。

历史地看，在当年国家一穷二白、国力非常差的情况下，我国迅速实现工业化，计划经济发挥了巨大作用。今天有一句话说得很响亮——社会主义国家的特点，就是集中力量办大事，集中财力、人力、物力，使国家快速发展起来。在50年代，之所以能够在很短的时间里，在一点基础也没有的情况下，能够很快打下功能比较齐全、力量比较雄厚的工业化基础，同当年共产党人选择的计划经济有密切的关系。

但是，苏联模式有它的局限性，因此中国共产党适时提出了探索中国社会主义道路的问题。1956年，毛泽东发表《论十大关系》和《关于正确处理人民内部矛盾的问题》，中共八大就此做出决议。这就开启了中国特色的社会主义建设道路的探索，并且取得了重大的成果。但在这个探索过程中，出现了两次重大失误：一是"大跃进"，二是"文化大革命"。

"大跃进"的失误造成重大损失，很重要的原因就是急于求成。国家落后，国际形势又很严峻，美国封锁中国，国民党蒋介石强调反攻大陆。在这种情况下，党的领导人和全国人民希望迅速地发展强大起来，实现工业化，结果出问题了。这是惨痛教训，但是我们要看到，急于求成是中国固有的传统文化长期存在的问题。"大跃进"急于求成，结果失败了。

今天在一些地方、一些部门、一些人的思维中，急于求成的思想仍然很浓烈。这些年，过一段时间就会出现经济过热的问题，于是调整。为什么？还是急于求成。一些研究者希望迅速向上发展，急于求成，于是出现剽窃、抄袭、作假等问题。一些商人为了谋利和迅速地发展，以次充好、假冒伪劣、坑蒙拐骗。在发展过程中，一定要注意克服中国文化中留存的急于求成的意识。

"文化大革命"是一个更严重的失误。发动"文革"的动机是"反修防修",但是认识发生了偏差,造成了严重后果。

尽管有这些失误,但从中国的发展讲,1949 年到 1978 年这 20 多年的变化是巨大的。我们国家的政治制度、经济建设为后来的发展奠定了基础。习近平总书记就此指出,这个时期的建设为我们后来的发展奠定了政治基础、经济基础、社会基础。

新中国在抗美援朝战争中,打败了当时世界上头号帝国主义国家——美国,极大提升了我们国家的大国地位。

我想和大家强调,有人总是看到中国社会建设过程中出现的问题,而忽略这些年建设的成就,以及对后来发展的深远影响,这样的认识是偏颇的。比如经过新中国成立之后 20 多年的建设,我国成为一个有核国家,卫星上了天。没有这些,中国的世界大国地位从何而来?我还想和大家强调:在发展过程中,一定有一个探索的过程,有一个艰苦奋斗的过程,有一个积少成多、从量变到质变的发展过程。1949 年至 1978 年,恰好是中国社会主义建设的这个过程。

改革开放 38 年的巨大历史变迁

中国社会主义建设的更大发展就是第三个时期,即 1978 年到现在的近 38 年。如果我们要寻求中国从"文革"结束到迄今的一个关键词,恐怕大家不约而同地会说,最大特点就是"改革开放"。改革开放的起点就是十一届三中全会,在结束和纠正"文革"错误的基础上,确立了实事求是的思想路线,以邓小平为核心的正确领导,开始确立以经济建设为中心,同时大规模地纠正"文革"中的冤假错案,由此极大地振奋了人心。

改革是对党、国内政治、经济方面的系列改革;开放是对外开放,把中国融入世界之中,吸纳外国的资金、技术、经验来建设社会主义。从 80 年代初,最早建立四个特区,深圳、珠海、汕头、厦门。

深圳是改革开放的典范。1985 年，开放 14 个沿海城市，1987 年，上海、海南开发，进行大规模的经济建设。

通过改革开放把中国的活力、人民的活力充分地调动起来，由此形成了空前规模的社会主义建设新时期，引发国家、人民、社会巨大变化。比如人民生活得到显著的改善和提升，改革开放初期，国内人均 GDP 230 多元，2015 年是 5 万多元。我们从中低收入国家进入中等偏上收入国家。

人民生活是怎么改善的？我举个小例子和大家交流：60 年代结婚的"三大件"是箱子、脸盆、镜子；70 年代的"三大件"是自行车、手表、收音机；80 年代是电视、冰箱、洗衣机；90 年代是电话、电脑、空调。今天结婚的"三大件"是：汽车、房子、保险或者存款。

巨大的历史变迁，说明这 38 年的发展是一个历史性的跨越。过去人们从小说中看到的西方国家达官贵人的生活，现在变成了许多普通中国人的生活，比如住楼房、开汽车、出国旅游。这些过去可以想象吗？

20 世纪 30 年代有一个英国人在观察中国社会以后，对普通中国人的人生有一个非常形象的表述："中国人在贫困中出生，在贫困中生长，在贫困中劳作，在贫困中死亡。"从秦汉以来，困扰中国人的一个基本问题就是大多数人没饭吃。今天，吃饭已经不是问题了。人民生活显著改善，国家实力显著提高，有目共睹。

在许多领域，我们的发展已经超过世界平均水平，从国际政治角度讲，国家在世界上的地位，一定和实力成正比。在很长时间里，中国在世界上没有发言权，不仅对世界事务没有发言权，甚至对中国事务也没有发言权。巴黎和会就是一个典型例子，中国是第一次世界大战的战胜国，但在巴黎和会讨论中国问题时却被排斥在外，并且把中国的权益交给了日本。第二次世界大战中，中国是反法西斯同盟国，但是在战后处理许多事情上，中国也没有发言权。新中国成立以后很长时期，以美国为首的西方国家封锁中国，中国不能参与到世界事务当中，也没有发言权。今天，我国在联合国，在世界许多重大事务当中有了发言权，而且被世界许多国家所推崇。改革开放以来我们国家发展实力增强，国家的国际地位显著提升了。

中国发生的这些历史性的巨大变化足以证明，中国共产党为了完成中华民族的伟大复兴，为了实现国家富强、人民富裕的历史使命，做出了艰苦努力，取得了巨大的成功。

这些年，人民生活显著改善，国家实力显著增强，国际地位显著提升，有目共睹。在这个过程中，我们积累了很多经验，彰显了中国共产党在引领中华民族复兴中所做出的贡献、努力和指引的正确方向。所以习近平总书记讲，我们要有理论自信、道路自信、制度自信、文化自信。可以肯定，在中国共产党领导下，这条路会越走越宽广，我们的发展会越来越好，中华民族伟大复兴的中国梦会越来越接近实现。

当然也要看到，中国特色社会主义的建设，仍然面临许多挑战，任重道远。十八大以来，党中央做出四个全面的战略部署，全党要奋斗、要努力，要从历史中总结经验、吸取教训，从历史中增强信心，提升奋斗的力量、热情、凝聚力。为了中华民族的伟大复兴而更加努力奋斗，为它的实现做出最大贡献。这就是今天中国人民所期望的，也是中华民族为实现伟大复兴的历史追求所需要的。

总之，在中国共产党领导下，中华民族在伟大复兴的征程上取得了巨大的成就。中国共产党正在领导全党和全国人民为中华民族的伟大复兴全力冲刺。为此，全党、全民族需要齐心协力、群策群力，不断努力、前进，为更好的未来而奋斗。

以上就是我今天想和大家交流的。谢谢！

张骁儒 / 主编

深圳市民文化大讲堂 2016年讲座精选

下册

The Selections of
Shenzhen Civil Lecture on Culture
(2016)

社会科学文献出版社
SOCIAL SCIENCES ACADEMIC PRESS (CHINA)

〖目录〗Contents

上　册

一　文化创新

二　科学自然

六　国学养生

四

教育艺术

教育的使命

——当代社会转型中的教育理想

邴　正

邴　正

吉林大学常务副校长，吉林大学哲学社会学院教授、博士生导师。曾任吉林省社会科学院院长、吉林省社科联党组书记。长期从事哲学、社会学教学与研究，专业方向为文化哲学、发展社会学与文化社会学。发表论文300余篇，出版著作50余部。

以创新、协调、共享发展理念推动教育发展

当前社会正面临着全球化、信息化发展的挑战，中央提出了新的发展观念，就是五大发展理念，即创新、协调、绿色、开放、共享。和教育有关的，是创新、协调、共享。围绕这个题目，今天简单地和大家交流以下几个问题。

一　五大发展理念与教育的关系

十八届五中全会是我们党在全面建成小康社会决胜阶段召开的一次重要会议，会议提出了创新、协调、绿色、开放、共享的发展理念。其中创新、协调、共享和教育关系比较大，教育本身就是一种创新活动。

动物和人有什么区别呢？动物模仿能力很强，但只会学不会教。马戏团训练的那些小猴子、小狗，它们的模仿能力很强。它们的老师是谁呢？是人。动物如果要学习这些行为的话，大狗无法教会小狗这些和人相关的活动，只能由人来教。

人和动物最本质的区别和教育有关。通俗点说，动物不会开会。大家想象一下，现在正在举行奥林匹克运动会，我们的运动员拿了很多金牌，创造了很多世界纪录，要是动物召开奥林匹克运动会，人类能拿几块金牌？我认为基本上拿不到。比如游泳，咱们不是鱼的对手。我们把菲尔普斯叫"飞鱼"，如果让他跟鱼比游泳，我估计他拿不到金牌。博尔特跑得快，让他跟猎豹比试试？还有摔跤，不用说大象，就是狗熊我们都招架不了。可是为什么人类建立了动物园，而动物没建立"人园"，把人关在笼子里呢？动物缺什么？就是俩字："开会"。开会是什么行为？把个体经验变成集体经验的行为。我给大家做报告，一个多小时，是此前我的全部知识储备在做后盾。对大家来讲，如果经常听报告，你的知识会变得非常丰富，这是人类的特点。

教育就是把教师的个体经验转化为学生的普遍经验，使学生能够事半功倍。理论上，人类下一代肯定比上一代强，这样就形成人类历史的进步趋势，所以教育本身就是一个不断创新的活动。

教育也跟协调有关。我们经常说，现在社会发展不协调，有人穷，有人富，有的地区发达，有的地区落后。教育能起什么作用呢？教育可以改变人和人之间的差距，通过同样的教育条件，尽可能缩小个体之间的差距。每个大学生毕业时，就会达到一个普遍水准。当然，学生中有聪明的，也有不聪明的，个体差异永远消灭不了，但是可以使绝大多数学生达到相当水平。从学校走出去以后，他们基本上都能胜任本职工作的需要，缩小了社会差距。

教育创造公平，教育改变命运。无论你来自边远地区还是大都市，都走到了同一个课堂，通过教育，大家的差距立刻缩小。最后，可以在比较公平的起点上，参与社会活动，改变人们的命运。正因为如此，教育必须是共享的。教育是人的权利，理论上每一个社会成员都有受教育的权利，而社会有责任、有义务为每一个社会成员提供相应的教育条件。

在当前社会发展水平下，我们还普及不了大学教育。我们普及了九年制义务教育，意味着接受九年教育是每个人的权利，国家有责任、有义务投入资金，使所有适龄的受教育者接受相同水平的教育，实现社会资源、教育资源共享。

二　大力发展创新、协调、共享教育

（一）什么是创新教育？就是以培养人们创新精神和创业能力为基本价值取向的教育，其核心是着重研究与解决如何培养学生的创新意识、创新精神和创新能力。教育是传播知识的，在传播知识的同时要提高学生的能力，最重要的能力就是创新能力。中国的传统教育有一个缺点，就是死记硬背式的教育，重点放在记忆知识上，没有放在创新能力的提高上。

（二）什么是协调教育？就是城乡之间、不同区域之间、不同社会阶层之间和不同教育形式之间协调发展的教育。包括城乡协调、区域协调、阶层协调、教育形式协调。

1. 城乡协调：我国城乡教育水平是不协调的，城乡发展水平也不协调。目前，城市的人均收入是农村的 3 倍，城市公共资源要比农村丰富得多。城市有市政投资修建的发达的交通体系，有各种文化、娱乐、体育设施，而农村这些东西都缺乏。城市有很多小学、中学已经接近发达国家学校的教育条件，可是农村特别是边远山区，很多学校连个像样的教室、课桌都没有。云南有一个少数民族寨子，过去没有正常道路，学生们上学爬天梯，后来虽然修了路，但学生们还要走几个小时，连早饭都得在路上吃。

2. 区域协调：深圳就是典型。深圳的教育条件、资源比内地的中小城市发达得多，西部的很多边远地区更没有办法与其比。深圳已经接近全球发达国家发展水平，但是我国有很多区域还是非常落后的。

3. 阶层协调：改革开放后，大家对财富重视起来了，观念也在发生变化。有些人认为，既然人们挣钱多少不一样，那就应该办不同的教育，让有钱人的孩子拿更多的钱接受较好的教育。这是完全错误的，教育有很强的协调性，不应该提倡分层教育。有钱人的孩子进贵族学校，普通人的孩子进平民学校，这样社会就断裂了。家长富有，就能够为孩子创造非常好的教育条件，孩子就会受到良好教育，发展机会就多。贫穷人家的孩子由于不能接受良好教育，他参与社会竞争的能力就低，最终导致富的越富，穷的越穷。怎么改变这个现象？一定要通过教育，让那些收入低的人有机会可以接受良好教育。

4. 教育形式协调：教育形式是多样的，有基础教育、高等教育、成人教育、特种教育。现在的教育形式有点问题，比如中专基本萎缩了，都升格为大专，大专都升格为大学，学院都改成大学了。校名现在很混乱了，重复率极高，遍地理工科技，个性不强。我们失掉了两种教育，一种是职业教育，另一种是中等专业教育。这两种教育非常重要。大家都知道，德国的职业教育非常发达，德国工艺世界一流，精密仪器在世界上极具竞争力。他们为什么能够做到这样？因为他们有发达的职业教育体系，学生动手能力极强。我们现在希望自己的孩子考硕士、考博士，其实不一定对。博士是干什么的？博士是从事专业教学和研究的。不是所有人都需要读博士，大多数人应该学习操作。我国现在大学普及了，通过扩招，高考300多分都能读大学。很多大学教法基本一样，君子动口不动手，教的都是真理、知识，动手的技能没人教，造成高级技工稀缺。工艺水平上不去，就会永远是中国制造，而不是中国创造。没有合格的技术工人，精密的仪器就造不出来。人们看不起职业教育，看不起中等专业教育，把它们都升格为大学了。法学专业，大学基本都有，现在是最难就业的。什么原因？重复，没特色。全国所有大学基本都有计算机系，导致计算机专业人才拥挤，培养的学生都准备搞设计、研发，我们的社会需要这么多设计者、研发者吗？所以教育结构要协调。

（三）什么是共享教育？就是指全体社会成员共享教育福利、教育机会和教育成果的教育，包括福利共享、机会共享。

1. 什么叫福利共享？社会教育是有福利的。改革开放 30 多年，医疗、住房、教育这几大改革，社会上争议很大。焦点在哪里？首先在福利问题上。有些人片面地理解教育改革、医疗改革和住房改革，认为改革的主要目的是把福利改掉，让大家自己拿钱看病、买房子，这种思想是非常错误的。教育、住房、医疗都包含着社会福利，社会有义务在这几个领域进行足够投入。医院要救死扶伤，对没钱看病的人也要救他的命，因此医疗就有很大的福利性。教育也是如此，"教育商品化、市场化"这些提法都是片面的，每个人都有得到教育福利的权利。政府必须保证对教育的投入。

2. 什么叫机会共享？就是接受教育的机会人人平等。在目前的社会发展状态下，我倒认为高考大概是我们社会比较公平的一个制度，分数上人人平等。有人说一考定终生不对，那我问几考定终生？一个人一辈子能没完没了地考试吗？给没考好的人机会，对多数人不公平。

教育有两大任务：承传与创新

承传：就是继承前人创造的文化成果。教师是传播知识的，这就是承传。

创新：就是创造新的文化成果。

承传与创新是什么关系？任何教育都是承传与创新的结合，承传是创新的基础和前提，不继承前人的成果，创新就没有根据；创新是承传的目的和结果。为什么要承传前人的成果？主要是超越它。

要发展创新教育，就要进行多方面的创新：教育观念的创新，教育制度的创新，教育能力的创新。

教育观念创新：教育到底是培养人还是培养人才？这就是教育观念问题。

教育制度创新：比如考试制度，就需要不断地探索改革。1977年恢复高考，我上了大学，后来为了更好地选拔优秀学生，又实行保送，后来又为有特长的学生加分，比如体育特长生、音乐特长生，评上三好学生也加分。后来大家意见就大了，比如，有音乐特长加分，城市的孩子基本都加了。假定这都是公平的，这些孩子音乐天分都非常高。但县城以下找不到合格钢琴教师，没有文艺团体，没有艺术学院，起点立刻就不公平了。对于农村孩子，这种加分等于不公平。2015年又把一些加分项目取消了，教育制度在不断地调整。

教育能力创新：想带出好学生，就得有好老师。老师怎么教？学生怎么学？老师的教学方法、教学水平应不断地改进。为什么深圳教育能够发展如此迅速？就是因为深圳从全国吸引过来一批优秀教师，他们的教学能力和教学水平很高。

我上大学的时候，我们班同学2/3以上来自农村，他们学习不比城市学生差。现在倒过来了，大学中农村学生比例急剧下降，为什么？教育能力问题。改革开放前，大学生国家包分配，很多北大、清华、吉大的高才生分到了县乡中学，他们认认真真地教当地农村孩子，水平不低。而现在有种虹吸现象，比方深圳有能力吸引周边的优秀教师，那粤北、粤西、粤东优秀的教师资源就会流失，县以下学校就留不住优秀教师，结果就是二流、三流的人在那里当老师，学生水平降低。

中国传统文化的教育观念是什么？孔子说有教无类，强调教育的平等性、普遍性、公平性。韩愈说，师者，传道、授业、解惑也。就是培养学生正确的、合理的人生观、价值观；授业，传授知识；解惑，解决人们心中的疑惑。

康德认为：人是唯一需要教育的存在，人之所以为人，是因为教育。自然的人和动物区别不大，在外科医生面前，我们和动物有什么区别？我们就是一堆血肉骨头。基辛说，人和动物的最大区别是动物只会学，不会教。

毛泽东强调："我们的教育方针应该使受教育者在德育、智育、体育几方面都得到发展，成为有社会主义觉悟的有文化的劳动者。"这是我们的基本教育方针，到现在也没有变，我们主张人要全面发展。

怎样理解教育的使命？可以从哲学、社会学和教育学三种角度考虑。

1. 哲学角度。教育是人发展与完善的方式与过程。教育的核心是人，人发展、完善的方式就是教育。

2. 社会学角度。教育是个人社会化与社会文化承传的主要方式。生下来的人都是自然人，怎么变成社会人？通过教育。教育可以让你学会各种社会规则。为什么存在犯罪呢？就是规矩没学好，罪犯的规矩和普通人不一样。多数人认为这种行为对大家有危险，就规定这种行为是犯罪，对罪犯的改造就叫再社会化。

3. 教育学角度。就是韩愈讲的，传道、授业、解惑。

目前，我们国家的教育方针是什么呢？十八大报告讲：努力办好人民满意的教育。教育是民族振兴和社会进步的基石。坚持教育优先发展，就要全面贯彻党的教育方针，坚持教育为社会主义现代化建设服务、为人民服务，把立德树人作为教育的根本任务，培养德智体美全面发展的社会主义建设者和接班人。马克思的全面发展观一直就是我们教育的基本理念。

下面讲有关教育观念创新的几个问题。

一　教育本质是理想主义的还是功利主义的？

教育的目的是什么？一是培养人，二是培养人才。

按照马克思全面发展的理念，第一个提法比较全面，教育是培养人的，这叫理想主义的教育观。就是所有的人都应该接受教育，教育最终是人提升进步的唯一渠道，不通过这个渠道就没办法改造人。

教育是培养人才的，这具有功利主义特点。教育要把人培养成为具有专业能力的、社会需要的、有用的、合格的建设者和劳动者，这没有问题。但是，无论怎么教育，总有一批人不合格。如果教育以培养人才为主，难道不成才的就可以淘汰吗？从公平角度来看，理想主义的教育观是正确的。我们过去的口号是"绝不让一个阶级兄弟掉队"。学校的宗旨就是把学生培养成有用的人才，但它不是最终的宗旨，最终的宗旨是，教育是培养人的，有些人不合格，也得培养，正是因为他们不合格，才更要培养他们。

二　教育可不可以市场化？

这个争论很大。教育是商品，但属于特殊的商品。教育是可以拿钱购买的一种社会服务，当然有商品性。教育具有社会属性和商品属性，教育有公益性，公益的部分不能拿钱购买。比如义务教育，和钱没有关系，高等教育有一定的商品属性，但也不全是商品。

如果教育是商品，学生就有价格。所以不能简单地把教育看成商品，也不能简单地市场化。一个国家一个民族，得用自己的主流文化教育自己的学生，全世界都是如此。

儿童留学的最大问题就是容易"夹生"。母体文化不行，出去的时候遇到异国文化又被排斥。孩子太小，不提倡送出去，能掌握母语，又能够顺利地掌握国外先进的文化知识，这是最成功的。教育要适应市场经济，而不能说教育本身就是市场。

为什么教育本质上应该是理想主义的？因为教育使人升华，把人从自然人变成社会人；教育是承传，下一代人要继承上一代人的理想；教育是公平，它为每一个人创造发展机会；教育是创造，教育者在受教育人身上要实现自己的理想。每一个好老师都要用自己的精神感染学生，使人类文化文明薪火相传。那些优秀的教育者，包括教育大师们，对一个民族来说，他是永久性的灵魂。

三　教育的对象是精英还是大众？

现在又跑到另外一个极端上去了，有点精英主义。每个省、每个城市都有重点学校，大学也分成985、211，现在叫双一流，不断地分层。教师也是这样，分成副教授、教授，还有博导、院士等，不停地分层。人才可以分层，但是过度地分层会导致精英主义，社会权力、财富、声望、资源集中到少部分人手里，他们变成精英，就会和平民产生断裂和对立，社会容易不稳定。

教育的对象究竟应该走精英主义路线呢，还是走大众主义路线？没有精英，社会就没有骨干、核心，创造力就不强，文化也不能承传。没有大众，精英创新无法变成现实。

不能简单地把精英和大众对立起来。社会需要精英，教授的水平、能力应该比普通教师高，大学教师综合能力应该比中学教师高，为什么？大学教师要从事研究，中小学教师是从事基础教育、普及知识的，侧重点不同。

中国传统社会走的是精英路线，看文言文就知道。文化最初都是精英的，中国的方块字、文言文，不是普及性的文化，是精英专属的文化。古代书籍最初是刻在竹子上的，叫竹简。我讲一个小时的内容如果都刻在竹子上，就成了学富五车。文字一定要简洁，中国文字书面语和口语脱节。文言文有优点，高度凝练，但普通人看不懂，不经过专门训练看不懂。

《诗经》最初很口语化，像"关关雎鸠，在河之洲。窈窕淑女，君子好逑"。不用翻译，一听就懂。上古时代的人说话多大众化，非常口语。《左传》《史记》就难读了，都是之乎者也，这是因为书写困难。书面语化最后变成精英化，知识分子必须接受专门训练才能看得懂文字，因此古代教育走的是精英主义的路线。

国民党主张精英主义，蒋介石垮台前除了何应钦是日本陆军士官学校毕业，相当于中专外，剩下的内阁阁员全部是留学美欧的博士，但是精英败了。精英主义一旦脱离大众就很危险。

我们还是要坚持，教育的对象是大众。教育要培养一部分精英，但是不能专门为培养精英设立教育。那些精英是在相同的教育条件下，经过自己的努力，比其他同学又高出一筹，慢慢地变成精英。教育不能一开始就是为培养精英设计的。

如果我们有条件，应该慢慢地把那些重点泛化。教师不能只在一个学校待着，导致好学校永远是好学校，差学校永远是差学校。学生就地就近上学，不能把中小学分出三六九等。义务教育的宗旨是公平，应该尽可能让绝大多数学校实现教育均等化。我国财政体制分成中央财政和地方财政，地方财政的省、市、县又是相对独立的财政，由于地方发展水平差距大，各地的财政能力有很大区别。经济发达地区对教育可以投入较多，经济落后地区就没有办法多投入。不同地区教育经费投入差别大，在短期内不可能马上消除，除非全国统一财政。市场经济讲竞争，不可能对教育没有影响。要把握好度，讲教育平等化，一夜之间实行全国教育平均分配经费是做不到的。也不能一说有差距、有竞争，马上搞精英主义，精英主义教育是为少数人服务的教育。

结　语

我国的教育体制存在很多问题、矛盾，需要我们梳理。

由于我们发展市场经济，很多人头脑里有个模糊意识，叫泛市场化。教育要适应市场经济，教育也要有竞争，吃大锅饭的教育发展不起来。不同地区的教育之间有一定差距，要承认不同形式的教育。我们的理想是什么？是要逐渐消除这些差别。

深圳的发展就是公平的体现。改革开放前，深圳非常落后，现在变成中国最发达的城市之一，这不就是新的公平吗？但是反过来，深圳迅速地集中了全国的人力、物力、财力，经济快速发展，一下子就和内地产生了巨大差别。在广东省内，珠三角地区也比粤北、粤西发达得多，发展带来新的矛盾和不平衡。我们要在这种动态过程中追求新的平衡。

我们对教育要充满理想主义的信心，同时也要接地气，得从现实出发。

教授们也一定要接地气。现在很多大学教师，当了教授，就不给本科生上课，这也是精英化的表现。越有名气的人，越不上课。这样的大学，走的就是完全精英化的路子。教育部要求，评教授必须有本科教学量。教授一定要给本科生上课。

总之，在进入全球化、信息化的今天，中国教育面临着新的挑战，两极化倾向非常明显。发达的地方非常发达，落后的地方非常落后；一流大学经费充足、人才济济，而普通学校人才流失、经费匮乏。面对这样的现实，习近平总书记教导我们不忘初心、不忘初衷。教育者要有理想，现在做不到，不意味着将来也做不到，更不意味着现在不可以做。要逐步地缩小教育当中所存在的理想主义和功利主义、精英主义和大众主义的矛盾，要形成一个人民满意的，以整个民族的文化水平提高为目的的优质教育体制，这就是我们当前教育的使命。谢谢大家！

让孩子成为专业的语文学习者

王雪娟

王雪娟 ✐

深圳市平冈中学语文教研组组长，
深圳市中青年骨干教师，龙岗区首
批名师工作室主持人。荣获深圳市
基础教育系统首届"年度教师"、深
圳市高中语文教学大赛特等奖第一
名、广东省新课程语文课堂教学全
省第一名、中语会"中南六省年会"
课堂教学全国一等奖等多个奖项。

对孩子语文能力的培养，就是使其知识和能力在原有的基础上进
行提升。要成为专业的学习者，就是要帮助孩子提升语文学习的认
识、目的，并在方法上有相应的对策。

在此我要探讨三个问题：第一，语文学习中存在的问题；第二，
语文学习的目的；第三，语文学习的途径。

金庸小说中有一个情节很经典：张三丰教张无忌练太极剑。张三
丰问张无忌，刚才教你的招数你都忘了吗？张无忌说，没有，还记得
一小半，张三丰说不行。过了一会儿，张无忌说完全忘了。张三丰

说，好，你可以去跟人家比试了。这样一个小片段极为精彩，它其实道出了很多学习的奥妙，很多时候我们不是要记住这个一招一式，而是要懂得它的意图。知其然更要知其所以然。

我最近常思考，语文学习的流程设计真的有阶梯性吗？不同年级学生的语文能力真的不同吗？同样的内容略微改变，就既可以讲给初中生听，也可以讲给高中生听。原因在于语文学科有其特殊性，可以用三点概括。

语文学科的三个特殊性

第一，语文学科的知识体系感不强。很多学科有自己的知识网络，并具有层级性，学不完第一个阶段的知识点，就一定不能够进入第二个知识点的学习，因为会出现断层。但是语文学科不存在这样的问题。在知识构架中，这个板块没有学到，仍然可以进行下一个板块的学习，板块之间没有必然的知识逻辑联系。

第二，学科能力发展的规律不明显。不是学的时间越长，层级就越高，语文成绩就一定优于层级低的学生，这一点通过很多实例可以证明。

第三，语文学习方法指导性不强。问语文老师，怎么样才可以学好语文？大家一定会说多读、多写、多说，这很有道理，但是从专业角度看，这是有道理的废话。多读，读到什么层面、什么范围？多写，写多少，写什么内容，什么时候才可以从量变达到质变？多说就是要多交流。对于语文老师来说，应付提问的这几句话，恰恰暴露了我们对于语文学习的指导很不专业。

语文学科本身的特点和目前存在的问题导致学生盲目学习，一个月不上课，成绩也不一定会比别的同学差。别的学科做题目训练，有层级地推进，而语文学科推进感不明显。家长会发现，在老师指点之下，所有学科学生都可以有进步，唯独语文学科，在指导方面处在一种无为状态。

语文学习存在的问题

孩子进入社会以后，口语表达、文书写作是其综合素养之中非常重要的部分。基础教育阶段不应该让孩子仅仅停留在答好中考和高考试卷的程度上，更应该教给孩子应对社会工作、生活需求的语言文字能力，这是语文学习的目的。语言学习的本质是表达。上语文课，不是在培养鉴赏家，也不是培养文学家。

语文是母语，学生都有一定的基础，这个基础可以这样来概括：一定的听说能力、简单的读写知识、不平衡的表达能力。我们把表达分成口语与书面两个层面。一个学生如果没有上大学中文系，没有好好学习大学语文课程，他的语文学习就到高中阶段为止了。他高中阶段所具备的语文能力其实就是他的基本的语文能力。如果语文教育出了问题，学生的语文学习出了问题，那么未来他们会遇到很多困难，原因在于他的语言能力不过关。

为了解决上述问题，语文学习绝对不应该仅限于教材上的课文。为什么要强调阅读？因为今天的学生，这种生活经验很有限。虽然现在是信息时代，学生吸收信息的途径很多，他们所掌握的知识资源远远超出他们的师长，但是不见得占有信息多，你就有思想。要看你会不会对一个事情有观点，对争议的现象有判断。思想的判断和观点的形成，就是语文学习的内容。

当一个人在公共场合讲话的时候，他突然说不出话来，就是因为他根本不知道自己要说什么，思想决定了口头表达，更不用说书面表达。

基础语文教学中做得非常不够的就是逻辑训练，包括言说的条理。这种条理呈现思考和表达的思路。逻辑学在基础教育中其实比较少引入课堂，在学生语言能力的发展链条之中，它却占有非常重要的一环。所以今天我们可以理解，为什么孩子们读了很多书，但是好像表达不好，写作也不行，好像语文能力也没有什么提升。

语言学习是活动实践性强的学习。一个人有很好的口头表达机会、言说经验，非常重要，写作当然也是如此。孩子在读书的时候，如果从来没有写过研究报告，那么他上大学最难过的第一关就一定是论文写作。今天大学老师抱怨基础教育老师，说没有教给学生实用的知识，学生进入大学之后写出来的论文都不像论文，其实就是因为他以往的写作经验中没有这样一种训练。

语文知识是语文学习的重要内容。知识包括鉴赏知识、阅读知识、写作知识，它是语文学习的一部分，而且也是专业的语文学习者不可缺少的一部分，但是切不能够将其作为课堂上的主要内容，而忽略了对于学生思维的培养、逻辑的训练和表达的尝试。

语文学习的目的与方法

专业性语文学习的目的是表达，最终落实在学生的口语表达和写作表达上。语文学习的内容是思想、逻辑、经验、知识，有了这样的目的，明确了这样的内容，最好的语文学习途径是什么呢？把想的说出来，把讲的写出来，这才是学习语文或者说锻炼语文表达能力的最佳学习途径。

著名语文教师魏书生当班主任时带两个班。据说他经常在外讲学，没有老师给他的班代课，而他班上学生的语文学习成绩并不差。他是怎么做到的？

魏书生把语文学习的所有知识分成了四大系列，22个层次，100多个知识点。从基本知识到阅读知识，从文学常识到写作知识。学生从这些角度分析课文、学习课文。这种方法的合理性就在于，他把课堂上学习的文本，变成了学生自己学习一些语言点的工具或者范本，取得了非常好的效果。

北京海淀区有一位老师，作文教学训练的方法是默写范文。在课堂上发一篇范文，给学生15分钟时间看这篇文章，之后把文章收走，让学生把这篇文章默写出来，之后再把范文发给学生对照修改，看学生漏掉了哪些很重要的段落、句子和词。只有15分钟，学生要完整默写出来百分之百是不可能的，那么学生在阅读时就首先要把握这篇文章的框架、题目、开头、思路、段落、过渡、观点、结尾等。学生记忆的首先是文章的结构，使他们在写文章的时候，能够具有一种布局谋篇的意识，通过默写这些优秀的作文，使学生无形之中储存了很多文章写作的思路。

记住了大体的思路之后，学生最先记住的语句一定是这篇文章之中最亮眼、最有道理、最关键的句子，学生能够写出来的也一定是这些关键句。这样可以使学生养成写文章设计主题句的习惯。他会知道，这篇文章里面一定要有一个概括性的总领性的句子，作为文章画龙点睛之处，至于有些细枝末节的修饰语，其实不是作文训练最为重要的。当学生把握了一篇文章的逻辑思路，越背越快，可能5分钟就可以复述出这篇文章结构的时候，他的记忆能力、构架能力，还有他对于语句的把握能力，已经非常强了。他在记忆了很多这样的句子之后，你让他构思一个很漂亮的主题句，大概也不是很难了。这种教学方法，对于学生在短时间之内提升写作水平有重要效果，当然，文本的选择要看老师的眼光。

到了高中阶段，学生读书的空间已经非常之少。学生中读完四大名著的人是不多的，因为他们很难读进去。我曾经在我的班上用了一个半月时间上《红楼梦》阅读专题课，分为五个专题。

第一个专题，讲《红楼梦》的前五回，涉及书中人物命运的总领，非常重要，先把《红楼梦》的写作缘由说清楚，这是走进这本书的第一步。

第二个专题，讲《红楼梦》里的隐喻，讲人物名字背后的隐喻，激发学生的兴趣。

第三个专题，讲宝黛钗三个主要人物，选择能够体现他们关系发展的主要章节，把握全书的主线。

第四个专题，讲几位有亮点的次要人物，比如王熙凤、晴雯等，她们在书中非常有光彩。

第五个专题，讲服饰文化、建筑文化、饮食文化等。

这几个专题调动了学生的兴趣。他们自发地看完了83版电视剧

《红楼梦》。课余他们也展开了一些讨论。最终，按照大学论文的规范，我要求他们写一篇论文，有内容提要，有关键词，要查阅大量资料，并懂得如何引用别人的作品，后面附上参考书目。

结束上面的阅读训练环节后，通过论文写作，学生语文学习的能力实实在在提高了。在一个半月里，他们阅读了文本，参考了资料，写成了论文，进行了全班展示，他们发现，之前他们根本写不出这种文章，没读过《红楼梦》，更不知道《红楼梦》里的人物性格是怎么样的。现在他们的内在发生了变化，这种输出——写作与表达真的有了质量的提升。

通过刚才的例子，我想说，当孩子上语文课的时候，老师要清楚，这篇文章只是语文学习的范本，不是语文学习的目的，它引发我们什么样的思考，我们又可以表达出什么，这才是我们使用教材的目的。

语文学习的四点内容

第一，思维训练。学生思维的培养是长期的。为什么有的学生读了那么多书，思想仍很苍白，表达观点仍然很含糊？读书跟思想之间，一定有非常紧密的关系，但这种关系不是百分之百成正比的。在形成思想和观点的过程中，泛读没有错，关键是进行主题阅读。有主题才可能有观点衍生，有思维推进，才可能有明确的学习目的。要精读，写读书笔记。读书笔记的写法不同阶段是不一样的，小学生重点在于复述情节，锻炼语言表达能力，是语言训练，说清事情的来龙去脉；高年级读书笔记，要忽略内容简介，更加注重它给了你什么启示，对你有什么影响，让你思考什么，你有没有一些怀疑，这是一种思想表达。

第二，逻辑训练。读一篇文章，要习惯性地列出一篇文章的框架，低年龄层次孩子读童话故事，框架是简单流线型的，开端、发展、高潮、结局，随着阅读文本越来越复杂，不再侧重于叙事，可能还有议论，还有抒情，就不再是流线型的思维导图，会有分支，会有收缩，会有推进，会有逆转等，能够把一个文本脉络很好地勾画出来，就是对逻辑性的非常好的训练。将来写文章，他首先会进行逻辑设计，思维既不会发散，又不会零乱，还可以归纳，形成他思维体系的内在构架。

第三，经验。无非就是有表达的场合，有写作的机会。不同的场合要求有不同的表达，日常生活中可能只是简单对话，如果是演讲，在构思主题时，带着任务进行表达，质量层次一定可以提升。

第四，知识积累。我们基础教育做得最好的就是语文知识，做得不太好的是实践运用。教师可以在课堂上分析一篇文章，让学生回答自己为什么词语用得好，使用了哪种修辞手法，然后可以让学生现场用这种修辞方法写这么一两句话，做个练习。

几个语文学习的指导实例

我举三个例子。

第一个：如何读一本书，以传记为例。

小学高年级阶段或者初中阶段，一些家长和老师会推荐阅读名人传记。传记的特点就是文字难度不大，很适合给正在形成人生观、价值观的孩子阅读。如何让这个阅读的过程变成一个语文学习的过程？首先，应该思考让孩子阅读传记的目的是什么？你希望孩子从中学到什么？从语文学习的角度看，读传记能锻炼孩子的逻辑思维吗？应该怎么阅读？这是专业的语文学习指导者应该思考的问题。

第一，读传记的时候，首先让孩子能够概括内容复述情节，进行语言重组训练。复述具有语言训练的价值。

第二，让他列出人物生平的时间轴，带他分析选材的意图，思考如何围绕观点选材。比如，有本书叫作《布衣总统孙中山》，选材跟他的政治贡献无关，专门写他的衣食住行四件事情。小中见大。

第三，让孩子说出感触最深的事件或者言论。摘抄是很简单的，重要的是，我们要明白，他为什么要摘抄这些语句，他记住没有，触发他摘抄行为的为什么是这一句而不是那一句，是因为表达更漂亮还是内在的思想震撼了他？

第四，让孩子谈谈人物性格缺陷或是人生遗憾，这是一个深层次判断力的锻炼。

第五，不妨假设，如果当时没有这个人物，这个事情不是这样发生的，接下来他可能经历什么？情景假设可以锻炼推理能力，要有道理，要有依据。

第六，开展拓展阅读，锻炼孩子的思想和判断能力。

第七，小话题写作。读完了一本传记，有了一些思考，不妨把他感触最深的写下来。

比如，从哪些细节可以看出传主的伟大之处。

如何指导孩子读一本书，就是这样一个流程。方法可以多样，标准是有助于他的深度阅读、他的思想发展、他的逻辑形成。

第二个：关于诗歌阅读与鉴赏。

中国诗歌代表了中国文学的成就，有别于其他国家的诗歌。我们的诗歌讲究音韵、结构、语言文字表达技巧。让孩子读诗，入门兴趣最重要，没有兴趣，永远无法走进诗歌的艺术天地。

然后是感知。对有一定阅读能力的人来说，仅仅停留在摘抄阶段还不够，要能体会诗歌之美。我在初中读《红楼梦》的时候，里面的诗词都跳过去，因为不懂，有一天看到一本《红楼梦诗词赏析》，忽然对诗歌有了理解，那是我一个入门兴趣级的阅读。

前两步的铺垫给学诗打下了比较好的基础，接下来进入赏析。

一些浅显的赏析，将诗歌里面可能包含的情景，幻化成故事，引起了学生的想象，让他觉得很美好，他能够产生代入感。

第四步是积累。高中教材有三个诗歌单元，从《诗经》到现代诗的兴起，要求学生制作大的知识图表，图示每个时代具有什么样的诗歌特点，有哪些代表作家、代表作、名句等，制作完这么一张图表，他们就掌握了诗歌发展进化的历史过程，积累了相关诗歌赏析知识，能够品鉴。

第三个：如何指导孩子写作文。

作文中很多假话和空话的问题，是大环境和写作套路导致的。先想清楚写作文要达到什么目的，才知道接下来怎么写。比较理想化的流程如下。

第一，在内容和形式上有明确要求。写静物观察，训练孩子说明一件事物的条理性，比如空间顺序、时间顺序和逻辑顺序，先整体再局部，先前再后。训练写人物，通过外貌描写、神态描写、动作描写、语言描写，使人物勾画更丰满更立体。还有，一定要写出人物的个性。

第二，写前分析。这是一个非常重要的阶段，也叫作写前准备。比如你想表达妈妈对你的爱，妈妈给了你什么教育，论述这种主题需要什么材料，文章如何构思。如果是记叙文除了顺序之外还有倒叙、插叙，哪种更有效果；如果是议论文，是设计直线型的还是框架型的结构，可不可以分解出分类点等。一篇作文的写作准备过程是写作能力提升的学习过程。

第三，写初稿，修改。先改大问题，再改小问题。大的问题是主题有没有集中，有没有很清晰，主题的立场有没有问题，怎么样表达主题可以更充分；再改结构，逻辑有没有问题，结构可不可以调整，段落和段落如果颠倒了，文章依然能读顺，那段落的写作一定是有问题的；接下来再改语句和用词。往往语文老师费了很大力气批阅，写了很多评语，学生看一眼，放回到抽屉里，不愿意再修改，认为是浪费时间，写作就永远停留在原地踏步的水平。

修改还包括延时修改，就是文章写完过了一个星期，过了一段时间再看，一定可以发现问题。修改的过程就是语言能力不断提升的过程。

很多人认为，一个孩子喜欢读诗，写文章文笔特别美，他就是一个语文能力很好的学生。错了。语文学习的最高境界，应该是理性而不是感性，好的内在逻辑思路的表达，在语言层面上就应当是简洁、准确，这才是日常交流所需要的。一篇好文章不仅仅在于多优美的句子，而是看意思表达得够不够清楚明白。追求简洁和准确的语言，这应该是语言学习的最终方向。

文字美当然需要。在学生低年级到初中时，是要追求语言的优美和词汇量的丰富的。因为语言学习是一个不断优化简化的过程，绚烂之极归为平淡，其实是我们语言学习的真谛。最终学会的是，能够用一个词表达的，不会用两个词，能用一句话说明白就不会用两句话，必然会有这样一个化繁为简的过程。

总之，语文学习要注意下面这样三点。

第一，语文学习强调思维逻辑和言语逻辑。因为语言不是独立的语言单位，或者句子，或者段落，或者篇章，最终一定是要求有内在的逻辑表达才能够体现语言的精准度。强调脑力的参与，包括记忆、复述、概括、想象、分析。所有这些需要脑力参与的活动在语文阅读中如果可以结合，阅读才真正有意义。

第二，强调文字简练。反复修改好一篇文章胜过写十篇文章。

第三，避免不规范用语的干扰。比如，学生吸收流行用语的能力特别快，一定要他们学会甄别什么是规范语言，语言表达一定讲求规范性、严谨性。

儿童脑发育与情商智商发展

赫荣乔

赫荣乔

中国科学院生物物理研究所研究
员，中国生物物理学会科学普及
委员会主任，国家 973 计划"人
口与健康"咨询组专家，北京市
神经科学常务理事，《生物化学
与生物物理进展》副主编。曾任
脑与认知科学国家重点实验室常
务副主任。长期从事脑发育基因
调控和脑退化机制研究。发表
SCI 论文 100 余篇。

儿童的发育成长包括三个方面，首先是体格发育，然后是智力发
展。智力的发展需要启迪、学习和教育。再就是心理的发展，即性格
的形成，俗话说性格决定命运。所谓智商和情商，情商的重要性不仅
仅体现在人际交流方面，还有他的坚持力、意志力，做一件事情的关
注度，都属于情商范畴。

智商、情商与大脑发育

智商与情商的发展，与大脑的发育直接相关。

从脑结构来看，脑的功能具有分区。比如边缘系统，属于古老的脑结构。从哺乳动物开始就有，食欲、动机、睡眠觉醒、记忆、情绪等都与这个系统相关，讨论青少年的冲动和逆反行为，也涉及边缘系统。

人脑分为左半脑和右半脑，左右半脑具有分工，左半脑是抽象的脑、是学术的脑，逻辑、语言、数学、天文、推理、分析主要在左半脑。右半脑是艺术的脑、创造的脑，图画、音乐、韵律、感情、想象、创造等能力在右半脑。

人脑是怎么构建出来的呢？这就需要神经细胞的繁殖、分化、迁移，来构建人脑。脑内用于信息加工的细胞叫神经元，神经元由什么构成呢？它有很多像树杈一样的结构，叫树突。还有用于信息传出的结构叫轴突。类似香肠一样，一节一节的包裹轴突的结构，叫髓鞘。在神经元的周围还有胶质细胞，最早科学家认为，它们像黏合剂，把神经元黏合起来，所以称为胶质细胞。它们是神经元的保姆，清理脑内的代谢产物，给神经元提供能量，部分胶质细胞也参与信息传递等。

孩子从妈妈怀孕时到出生，主要表现为神经细胞分裂繁殖，随着神经细胞的迁移，形成脑。婴儿出生之后，髓鞘继续形成。大脑皮层的构建，首先是放射状胶质细胞搭一个脚手架，神经元顺着这个脚手架往上边爬行，逐渐形成了大脑皮层。

3 到 6 个月时，胎儿的大脑长得最快，出生时已经有 1000 亿个神经元。婴儿出生后，由于髓鞘的继续生长，脑体积增加，中国男童女童头围在 36 周时平均相差不是太显著。一个神经元可以接受来自其他 1000 个神经元的信息。除绣球神经元和神经干细胞外，脑内的神经元不再分裂繁殖，随着年龄增长神经细胞会死亡而不断减少。

神经元之间的连接可以达到 100 万亿个轴突，非常复杂，所以说我们的大脑等同于一个宇宙，是我们人类精神世界的基础。

宝宝出生时，脑体积为成人大小的 1/4，两岁时可以达到成人的 3/4，5 岁时跟成人的已经非常接近了。他们的脑功能，如学习、记忆、动作的控制等，已经逐渐趋向成熟。

关于儿童早期的发展变化。婴儿 3 个月的时候，大脑皮层可以主动控制眼部和头部动作；5 到 6 个月时，可以整合视觉以及手部动作。1 岁时，视觉已经可以与运动有部分协调，即看到哪儿，动到哪儿。一岁半到两岁的时候，视觉与动作可以同步，手指到哪儿，可以看到哪儿。

8 到 12 个月的孩子，看动画片能够伸手指向电视，比如电视上面出现一个苹果，他就可以伸手到电视后面取苹果，这样的孩子智力发育完全正常。6 到 8 个月是孩子牙牙学语的阶段，一岁半到两岁能够理解和表达可判断的词语和不完整的句子。如果说一句话说不完整，在这个阶段完全正常；3 岁到 5 岁，孩子已经能够掌握部分语言的规则，能够把话语说得比较清楚。孩子 5 岁时，唱歌可以不跑调。

动机和控制力的发育。8 个月到一岁半、两岁的时候，孩子出现自我评价。能够通过不同的步骤完成一件事，这样的孩子的动机和控制力很强。到了 3 岁，如果这个孩子可以坚持完成一件事，这样的孩子就很出色。

情感发育。婴儿 1～3 个月接触外部世界，7～9 个月时主动参与，一岁半到两岁，自我概念就出现了。到了一岁半左右，孩子开始知道害羞。

一个人是否成功，50 岁之前才能下定论。如果只依据高中高考阶段的表现评判，为时过早。儿童行为的发展是有章可循的，只要你有重点地培养你的孩子，孩子在成长的不同阶段，在动作、语言、社会行为、情绪发展等各个方面的表现和特点是可以预测的。

人脑发育有三个高峰期。第一个高峰期是胎儿期，高端在母亲受孕时的 0~4 个月，这是神经细胞数量急剧增长的时候。第二个高峰期是出生后到 6 岁，高端是在 2~3 岁。第三个高峰期是 12~18 岁，高端在 14~15 岁。在高端期时，孩子对新生事物、对外界的刺激很敏感。比如十四五岁的孩子特别容易成为某个歌星的粉丝，但是过了那个阶段就不会了。良性的、丰富环境的刺激，可以改变神经元之间的连接，可以促进大脑良性发展。

循序渐进、有的放矢地培养孩子

了解孩子的成长规律、做出既合理又合事宜的预期，这是每个家长应该做的事，在我们看来，孩子身上的毛病，60% 来自家长的不良习惯。比如某个孩子特别容易急躁，往往那个孩子的家长也特别容易急躁，这就是言传身教。

根据儿童脑发育的规律，当孩子开始抬头、抬胸的时候，孩子应该趴着，不应该长时间躺着。因为长时间躺着或者趴着对脑发育的影响会有不同。长时间躺着的孩子，至少运动能力方面的训练不如长时间趴着的孩子。趴着的孩子，他会被迫抬头，就会四处张望，用目光探索环境，这是一个了解和学习的过程。趴着的孩子，抬头之后就会自然爬行，他的运动能力可以相对增强。趴着的孩子，是西方社会现在流行的。但是，需要注意一条事项，要防止孩子窒息。

他在趴着的时候，可以用手触摸他双脚脚底。你一触摸，孩子就要蹬腿，就要爬行。这就比躺着养的孩子要先进行运动。趴着养的孩子，由于活动能力的加强，也可能要先站起来 1~2 周，这是非常大的差别，因为他可以先看到更多更丰富的事物。

1 岁是培养孩子安全感的时候。如果一个人没有安全感，疑心重重，很难信任别人，当然也难以被他人信任。所以安全感影响孩子一生的信赖感和幸福感。父母要给予孩子更多的安全感。刚出生不久的小猴，它有一个抓握反应，稍微有点异常，就会天生地抓住母亲腹部，这是寻求安全感的表达。孩子有了安全感，他才会勇敢地去奋斗。

两岁的孩子要培养感情。这是培养孩子幽默感不可错过的年纪。给有幽默感的孩子吃橙子，尽管孩子感觉很酸，但他依然会笑。

一个人有了幽默感，人际关系容易融洽；一个人有了幽默感可以自己从困境中走出来；一个人有了幽默感会有很多朋友。所以，两岁时要培养感情、培养幽默感，这是重点。

3 岁的孩子创造力开始萌芽。创造力来源于好奇心和活泼好动的特质，这个时候，孩子会自发地探索周围环境。这是因为他走得很稳了，可以奔跑了，走得更远了。这个时候对孩子创造力的培养千万不要错过。我们做过测验，我问一个 3 岁的孩子，如果你有翅膀你要做什么，他马上就说，我要飞向蓝天。

孩子每个阶段需要接受什么，就要重点培养什么。既然 3 岁时培养的重点是创造性，你可以在给他讲故事时，不要讲完，你问他结尾是怎么回事，让他创造。你可以在杂志上剪下一些精美的图片，让他看了之后能够自己编故事等。要经常带孩子出去走走，体验大自然。培养了创造性，他将来长大就可能有更大的机会产生新的想法，创造新的产品。所以，培养创造性不可错过。

4 岁是孩子语言表达能力飞速成长的一年。要跟孩子开展语言游戏，这个时候孩子掌握了一些语言，他爱说好动，求知欲很旺盛，要好好地培养他。这个时候他很可能做出一些出格的事来。

5 岁是培养亲子关系最关键的一年，要建立自己跟子女的亲密关系。这个时候可以重点培养孩子的爱心，人与动物之间的爱，也完全可以培养出来。

6 岁的孩子开始叛逆。孩子内心开始有矛盾，开始跟家长争论，家长说的话他未必听从，这个阶段孩子的特点是"爱与挑衅"。

7 岁开始出现抽象思维。孩子开始回避你，有时会躲着你，不搭理你。家长不要着急，因为这就是个回避的年龄，因为他开始抽象思维了，回避你这很正常。

8 岁的孩子已经有判断力。这时候孩子已经有了死亡的概念，他再也不相信圣诞老人是从烟囱里面下来给他送礼物了。如果孩子做错事之后，首先把责任推给别人，这也是孩子正常的心理过程。

9 岁的孩子变得不可琢磨。放学回家不知道把钥匙扔哪儿去了，男孩子也可能为了玩路边的垃圾桶，不惜把自己摔进垃圾桶里边……这是孩子变化莫测的年龄。

10 岁可以在一定程度上把握人际平衡了。独立、直接、无拘无束，同时也容易妥协。

11 岁的孩子紧张、质疑、探究。他们通过冲突验证自我，通过抵御来敌视外界或与他人和平相处。

12 岁的孩子能够把握人际平衡，能够接受他人，更有目的性，从幼稚向成熟逐渐转变。这时要好好地引导孩子，必要的时候要顺应孩子，但要以理服人。这个阶段，孩子们之间会相处得很好。

年轻人为什么会做出一些情绪化的行为，这是有答案的，这就是边缘系统问题。边缘系统属于人脑的旧皮层，年轻人的边缘系统发展得很快，而且先发育成熟。但是控制边缘系统的人脑新皮层尚未发育成熟。在青春期，边缘系统先发育，充满了激素，原始本能在萌动。这时控制边缘系统的前额叶发展比较慢，难以控制边缘系统的活动。所以，这时候孩子容易出现一些不符合情理、情绪化的行为。时间和家长的合理引导可以平息青春期的逆反。

13 岁出现反复。你又看到了 7 岁的他，让人想起 7 岁的他。

14 岁更加外向，喜欢与其他人进行比较，喜欢更多地探索外部世界。这个时候要告诉孩子，能看到他人优点的人，其内心充满了阳光。只有内心阳光灿烂的人，才能看到人家的优点。

15 岁可以更自省了，探究自我，包括理想、想法，以及别人的看法，有了自己的价值观。家长在这个阶段，不要随便看他的手机，不要随便翻他的笔记本，他已经逐渐走向独立，开始探究自我，他需要秘密空间和隐私。

16 岁要中考了，这个时候他更加自在、独立。他内心想独立，但经济上又不独立，家长能掌控孩子的渠道就是经济，这也是矛盾的起因。这是父母与孩子矛盾冲突比较大的一年。

根据世界卫生组织的定义，17 岁是成年人和未成年人的分界线。因此，我们的讨论暂时到此为止。谢谢大家！

故宫的世界　世界的故宫

单霁翔

单霁翔 ✏️

故宫博物院院长、中国文物学会
会长、中国建筑学会副理事长。
研究馆员、高级建筑师、注册城
市规划师。北京大学、清华大学
等高等院校兼职教授、博士生导
师。荣获美国规划协会"规划事
业杰出人物奖"、国际文物修护
学会"福布斯奖"。主要著作：
《文化遗产·思行文丛》等。发
表学术论文百余篇。

故宫走进我们的生活

参观游览故宫，通常是这样的过程：进午门以后，一直往前，看
皇帝坐过什么地方，再往前，看皇帝睡过什么地方，再看看皇帝的御
花园，最后就出神武门离开。2015 年 9 月发生了一件事，很多观众

进了午门以后，没有直接往前面走，而是往西边跑，越跑人越多，媒体报道故宫博物院出现"故宫跑"。原来大家是去参观石渠宝笈展览。

为帮助观众更好地了解石渠宝笈展览，故宫博物院组织了专家、志愿者现场讲解，观众也可以通过手机二维码扫描，了解展览的每一幅书画作品的内容。观众当时最纠结的一件事就是几点关门，面对观众的热情，故宫决定延长开放时间。

故宫博物院也在思考，一个真正对社会有益的博物馆是什么样的？如果博物馆很多区域不开放，再大的馆舍有什么用？如果绝大部分藏品都在库房睡觉，即使藏品再多有什么用？甚至博物馆也不在于拥有多少观众。一个博物馆要真正融入社会，就要走进人们的生活。博物馆的存在对于市民现实生活有什么意义？对他们有什么帮助？长期以来，我们希望故宫能够走进人们的生活。

故宫的故事：皇帝、文物、宫殿

故宫博物院的前身是紫禁城，故事非常多。长达 500 年期间，明清两代 24 个皇帝在这里居住。故宫分前朝和内廷，前朝是皇帝心目中的国，他在这里理政。而内廷就是他的家。过去，不但 1 平方公里的紫禁城，甚至周边 6.8 平方公里的皇城都是老百姓不能接近的。20世纪第一年，紫禁城一直动荡不安，一直充满各种各样的故事。

1900 年，八国联军侵入北京，德国军队骑马进入午门，在太和门广场还搞了一个列队，英国维多利亚女王死了，居然还在午门前举行过悼念仪式。

1912 年 2 月 12 日，末代皇帝溥仪在养心殿宣布退位。按照清室优待条件，他可以在内廷居住，外朝部分对外开放。武英殿、文华殿为中心的这个区域，1914 年对公众开放。这个地方作为博物馆已经有百年历史。末代皇帝在内廷，当时还有宫女和太监伴随左右；1922年，这里还举行了大婚，甚至在 1917 年，在张勋辫子兵的扶持下，在一个很短暂的期间，溥仪又重新坐上了皇帝宝座。但是实际上，紫禁城的内廷早已经失控了。当时北京鼓楼前面就是现在的地安门外大街，出现过很多古董店，很多从紫禁城里面流失出去的古物在出售，引起朝野很多议论，要求宫中清理清宫旧藏。消息传出，1923 年 6 月，故宫博物院内建福宫花园着了一场大火。很多人相信是太监偷了东西以后纵火，销毁罪证。因为建福宫花园收藏着从乾隆皇帝以来的历代皇帝珍藏。当时不但太监偷盗东西，溥仪也拿东西。他和溥杰一起，利用陪读优势，每天往外带东西。一把大火直接改变了这块土地的性质。1924 年 10 月，北京政变，冯玉祥将军把溥仪驱逐出故宫。

故宫博物院：抗战护宝

从 1924 年 11 月末代皇帝出宫，1925 年 10 月 10 日，紫禁城有了一个新名字叫"故宫博物院"。当天，在 3000 多位社会名流的见证下，故宫挂上了故宫博物院门匾。据老员工回忆，当天下午，观众离去以后，被踩掉的鞋捡起整整一大筐，说明这个地方成为公共文化设施以后，一开始就格外引人注目。

1925 年到 1928 年的上半年，不同的军阀在北平执政，始终不安定，也没有举办过展览。1928 年，北伐成功，国民政府接管故宫博物院，任命了 27 位理事，包括于右任、蔡元培、冯玉祥、蒋介石、阎锡山等，共同决定故宫博物院的重大发展事项。故宫开始进入一个短暂的平稳开放时期，也举办了一些展览，并开始清理里面的珍贵藏品。

故宫博物院至今有 6 任院长。新中国成立前有两位，即易培基先生和马衡先生。新中国成立后，有 4 任院长。1931 年，日寇侵略东北，华北告急。1932 年底，故宫理事会决定把一部分文物装箱，避敌南迁。消息传出，北平市民强烈反对，组成各种团体交涉，说这是北平的珍宝，不能运到别的地方。也有人从政治上批判，说故宫博物院重古物，不重视国土、人民，大敌当前，应该把这些古物卖掉，换军火抗日。甚至像胡适、鲁迅先生等一些社会名流也写文章反对故宫文物南迁。但是有一个人很关键，支持故宫文物南迁，这个人就是张学良，他认为北平守不住，应该尽快南迁。

1933 年 1 月，潼关失守，故宫理事会决定马上将文物搬迁。相关工作人员钉了 13491 个木箱子，将文物集中起来，1933 年的 2 月到 5 月，分 5 批夜间运输，军警押运，沿着京汉铁路辗转运到上海。这批文物在这里平稳保存了几年。为了宣传中华传统文化和抗战决心，举办过几个相关展览。还到英国办过一次故宫文物展览，规模很大，当时搭载文物的军舰穿越印度洋、地中海、大西洋，航行了 48 天。在南京修建库房以后，1936 年，在上海保存的 13491 箱故宫文物整体运到南京。不久，形势急转直下，为了保存这些文物，又开始了长达十几年的故宫文物西移，分别迁到重庆、四川、贵州。

1945 年，日本投降，国民政府开始在南京重修库房和博物馆，同时把这些文物集中到重庆、峨眉山。1947 年 6 月，故宫文物又运往南京。

运到台湾的故宫文物仅是全部的 1/20

1948 年 12 月到 1949 年 1 月，故宫南迁文物随国民党政府集中运往台湾，包括中央研究院及该院历史语言研究所的文物，13491 箱南迁文物里，运走了其中的 2972 箱，占 22%，近 80% 没来得及运走。现在在南京博物馆还留下 2211 箱，其他全部运回了北京故宫博物院。有人说，当时运走的肯定都是好的，其实当时是能装多少装多少，根本没有时间挑选，也幸亏没有来得及挑选。

在台湾的 2972 箱里装了多少件文物？装了 597556 件。其中 545000 件是文献书籍档案，而留在北平的，今天清理的结果是 1060 万件，也就是文献书籍档案运走了 1/20。其他的 5.2 万件，包括瓷器、玉器、书画。现在故宫博物院收藏的文物约 120 万件。运台文物实际上约占 1/20，原因有两个。

第一，当时从北京南迁文物，是装木箱子运走，体量大的装不进去。比如大玉山、大的青铜器，33000件武备仪仗，6200件明清家具，1500块地毯，这些都不可能装箱，都没有运走。

1933年南迁运上海。1934年故宫工作人员开始清理没有运走的文物。日本人占领北平，故宫把门关上，阻止军队进入，继续清理文物，一直到1944年，形成了一份留在北平的文物清册，上面记载着没有南迁的文物名录，共1189000件，南迁的只是体量很小的一部分。

第二，仓皇撤退没有来得及运走，文物主体仍然留在北京故宫。在日寇的占领下，故宫工作人员基本是在后方，看守人员已经没有能力保全这些古建筑。日本人在战败之前，通过华北伪政权，家家户户各个单位强行收钢铁，故宫也被迫交出100多件金属器物。

故宫是世界级博物馆

新中国成立后，毛泽东同志1954年三次视察故宫博物院。1961年，故宫成为全国重点文物保护单位，1987年，成为世界文化遗产，旅游部门称之为5A级景区，文物部门叫国家一级博物馆。其实，故宫真不是国家级博物馆，是世界级博物馆。

故宫有一个18年保护修缮计划。故宫博物院第五任院长郑欣淼先生上任第三个月，启动了一个前所未有的古建筑整体保护修缮工程，计划用18年把故宫古建筑群修缮完毕。

第一项工程是武英殿修缮。这里曾经是国家文物局文物交流中心办公的地方，修缮好了以后成为故宫书画馆。故宫西部最大的宫殿叫慈宁宫，也是国家文物局办公的地方。修好以后成为雕塑馆。被烧毁的建福宫花园也得到修复，南面的中正殿荒凉了几十年，也复建了，今天是藏传佛教文物研究中心展览和交流的场地。

文物建筑修缮是一项科学工作，要最大限度地保留历史信息，在不改变文物原状的情况下，还要传承传统工艺技术。修缮工程如今开始进入那些建筑非常密集的区域。比如东西六宫、乾隆花园。乾隆皇帝85岁准备退位之前，为自己建了一个太上皇行宫叫宁寿宫，中心就是皇极殿，同时建了一个小花园，就是乾隆花园，面积为 120 米 × 38 米，四进院落，其中前两进院落一直开放，后面两进院落从来没有开放过。亭台楼阁假山林立，工程从最后一栋非常不起眼的建筑倦勤斋开始，就是一排绿琉璃、黄剪边的房子。我们定了一个七年计划，要把两进修好，对外开放。每一道工序都要详细地记录，要公开出版修缮报告。每一件文物都要用原工艺、原材料、原技术精心修复。从墙上摘下的那些匾联牌匾，在测绘修缮以后，都要一丝一毫不差地回到原来的位置上。倦勤斋的修缮极具挑战性，地面是苏州产的金砖，梁架是紫檀的，168 块窗户上的绣品都是苏州双面绣，梁架上、窗户上镶嵌着 2640 块和田玉。黄颜色的是竹簧，过去只听说用竹簧做笔筒，没想到乾隆皇帝会用竹簧做装修。

倦勤斋里面是一个小戏台，有竹篱笆、竹亭子，一派江南风光，但是都不是真正的竹子，因为真正的竹子到北方会裂开，所以是用 64000 段金丝楠木拼接出来的。屋顶上面是一幅大型通景画，我们的专家到安徽的山里寻找当时造纸的植物，找到可以用这种植物做纸浆的传承人，经过上百次的研发实验，成功了，把画重新裱在上面。

故宫用 7 年时间对文物进行了一次最全面的清理。每件文物都要科学定名、编目，对它的历史科学艺术价值要进行阐述，还要建档，这个档案和历史的档案要吻合。比如 24 万块书版清理以后，每一块书版都编好条形码，拿出哪块书版，一扫描就知道是第几架、第几层、第几块；故宫有 1400 盏宫灯，虽然还没有完全修好，但是箱子要配套齐全，逐渐地修复；马鞍，过去都不作为文物，今天已经作为文物进行保管。清理的过程会伴随着保护条件的改善逐渐推进。

到故宫看什么

经过文物古迹的修缮，人们再到故宫博物院就可以看到不可移动文物和可移动文物的整体面貌。

不可移动文物就是古建筑群。北京有一条清晰的中轴线，从永定门到钟楼有7.8公里，这个轴线上最重要的一组建筑莫过于所谓9999间半的紫禁城的古建筑群，是世界上最大规模的宫殿建筑群，最大规模的木结构建筑群，今天经过详细的统计，有9371间。它是世界文化遗产，建筑壮美，有绚丽的彩绘，是中国古建筑的最高形式，每个空间在历史上都有独特的功用和意义。在一些历史题材的电视连续剧中，皇帝总是坐在太和殿里或者乾清宫里上早朝，但这都是戏说。明代皇帝上早朝，一般在太和门门洞前面的一块平地上；清朝皇帝上早朝，就是在乾清宫门洞里面，从来就没有舒舒服服地坐在金銮宝殿。

我国现在共有4510座博物馆，收藏了国家定级的珍贵文物401万件。国家文物分为珍贵文物和一般文物，一级、二级、三级文物统称珍贵文物。

可移动的文物，故宫有1807558件，几乎是国家珍贵文物的一半。世界各地的博物馆几乎都是金字塔形的藏品结构，塔尖是镇馆之宝，腰身是量大面广的一般文物，底层是待研究的待定级资料。故宫博物院是例外，属于倒金字塔形，珍贵文物占馆藏文物的93.2%，一般文物占6.4%，几乎件件都是珍贵文物。这些文物分231个类别，主要有绘画（如千里江山图、五牛图等），一共有53000件。法书（书法）一共有75000件，还有碑帖。历代帝王都研习书法，会广泛地收集名山大川那些田野石刻信息，在处于自然状态下的那些田野石刻信息历经千百年风化损坏以后，当年最清晰的信息仍然保留在博物馆里，有28000件碑帖，这是全世界无与伦比的，是最集中、最珍贵的纸质文物收藏。

故宫博物院是世界收藏铜器最多的博物馆，一共有16万件，也是全世界收藏带先秦铭文的青铜器最多的博物馆，一共有1670件，包括西周时代的铭文。另有11000件金银器，19000件漆器，6600件珐琅器，都是传世艺术品。玉石器是故宫藏品的骄傲，中华五千年文明，玉石器所代表的历史甚至可以上溯八千年，故宫的玉石器可以把历史链条串起来。

故宫收藏的陶器也是世界最多的，一共有 367000 件，90% 出品于景德镇官窑。故宫博物院还收藏了 18 万件织绣，还有一些鞋帽、配饰。资料显示，在苏州、杭州、江宁，三个织造局当时最多的时候有 7000 人给皇宫做织绣。

故宫有 11000 件雕刻工艺作品，13000 件其他工艺品。文房四宝、笔墨纸砚一共是 68000 件。生活用具是非常有意思的一类，就是帝后在内廷生活时使用过的东西，比如当时喝的普洱茶，还有很多中药、酒、醋。有 6200 件明清家具，还有很多儿童玩具，因为清代 10 个皇帝有 5 个继位时是未成年，所以有大量的儿童玩具。还有很多奇异的物品，比如一块炕席，2.16 米长，用象牙做的，世界上可能只有这一块象牙席。

故宫的收藏都是本国文物，外国文物并不多。因为过去我们国家没有偷过别的国家的东西，也没有抢过别的国家的东西。但 500 年来使臣纳贡，商品贸易文化交流，都汇集在这里。和美国大都会博物馆收藏的世界各地文物不同，故宫每一件文物的来路都很清楚。比如，世界上收藏西洋钟表数量最多、品质最好的博物馆并不在欧洲，而是在故宫博物院，有 2.2 万架大型西洋钟表，来自英国的最多。

宗教文物有 42000 件，其中 80% 都是藏传佛教文物，有 2.3 万尊佛造像，7000 件祭法器，还有 2000 块 18 世纪唐卡。太和殿前盛典、庆典使用的一些武备仪仗，数量也很多，达 33000 件。帝后玺印，包括皇帝的印、皇后的印，共 5060 个。其中最大的一枚由和田玉刻的印，一个人抬不动，是乾隆皇帝 85 岁准备退位时给自己刻的。

铭刻是非常重要的一类文物。有文字的文物比没文字的文物更重要。故宫有 10 面石鼓，是国宝中的国宝。故宫收藏的出土于河南安阳殷墟的甲骨达 2.3 万片，每一片还要给它定名，这项工作要耗时六年半才能完成。

还有 60 万件古籍文献，包括 20 万块书版，故宫是世界上收藏书版最多的博物馆。

故宫博物院的文物每年都在增加，现在已经有 184 万多件文物，随着征集和接受捐赠文物的工作开展，这个数字每天都有变化。如果说清宫旧藏因为种种原因在过去的年代流失，现在有一件收一件，我们希望它们能回到故宫博物院。

例如，启功先生年轻的时候在日本见过《研山铭》，极力推荐把它买回来，他说太珍贵了，价值连城，这是米芾的书法作品。米芾有很多书法作品传世，但大字只有 3 件留在世上。这一件日本人收藏了，因为日本经济不景气，经香港送到北京拍卖。谈判很艰苦，最后花了 2999 万元，对方底价是 3500 万元。北京修 1 公里地铁，耗资 8 亿元，能买 20 多个《研山铭》。启先生说，国家有钱了，什么时候都能修地铁，但是《研山铭》要是被外国博物馆买走了，就永远回不来了，博物馆不卖藏品。启先生去世以后，北师大老师整理他的日记，启功先生在拍卖当天日记中写道，《研山铭》回归祖国，大快人心。还有一句就是，有关部门买这件文物，太贵了。他身后的十几年，中国艺术品特别是书画价格翻了可不止 10 倍 8 倍，今天想收《研山铭》，没有七八亿元是绝对收不回来的。

个人捐赠艺术品给故宫不得超过 10 件

故宫接受当代艺术家捐赠，设立了比较严苛的门槛。

第一，捐赠者必须是这个行业的翘楚，就是著名艺术家，世界有名的。

第二，所捐赠的一定是代表作，不能是一般作品。

第三，无论名气多大，不得捐赠 10 件以上。因为一旦进入故宫文物藏品序列，就永远出不去了。我们希望 200 年、2000 年以后，故宫的文物藏品结构仍然是倒金字塔形，仍然是各个时期最好的艺术品，这也符合国际博协对全世界博物馆的号召，博物馆应该为其他博物馆收藏文物多留一点余地。历史上，我们曾经有过大量收购和接受捐赠的时期。一个是"扬州八怪"的作品的收藏。今天扬州博物馆只有 130 幅扬州八怪作品，整个扬州有 170 幅；故宫博物院收藏了1800 多幅。但是扬州八怪的作品在故宫基本没有机会展出来，一直沉睡着。还有一个是明四家作品的收藏。明四家都是苏州人，但是苏州博物馆今天只有7件唐伯虎的作品，6件比较好，仇英的一幅都没有。故宫收藏了220件沈周作品，180件文征明作品，125件唐伯虎作品，105件仇英作品，加起来是630件，有时候还能展出一下。故宫5.3万幅绘画，要130多年才能展出一轮。

由于故宫藏品数量巨大，世界博物馆界、联合国教科文组织把故宫重新定位为世界五大博物馆之一。哪些是世界五大博物馆？除了故宫博物院，还有英国大英博物馆、法国卢浮宫、美国大都会、俄罗斯艾尔米塔什博物馆。这五大博物馆分属联合国5个常任理事国，或者可以说，没有一个强大的博物馆是不能进入联合国常任理事国的。

把故宫带回家：保护是为了传承

今天故宫文物修缮在推进，文物藏品在修复，所以到故宫参观的观众越来越多了。

2012年，故宫观众突破1500万，成为世界上唯一一座每年要接待上千万观众的博物馆。但故宫存在7项隐患：第一，火灾；第二，盗窃；第三，震灾；第四，藏品自然损坏；第五，原状库房的隐患；第六；基础设施隐患；第七，数量不断增长的观众可能引发的踩踏等事故隐患。

这些隐患今天都在治理改造中。要保证观众有良好的体力和心情参观故宫博物院，不能追求数量，不能说接待观众越多越好，要满足群众享受文化环境的需求。为此，故宫利用互联网为观众办理预约服务。2015年6月13日，故宫发布相关规定，每天只卖8万张票，加大网上预约力度，现在每天50%甚至60%的观众都是预约的，节假日甚至70%是网上预约的，95%的观众到故宫博物院3分钟一定可以买到票，最长不会超过一刻钟，如果超过观众可以投诉。此外，加大淡季参观故宫的宣传，使得淡季不淡。再有就是票务全员实名制，杜绝黑导游、"黄牛党"。

　　针对观众满意度的调查结果，故宫做了多方改进。观众提的意见主要有两个：第一是标识不清楚。故宫改造了 450 个标识，完善自动讲解器，各国的语言、主要民族的语言、地方的方言都有。第二是休息座椅少。现在故宫增加了 1400 个座椅，每把座椅可以坐 3 人，5000 多个人可以随时坐下。

　　文物修复。最近有一部三集电视片叫《我在故宫修文物》，谈故宫人修文物的故事、精神。一批工匠、传承人正在故宫里修复这些文物，包括铜器、瓷器、木器、漆器、古琴、明清家具、挂屏、象牙制品、缂丝、钟表等。目前报考故宫博物院的文物修复岗位的人员迅速增加。2016 年招进 69 名员工，共 1.5 万人报名，可谓百里挑一。

　　这些文物修好以后，我们会举办各种各样的展览，最好的展览叫原状陈列。还有就是根据故宫藏品的特点、门类举办专题陈列。我们过去开放的面积是紫禁城的 30%，2020 年，将达到 80%，2025 年，将达到 85%。一个现代化的博物馆能开放达到 85%，很了不起。

　　扩大开放区域。2015 年故宫史无前例开放了 5 个区域，一下把开放面积从 52% 提到 65%。

　　东华门过去是书版库房，修缮好以后做古建筑馆。故宫虽然是世界最大规模的木结构建筑，但是从来没有古建筑馆，4900 件古建筑藏品没有地方展览。为让观众更好地参观，还搭了一个二层平台，登上平台以后，可以近距离观看建筑的彩绘和构造。还开放了一段城墙，共 500 多米长，从午门能够走进角楼。又开放了端门，端门在天安门后面，和天安门一样大，是故宫的数字博物馆，也是世界最好的数字博物馆。

　　明年故宫还要设置外国文物馆。

　　重视数字传播。故宫博物院有一个博物馆官网，是世界博物馆最强大的网站之一，每天网站点击率上百万次。故宫率先把全部藏品在网上公示。2014 年故宫出品系列 APP，2016 年年底，数字故宫社区正式完成，这一定是当今世界博物馆最强大的数字化平台。

　　研发文创产品。故宫建起了儿童创意体验馆，为儿童研发文化产品，供观众选购。孩子们可以在这里做手工，文创产品也作为国礼送给来宾，让更多人把故宫文化带回家。

开展社会教育。将故宫文化普及到中小学、高等院校、社区等社会各层面，让更多的人到故宫学习。2015年故宫开展社会教育28000场，名列世界博物馆前茅。故宫和台北故宫保持了非常好的合作关系，故宫还在深圳开设了"紫禁书院"。

习近平总书记说，中国人民共同享有人生出彩的机会，共同享有梦想成真。今天故宫博物院的梦想就是在大家的支持下，到2020年，紫禁城600岁生日的时候，我们能够把一个壮美的紫禁城完整地交给下一个600年。

美在博物馆

陈履生

陈履生

中国国家博物馆副馆长。兼任中
国汉画学会会长，中国美术家协
会理事，北京文艺评论家协会副
主席，中国美术家协会理论委员
会副主任，全国文物与博物馆专
业学位研究生教育指导委员会委
员，中国画学会常务理事，齐白
石艺术国际研究中心学术委员会
主任。北京大学艺术学院、中央民族大学美术学院等多所大
学客座教授。

　　中国的博物馆、美术馆有很多，但是包括博物馆、美术馆从业人
员在内，其实很多人并不了解博物馆、美术馆。

　　博物馆是什么？博物馆同当代文明的关系非常密切，它标志着社
会文明的进步与发展，连接着公众的文化需求，成为当代社会公众的
文化依赖，这就是当代博物馆、美术馆的魅力之所在。

　　在很多场合下，我特别强调，公众对于博物馆的依赖程度，是博

287

物馆存在的基础。

昨天开幕的关山月美术馆有一个非常好的重要展览，在全国来说都属于一流水平，这就是"展卷图新——20世纪50年代中国长卷中的时代图景"。如果这么好的展览，我们的市民都不去看，这个展览再好有什么意义呢？

在很长一段时间内，深圳有很多展览与公众脱节，由少数策展人操控，跟公众没有多大关系，没有存在的必要。其实博物馆与公众的联系非常重要，因为公众客观上存在这种文化需求和文化依赖。在周末休息的时候，父母带着孩子去博物馆、美术馆看看，这就是一种文化依赖。文化依赖是博物馆、美术馆培养公众的一个很重要的内容。博物馆的魅力就在于给城市设定了一个文化地标，成为城市文化的窗口。

在博物馆的实体建筑中，每件文物和艺术品都关乎历史与艺术，关乎这座城市的历史渊源。可以说，博物馆是文物和艺术品的家，是供人们瞻仰的殿堂。有了它，文物和艺术品才有了特别的尊严。我要特别解释的是，文物的尊严是通过博物馆来呈现的。

在博物馆三四百年的历史长河中，文物或者艺术品过去只是珍藏于私人家中，有了博物馆，才能为公众共享，成为公众视线中的珍宝，才附加了一种特别的尊严。

博物馆的典藏是历史累积的过程，历经几代人甚至十几代人。一个家庭也好，一个家族也好，长年累月积聚的藏品，正是博物馆生存的重要基础。

不断变换的展览，给公众提供了不同的享受内容；某个展览，甚至会成为几代人的共同记忆。今天在关山月美术馆，我又看到了关山月的《山村跃进图》，北京画院集体创作的《首都之村》，包括黎雄才先生创作的《武汉防汛图》等，我每次看到这些作品，都有新的感受。我也不断地和同道、学生、朋友分享这些经典之作特别的内容，这些作品也许会成为我们终身探寻的目标。包括我刚刚提到的这3幅画，我一直在努力探究它内在的密码，它的文化内涵以及它所关联的历史。到博物馆来，我们可以感受到一种特别的文化气息，吸引着我们不断地走近它，哪怕在这里喝一杯咖啡，或者喝一杯茶，都能体会到一种特别的味道。

考察一个博物馆的好坏，有几项指标。不一定只是看它的产品和展览，有时候可能要看它附设的咖啡厅、书店。可以肯定，世界一流的博物馆，一定有世界一流的咖啡厅，一定有这个城市最好的餐厅，而且很多博物馆都把最好的景观留给为公众服务的这种餐厅和咖啡厅。

随着时间的流逝，很多事物都会发生变化，但是在博物馆里曾经见过的许多文物和艺术品，还独处在那里。比如卢浮宫的《蒙娜丽莎》就一直放在那里，几代人都在那里观看，但几代人的收获却各不相同。

博物馆与国家的关系

只有国家的强大才有博物馆的强大，才有国家文化的强大。只有强大的博物馆才有强大的国家文化。国家博物馆作为保存和展示文明成果的公共服务机构，其国家收藏和国家文化有着紧密的关联。比如深圳博物馆，就是代表深圳市政府和深圳市人民典藏重要历史文物和艺术品的地方。世界上很多的国家博物馆中，都有着与这个国家历史和文明相关的诸多珍藏，包括独一无二的藏品。

在世界博物馆体系当中，英国牛津大学的阿什莫林博物馆历史最悠久，这座博物馆之所以能够存在几百年，是因为当年阿什莫林将私人收藏全部捐献给了国家，国家专门建了这个场馆，把他的作品摆在那里，让公众来分享，让捐献人感悟到收藏的成果。这座公共博物馆经过不断改扩建，门虽然很小，但是其内部空间以及格局、展品，在世界诸多著名博物馆中是一道独特的景观，在博物馆历史研究中具有重要意义。这座博物馆还珍藏有很多中国瓷器等中国艺术品。

我要特别讲讲埃及国家博物馆。由法国人设计的埃及国家博物馆珍藏着从古埃及法老时代到公元5、6世纪罗马统治时代的珍贵文物，总体数量不多，只有十余万件，同中国国家博物馆的136万件相比有很大差距，但是每件文物的独特性和重要性都是一般博物馆望尘莫及的。

1902年，埃及国家博物馆就已经迁入解放广场现址，从展览陈列之后就没有改变过。这座位于非洲大陆上的最大的博物馆，也是全世界国家博物馆中极少几家没有空调的博物馆，野猫甚至可以在馆中随意行走。

前几年，埃及社会动荡不安，离国家博物馆不远处的一些建筑被烧毁，博物馆受到严重冲击，至今没有恢复原样。这座博物馆有很多独特之处。最让我吃惊的是，馆长办公室居然只有15平方米左右，像是一个门房。

埃及博物馆展出的内容却令人惊叹，我们从中可以了解到古埃及悠久的历史。这座国家博物馆既没有商店，也没有餐厅，想喝一口水都找不到。每天参观的人非常少，大概只有1000人，它的场馆规模还停留在100多年前刚刚落成的基础上。

中国国家博物馆见证了20世纪中国社会发展的全过程。1912年，在民国政府教育总长蔡元培的提议下，开始筹备国立历史博物馆。6年之后，国立历史博物馆筹备处迁到故宫端门和午门之间，成为一个能够展览陈列的场所。当时很多文物和艺术品就是用最简陋的方式陈列在那里供人们观览，开馆第一天，北京万人空巷。有了国立历史博物馆的陈列，很多民众第一次走进了紫禁城，当时的盛况记载在历史中。1959年，在天安门广场东侧，人民大会堂的对面，建立了国家级的革命博物馆和历史博物馆，成为国家和城市重要的中心。

革命博物馆和历史博物馆从外观上看与人民大会堂对称，但初期，人民大会堂有17万平方米，革命博物馆和历史博物馆两个馆加起来只有7万平方米，内部是空的。早期周恩来同志说，现在天安门广场的肩膀一边高一边低，要等国家发展之后才能解决这个问题。2003年，经党中央国务院批准，原来的革命博物馆和历史博物馆合并为中国国家博物馆。2007年，经过国务院批准，国家花重金打造了一个现代化的国家博物馆，拥有建筑面积将近19.8万平方米，成为世界上最大的博物馆，同时设施功能完备，有40个展厅，每个展厅面积 1000 多平方米。中央大厅是全世界博物馆中占地面积最大的展厅,还有一个能容纳 800 人的剧院,其现代化设施能够挑战专业剧院。还配备有非常好的演播室。

可以用三句话概括中国国家博物馆的属性。第一,中华文化的祠堂和祖庙。第二,中国梦的发源地。2012 年 11 月 29 日,习近平总书记率领中共十八大产生的中央政治局常委,集体参观中国国家博物馆的复兴之路展览,并现场发表实现中国梦的重要讲话。第三,首都北京的客厅。

博物馆与文化外交

现在有很多重要的国家活动在国家博物馆举行,包括 2016 年中美高层磋商。很多活动本来跟国家博物馆没有关联,也安排在国家博物馆,因为博物馆是一个城市的重要地标。

博物馆文化同各种文化有很强的关联性,彼此融会贯通、彼此交流互鉴,有利于博物馆的整合和提升。

博物馆文化在人文科学方面有其独立的意义和价值。人文科学范围非常广泛,其中博物馆最特殊。像博物馆、图书馆、美术馆这些向公众开放的机构都有不同内容。深圳的博物馆每年也有 100 万参观者。博物馆文化是历史与艺术发展历程的综合。

博物馆文化是连接社会和公众的纽带,它的文化魅力,决定了它的社会影响和地位,影响到公众的热情和判断,关系到社会整体的文化形象。博物馆的社会影响、地位和它自身的内容有关联。很多中国游客到巴黎一定会去卢浮宫,估计这里 2/3 的游客是中国人。

博物馆文化是博物馆的核心内容,是建立博物馆学体系的主轴。博物馆人千方百计地塑造自己的博物馆文化,扩大自己的社会影响,以期望更多的公众走进博物馆。博物馆自身的文化决定了博物馆的价值、基础。

博物馆与公众

在很长时间内，中国博物馆忽视了公众问题。博物馆有一个重要的组成就是公众，没有公众参与的博物馆，也没有存在的基础和价值。博物馆因为公众参与，才能够获得更多的内容，博物馆因为公众而精彩。博物馆要千方百计地吸引公众、培养公众、引导公众，博物馆的主体是公众。博物馆与公众是相互依存的关系，博物馆所关联的公众有着不同的构成要素，比如年龄、性别、学历、兴趣、爱好、专业、业余、经常、偶尔等。这些关键词表明，博物馆要研究他们的差异性和不同要求，这成为博物馆应该努力的方向。

博物馆的建筑

美在博物馆首先是美在博物馆的建筑。博物馆的建筑是博物馆的安身立命之所，是博物馆存在的前提。没有馆舍就没有博物馆，但是不代表有了馆舍就有博物馆。博物馆的建筑不同于一般公共建筑，它有专业方面的需求和要求。

博物馆建筑从利用旧建筑到建设新建筑，反映了博物馆发展的历程。在社会发展过程当中，无论是新建一座博物馆还是改造一座博物馆，跟社会发展历程都有很大关系。现代的中国国家博物馆就是新旧结合的产物，其中三面保持了1959年建筑物的原貌。为什么保持原貌？很多人不理解，在和德国设计师讨论方案的过程中，我们坚持这个意见，就是要保留全中国人民对于天安门广场的历史记忆。如此，使得国家博物馆能够很好地维护对首都北京的历史记忆。

博物馆建筑的个性化容易造就城市地标。深圳市民广场、即将落成的当代艺术馆等建筑设计都很独特，可能成为城市地标，因此，建筑师们不遗余力地设计博物馆，希望通过建筑的形式呈现出博物馆的美。

博物馆建筑的公共空间要以人为本、以公众为核心。世界上很多博物馆都有很健全的衣帽间，而且设计得很独特。以人为本的这些具体内容，也是我们欣赏博物馆之美的重要方面。银行、商场没有衣帽间，但博物馆有。我们去银行和商场，无须把帽子摘下来，也不需要把大衣、包存起来，但博物馆不能带包，不能喝水，它有很多"不许"的内容，正是这些"不许"的内容建立了博物馆的价值观。在博物馆价值观基础上所诞生的博物馆建筑，正体现了博物馆之美。

很多博物馆建筑精心营造了特别的光影关系，有的是人工营造，有的是利用自然。柏林博物馆岛中的一些建筑，顶棚用的窗帘，外面的景象，都经过精心设计。因此，博物馆中特别的空间关系、特别的光影内容，正成为我们今天欣赏博物馆的一个重要方面。

重要博物馆介绍

有记者问我，你最喜欢哪家博物馆？这很难回答，因为很多博物馆很独特，我都很喜欢。我非常喜欢贝聿铭先生设计的日本美秀博物馆，综合考量，我最喜欢瑞典的瓦萨沉船博物馆，这是一栋全新建筑，由一条沉船打造。瑞典人建造的这座博物馆，让我非常震撼和惊叹。这座博物馆曾经是世界上最大的船，出海后不到半个小时就沉下去了，后来经过科学考古才把它打捞上来。这座博物馆有很好的内部空间关系，外形有一点像帆船，一艘大船完整地变成了一座博物馆，里面还有很多展厅。

法国历届总统离任之后，都有权建一座博物馆、美术馆或图书馆。凯布朗利博物馆是上届法国总统退休之后建造的。这座博物馆非常独特，底下是空的，规模非常大，非常漂亮。这是全世界博物馆中唯一不分展厅的博物馆，楼上楼下一气呵成，也是唯一把库房和修复室建在中央大厅的博物馆，公众一进到博物馆，就能看到几层库房，里面的工作人员在做修复工作。这家博物馆的馆长办公室、餐厅也非常漂亮，要预约才有午饭吃。在这座博物馆最上面，能够感觉到近在咫尺的埃菲尔铁塔，博物馆展厅特别设计了窗户，能看到窗外的埃菲尔铁塔，这是它特别美的地方。

荷兰博物馆之精彩大家也许想象不到。大有大的宏伟，小有小的精致。每座博物馆都可以成为一个传奇。阿姆斯特丹博物馆看起来像一个浴缸，非常之大，是新老结合的博物馆。最远处的黄颜色是梵高美术馆。梵高美术馆很小，梵高一辈子画的画数量有限，家属最后把画捐给了荷兰政府，建立了这座梵高美术馆，但藏品非常有限，油画才 300 多件。

我一生最大的遗憾就是没有办成北京梵高展。2015 年是梵高美术馆新馆改扩建工程完工的一个特殊年份。我们跟荷兰政府合作的基础很好。阿姆斯特丹和北京是友好城市，阿姆斯特丹市长到北京来，说在中国要办一个梵高展览。梵高美术馆派人考察了北京的场馆，认为在国家博物馆办展览最理想，我们也答应主办。他们提供了一个 20 件作品的目录清单给我，我一看，这个展览没法办。这 20 件梵高作品目录，既没有梵高自画像，也没有梵高的《向日葵》，更没有梵高的《星空》。他所有的代表作没有一件列入目录，办这个展览还有意义吗？他们能借给我们的资源仅此而已。

墨西哥玛雅博物馆的规模足以让我们今天都感到很震撼，这个博物馆很特别，是在玛雅人的遗址上建立的，也是悬空的。

法国蓬皮杜国家文化艺术中心 2014 年刚刚落成的博物馆非常神奇，它能够改变你对博物馆的看法。因为你想不到博物馆可以这么建设，如此的外形，非常独特。

建筑最能反映国家的文化形象，世界上很多著名博物馆跟这个国家的文化形象联系在一起。希望大家参观这些博物馆时，要把更多时间花在欣赏这些展览和欣赏博物馆的建筑上，不能只是忙于拍照。

在博物馆能不能拍照？这个问题在中国很特别。中国国家博物馆 2010 年开馆，初始的时候不能拍照，很多人攻击我们，说全世界博物馆都可以拍照，为什么中国国家博物馆不能拍照？迫于社会压力，我们就允许拍照了，但这带来很多问题。2014 年，中法建交 50 周年，我们借了法国巴黎 10 家博物馆 10 幅名画进行展览，如果有 100 件作品构成法国艺术史，这 10 件作品一定位列其中。有一个观众在前面拍照挡住后面的人，后面的人手一挥，把手机打落在画框上，还好没有打在画上。第二天，我们就宣布这个展厅不许拍照。

全世界不许拍照的博物馆最著名的是两家：一是埃及国家博物馆，二是奥赛博物馆。我认为社会公众不能过多地左右博物馆的专业行为，每个博物馆应该基于自己的专业特点决定是否允许公众拍照。

美国纽约布鲁克林博物馆是私人博物馆，完全由旧建筑改造，它在外面加了一个全新的罩子，里面改造了很多部分，这也是我们今天欣赏博物馆建筑的一些很特别的部分。英国国家肖像馆、丹麦的国家博物馆，顶棚做得非常独特，光线随时发生变化，比如美国大都会博物馆，光线照射在雕塑展品上，看上去非常美。

日本的福冈博物馆有两点很独特。第一，福冈是地震多发地区，这座体量巨大的博物馆的独特性就在于，它每根柱子下面都有一个巨大的弹簧，是活动的，地震发生时它不会倒。第二，它的大堂是少儿教育中心，里面区隔了很多小房子，有很多孩子在里面玩，有各种乐器，非常独特。博物馆就应该是这样的。中国的省级博物馆几乎都大同小异，同质化倾向非常严重，缺少世界著名博物馆那种多元化、多样性的内容。

云南博物馆很独特，跟日本福冈博物馆有相似之处，也是位于地震带上，底下有一个橡胶垫，可以保持一百年不老化。

巴西圣保罗博物馆。这是一座完全由旧建筑改造的博物馆，可以看到很多断壁残垣保存在这个博物馆中。

英国泰特博物馆的楼梯非常美。再看英国国家美术馆的扶手，做得非常精致。

美在博物馆的收藏

博物馆以丰富的收藏著名，收藏品多少、好坏，决定了这个博物馆的级别。有哪类藏品，就有可能是什么种类的博物馆，有很多省级博物馆不如改为专题博物馆，它的藏品并不能反映上下五千年文明或者整个历史发展脉络，更多可能只是体现了一些专业特色。

博物馆的展览一般有两种类型：一种是基于藏品的专题展，还有一种是临时性展览。中国的博物馆和外国的博物馆在展览方面存在差距，中国国家博物馆每年平均办40个展览，是全世界国家博物馆中数量最多的，每年和外国博物馆举办合作交流展大概4~6个，也是全世界最多的。

为什么不同？因为我们要千方百计吸引公众，我们要不断地变换展览，用新的丰富的内容吸引公众。比如世博会，上海举办过世博会，2015年米兰也举办世博会，不同之处就在于文化不同，因为米兰和达·芬奇渊源颇深，米兰有达·芬奇的《最后的晚餐》，存有大量达·芬奇遗作。围绕世博会，米兰市政府举办了迄今为止最大规模的达·芬奇画展，他们把能借到的达·芬奇画作全部借来了。

美在博物馆的教育

博物馆的教育功能是现在博物馆比较重视的问题。北京市政府提倡，中小学生每年必须参观一次国家博物馆和首都博物馆，我可以很自豪地说，在全世界博物馆中，中国国家博物馆的观众里中小学生最多。

阿根廷国家美术馆是世界上少有的有为盲人服务的专门机构和专门老师的博物馆，盲人用自己的手感悟雕塑作品的细节，伴随着老师的讲解，他们获得了很多知识。

美在博物馆的研究

博物馆很多藏品的修复、展览都离不开专家的研究，比如在意大利米兰布雷拉美术馆，就把博物馆和研究相关的修复搬到了展厅，巨大的机器不是设置在博物馆的修复室，而是在博物馆的展厅。专业人员就在展厅内做研究、修复，这也是博物馆的独特之处。

博物馆里面还可以有图书馆，意大利米兰昂布罗休美术馆里面就珍藏有上万件达·芬奇手稿。

美在博物馆的商店

现在各个博物馆都力争让观众把博物馆传播的文化信息带回家，留存一个参观博物馆的纪念，有很多博物馆都有纪念品很丰富的商店。

美在博物馆的休闲

过去常讲博物馆具有教育审美功能，很少谈到博物馆的休闲功能。在世界博物馆的发展潮流当中，休闲功能越来越得到博物馆界同人的关注。奥赛博物馆楼梯底下，一个占用空间不是很大的咖啡厅非常漂亮和有情调。阿姆斯特丹博物馆的休闲功能被开发后，让人们感受到博物馆独特的文化情怀。

我要特别介绍荷兰的电影博物馆，每年2/3的观众到这个博物馆来，不是看展览，也不是看电影，而是到这里来吃饭和喝咖啡，它面对着运河，有最好的景观，有很多阶梯，设计也很独特，是世界最大的电影博物馆，珍藏有电影资料、电影海报，涉及电影的很多内容，这座博物馆中的公众服务休闲功能也发挥到了极致。

请各位欣赏博物馆中一切的美。谢谢！

"四大名砚"与中国传统文化

陈 锋

陈 锋

武汉大学历史学院二级教授，中
国经济与社会史研究所所长，国
家人文社会科学重点研究基
地——中国传统文化研究中心副
主任，湖北省政协常委，国务院
政府特殊贡献津贴专家。兼任中
国经济史学会副会长、中国古代
经济史专业委员会主任、中国传
统文化学会副会长、中华砚文化
联合会副会长。主要著作：《清
代盐政与盐税》《清代财政政策与货币政策研究》等。

我的专业属于经济史、财政史、社会史，没有专门对砚台做过研
究，或者说研究不太深，我为什么要讲这个问题，出于三种考虑：一
是这几年我写过几篇文章在《光明日报》发表，也在《中国社会科
学报》开过专栏，写过一些关于砚台的文章。发表之后引起一些关
注，并被有些网站转载。二是现在收藏界、鉴赏界，以及有些电视台

298

的鉴宝节目，经常提到文房四宝、提到砚台，但是就我看过的几期来讲，包括一些著名专家的介绍，都有一些错误，有必要纠正。比方有专家讲，红丝砚原来是四大名砚之首，后来为什么不是四大名砚了？原因是宋以后红丝砚没有再开采和生产，资源枯竭了，明清时期就没有真品。这种说法肯定不对。作为教授、学者，我觉得有必要把历史真实情况讲出来，做一些普及性工作。三是砚台在中国文明史里，从悠远的历史长河当中慢慢地一步一步走过来，在每个时代，都和我们生活密切相关。而且砚台既有艺术性、实用性，又有收藏价值。可能砚台的话题比较小众，但是探讨这些问题或者开展相关互动，是非常有必要的。

砚的起源和发展阶段

什么是砚？西汉时期最早有解释，"砚，研也"，砚和研是通假字，和研磨有关系。东汉的说法是"石滑谓之砚"，砚的形旁是石，说明石砚是主流。什么时候才开始有砚台，学术界有不同说法，相当一部分人认为，在仰韶文化时期，也就是旧石器向新石器过渡时期就有砚台了，且有实物证明。但那时候的砚台不能单纯称之为砚台，可能就是一种研墨器，就是一块石板加一根擀面杖一样的东西，或者用石头研磨，如果说这就是砚台，那砚台的历史还要向前推，研磨器出现的时间更早。宁夏的贺兰山石刻用的颜料，就是经过研磨的，岩画出现在一万多年前。那时的研磨器，与后来我们说的砚台还不能等同。

广州博物馆收藏的一个研磨器基本上具备了砚台的性质，但还是属于砚台的初始阶段。后来出现了墨丸、墨块用来研墨，发展成后来的砚。比如汉代砚台，有凹形的。汉代是从研磨器到砚台的过渡阶段，到东汉时期，砚的性质已经基本具备。

最初的砚大多是高足，这和当时人的生活习惯有关。人们经常席地而坐，所以砚要有一定高度才好用。到了魏晋南北朝以及隋唐时期，石材已经有多种多样。随着瓷器的发展，青瓷砚在魏晋南北朝时开始出现。

唐朝是砚台发展历史上第一次成熟的阶段，或第一个高峰。砚台品种很多，像端砚、歙砚、洮河砚、红丝砚，这些砚的品种全部都有；砚台形状也非常成熟；从砚台的雕刻方面看，它具备了很多美学功能，非常漂亮。瓷质砚的出现具有标志性，一个瓷质的东西，不大可能研磨一些矿物质，它承受不住，它是用来研墨的，墨的硬度大概在1.8到2.0度左右，是适合的。

唐代出现了箕形砚，呈现簸箕形状，还有澄泥砚，故宫博物院有收藏，非常漂亮。唐代有白釉的辟雍砚，是一种瓷器砚。宋以后既有白瓷、青瓷砚台，也有其他瓷器砚台，具有很强的艺术性。

宋代是砚台发展史上的第二个高峰。宋代砚台的特点有三个。第一，石品非常多，有些著作里面说有几十种，《端溪砚谱》里写有49种样式。米芾写过一部《砚史》，列了26种。现在砚台石品有100多种。第二，有各种各样的形制，基本上奠定了砚台形制的基础。第三，砚台文献非常多，包括米芾的砚史，以及《端溪砚谱》《歙砚谱》等。

宋代砚台的形制基本上是端方平直，非常典雅，具有文人之气，线条非常简单、非常优美，这和宋代人的欣赏水平与宋代文化有关。平直砚和抄手砚是宋代砚台的主要形制，端方平直，意味着做人端方和平直。除此之外，还有两种砚台值得我们注意，一种是所谓的蝉形砚，有很明确的寓意。蝉，有高洁之气和贵气，它站在高高的树上吸吮着清澈的露水。蝉还有两个很长的触须，像古人官帽翅。蝉还有一鸣惊人之意，契合一些人自命清高，又想光宗耀祖，占有一定地位的心态。另外如荷叶形状的砚台，和清廉品质有象征关系。还有一种砚台就是所谓的行旅砚或者行囊砚，非常小，古人出差的时候（最早的出差不叫出差，叫出张，现在日语里面还是写"出张"）会带着很小的一方砚台，磨墨少磨一点，就用于写书信，另外有两个孔，可以穿绳悬挂，方便携带。

明清时期是砚台发展的第三个阶段，或第三个高峰。每个时代的器物都有不同特点，明清时期砚台的特点是由实用性向观赏性、欣赏性过渡，非常精致漂亮，吸收了好多玉雕手法，如深雕、镂空雕、浮雕、薄意雕、线雕等。砚台雕刻和雕玉不一样。石头比较脆，不太容易受刀，一不小心就可能刻崩，特别是镂空雕，线条比一根火柴棒还要细，雕刻非常困难。

当然，明朝的砚台与清朝的砚台，也有不同的地方。明砚有线条，有大气度。清代以后，特别是康雍乾三个时期，风格趋于繁复，雕刻非常细致。清宫造办处里端砚是比较少的，基本是造松花砚，端砚、歙砚基本上都在本地照造办处的纹样来造。皇帝如果要照样再刻一方砚台，雕工可以仿制，石材就不一定能找到一样的。台北"故宫博物院"收藏的砚台，和北京收藏的端砚、歙砚比，它的石材都不是很好的石材，属于中等或者中等偏上的砚台。请看以下几方砚台。

一方九桃福寿端砚，两面都雕，刻了九个桃子，没有落款，大致从形状来看，属于清代但不会早过雍正朝，因为从雍正年间开始才有九桃画法，瓷器里面画九桃到了雍正后期了，这方砚台石质也比较好，为什么没有刻款呢？刻得很满，没有留落款的地方。

一方是喜鹊梅桩端砚，寓意喜鹊登枝，喜上眉梢。雕工非常好，石品也非常好。还有一方白菜砚，白菜即百财，正反两面都有雕刻，是民间所藏砚台，石品要比故宫博物院藏的石品要好，中间还有翡翠点，而且雕刻精细，双面雕。一方茄形砚，茄子的颜色红得发紫，也是非常好的寓意，按石品来讲，应该是张之洞在两广做总督的时候开采的砚台品种。

一方歙砚的金星砚，刻了一点又像月、又像日、又像星的图案，日月星辰的感觉蕴含在里面，稍微有点雕刻，主要还是展示原来石品的形状，这种砚很多时候又不称为砚台，称为砚板，做什么用呢？写毛笔字舔笔，或放在书桌上欣赏。

典型的造办处的砚台，有叫暖砚的，是北方用的，这种砚台在冬天会结冰，下面放点热水或放点木炭，砚一直在暖，这就是暖砚。

造办处的砚台，就是所谓的"宫作砚"，不但雕工好、式样好，字也刻得漂亮。我在看清宫造办处档案的时候，看到一条史料，也算是一个小故事：雍正皇帝想刻一方私人印章，当时礼部就下了个文件，让全国刻章的雕刻大师给他刻，结果有很多人参与，最后作品送到了礼部，雍正皇帝看中了一方章，礼部官员大吃一惊，这个刻章的人名不见经传，礼部官员不知道这个人，通过调查才发现，这个人是造办处的刻字匠人，专门对砚台刻字。

台北"故宫博物院"所藏的清代造办处的砚台我看过，刻字之好难以想象。

砚史和砚谱

唐代有人写过关于砚台的文章，宋代文章更多，《砚史》是宋代书法家米芾的著作，《砚笺》《文房四谱》《云林石谱》《砚谱》《端溪砚谱》《歙州砚谱》全部是宋代的。到了明清更多了。

《西清砚谱》是乾隆年间官方编撰的钦定砚谱。里面既有拓片，又有论述性文字，是一部砚台集大成的著作。后来整理的《西清砚谱》还有照片，照片是台北"故宫博物院"实物拍照补入的。

上海商务印书馆出版的《砚说》很值得注意，这本书把历史上最重要的砚史著作和砚史资料辑录在一起，可供大家参考。

砚的种类和名砚

砚的种类，据宋代记载，最多有65种石材，有的书说40多种，米芾说25种、26种，明清时期史籍没有明确的记载。现在大概有100多种，尽管现在砚台用得很少，但是种类反而多了。我们可以介绍几种重要的。

红丝砚。红丝砚石出自山东青州黑山红丝石洞，一般称为青州红丝石。宋代苏洵在青州当知州三年，开采了两年，一共得到50多方砚台，可见当时开采难度非常之大。50多方砚台，有记载的进贡或送给朋友的有七八方。红丝砚有的是红底黄丝，有的是黄底红丝。宋代和明清时代的著作当中，都说这种红丝砚丝纹可以有几十种。红丝砚的雕工很灵活，有的砚石刻了一片树叶，就像在大风之中飘扬，又像在大海的波涛之中漂浮。砚雕师把丝纹和设计、想象有机地结合起来，使砚台既是一件实用器，也是一件艺术品，有的还刻了个南瓜和南瓜叶子。我虽然不是研究地质的，但我确认红丝石绝对不只是青州有，其他地方也应该有，我们沿矿脉，沿着地理方位考察，从青州到临沂，从临沂到泗水，结果在泗水发现了红丝石。查历史文献，没有泗水红丝砚的记载。但是历史记载中说，春秋战国时期，红丝石是作磬用石，这个直到唐宋元明清一直有记载。为什么可以做磬呢？一方面红丝很漂亮，另一方面它的硬度很高，敲之有青铜之声。

端砚。采用肇庆适合研墨的石头经过加工制成，肇庆市古称端州，故称端砚。据清代《石隐砚谈》记载："东坡云，端溪石，始出于唐武德之世。"武德为唐高祖年号，武德元年是公元 618 年，由此推算，端砚问世已有 1380 多年。1952 年，湖南长沙 705 墓出土的唐代端溪箕形砚和 1965 年广州动物公园唐墓中出土的一方唐代端溪箕形砚（现藏广州博物馆），正好印证了端砚问世的历史。

端砚以其石质细腻、滋润，发墨不损毫著称。端砚之所以名贵，除了独特石质外，还有丰富多彩、变化莫测的石品花纹（又称石品）。这些石品花纹是由于某些矿物成分的局部聚集，在端砚石中由白、青、蓝、红、褐、绿等颜色组成的各种图案，有的呈块状、有的呈斑状、有的呈花点状、有的呈线状。端砚艺人们依据这些花纹的大小、形状，分别用与自然界某些物象相似的名称命名，并巧妙地运用到端砚艺术创作中，大大提升了端砚的价值。

冻是端砚石中质地最细腻、最幼嫩、最纯净之处。根据不同的形态质感和颜色，分为鱼脑冻、浮云冻、碎冻、米仔冻、天青冻等。鱼脑冻因其形状如冻结的鱼脑而得名，其色泽是白中有黄而略带青，也有白中略带灰黄色。最佳的鱼脑冻应该是洁白、轻松如高空的晴云，其白中带淡青，或白中有微黄略带淡紫色，色泽清晰透澈，有的如棉絮，有松软感，即所谓"白如晴云，吹之欲散；松如团絮，触之欲起"。有鱼脑冻的端石，质地高洁，石质特别细腻，确如"小儿肌肤"。鱼脑冻一般为不规则圆形，四周有火捺环绕，常见于老坑、坑仔岩、麻子坑。蕉叶白，又称蕉白，是冻中的一种。它的特征是如蕉叶初展，一片娇嫩，白中略带青黄。古人对蕉叶白评价极高，赞美备至："浑成一片，净嫩如柔肌，如凝脂。"蕉叶白一般边缘较清晰，有细条纹，没有火捺环绕。石眼是一种天然生长在砚石上，有如鸟兽眼睛一样的名贵花纹。"端砚贵有眼"，因石眼的形态美，活灵可爱，所以常将其置于砚堂以外，作为装饰使用。

天青石是优质砚石中呈现蓝黑色的石品。端石中的天青较为少见难得。古人所谓"如秋雨乍晴，蔚蓝无际"是上品天青。天青是非常难得、罕见的，也是端石中十分细腻、幼嫩、滋润之处。

青花是一种难得的、十分名贵的石品花纹，青花是自然生长在砚石中呈青蓝色的微小斑点，由微粒赤铁矿和磁铁矿等矿物的细小斑点形成，一般要湿水方能显露。

火捺又称"火烙"，就是说在端砚石中有些部分出现好像用火烙过的痕迹，又如被熨斗烫焦，呈紫红微带黑色者。端石的火捺有老嫩之分，老者色泽紫中微带黑，嫩者紫中微带红。常见有胭脂火捺、马尾纹火捺、金钱火捺、猪肝冻火捺等。

歙砚。现在歙砚产地已经不在安徽省区，而在江西婺源，婺源属徽州文化圈，至于歙砚什么时候出现，现在学术界有争论，一般的看法认为和端砚一样，都是出在唐代。歙砚的品种里面也有很多，如金星、眉纹等。

洮河砚。洮河砚的砚品很少，砚台收藏家手里面有几块洮河石的砚台就不错了，很多人收藏了一辈子，一方洮河砚都没有。洮河砚到底出产于何时，研究还不够。洮河砚的石品基本上是以绿为主，发墨非常好。

唐代柳宗元《论砚》记道："蓄砚以青州为第一，绛州次之，后始端、歙、临洮。"北宋著名鉴赏家赵希鹄的《洞天青禄集》云："除端、歙二石外，惟洮河绿石，北方最贵重，绿如蓝，润如玉，发墨不减端溪下砚，然石在大河深水之底，非人力所致，得之为无价之宝。"

宋代大文豪苏轼、黄庭坚赞叹洮砚："洗之砺，发金铁，琢而泓，坚密泽"，"久闻岷石鸭头绿，可磨桂溪龙文刀，莫嫌文吏不使武，要使饱霜秋兔毫"。当代书法大师赵朴初题诗："风漪分得洮州绿，坚似青铜润如玉。"

紫金砚。紫金石也是历史上的名砚，在唐代就已经产生了。宋代书法家米芾《宝晋英光集》里面有一句话，他说我老年访得琅琊紫金石，与余家所收右军砚无异，人间第一品也，端、歙皆在其下。这句话说明，紫金砚产自琅琊，历史上是琅琊郡，琅琊郡是出书法家的地方，王羲之等都是琅琊人士。米芾说他收藏的一方砚台和晋朝人右军（王羲之）的一方砚台一模一样，可见晋朝就有这个紫金石砚了。米芾认为紫金砚是人间第一，端砚、歙砚都比不上它。

紫袍玉带砚。紫袍玉带砚在历史上非常有名，有名在它的名字好，所谓紫袍加身、玉带相缠，就是当了官，成了相当一级的高官。古人穿衣服，不同的阶级会穿不同的衣服，不同的官阶穿不同的颜色。紫袍在四品以上，相当于现在的厅级干部。所以古人对紫袍玉带砚都非常喜欢。

松花石砚。松花石砚又称松花砚，源于明朝。清朝时被御封为宫廷专用品。松花石砚是由松花石加工而成的。松花石实际上出自两个地区，一个是辽宁沈阳的桥头镇，另一个是吉林通河，这两个地方的松花石基本上是一样的，略微有差别。明代松花石是辽宁的桥头石，称为辽砚。

砚的收藏与鉴赏

一般古玩收藏应该强调"四有"，有识、有钱、有闲、有缘。有识就是有学识和见识，一方面有历史文化背景知识，另一方面有专业知识，你收藏什么就了解什么，这叫有识。只有有识了，才不至于完全风马牛不相及。

所谓有钱就是说，收集藏品一定在你的承受范围之内，收藏不见得是为了赚钱，在于欣赏，在于把玩，但是收藏毕竟有价值在里面，所以我们要考虑它的文化经济价值。但是更为重要的是我们到底有多少余钱进行收藏，必须在我们所承担的范围之内。

有闲也是这样，这种闲一是时间的闲，另一个是闲情逸致。本身收藏、把玩的东西就有一点文化品位、文化意蕴在里面，收藏并没什么大坏处，很有意思。

所谓有缘，收藏要有非常好的心态，叫得之不喜、失之不忧；天下宝物多矣，不可能都到你手里面，也不可能都被你碰见。如果碰到一件好东西没有能力购买或者没及时做决定让别人买去了，也没关系。

最后一点，砚的收藏的三个价值判断。第一，石品、原料，这很重要。收藏瓷器，如果眼光不好收藏错了，是一把土；收藏字画，如果是赝品，就是一张纸，也不能说分文不值，但是价值很小。砚台不太一样，就算收藏错了，把清代砚台看成明代的，它的石品不变，它是不可再生资源，有好的石品，价值一定在。第二，砚台的雕刻、雕工。第三，砚台承载的文化信息量。如果砚台是王羲之用过的，是乾隆皇帝用过的，传承有序，那么它的文化承载和文化信息量比一般的要大得多，这种情况下，我们有时间、有闲钱、有雅兴，有一点知识，如果能收藏一方砚台来伴随我们，我想是件非常快意的事情。

艺术品市场流通和商业中介

章利国

章利国

浙江省文史研究馆研究员。中华
美学学会会员，中国美术家协会
会员，中国文艺评论家协会书法
篆刻艺术委员会委员。主要著
作：《艺术概论新编》《中国收藏
学概论》。

艺术品市场进入亿元时代

艺术品市场、艺术品收藏正在走进我们的生活，被越来越多的人
所关注。

我是中国美术学院教授。1994 年，我开设了一门课程叫"艺术
市场学"，后来正式出版了一本书，书名也是《艺术市场学》，现在
还在增印，说明艺术品市场被很多人关注。另外，书中有一些观点可
能引起同道的同感。在今天的讲座中，我谈一些看法，求教于大家。

中国艺术品市场已经进入"亿元时代"，单件艺术品拍卖成交价超过亿元人民币的情况一再发生。2016 年 4 月 4 日，在香港保利春拍中，吴冠中先生，也就是中国美术学院前身国立艺专的老校友，他的油画作品《周庄》拍出 2.36 亿港元。

2015 年 5 月 17 日，在北京嘉德春拍当中，中国美术学院老校长潘天寿先生的《鹰石山花图》，上面画有一块石，有老鹰，有一些山花、野草，拍卖成交价将近 2.8 亿元人民币。2015 年 11 月 15 日，李可染先生，他也是中国美院的老校友，他的作品《万山红遍》也在嘉德拍卖，成交价 1.84 亿元人民币。

再往前，比较有标高意义的成交情况包括：2010 年 11 月 11 日，一件乾隆官窑花瓶拍卖成交价约折合 5.5 亿元人民币。2010 年 11 月 20 日，王羲之的草书《平安帖》在嘉德秋拍会拍卖，成交价 3.08 亿元人民币。等等。

中国艺术品市场进入"亿元时代"，应该说是水到渠成的结果，原因如下。

第一，中国经济持续发展，艺术品市场有良好的经济基础。

第二，中国文化影响力扩大了。中国艺术品在全世界范围引起人们越来越多的关注。

第三，投资因素。随着房地产调控和股市风险增大，不少投资者寻找投资方向，相当一部分资金进入艺术品市场，导致艺术品价格上升。

譬如说浙江有很多民营企业家，其中有一些人收藏规模很大。他们热爱中国传统文化，对艺术非常喜欢，甚至有人开始收藏欧洲油画、非洲木雕，资金流入加大，近几年比较明显。

第四，中国艺术品市场逐渐走向成熟。市场各个环节中介逐渐规范化。

当然，今天的亿元跟二三十年前的亿元不是一个等量级，更不用说跟五六十年前相比较了。

单件人民币过亿元的拍品放到世界艺术品市场来看，用一句业界行话，那就"还有升值空间"。比照一下西方艺术品市场的单件价格，比如说 2015 年 5 月 11 日纽约举行的佳士得特别夜场拍卖中，毕加索的作品《阿尔及尔的女人》以 1.8 亿美元成交。当然这种比照牵涉诸多因素，不属于这次讲座的论述内容。

但同时我们对艺术品市场还有一些认识误区，包括以下几种。

一是"高质高价"。艺术品市场跟艺术学、美学不是同一个概念。艺术质量、美学质量、美学品质、美学格调，无法量化，而艺术品市场在相当大的程度上要依靠商业运作。

高质未必高价。价格不太高，但作品质量不错，这种情况也很有可能出现。

二是"价高艺高"。这是跟上面反过来说，其实也不一定都符合实际情况。国画 33 厘米 × 33 厘米是一个平方尺，一些当代名画家的作品动辄 10 万 8 万，最高的一平方尺几十万元，四尺宣纸裁成三张，我们叫四尺三开，2.8 平方尺，通常认为是三平方尺，一张小画就是 120 万元。卖价这么高，艺术家本人也会沾沾自喜，以为我为什么很有名？因为我的画卖得好嘛。

三是"同学同价"。两位是美术学院同学，不见得画价一样。市场很冷酷。人家 50 万元一平方尺，你可能 5 万元甚至 5000 元不到，这都是很有可能的。

四是认同虚名，就是被虚名忽悠。当今这种情况比较普遍。不少艺术家拿出来一张名片，密密麻麻印有一大堆头衔，内行会看门道，知道哪些是真的，哪些是假的。现在自称美术学院教授、公办艺术研究院研究员的人，有许多是假的。冒充中国美术家协会会员的也不少。还有就是打着海外注册、境内活动的离岸社团的旗号，动辄冠名"中国"甚至"世界""国际"，名头大得吓人，其实就是一个幌子，自己抬自己，提高作品价格。多数人搞不清内中门道奥秘，就会被欺骗，以为高价购买的"大师"作品物有所值，其实不然。

艺术品本身有双重属性

我们常常把艺术和艺术品市场混同起来。其实艺术品市场不同于艺术，也不同于美学，它有自己本身的特质和规律。我主要就这个问题谈谈看法。

我讲这么几部分内容：第一部分，艺术品的双重属性；第二部分，艺术品的市场流通过程；第三部分，艺术商业中介的作用；第四部分，艺术商业中介的形式。

先讲第一个部分，艺术品的双重属性。

中文的"艺术"和"美术"都是外来词，由英文 Art 经日文翻译过来。它的含义是"技艺"或"技术"，与"自然造化"相对。据说，在当时"专门职业、行业、手艺和美的艺术全都是用一个名称称呼"。日本人把 Art 翻译成两个词，一个是"艺术"，另一个是"美术"，被用在不同语境当中，有时候"艺术"包括音乐、美术、戏剧、舞蹈等，有时候只指美术，我在这里讲的就只指美术。

艺术品本身有双重属性，一是精神属性或者说意识形态属性，二是物质属性。我个人认为，不管哪一类艺术，它的意识形态属性都是存在的。学术界有一个约定俗成的看法，从狭义角度看，所谓"当代艺术"就是指先锋派艺术，是一般公众看不太懂的艺术，当然也具有双重属性。艺术会包含意识形态内容，当然比重多少，比例怎么样，对于不同的艺术品情况不一样，这是另外一个问题。

艺术品还具有物质属性。当你在脑子里构思一件艺术品的时候，那只是你的意象或者构思，或者说你的艺术形象思维。只有当你将它物化为一件可以被人感知欣赏的物件的时候，它才成为艺术品。艺术品的物质属性指的是艺术品的存在形式，以物理空间和时间的占有为表现形态，艺术品的物质属性或者说物质形式，是艺术品进入市场交易的依凭。

具体到商品经济范围内运作的艺术品来说，艺术品又可以说具有文化和商业双重属性，也就是说同时具有文化价值和商业价值。

我的看法是，在不同场域，不同范围和空间，一件艺术品的侧重点不一样。有的作品或许就是突出商业价值，例如商品画，文化价值不高。而艺术精品首先以文化价值取胜，不一定同时在市场上也成为亮点。而当人们在艺术界或者在美学界讨论一件艺术作品的时候，通常更关注它的文化价值和艺术价值。当人们在商品市场看这件艺术品的时候，往往对它的商业价值更感兴趣。当然也有"双赢"的情况，两方面价值都很高，成为艺术品市场的品牌。譬如说齐白石的画能值那么多钱，大家有共识，刘白石、王白石的画可能就不值那么多钱。我们买奢侈品，LV、古驰、阿玛尼、香奈儿等，这些品牌具有很大的商业价值，但并不等于说它没有艺术价值，它们密切联系在一起，但是后者是否和它的商业价值相称，就另当别论了。品牌声誉跟它的美学价值也许相称也许不那么相称，需要具体分析。

艺术商业和艺术市场的本质属性是一致的，概而言之就是买卖，就是商业式流通。经验告诉我，跟一个艺术经纪人或者一个艺术商人就作品打交道的时候，他首先考虑的，不是这件画作好不好看，艺术水准多高，而是如果这个画廊代理销售，会不会有消费者买这件作品，这就是市场的本质。如果觉得你有潜力，就可以合作。

买卖就是交易，就是商业式流通。有一些艺术家在艺术商界不太成功，并不能说他一定不是很出色的艺术家，或者说他的艺术品位很低，他的作品质量比较差。他甚至可能是很好的艺术家，但因为种种原因，没有消费者接受他，还没有经纪人把他推广出去。西方艺术大师梵高生前境况凄惨，这是众所周知的。当然也不能说市场不看好的艺术家一定是大家，也需要具体分析。而艺术市场学跟艺术学不是同样一回事，这是可以确定的。

艺术市场和艺术商业的本质特征就是交换、调节和竞争。这跟一般的市场并没有本质上的区别。这里大量是钱和物即作品的交换。调节主要是供需调节，存在一个供需关系的问题。作品太多，当然就容易卖不出去；收藏家几乎没有你的或者很少有你的作品，你的作品无人认可也不行。保证适当的供需关系，作品价位才会保持和上升。这是艺术品市场研究的难题之一。

还有一个特征就是竞争。你作为艺术家一旦进入市场，你跟其他艺术家就有一个竞争关系，你的代理人和经纪人也有竞争关系。

从事艺术商业中介的人才很稀缺

第二个部分，艺术品的市场流通过程。艺术家在艺术品创作方面相当于艺术生产者，而购买者就是艺术消费者，两者就是生产和消费的关系。艺术品价位要高，要得到很多人欣赏，就要通过一系列运作，让你的作品的消费者群体大一点。有的人作品卖得很好，为什么？因为认同他的艺术消费者、艺术收藏家、艺术投资者比较多，而且这些人的实力比较强。艺术品质量要好，美学品位要高，同时商业潜力、商业价值要高，很有眼光的投资者就会盯上。当然艺术品投资是有风险的。

艺术品进入市场，本质就是商品，但它是一种特殊商品。它经过商业中介的运作到达终端——购买者，商业中介就是在艺术品的生产者跟消费者之间建立起的一座桥梁，所以商业中介的作用非常重要。

现在我们绝大部分高校都设有美术和设计类专业，每年培养很多艺术家和设计师，我个人觉得总体上说不缺艺术家。有一种说法是，中国以绘画为生和有绘画专业才能的人有100多万人。从规模和数量来说，现在中国不怎么缺艺术家，但是从事艺术商业中介的人才很稀缺。

2008年10月，我在上海首届世界华人收藏家大会上有一个20分钟的专题演讲。我倡议，中国应该创建一门收藏学及其专业。四五年后，我们正式出版了一本书，叫《中国收藏学概论》，是由我领衔的一个课题组共同撰写的。中国文化和艺术要走向世界，传播和推广人才不可缺少。而艺术商业中介是非常关键的，它包括拍卖行、画廊、艺术博览会、艺术出版商、发行商、艺术经纪人、艺术经纪公司等。在这个流通过程中，创造价值的艺术家非常重要，但是如何实现这些艺术品的价值，如何改变这些艺术品的商业价值，主要通过商业中介，而不是艺术家自己。

要跟商业中介合作

现在我们查阅世界艺术品拍卖高价排行榜记录，排到前面的有相当大一批是印象派作品。这个现象是怎么造成的？当时一些日本艺术品收藏家，他们到英国、法国、美国出巨资争相购买印象派作品，别的画派就没有这样的机会。为什么日本人对那些画特别有兴趣？因为印象派在形成和发展过程中，吸收了东方艺术，包括日本的浮世绘作品的一些美学成分，让日本人感到很亲切。这至少是一个相当重要的原因。

他们对印象派艺术的这种爱好或者说偏好影响到了艺术品市场。这种情况也可以说不公平，这又是为什么呢？因为当人们用这种方式把印象派作品价格推高以后，相对也把其他各种派别的艺术家的作品贬低了，他们的作品可能同样很精彩，却进不了高价排行榜。

大家知道，20世纪80年代后期的几年，世界艺术品市场上大批天价艺术品被日本企业财团大亨、大收藏家买走，其中有不少就是印象派画作，掀起一股艺术品消费狂潮。进入90年代以来，日本经济衰退，收藏品市场深受打击。由于破产或者资金周转不灵，一些藏家急于低价沽售名画藏品以套现。雷诺阿的《红磨坊街的舞会》、塞尚的《水中倒影》等售出价只及当初买入价的2/3甚至1/2。这就是市场。市场不相信温情，也不相信眼泪。市场有风险，投资要谨慎。不能只看到增值，增值当然很可观，增到上千倍上万倍的都有，如果你真拣到漏，你花5000元买到手的东西，拍出去可能是5000万元，这也是有可能的，虽说这么大的增幅非常罕见。

在这个过程中，商业中介会把他掌握的一些商业信息反馈给艺术家。当然艺术家要跟一流的信誉好的商业中介合作。有一位世界著名的犹太巨商，他把很多当代艺术家推上艺术市场高价排行榜，包括罗伯特·劳森伯格、贾斯帕·约翰斯、安迪·沃霍尔等，他成为这些艺术大师的"助产士"。我们翻开一本西方当代艺术史，这些名字如雷贯耳。如果没有这位犹太艺术商人，当代艺术史可能就会大不相同。有一期《时代》周刊封面，就是这位老人端坐在中间，白发苍苍，他的身边围了一圈当代艺术史上顶尖的人物，他们对他表示尊敬和崇仰之情。他就是利奥·卡斯蒂里（Leo Castelli）。

除此以外，艺术品流通过程中起作用的还有文化中介，包括艺术批评、新闻媒体、鉴藏节目等，如今还可以包括微博、微信评论。电视节目当中的鉴藏类节目事实上大多属于娱乐性质的，并不是真正的专业鉴定。藏品的专业鉴定是非常严肃的事情，难度很大，一般不可能当场就很快作出结论。

找到适当的购买者

现在讲第三个部分，艺术商业中介的作用，主要有下面三大作用。

其一，商业中介是整个艺术品市场的中心环节。有的艺术家很单纯、很纯洁，说酒香不怕巷子深，我只要把画画好，把雕塑做好，总会有人来欣赏、来买。这个话有没有道理？有一定道理，就是你要创作得尽可能精彩，至少要差不多，你拿出来的东西不能很差。不过在艺术市场上展出比较差的，甚至很差的作品，这种情况还是会发生。艺术品市场有不同的层次，有不同的需求。

商业中介把艺术品变成商品，使参观者变成顾客。同时商业中介使得艺术品的所有权发生转移，完成艺术商品的让渡和转手。它的真正意义在于，艺术家的精神产品能够通过规范化的商业中介渠道，找到适当的购买者。

这里有两个关键词，一个是规范化，另一个是适当。要找到适当的购买者，先要弄清楚你的作品适合什么人。商业中心反馈给艺术家信息，你应该怎么画，市场才相对稳定，并慢慢地提高市场认可度和影响力。一般来讲，一个艺术家的作品，在正常的商业生态经济环境里，每年价格提升 10%～13% 就很不错，这是一个逐渐的过程。

迄今为止，我们的艺术品市场还不够规范。在艺术品市场当中，严格意义上的画廊是以代理制为基础的，跟我们传统的工艺品商店和纸画店不一样。中国古代的那些画店，往往把画跟工艺品放在一起，这边卖扇子雨伞什么的，那边摆几张画卖，但是规范化的商业画廊，随着相关艺术品交易的规定规则在不断完善，画廊应该是代理制，应该有正规的协议和合同，应该依法纳税，应该有知识产权保护等。规范化的商业中介是保证艺术品市场正常运作的中心环节。中心环节不是艺术家，也不是收藏家，是艺术商业中介。

艺术品并不等于商品。为什么？因为艺术品并不是生来就是商品，很多艺术品可以自我欣赏。中国古代文人有一种经常性的文化活动，以文会友、以艺会友、以画会友，友人聚会时，把画张挂起来，互相品评、鉴赏，其乐无穷。艺术品只有进入市场、进入商业中介，在商业空间里，在画廊里，在拍卖行里，在艺术博览会里，挂一个标签，有估价、有定价、有拍卖价、有落槌价、有成交价，这个艺术品才成为商品。

其二，艺术商业中介是实现艺术品商业价值的必要途径。

实现艺术品的商业价值，只有通过艺术商业中介才可以，没有买卖则艺术品的商业价值就无法真正实现。这点很容易理解。

其三，艺术商业中介是促成艺术家市场成功的手段。一位很有艺术造诣、作品具有较高审美价值的艺术家，由于在某次大型艺术品拍卖中被代理商有意识地推举出来，在竞拍中扬名，进而名声大震，使得其作品的商业价值由此开始得以实现，并且不断增值。这样的例子一再出现。商业中介独具慧眼，采取有效措施，也可以发现并且促成有潜力、有前途的无名艺术家走上商业成功之路。

艺术品市场也不相信幻想。你可以自得其乐，你说我的作品卖得比某某人要好，卖的价格比他的更高，你可以幻想，但艺术品市场不相信这个。一旦你真正进入市场，讲究真金白银的交易，可能就没有人来接盘。在这个问题上需要有很清晰的认识。要想作品的商业价值得到很好的实现，首先要有价位才行。

什么是价位呢？现实的艺术品价位，是指某个艺术家的作品（主要指他的正常水平作品）某一时期被某个具体艺术品市场所认可的相对稳定的价格幅度或价格定位。所以艺术品价位实质上是艺术家价位，是一个艺术家在特定时空艺术品市场上以他的作品价格表现出来的定位。

事实上并不是每个艺术家都有现实价位。我认为大部分艺术家没有现实价位，少部分艺术家有一般水平的价位，只有极少部分经过商业中介助推，在商业运作当中比较成功的艺术家，才有高价位。比如现当代中国的潘天寿、齐白石、黄永玉、吴冠中等，并没有多少人。还有关山月，关山月的作品价位很高，是岭南画派代表。但这些人数目很少。另外还有数目稍微大一些的艺术家虽然有价位，但不算太高。价位尺度像国画是按平方尺，油画按平方厘米，是单幅计算，雕塑是按件，很难按照分量称，这是通常的情况。目前来看，一个中国画家，画作有一平方尺几千元的现实价位，不是报价，就已经算是不错的了。

艺术家作品的价位应该有下面三个属性，或者说判定标准。

第一个属性，最重要的就是市场认可度或者叫市场现实性。关于这一点我想多讲两句。

市场认可度就是市场对于你的作品在艺术品市场当中商业价值的认定，这是很多想进入市场的艺术家所追求的。这方面能够起最大作用的不是艺术家本人，而是商业中介。

匈牙利裔英国艺术社会学家阿诺德·豪泽尔（Arnold Hauser）写过一本书，名叫《艺术社会学》。他说："由于艺术价值难以与市场价值相比较，一幅画的价格很难说明它的价值。艺术作品价格的确定更多地取决于各种市场因素，而不是作品的质量，那是商人的事，而不是艺术家所能左右的。"他讲得很对。艺术家常常对此无能为力。我在20年前就写过，艺术市场不等于艺术和美学，市场认定不等于艺术认定。我们有一个相对明确的学术共同体，哪些艺术家是中国一流的，哪些作品是艺术精品，会有一个大致的认同范围，在学术界、美术界、美学界有一种认定，跟市场认定是不相等的。不是说完全排斥，两者有时候会有交集，有时候会偏离乃至相悖，都是有可能的。

市场认可与学术界或艺术界认可并非一回事，两者也不一定具有同比关系，这也是为古今中外许多实例所证实了的。艺术品的市场认定或价格定位虽说要将艺术质量作为一个不容轻视的重要考虑因素，但这是指市场所认可的艺术质量，它并不以学术界、艺术界的认定为绝对标准，何况学术界或艺术界本身的认定也从来没有真正完全统一过。艺术跟市场不同，市场必须量化。比如这幅画第一次拍卖成交价是 1050 万元，第二次拍卖可能是 3200 万元，第三次拍卖是 1.3 亿元，很具体。可是艺术怎么量化？美怎么量化？要是你给齐白石的艺术打 98 分，徐悲鸿的艺术打 98.5 分，0.5 分差距怎么计算出来的？所以没办法量化。但是艺术品市场必须量化。想卖一张画，买家会问你，底价是多少？你必须报一个数字给他，你不能说我没有底价，我就是一流的艺术家，那不行，你必须告诉他，底价 5 万元，低了我不卖，很具体。但艺术和美学没法量化。

还有艺术品价格是多因一果的，其中有一个因素是艺术品质量。有一些艺术家并不是非常出彩，称不上一流，但作品价格可能是一流的。有人说，这是因为市场不成熟。不是这样的。西方艺术品市场比较成熟，但是依然会有这种现象。像赝品，外国也有。中国书画很难鉴定真伪，用眼睛看和用科学仪器测量结合，依然会走眼。

艺术品价格多因一果，艺术品质量只是其中一个因，哪怕它比较重要，但不是唯一的。艺术商业的力量包括宣传广告，包括操作、运作，还有时势、环境、机遇等，都会影响到艺术品成交情况。

所以我说，最贵的艺术品并不一定就是最有价值的，两者之间不能简单画上等号。这也成为艺术品市场的一种常态。

价位的第二个属性，是稳定性。价位应该是个相对稳定的幅度，相对于某个具体市场有相对稳定性。不是说艺术家曾经有一件作品卖出 50 万元，以后他的作品就至少要卖 50 万元，那不一定是你的真实价位。艺术大师梵高一生命途多舛，但是他有一点让今天的人肃然起敬，他是把艺术作为他的生活方式、生命寄托的。他的传记说，他生前只卖掉过一件作品，而且是因为他弟弟看他实在很痛苦，想给他一点信心，帮助他。他弟弟是开画廊的。作为一个艺术经纪人，他发现哥哥的作品在当时的巴黎没有人要，这就是我们讲的艺术市场的严酷性。而价位必须是相对稳定的，作品才能够流通。人家一讲到这个艺术家，他的作品一平方尺大概要几万元，这是他的真实价位，相对稳定。他的作品一拿出来，就会有人认同它的相应价格。

第三个属性，是相对性，或者说可变性。价位有时间性和地域性。同一个艺术家处于不同的时期和不同地方的艺术品市场，其作品价位并不一样。而其他条件大致一样的时候，同一个艺术家的精品、一般作品和应酬之作的价位也不一样。这是艺术品价位的可变性。在大部分情况下，价位指的是艺术家正常水平作品的价格幅度。当地名家的作品在其他地方市场价位偏低，甚至暂时还没有价位的情况，也是很正常的。浙派艺术品到广东深圳拍卖，一般来讲价格会稍微低一点，因为岭南派在这个地方影响比较大；同样，岭南派作品到浙江拍卖，价格会稍微低一点。这种情况在网络化信息化的今天有所改变。

每年各个艺术学院和艺术专业有很多学生毕业，越来越多的人要走向商业市场，否则他们怎么生存？我们现在对艺术院校毕业生进行创业教育，希望他们务实一点，把艺术作品创作好的同时，要跟有诚信的商业中介很好地合作。因为这是促成艺术家商业成功的手段。这么多的艺术家、准艺术家，没有那么多的体制内岗位容纳他们，怎么办？要走向市场，就要跟市场结合，跟商业结合。这也是一门学问。

警惕市侩心

在商业经济社会里，艺术家活动会在不同程度上带有商业经济色彩，艺术家的成功也不例外。这是什么意思呢？前些年，曾经有人提出，真正的艺术家不应该谈市场，不应该跟市场打交道。我个人不这么看。回顾历史，在中外美术史上，很多名家、大师在艺术上很投入，在商业市场当中也很成功。像伦勃朗、雷诺阿、任伯年等，为数不少。我希望今天的艺术家，特别是青年朋友也能够这样。当然你有条件不进入商业市场也可以，也值得认可。只是艺术家难以做到完全不跟市场打交道，也不一定就是很好的选择。总体来讲，对市场的态度上，今天的艺术家队伍开始分化和重组。单一的艺术批判标准已经打破，多元化的艺术态势和格局正在形成，传统的艺术观念受到挑战，中国的艺术市场也发育起来，在逐渐走向成熟。现在很多展览是商展，是民间企业、民间资本投入或者艺术家自己在做，也可以展卖。

需要强调的是，艺术家在艺术商业上的成功并不能简单化地完全等同于他在艺术上、美学上的成功。艺术家在商业上的成功取决于诸多因素，它们多数由商业中介作用造成。

我讲的第四个部分，是艺术商业中介的形式。有哪些形式呢？大致上说，有两大类型：一类是跟艺术家相脱离的形式，就是艺术家之外的形式，艺术家自己不介入商业中介的活动中去。其中，画廊、拍卖行拍卖公司和艺术博览会，我们称之为艺术市场"三大支柱"。画廊被称为一级市场，拍卖行拍卖公司和艺术博览会是二级市场。一个地方的艺术市场是不是成熟，是不是真正规范化，跟"三大支柱"的建立和形成合理秩序很有关系。现在中国艺术品市场还不够成熟，其中一个表现就是我们规范化的画廊还不够多，我们现在是以拍卖行为主，其实影响到了这个市场的正常运作。应该有一大批规范化的画廊作为艺术经纪引领人，作为艺术家的代理。

另一类是艺术家介入其中的形式。具体也有几种：一种是自费出版作品集，艺术家需要寻求一个合适的出版合作伙伴，一个合适的出版商，还有发行商；另一种是自筹资金举办商业性作品展；此外，还有自营委托拍卖，盈亏都归他，向拍卖行交纳一定的管理费。在这种情况下，艺术家在潜心艺术创作的同时，还必须有经济头脑。不能够自以为是，也要警惕市侩心。吴冠中先生曾经在文章里面批评一种现象，动辄就讲钱，斤斤计较，这样也不对。还必须跟艺术商有不同程度的合作，应该选择那些讲诚信、有品牌的，能够有发展的艺术商。一定要谨慎选择，同时也必须依法缴纳税费。谢谢大家！

五

社会民生

"四个全面"治国理政战略辨析

黄卫平

黄卫平

深圳大学当代中国政治研究所所
长，兼深圳大学中国地方政府创
新研究中心主任，校学术委员会
副主任委员兼文科分委员会主任
委员，中国政治学会常务理事。
曾先后主持国家社科基金项目、
教育部规划项目、广东省规划项
目等数十个项目，先后荣获中组
部年度重点调研课题一等奖，教
育部哲学社会科学优秀成果三等奖等奖项。主要著作：《中
国乡镇选举改革研究》《中国政治体制改革纵横谈》等。

2014年12月习近平同志在江苏调研时，首次提出"四个全面"
战略思想，指出要"协调推进全面建成小康社会、全面深化改革、
全面推进依法治国、全面从严治党，推动改革开放和社会主义现代化
建设迈上新台阶"。这是习近平同志在党的十八大之后，庄严承诺
"人民对美好生活的向往，就是我们的奋斗目标"，"实现中华民族伟

大复兴，就是中华民族近代以来的最伟大梦想"，明确提出实现"中国梦"的理想境界后，进一步从理论层面系统阐述了实现"中国梦"的战略布局。如果说"中国梦"是朴素、感性、通俗地激励亿万国人为实现自鸦片战争以来中华民族伟大复兴的夙愿而奋斗，那么，"四个全面"思想则深刻、理性、逻辑地表达了中国执政党新时期的治国理政方略，指引党和国家如何去实现"两个一百年"的目标。

"四个全面"战略布局是以习近平为总书记的党中央，在治国理政的实践中逐步总结、凝练、提升而成的。"全面建成小康社会"是党的十八大提出的新时期"加快推进社会主义现代化、夺取中国特色社会主义新胜利的宏伟蓝图"；"全面深化改革"是党的十八届三中全会做出的重要决定，以着力解决我国发展面临的一系列突出矛盾和问题，不断"推进中国特色社会主义制度自我完善和发展"，其总目标是国家治理体系和治理能力现代化，也就是党和政府治国理政现代化；"全面推进依法治国"是党的十八届四中全会的重要决定，中央认为"全面建成小康社会、实现中华民族伟大复兴的中国梦，全面深化改革、完善和发展中国特色社会主义制度，提高党的执政能力和执政水平，必须全面推进依法治国"；而"全面从严治党"则是"落实党要管党，从严治党"的传统在新形势下的新要求，是习近平在党的群众路线教育实践活动总结大会上做出的明确部署，也是十八大以来党中央持续进行"打老虎"和"拍苍蝇"，深入展开反腐败斗争的经验总结，更是"全面建成小康社会""全面深化改革""全面依法治国"的根本保障。

"全面建成小康社会"是战略目标

"全面建成小康社会"是十八大确立在 2020 年建党 100 周年前要完成的宏伟目标，主要内容是：经济持续健康发展，实现国内生产总值和城乡居民人均收入比 2010 年翻一番，人民民主不断扩大，文化软实力显著增强，人民生活水平全面提高，资源集约型、环境友好型社会建设取得重大进展。"全面建成小康社会"是党中央按照中国特色社会主义事业的经济、政治、社会、文化和生态文明五位一体的总体布局所做的全面部署,是对十六大以来提出"全面建设小康社会"目标的提升,"全面建设"是进行时,"全面建成"则将是完成时。

所谓"小康社会"是党中央从传统文化的遗产中吸纳的一个富有中国特色的概念,早在儒家经典文献中就有关于"大同"和"小康"的描述,在《礼记·礼运篇》中,有所谓"大道之行也,天下为公;选贤与能,讲信修睦。故人不独亲其亲,不独子其子;使老有所终,壮有所用,……是故谋闭而不兴,盗窃乱贼而不作,故外户而不闭,是谓'大同'"。"今大道既隐,天下为家,各亲其亲,各子其子,货力为己,大人世及以为礼,城郭沟池以为固,礼义以为纪,以正君臣,以笃父子,以睦兄弟,以和夫妇,以设制度,以立田里,以贤勇知,以功为己。故谋用是作,而兵由此起。……刑仁讲让,示民有常,如有不由此者,在执者去,众以为殃。是谓'小康'。"

很显然,在儒家传统经典的想象中,"天下为公"基础上的"大同"境界是梦幻中的理想道德世界,而"天下为家","礼义以为纪"的"小康"则是现实中以利益为基础,用规则、制度约束的有序社会。儒家"大同"理想曾激励国人为争取无限美好的未来世界而奋斗,也与人类历史上出现过的各种乌托邦思想异曲同工,从康有为、谭嗣同、孙中山,直至毛泽东,"天下为公"的"大同"思想都是反抗现实世界、追求理想梦境的旗帜。然而,经过新中国成立后30年"社会主义"的实践,特别是经历了以"文革"为登峰造极的历史"悲剧",以邓小平为杰出代表的中国共产党人,现实而清醒地认识到,我国将长时期处于"社会主义初级阶段","至少需要一百年时间",那种只讲"道德理想"的"大同"境界对少数人可以,多数人不行;短时间可以,长时期不行,"巩固和发展社会主义制度,还需要一个很长的历史阶段,需要我们几代人、十几代人,甚至几十代人坚持不懈地努力奋斗,决不能掉以轻心"。

因此,1982年党的十二大明确提出,"从1981年到本世纪末的

20 年，我国经济建设总的奋斗目标是，在不断提高经济效益的前提下，力争使全国工农业总产值翻两番……实现这个目标，城乡人民的收入将成倍增长，人民物质生活可以达到小康水平"，这是党中央首次在全国党代会上使用"小康"这个概念，并将其作为党领导国家的重要阶段性奋斗目标。随后在 1984 年，邓小平具体提出"在 2000 年，我国的工农业总产值，比 1980 年翻两番"，"国民生产总值按人口平均达到 GDP 800 美元"，按邓小平的说法就是"达到小康水平，就是不穷不富，日子比较好过的水平"。他在 1987 年进一步明确提出了"三步走"的中国式现代化发展战略，第一步，是以 1980 年人均 GDP 250 美元为基数，每 10 年翻一番，到 1990 年达到人均 GDP 500 美元，解决人民的温饱问题；第二步，是到 20 世纪末，再翻一番，达到人均 1000 美元，开始进入小康社会；第三步，到 21 世纪，再用 30～50 年时间，再翻两番，大体达到人均 4000 美元，基本实现现代化，达到中等发达国家水平。1987 年党的十三大将邓小平上述构想正式写进大会报告，作为中国特色社会主义现代化的总体战略，并将第三步目标的实现确定为 21 世纪中叶，也就是新中国成立百年之际。由此正式确定了第二步战略目标是进入"小康社会"。

进入 21 世纪以来，在改革开放和社会主义市场经济取得重大发展的基础上，党中央对"小康社会"的标准也在不断与时俱进，2002 年十六大报告正式宣告"经过全党和全国各族人民的共同努力，我们胜利实现了现代化建设'三步走'战略的第一步、第二步目标，人民生活总体上达到小康水平"。但鉴于"我国正处于并将长期处于社会主义初级阶段，现在达到的小康还是低水平的、不全面的、发展很不均衡的小康，人民日益增长的物质文化需要同落后的社会生产之间的矛盾仍然是我国社会的主要矛盾"。从而提出了"全面建设小康社会的奋斗目标"，"要在本世纪头二十年，集中力量，全面建设惠及十几亿人口的更高水平的小康社会，使经济更加发展、民主更加健全、科教更加进步、文化更加繁荣、社会更加和谐、人民生活更加殷实"。

2007 年十七大报告进一步要求，"继续努力奋斗，确保 2020 年实现全面建成小康社会的奋斗目标"，并描绘了到 2020 年全面建成小康社会的目标实现之时，我国"将成为工业化基本实现、综合国力显著增强、国内市场总体规模居世界前列的国家，成为人民富裕程度普遍提高、生活质量明显改善、生态环境良好的国家，成为人民享有更加充分民主权利、具有更高文明素质和精神追求的国家，成为各方面制度更加完善、社会更加充满活力而又安定团结的国家，成为对外更加开放、更加具有亲和力、为人类文明做出更大贡献的国家"。

经过 30 多年改革开放，我国经济社会早已发生翻天覆地的巨大变化，综合国力和人均 GDP 的增长，一直都在按照改革最高决策层的规划不断提前实现预定目标，2010 年中国 GDP 总量首次超过日本，成为世界第二大经济体；2014 年 GDP 总量首次突破 10 万亿美元，成为美国之后的第二个 GDP 总量超过 10 万亿美元的国家。无疑"现在，我们比历史上任何时期都更接近中华民族伟大复兴的目标，比历史上任何时期都更有信心、有能力实现这个目标"。

然而，另一方面，也必须看到，尽管经济发展成就显著，综合国力明显增强，但就人均 GDP 而言，中国依然还是发展中国家。虽然人民生活总体上已进入"小康"，但发展很不平衡，国家总体还是处在"低水平小康"阶段，与经济、政治、社会、文化、生态文明全面协调可持续发展的"高水平小康"，还有很大差距。特别是随着市场经济的发展，经济、政治、社会、文化等各方面的改革还远不到位，远不适应。相当长的时期内以牺牲环境和消耗巨大资源，以高投入来拉动的粗放式经济增长模式已难以为继，官场的消极腐败现象以及由此引领的社会溃败已突破了广大善良民众的想象，社会的贫富差距和两极分化的趋势还在发展，从而在相当一部分民众心理上产生相对被剥夺感。这也就是为什么习近平最近要特别强调，在改革开放中要"让人民群众有更多获得感"。由于人们的立场、观点、方法、社会地位、知识视野和获取信息的能力不同，对于客观事物形成巨大认知差异是十分正常的，而当下中国社会的高度分化导致在广泛的思想意识形态领域充满争议，更是毋庸置疑的。在这个意义上可以说，"真理"和"真相"究竟是什么，也许并不十分重要，人民普遍愿意相信什么是"真理"和"真相"才更重要，而让人民更愿意相信什么是"真理"和"真相"的能力，才是最重要的国家治理能力。为了避免陷入"塔西佗陷阱"，执政党必须领导人民"全面建成小康社会"，从而让人民抱有期待，使国家充满希望，保证党始终走在时代前列。为此，中国的改革决策层唯有"全面深化改革"，决不能放弃"改革开放"这决定当代中国命运的关键一招。

"全面深化改革"是战略举措

经验事实告诉我们，中国的改革从来是"问题倒逼"的，中国的重大改革更是危机推动的。大危机引发大改革，小问题促进小改革；没有问题就无须改革，对潜在危机高度警觉，就未雨绸缪，主动改革；对现实危机反应迟钝，麻木不仁，就不思改革；忧虑改革诱发更大危机，就不敢改革；恐惧改革触犯特殊利益集团自身的利益，就阻挠改革。有危机并不可怕，真正可怕的是对问题文过饰非，对危机置若罔闻，自我陶醉而不能自拔，才是最大的危机。因此，习近平明确指出"改革是由问题倒逼而产生，又在不断解决问题中深化"，所谓"倒逼"，就是破釜沉舟，背水一战，置之死地而后生。

如果不是以十年"文革"为登峰造极的极"左"意识形态及其政治路线给中国社会带来的巨大悲剧和国民经济面临崩溃边缘的重大危机，就不可能有1978年的"真理标准大讨论"和党的十一届三中全会正式拉开中国改革序幕；假设没有20世纪80年代末东欧剧变和1991年底的苏联解体给国际共产主义运动带来巨大危机，也很难想象1992年初春，小平同志要以88岁高龄和"普通党员"身份发表振聋发聩的"南方谈话",从而一举扭转乾坤,推动党的十四大义无反顾地正式开启中国特色社会主义市场经济。而以周永康、薄熙来、郭伯雄、徐才厚、令计划、苏荣等为典型代表的一批国家级党政军高官腐败案例被不断披露,不仅表明了以习近平为总书记的党中央反腐败的坚强决心,也反映了对酿成如此高层次、大面积腐败的体制已到了不改革将难以为继的地步。

改革开放30多年,中国经济社会已经发生了巨大的变化,一方面,由于经济的迅速增长,极大地巩固了党执政的经济基础,使党执政的合法性有效地建构在无与伦比的"经济绩效"基础之上;但另一方面,作为长期执政的法定执政党,又前所未有地面临着"精神懈怠、能力不足、脱离群众、消极腐败"等"四大危险"的挑战,必须长期经受"执政考验、改革开放考验、市场经济考验和外部环境考验"。

更何况中国已进入了全球化的市场经济体系,经济的发展已不可避免地与世界经济发展的趋势紧密相连,随着经济总量越来越大,经济增速必然放缓;国际经济不景气,内需驱动不足,制造业产能严重过剩,劳动力成本不断提升,人口老龄化趋势日益明显,多种因素叠加,导致我国经济的下行压力加大,经济增速放缓已成为"新常态",这不仅是经济问题,而且也会引发社会问题,对于主要依托经济高速增长的有效性获得执政"绩效合法性"的政治体系,更是重大的政治问题。

面对如此形势,中国决策层唯有"全面深化改革"。尽管"中国容易的,皆大欢喜的改革已经完成了,好吃的肉都吃掉了,剩下的都是难啃的硬骨头",正所谓中国的改革进入了"深水区"和"攻坚期",但不论风险有多高,难度有多大,党中央也必须以"壮士断腕"的勇气和决心"冲破思想观念的束缚、突破利益固化的藩篱",坚定不移地高举"全面深化改革"的大旗,作为团结全国人民的最大公约数,唯此才能全面回应人民群众的普遍关切和广泛期待。

而中国共产党恰恰是历史上最具有危机转化能力的政党,为了保证实现党的十八大关于"全面建成小康社会"的战略目标，十八届三中全会做出了"全面深化改革"的决定。其内容丰富、意义深远，涉及经济、政治、社会、文化、生态文明等广泛领域，但其最重要的改革创新精神有两个方面。

其一，是首次明确将"完善和发展中国特色社会主义制度，推进国家治理体系和治理能力现代化"作为全面深化改革的总目标，而在当代中国政治语境中的所谓"国家治理体系和治理能力现代化"，其实就是党和政府治国理政现代化，就是政治制度和政治体制现代化。这是党在改革开放初提出的工业、农业、国防、科技等"四个现代化"目标以来，明确提出的"第五个现代化"目标，也就是政治现代化，这对于新时期深化改革是具有重大指导意义的，意味着全面深化改革的各种具体举措，必须服务和服从于党和政府治国理政现代化这个总目标，而民主和法治建设将作为国家治理的特定方式纳入国家绩效中来考察，标志着我国政治体制改革的目标导向已悄然从发展民主政治，转化为完善国家治理体系，提高党和政府的治理能力，发展民主更多地被视为国家治理的手段，而不只是逐步实现的公民权利，这是比党在特定历史阶段"全面建成小康社会"的目标意义更重大、影响更深远的观测视角。

其二，是首次明确在经济体制改革中"使市场在资源配置中起决定作用和更好发挥政府作用"，并坚持"经济体制改革是全面深化改革的重点"。因此，中国改革决策层"坚持发展仍是解决我国所有问题的关键这个重大战略判断"，继续"以经济建设为中心，发挥经济体制改革牵引作用，推动生产关系同生产力、上层建筑同经济基础相适应，推动经济社会持续健康发展"。也就是试图通过深化市场化改革，以经济改革引发或诱发的各种经济、政治、社会、文化和生态危机，来倒逼和拉动各相关领域的改革，推动经济、政治、社会、文化、生态文明建设"五位一体"的发展。

而在现阶段如何具体推进国家治理体系和治理能力现代化？党和政府治国理政现代化的具体实现途径是什么？何以从体制机制上保障

市场在资源配置中的决定作用和更好发挥政府作用？为此，党中央充分总结了改革开放以来的历史，广泛借鉴国外有益经验，坚持正确处理改革发展稳定关系，提出了"全面推进依法治国"，"建设社会主义法治国家"的战略举措。

"全面推进依法治国"是治国方略

"全面推进依法治国"是党的十八届四中全会明确的治国方略，全会"认为全面建成小康社会、实现中华民族伟大复兴的中国梦，全面深化改革、完善和发展中国特色社会主义制度，提高党的执政能力和执政水平，必须全面推进依法治国"。而全面推进依法治国的"总目标是建设中国特色社会主义法治体系，建设社会主义法治国家"，也就是不仅必须坚持中国共产党的领导、坚持人民主体地位、坚持法律面前人人平等、坚持依法治国和以德治国相结合、坚持从中国实际出发等基本原则要求；还必须"既要求党依据宪法法律治国理政，也要求党依据党内法规管党治党"。十八届四中全会的这些精神是对党的十五大关于依法治国基本内涵的丰富发展，也更加明确了对十八届三中全会关于"全面深化改革"，实现"国家治理体系和治理能力现代化"的实现途径。从某种意义上可以说，"全面依法治国"是现阶段中国政治体制改革最具可操作性的领域。

毋庸讳言，我国是长期缺乏民主法治传统的国家，改革开放以来，最高决策层日益重视提高国家治理的法治化程度，不断呼吁建设"社会主义法治国家"，但"严苛立法、普遍违法、选择性执法"的现状并没有根本改变。为此，十八届四中全会反复强调宪法和法律的权威，肯定宪法是国家的根本大法，是治国安邦的总章程，我国现行宪法"是党和人民意志的集中体现，是通过科学民主程序形成的根本法"。从逻辑上讲"任何组织或者个人，都不得有超越宪法和法律的特权。一切违反宪法和法律的行为，都必须予以追究"。只要把我国宪法精神充分落实到位，我国的民主法治程度将极大提高。鉴于

"法律的生命力在于实施，法律的权威也在于实施"，"坚持依法治国首先要坚持依宪治国，坚持依法执政首先要依宪执政"。随着党中央普及宪法教育、弘扬宪法精神、维护宪法权威、落实宪法原则的重要举措逐步到位，必将极大提升宪法在党和政府治国理政中的权威，并事实上推进对各级党和政府的宪法监督和违宪审查制度的建立、实施，从依法治国的层面巩固和落实中国共产党的法定执政地位并逐步实现宪法司法化。

为了真正建设"法治中国"，必须坚持"法律面前人人平等"，做到"有法可依、有法必依、执法必严、违法必究"，这就必须推进司法制度改革，不断提高司法公正的程度，约束和制衡公共权力。为此，党中央首次建议在中国"建立重大决策终身责任追究制度及责任倒查机制"，当前首先是"优化司法职权配置"，推动实行审判权和执法权相分离的体制改革，探索建立检察机关提起公益诉讼制度，推进以审判为中心的诉讼制度改革，实行办案质量终身负责制和错案责任倒查问责制，等等。所有这些改革举措的逐步落实，必将极大提升我国依法治国的实现程度，为"法律面前人人平等"的有效实践奠定"历史正义"的制度基础。

中国特色社会主义法治国家必须坚持共产党的领导，"把坚持党的领导、人民当家作主、依法治国有机统一起来是我国社会主义法治建设的一条基本经验"，这就意味着在中国，党的领导与民主、法治是三位一体的。然而，历史的经验告诉我们，这三个方面的有机统一既不是逻辑上必然的，也不是事实上天然的，而是需要执政党不断去努力争取实现的。只有党真正坚持依规治党、依法治国，切实落实人民当家作主，保证党"恪守以民为本、立法为民的理念，贯彻社会主义核心价值观，使每一项立法都符合宪法精神、反映人民意志、得到人民拥护"，特别是要"加强重点领域立法，加快完善体现权利公平、机会公平、规则公平的法律制度，保障公民人身权、财产权、基本政治权利等各项权利不受侵犯，保障公民经济、文化、社会等各方面权利得到落实"，并"努力让人民群众在每一个司法案件中感受到公平正义"，中国的全面依法治国才能够得以实现，这些无疑都是极其艰巨和极富挑战性的工作。

正如习近平明确指出的那样：党的"各级领导干部在推进依法治国方面肩负着重要责任，全面依法治国必须抓住领导干部这个'关键少数'。领导干部要做尊法学法守法用法的模范，带动全党全国一起努力，在建设中国特色社会主义法治体系、建设社会主义法治国家上不断见到新成效"。因此，在中国"全面依法治国"的前提是"全面从严治党"。全面依法治国的关键在党，在党的各级领导干部这个"关键少数"。为此，党中央反复强调"依法治国"首先要"依规治党"只有有效治党，才能有效治国；只有有效治国，才能真正巩固党的执政地位。从这个意义上可以说，执政党"依规治党""依法治官"的成败决定着依法治国、依法执政的成败，这是新时期党的建设制度改革的历史重任。

"全面从严治党"是关键与保障

"全面从严治党"是习近平在党的群众路线教育实践活动总结大会上所做出的重大战略部署，特别是他首次强调："各级各部门党委（党组）必须树立正确政绩观，坚持从巩固党的执政地位的大局看问题，把抓好党建作为最大的政绩，如果我们党弱了、散了、垮了，其他政绩又有什么意义呢？"这是极其发人深省的。

中国共产党是中华民族伟大复兴的中流砥柱，是领导中国现代化建设和中国特色社会主义的核心力量，其与西方政治学理论所标识的代表部分国人的特定阶级、阶层、利益集团的"政党"不同，其自觉地代表全体人民，明确宣示自己是"中国人民"和"中华民族"的先锋队，对于这样"一个拥有8600多万党员、在一个13亿多人口的大国长期执政的党，党的形象和威望、党的创造力凝聚力战斗力不仅直接关系党的命运，而且直接关系国家的命运、人民的命运、民族的命运。在新的历史起点上坚持和发展中国特色社会主义，我们党面临的执政考验、改革开放考验、市场经济考验、外部环境考验是长期的、复杂的、严峻的，精神懈怠危险、能力不足危险、脱离群众危险、消极腐败危险更加尖锐地摆在全党面前"。从而逻辑地表明，"四个全面"的关键，就在"全面从严治党"。

近年来，执政党所宣示的"道路自信、理论自信、制度自信、文化自信"主要是激励国人和鼓舞群众，以自立于世界民族之林的。而"四大考验"和"四大危险"则是重在警示党内，特别是党的高级领导干部的。作为法定执政党，中国改革开放和现代化事业所取得的一切辉煌业绩无疑都归功于党的正确领导，而中国的经济、政治、社会、文化、生态文明建设面临的各种挑战、风险和危机，也无时不在考验执政党。如果说党正领导中国人民为实现两个"一百年"的目标而不懈奋斗，今天已经比历史上任何时候都更加接近于中华民族伟大复兴，那么正如习近平所指出的那样，"历史使命越光荣，奋斗目标越宏伟，执政环境越复杂，我们就越要增强忧患意识，越要从严治党，做到'为之于未有，治之于未乱'，使我们党永远立于不败之地。全党同志必须在思想上真正明确，党的执政地位和领导地位并不是自然而然就能长期保持下去的，不管党、不抓党就有可能出问题甚至出大问题，结果不只是党的事业不能成功，还有亡党亡国的危险"。党的十八大以来，以雷霆之势所展开的"打老虎""拍苍蝇"的反腐败斗争，所揭示的触目惊心的现实，就已经很生动地诠释了习近平上述重要论断。

而从党长远发展的战略考察，"全面从严治党"既要"全面"，又要"从严"，既要重建纪律法规的权威，又要重构党的意识形态和价值体系。

一方面，必须全面落实"依规治党"，建立和重建党的制度和纪律的权威。全面推进党的建设制度改革，对党的各级组织和党员实施严格的纪律、法律约束和惩戒，绝不允许有超越于党纪国法之上的特殊党员。这是"全面从严治党"的制度基础，也是党的纪律宣传和道德教育有效性的前提条件，更是"全面依法治国"的保障。人类实践反复证明，只讲理想信念、道德自律，缺乏严格的纪律约束、法律惩戒，对少数人也许可以，多数人肯定不行；短时间也许可能，长时期一定不能。多年来党的纪律不可谓不多，也不可谓不严，主要问题还是落实不到位，执行不坚决，选择性执法，严重损害了制度和纪律的权威。党的十八大以来，从中央到地方严格执行"八项规定"，雷霆反腐，高压执纪，就正在从根本上扭转这一局面。

另一方面，必须充分借鉴、运用人类创造的一切精神文明资源，坚定解放全人类的理想信念。在市场经济的条件下，"全党同志一定要坚守共产党人精神家园，把改造客观世界与改造主观世界结合起来，切实解决好世界观、人生观、价值观问题，练就共产党人的钢筋铁骨，铸牢坚守信仰的铜墙铁壁，矢志不渝为中国特色社会主义共同理想而奋斗"。如果任由利欲熏心、贪得无厌的物欲和肉欲横流，那么实施再严苛的纪律和法律，也难以遏制人性的贪婪。正如马克思在《资本论》中引用过的名言：资本的逻辑就是，如果有百分之五十的利润，就敢铤而走险，如果有百分之百的利润，它就敢践踏人间一切法律，如果有百分之三百的利润，它就敢犯下任何罪行，甚至冒着上绞刑架的危险。且不论共产党人"解放全人类"的境界，如果没有中国传统士大夫"修身齐家治国平天下"的抱负，"衣食足"却不"知荣辱"，长期沉溺于"马斯洛需求层次论"中低层次的"生理需求"而难以自拔，寡廉鲜耻，不仅不能"为官一任，造福一方"，还不择手段地非法追逐财富，这在某种程度上正是许多高级官员腐败堕落的根源。因此，习近平反复教育广大党员干部"作风建设永远在路上，各级领导干部都要既严以修身、严以用权、严以律己，又谋事要实、创业要实、做人要实"，就是要党员干部坚定理想信念，践行党的宗旨，加强道德修养，返璞归真，固本培元。只有绝大多数党员干部有了正确的价值导向，党的纪律约束才能发挥应有的功能。

"全面从严治党"的提出，是习近平对新时期全面推进党的建设新的伟大工程的再动员、再部署，而将"全面从严治党"纳入"四个全面"的战略部署，更是新一届党中央治国理政的重大指导思想，只有党真正践行"全面从严治党"和"依规治党"，才能保证我国"全面依法治国"和"全面深化改革"的推进，也才能保障"全面建成小康社会"战略目标最终实现。因此，党不仅理想主义地反复重申"人民是历史的创造者，我们党来自人民、植根人民，各级干部无论职位高低都是人民公仆，必须全心全意为人民服务"，而且现实主义地采取一系列举措来保证党的纯洁性和先进性，从"八项规定"到"反四风"；从"打老虎"结合"拍苍蝇"，从强调党员领导干部"三严三实"的作风建设"永远在路上"，到不断强调"增强党要管党、从严治党的自觉，提高党的执政能力和领导水平，增强党自我净化、自我完善、自我革新、自我提高能力"。党中央只有通过"全面从严治党"，严格"依规治党"的实际行动，才能不断赢得人民群众的信赖，从而保证"四个全面"重大战略布局的有效实施。

中国经济转型中的深圳

唐　杰

唐　杰

哈尔滨工业大学（深圳）教授、
博士生导师。原深圳市人民政府
副市长。

今天的演讲将分为两个部分，第
一个是中国最大的问题是要转型，转
型中的进展和面临的问题。第二个是
深圳是如何实现成功转型的。

一　新常态：转型与转型的困难

什么是新常态？习总书记讲得最清楚。他说，关于我国经济发展
进入新常态，我讲了多次，今天换个角度，从历史和现实的角度讲
讲。"十三五"时期，我国经济发展的显著特征就是进入新常态。新
常态下，我国经济发展的主要特点是：增长速度要从高速转向中高

速，发展方式要从规模速度型转向质量效益型，经济结构调整要从增量扩能为主转向调整存量、做优增量并举，发展动力要从主要依靠资源和低成本劳动力等要素投入转向创新驱动。这些变化是我国经济向形态更高级、分工更优化、结构更合理的阶段演进的必经过程。实现这样广泛而深刻的变化并不容易，对我们而言是一个新的巨大挑战。其中讲了下面四个内容。

第一个新常态就是增速从高速到中高速。大家都知道我们过去一般强调高速增长中的体制优势，因为有集中力量办大事的体制，所以才能高速增长。最近五年发现集中力量办大事并不能保证高速增长，是不是我们的体制有问题了？总书记的这个讲话后面有一句话，怎么解释从高速到中高速，新常态是一种客观状态，没好没坏。这句话的意思是什么？太阳早上从东边升起，晚上从西边落下去，这就是客观状态。不能说太阳升起来是好的，太阳落下去就是坏的。如果太阳总是升着或者是总不出来，就是长期的极昼或是极夜，人类就都没法生存。习主席还举了例子，人年轻的时候 10～18 岁长得很快，过了 18 岁就长得慢了。经济发展，从起飞到走向成熟的过程，也是如此。我国 35 年保持 10% 的增长速度已经是世界罕见了，不可能永远是持续 10% 的增长。需要经历一个经济增长率下台阶的过程。

第二个是发展方式的转变，过去是做大规模，现在要转向质量效益的提高。过去是拼命做规模，未来一定要提升水平。

第三个是要不断地做增量，现在增量要做优，存量要调整。最后一个是发展动力要从依赖于要素便宜转向为依赖于创新，要素便宜是指劳动力便宜、资本便宜、土地便宜。过去污染空气几乎是不收费的，现在从北京来的同志就一定知道，不收空气污染费的历史结束了，只要排放，那就要付费，要付更高的费用。劳动力成本不断提高，意味着劳动密集型时代结束了。

习总书记讲，中国经济要向分工更高级、结构更优化方向走，但要实现这样的转变会面临巨大挑战。过去三十多年我们习惯的招兵买马扩大规模的增长时代结束了，那时候实现增量很快，只要解放思想，三通一平，外资一进，劳动力便宜，土地便宜，空气污染不付费，就有高速增长。今后要靠创新驱动增长，要有质量地增长，问题是哪里有这么多的创新性的产品，哪里有支持创新而不是简单扩大规模的体制机制呢？这真是对我们的巨大挑战。

在实践中，中国经济增长方式转型面临什么问题呢？

首先是中国经济减速的时间长度和幅度已经超过了改革开放以来可比较的周期。以前的经济周期，增长率下滑 6～7 年就结束了，这一次已经差不多 10 年了，还在探底当中。这些年，年年要保增长，其结果是经济增长率还是不断向下滑。2017 年可能会接近底部，探底之后发生了什么问题呢？今后会不会从 6.7% 再回升到 10% 以上？我想大家都会同意这样一个判断，个别年份是可以的，但是长期增长率回到 10% 应当是很难做到了。

与经济增速下滑同时发生的是，过去支持中国高速增长的传统制造业，或劳动密集型、资源密集型和高耗能、高污染的行业所占比重在迅速下降。先进制造业、生产性服务业占的比重在上升，科研技术服务和金融业在上升，正在成为替代性支柱产业。前者总量大，下降得快，后者总量小，上升得快，合起来就是经济增长率下降与结构调整。这是我国经济从 10% 的平均增长率下降到 7% 以下的内在原因，是客观的、合理的，也是痛苦的，在痛苦中走向创新增长。

据世界知识产权组织 2016 年公布的 2015 年的数据显示，中国在世界知识产权组织当中的 PCT（Patent Cooperation Treaty，专利合作协定），在全球已经进入前三名。需要先说明的是，PCT 更加倾向于 ICT（Information Communications Technology，信息、通信和技术），IT 技术占有比较大的份额。从 PCT 排名中，可以看到我国创新的飞速发展，十多年前中国大陆排在 15 名左右，目前已经进入前三。美国排名第一，占当年总量的 26.3%，日本占 20.3%，中国占 13.7%。虽然我们取得了显著进步，但是当我们对比另一个数字时会发现，我们还有很大的差距。我们的经济总量是美国的 2/3，日本经济总量目前是我们的一半，我们在 PCT 申请份额的比例，只是美国的一半，是日本的 2/3。科学界很引人关注的现象是，日本出现了井喷式的诺奖增长，已经成为一个科技大国和科学大国。由此看来，我们要加快转型，加快走向创新大国的步伐。

从图 1 我们可以看到中国经济转型的成功，也可以看到转型面临的困难。下图右轴是投资率，是投资占 GDP 的比例。左轴是研究开发费用占 GDP 的比例。以广州为中心点，向右看，可以发现广州、天津、全国和重庆投资率在上升，其中，天津的投资率从 70% 上升到了 80%，全国平均从低于 70% 上升到超过 80%，重庆从 77% 上升到了 98.47%。这就是一个突出的问题，新常态要转型，要从投资拉动转向创新增长，多数城市和地区的经济增长仍然存在对投资的依赖。假如把投资率反过来，投资率的倒数是单位投资产生的 GDP，或者说是投资效率。我们可以清楚地看到，十二五期间，从广州向右的投资效率在显著下降。作为对比，我们可以看到，深圳、北京和上海的投资效率要高得多，单位固定资产投资，深圳可以创造 5.3 元 GDP，上海 3.9 元，北京 2.9 元，广州 3.3 元，天津 1.27 元，全国 1.2 元，重庆 1.02 元。这是转型的差距，更是中国经济面临的重大风险。当全国平均的投资效率降到了只有 1.01 的临界点时，会发生什么？这是一个大家都能得到的显而易见的结论。

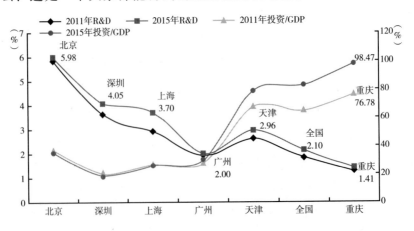

从"十二五"全国及主要城市投资、R&D 比例看转型的问题

我们可以继续研究左轴，R&D 占 GDP 的比例，京深沪都有明显上升，北京和深圳已经达到了全球的高水平点。从中得到的结论是什么？京深沪投资率下降的背后，是创新引领的增强。回顾历史，深圳也靠投资拉动，过去 30 多年，深圳在这 2000 平方公里上投了 4 万亿元左右，有效开发的土地大概 700 多平方公里，大概 1 平方公里投了 50 亿元。现在深圳越过了这个模式，上海、北京也超越了这个模式，从依赖投资增长转向依赖创新、依赖更高的投资效率而不是投资数量。

二　深圳转型取得了空前的成功

深圳是一个由无数传奇故事编织起来的年轻城市，是我国重要的经济、贸易、金融中心和创新城市。30 多年前，深圳起步时的经济总量大约是香港的 2‰，现在是 95%。2000 年的时候深圳的人均 GDP 大概是台湾的 1/3，现在是台湾的 1.2 倍。目前，深圳已经成为全球最重要的移动通信装备生产和技术创新的城市，在生物、能源、材料等领域具有全球领先地位。

放眼世界，我们应当找不到一个城市，能够在 30 多年时间里从一片滩涂的农业经济走向知识经济。我们应当有这样的理念，深入研究深圳的转型，复制深圳成功的经验，将会为推动我国经济发展提供一个范例。但很多人研究的结果是，深圳模式不可复制。深圳可以说处在不断的转型过程之中，几年就转型一次。深圳经历四个发展阶段，走出了一条由低向高、渐进快速的产业升级转型之路。

第一阶段，1985~1995 年 "以外商投资为主、生产以加工装配为主、产品以出口为主"，以廉价的土地和劳动力与香港形成前店后厂的中心 - 外围关系，到 90 年代初以 OEM 生产方式为代表的加工贸易企业成为支持经济超高速增长的重要力量，深圳产业规模得到迅速扩张。

第二阶段，走向模仿性创新的生产制造。1995 年上半年经济增

速大滑坡，产业加剧外迁，山寨现象出现，有了 Made in SZ
（Shenzhen）的戏称，这是德美日韩都曾经历过的，没有核心研发竞
争力，凭借模仿形成大规模生产能力的品牌生产。深圳曾经给全国人
民留下的印象是山寨。在发展经济学中，山寨现象其实具有极高的经
济价值，这是任何一个落后国家通过模仿走向工业化的必经之路。这
是经济增长理论中著名的"干中学"过程，也是获取知识外溢的过
程。细想想，全球没经过山寨的国家或经济体可能只有一个，就是英
国。德国、法国工业化都是模仿英国，美国工业化模仿欧洲，日本的
工业化是模仿欧美，韩国和中国台湾等又是模仿日本，山寨一点不可
耻。人类的很多创新是从自然界模仿来的。但假如只有模仿的规模化
生产，没有研发，就永远是山寨，就停在低端。深圳的幸运是在山寨
当中很快就走出自己的制造之路，拥有了现在的华为、中兴、比亚
迪、研祥等一大批品牌。

第三阶段，加快从深圳装配向深圳制造的转变。21 世纪初，华
为、中兴以及一大批具有核心技术居产业链关键环节的专业化创新型
中小企业群体崛起。以招商银行和平安集团为代表的创新性金融业开
始崛起。一个城市在走向大规模制造之后会走向横纵向网络化的产业
分工，以产业链为核心的分工体系推动了深圳的持续转型增长，这可
能是到目前为止全国其他城市还不具备的。举个最简单的例子，大家
都喜欢华为手机，华为 Mate7 推出来的时候最惊艳的是边框很窄，在
同样尺寸下屏幕最大。大家知道这个边框是谁做的吗？这么窄的边
框，是比亚迪做的。华为依赖产业分工，走向了只"创"不"造"
的过程，不断推出新产品，有一大批企业进入了华为产业链，与华为
一起创新成长。类似的例子在深圳比比皆是，分工与创新推动了新的
持续不断的创新。

柔宇科技是深圳新生代高科技企业，把手机显示屏做到 0.1 毫米
的厚度，标准的手机屏可以卷到一根铅笔芯粗细。当年我去参观，曾
经问，这不是噱头吧，真有用吗？公司创始人刘自鸿博士说，你不懂
技术，只能通俗地讲一下。你用手机不？一定都用。假如有一款手

机，使用柔性屏幕，可大可小，会如何？收起来可以是女士的发卡，男士的领带夹，打开就是手机，又节能省电，又方便携带。柔宇团队的部分成员是从斯坦福大学学成归国的，也是清华的学生。我当时问，为什么到深圳而不是中关村，他们说，中关村和深圳各有优势。深圳有一个庞大的产业分工体系，涉及制造的研发，在深圳最有效率。这样0.1毫米的显示屏上有10层，都已经不能用传统的硅片蚀刻法来做集成电路了，是用喷涂的方法做的，涉及力学、光学、材料学、物理结构，这些都是要和工程师在现场开发装备。离开深圳很难开发。柔宇科技公司，一部分设在硅谷，大部分设在深圳，还有部分在北京，利用全球的创新资源进行研究开发。这就是深圳，这就是产业链条，这就是创新。如果不研究产业链上分工与研发的关系，就很难了解深圳。

第四阶段，发力向深圳创造转型。目前，深圳新一代无线通信技术的专利已占全球的1/5，基因测序分析与装备制造、新材料、新能源汽车、显示技术等领域形成了居世界前列的自主创新能力。深圳引领了全球五代移动通信技术的发展，也在引领基因测序产业的发展。9年前华大基因七八个人来深圳，现在有了五六千人的队伍，拥有了超过全美国总和的基因检测能力。基因产业的重要性怎么估计可能都不为过。一个最简单的事实是，除了宫颈癌之外的其他癌症，都与基因突变有关。世界上癌症发病率最高的国家应该是日本，可能的原因是日本人的寿命太长，人老了，细胞裂变时会因为基因突变产生癌症。基因测序的本质是什么呢？是DNA，是双螺旋体，也就是0或1，这就是计算机编码，结果是生命是可以计算的。基因突变发生时，癌细胞可能还没有生成，肿瘤还未出现。基因测序就可以发现，然后可以用基因编辑的方式治疗。这也是中国传统的治未病。这应当不是梦，未来十年的科技进步是有可能实现的。20世纪90年代，美国倡导人类基因组计划的时候，10个国家的100位科学家用了10年时间花了39亿美元测出了一个人的基因图。现在只需花不到两万元人民币，一天就可以完成。我们习惯用摩尔定律来描述技术进步有多快，其实基因测序和分析的进步速度是摩尔定律的 4.5 倍。

新能源汽车是什么？比亚迪董事长王传福说，他的小目标是要让司机不再担心雨天、雪天路滑翻车。为什么在雨天、雪天会翻车？道理是，踩刹车的时候往往是一个轮子受力，就会跑偏、打滑、严重了就翻车。这是机械传动导致的问题，有经验的司机遇到这种情况一般是轻轻踩几脚刹车。电动车就不同了，车载电脑在 0.1 秒钟就会测出问题，可以自动调整车轮的姿态，让四个轮子着力。这就是他的小目标，消灭雨雪天因为刹车不当引起的翻车事故。如果我们说，福特汽车是零，此后的汽车产业发展就是 1，再没有革命性的变化。更加节能，更加舒适，比亚迪的目标就是从零开始的革命。这些观念在深圳慢慢被大家广泛接受，成为一个城市的象征。我们说美国企业伟大，不同的时代有不同的创新企业象征。现在说起美国企业，大家都会提到马斯克和特斯拉，以前会说微软，说英特尔，说卡内基·梅隆，说那些大得不倒的汽车业巨头。深圳就有这样的气质，不断地产生具有时代标志、引领创新方向的企业。

深圳和全国其他城市不同的是，拥有庞大的创新创业的企业家群体。深圳拥有上市公司 350 家，为中国之最。深圳过千亿的企业有近 20 家，过百亿企业上千家，过十亿的约万家。深圳地域狭小，缺乏自然资源，最富有的资源是企业家。企业家在不断推动深圳的创新。当然也可以反过来问，深圳为什么会产生这么多企业家？这样的问题是我们要研究的，创新是企业家行为，但如果没有一个好的体制、机制，企业家也无法有作为。

企业家与创新企业群体推动深圳成长为创新之城。表 1 是 2015 年世界知识产权组织公布的数据，2014 年 PCT 专利申请前 25 名的企业中，美国有 6 家，都是曾经让我们高山仰止的公司，高通、英特尔、微软、联合技术、谷歌和惠普；中国有 4 家半，华为终端单列，仔细一看，所谓中国 4 家就是深圳 4 家。大家对华星光电可能不了解，华星光电是深圳 5 年前和 TCL 合作建立的，有了华星光电之后，三星、LG 的基本电视面板开始退出中国。中国深圳 4 家企业当年申请的专利与美国大名鼎鼎的 6 家企业大致相当，说明了什么？说明中国公司依赖外国专利生产的历史结束了。

2014 年 PCT 国际专利申请 TOP25 中美比较

美国	专利申请数量	中国	专利申请数量
高通	2409	华为	3442
英特尔	1539	中兴	2179
微软	1460	腾讯	1086
联合技术	1013	华星光电	904
谷歌	914	华为终端	420
惠普	826		
总计	8161	总计	8031

世界知识产权组织 2016 年发布的 2015 年的前 10 名公司中，第一名是华为，第三名是中兴，后面是三星、爱立信。前 30 名里，美国 8 家，中国 5 家；美国总数 9041，中国总数 9272。扣除京东方加入华为终端后，深圳总数为 8487。由此可见，深圳是当之无愧的全球 PCT 专利申请第一城。

一个曾经如此落后的城市，只用了 30 多年时间就走向了世界创新的前沿，这就意味着，总结复制推广深圳的经验，对于推动创新性国家的建设具有重要意义。深圳连续 10 年占全国 PCT 国际专利申请的 50%，假如深圳的比例不占那么高，只占三成，北京、上海各三成，我们 PCT 专利申请就会超过日本，赶上美国。这就是转型，这就是创新。

从深圳的实践经验看，要实现经济发展方式的转型，需要做到发展观念的转变，第一是从重视资本积累转向重视知识积累。30 年来中国经济起飞时，招商引资是重中之重的工作。那时，最缺的是资本。历经 30 多年发展，最重要的不再是资本而是知识。没有钱是不行的，没有知识是万万不行的。创新首先是知识的创新，持续不断的知识积累才有持续不断的创新。第二是从重视物的投入转向重视人的投入。创新增长依赖知识，知识是人创造的。重视设备的投入是物的投入，凡是物的投入都会出现边际收益递减，只有对人的投入，用知识创造知识才会是持续的边际收益递增。以前我们听说谷歌的员工可以带着宠物上班就觉得不可思议。现在大疆创新科技有限公司的员工可以带着孩子上班，大疆公司办公楼有一层就是幼儿园。对于一家创新型的企业来说，打卡是不会有效率的，打卡只是标识时间，不能标识创造性的工作。

中国走向未来，工匠精神很重要、科学更重要。数字技术一夜之间可以淘汰大量传统的产品。深圳如何能够实现持续快速的转型？其中重要的原因，是深圳抓住数字革命的历史机遇，不断推动数字技术发展的优势。作为一座数字化的城市，深圳最富有的是超算计算能力和计算技术的产业化。深圳市投资建立超算中心，华为、中兴建立了覆盖全球的超算中心，深圳证券交易所是超算中心，华大基因是超算中心，光启研究院也是超算中心。大疆无人机是个跨界产品，在无人飞行器领域，摄像最好；在摄影领域，遥控飞行最好，其中的核心是数字技术。

还有一个需要关注的是怎么把产品做好，这是工匠精神。大家都知道汽车没有生产出来之前工匠把马车做得特别好。有一天汽车问世了，再好的马车也淘汰了。要面向未来，要从工艺转向科学。

最后要从重视服从转向重视分歧，工业化的特征是由下至上的服从。创新发展的根本特点是，要有创新性的思维，要提出创新性的设计，要能够生产出创新型的产品。但创新就是 0~1，从无到有，就要鼓励争论，鼓励分歧，管控分歧，而不是传统企业的服从。

如何面对风险社会

曹　峰

曹　峰

马克斯维尔公共管理学院博士，
清华大学公共管理学院助理教
授，清华大学中国应急管理研究
基地副主任，清华大学就业与社
会保障研究中心副主任，城市风
险治理项目负责人，国家核应急
响应技术中心咨询专家，亚洲开
发银行咨询专家。主要研究方向
为社会冲突管理、社会风险治
理、公共组织与治理。

有一部好莱坞的动画片，叫作《疯狂原始人》，讲的是原始人的
生活。一个地方只剩下一家一户，包括父母兄弟姐妹。一个邻居外
出，让猛犸象踩死了；另外一个出去，让老虎吃掉了；还有一个在外
面狩猎，让毒蛇给咬伤，最后不治身亡。电影里出现了一个漆黑的山
洞，这个山洞里布满了血手印，每条血手印底下都是一条教训：不出
去捕猎人会饿死；出去捕猎会被野兽吃掉；采野果爬树也可能掉下来

347

摔伤……这说明在蒙昧时代，人类社会初见雏形的时候已经有了风险，已经有了风险管理意识。现代社会更加复杂。德国社会学家贝克说，当今世界已经进入风险社会，这种风险不仅仅是个人风险，而且是全球性风险、结构性风险。

当下我们追求物质财富的积累，城市也在飞速发展，但是我们所构建的人造环境嵌套在一个自然环境底下，这个环境安全吗？天有不测风云，人有旦夕祸福，这是古人留给我们的很好的启示。大家特别关注的养生问题，实际上也是如此，谁不想活得时间更长，体会人生的快乐？有宗教信仰的朋友们也许会说，我还有来生，还有轮回。没有信仰的人说，可能我只活一辈子，生命非常有限，满打满算36500天。正因如此，人们对风险管理就更加重视了。

技术发展、经济进步也会给我们制造一些风险，产生一些威胁。比如暴雨、洪水、雾霾。北京最早最大的灾害是水灾，原因是北京水系比较发达，永定河经常泛滥，后来填湖、填河，所谓改造自然，形成今天这样的局面。现在肺癌发病率很高，恐怕跟气候有关系。北京地势非常好，三面环山，北风吹不进来，所以把首都设在这里非常合理。现在就发现出了问题，因为工业化社会，要求空气流动得越好越快。

一个学生让我看他的办公室，我去了一看，办公室窗明几净，但窗外左边是一个化工厂，冒着浓烟，右边是一个发电站，也冒着蒸汽。提到雾霾，我真的很感慨，治霾，仅仅限行，仅仅使用清洁能源是不够的，大范围使用清洁能源要耗费大量成本，确实面对非常大的困境。我去新疆，抵达喀什机场，在走廊桥的时候还是一片阳光灿烂，但是等行李的时候突然刮起了沙尘暴，行李上落了厚厚一层土。我在贵州亲历了山体滑坡，土块就在我们身后冲下来了。

还有二氧化碳排放、气候变暖、汽车尾气问题。清华大学2015年成立了国家治理研究院，成立典礼上，香港中文大学的王绍光教授做的一个演讲我现在记忆犹新。他的题目是"国家治理：欲望的治理"。王绍光讲的欲望不是个人、身体欲望，是这个社会形成的共同欲望。他说人有需要，叫 I need，人的欲望，叫 I want，want 就是欲望。人的需要不断增长，社会生产也围绕着这个需要不断提高；人的 want 的增长是以几何级数增长，现代社会最大的问题是 want 和社会生产之间的鸿沟。很多商业行为催生人们的欲望，但是这种欲望的增加，实际上以社会资源的消耗为前提。有的地方就把地下的煤炭变成了地上的砖头，砖头又变成了鬼城……要思考一个合理发展模式，否则我们面对的结果就是这样的。追求城市化的代价是昂贵的，这一点我们要有清醒认识。北京北面有一个县产煤，当地的老百姓称，北京四个电灯泡有一盏就是他点燃的，北京使用清洁电，但大家要注意节约。大的城市更要担负一些重要的社会责任。

我在美国念书，学校旁边有一个湖，湖水非常清澈，但是旁边有非常大的警示牌，说这个湖第一不能游泳，第二钓上来的鱼一定不能吃，原因是美国在工业化过程中，这个湖曾经被当作排污口，所以湖底淤泥里含铅含汞量非常大。曾几何时我们也是这样，急功近利追求财富的同时，颠覆了周围的生态环境，最后恶果恐怕还是由人类自己承担。城市修建垃圾填埋场，这个工程叫邻避过程，意思是这个工程要修，但是别修在我家后院，"邻里争相躲避"。

风险是某种事件发生的不确定性。确定发生的事情不叫风险，确定不发生的事情也不能叫风险。风险的不确定性体现在我们不知道什么时间会发生，在什么地方发生，造成什么样的损害。

科学技术也给我们带来风险。面对科学技术，我们正处在一个无知陷阱当中。比如 19 世纪时人们吸烟，那时候人们还不知道吸烟和肺癌有直接关联。说到吸烟有害，寻常人会说那个人既抽烟又喝酒，还活了 80 多岁、90 多岁，其实每个人是有差异性的，每个人的承受能力不一样，我们看待问题要用统计学思想、统计学概念。一些人喜欢反向思维，你越告诉他有问题，他越不在乎。你越告诉他没问题，他反而有疑问。你越告诉他没风险，他越是满腹狐疑。

杀虫剂滴滴涕在第二次世界大战过程中扮演了非常重要的角色，

因为当时在丛林中作战，有很多蚊虫传播疟疾，化学家米勒发明了对杀灭苍蝇、蚊虫、蟑螂很有效的滴滴涕。经过一段时间以后，有位著名的生物学家写了一本非常有名的著作叫《寂静的春天》，反映由于过度喷洒农药滴滴涕这类东西，鸟儿有死亡，鱼也出现了死亡，滴滴涕还会在人体内致病。

再比如转基因食品。迄今我们没有看到证明转基因食品有害或者转基因食品无害的研究。社会确实给我们提出了很大挑战。以前没有手机，大家也很快乐，也不需要这么紧张，手机一响就很紧张，人人都成了手机的奴隶，成为周围物质的奴隶，但是打手机有没有危害？手机厂商肯定不会做这个研究。

我们需要一个政府，最重要的原因在于，它能够有效地帮助我们管理风险，这才是合格的政府。政府很重要的责任就是帮助人们认识风险、了解风险，最终是管理风险、规避风险，甚至消除风险。一个厂商，在逐利的同时，能不能尽到社会责任，也是我们需要探讨的。

比如克隆，人类基因组破解。克隆一只羊大家觉得无所谓，西方人延伸思考，既然可以克隆羊，那么可以克隆人吗？克隆人跟本人是什么关系，怎么构建这种新的伦理呢？在科学突飞猛进的时候，我们也要停下来好好思考。

现代社会管理风险没有那么容易。能获利的时候，人们会规避风险，面对损失的时候，人们更乐于冒险。理性会指导你选择风险最低的方案吗？未见得，这是大家在选择风险的时候面对的困境。小概率高获益的事件，往往会激发人们获利的动机，比如买彩票；人们愿意付出5元以避免5000元的损失，比如买保险。人们在不同的决策框架之下会作出不同选择，风险的偏好是不同的，风险的偏好随着不同决策框架的变化而变化，人们会选择低风险。

人们对风险的感知各有不同。都说雾霾严重，有戴口罩的，有不戴口罩的，还有在雾霾当中跑步的。很多信息其实不是亲自到现场探测不到，更多是道听途说。根据媒体报道形成我们对世界的认识，周围的信息帮助我们建构了一个世界。大家谈核色变，特别是日本福岛核电站事故发生以后。讨论核电站风险的时候，40 人有 39 人认为核电站有风险，只有一个人没举手，她说因为她丈夫就是设计核电站的，她对核电有先天感情，她不觉得有风险。

现代社会的风险感知，必须亲自体验，就像餐馆饭菜好吃不好吃，任凭别人说还不够，你必须亲自吃，这还不够。含三聚氰胺的婴儿奶粉，刚吃的时候没什么反应，吃一段时间之后发现产生了问题，在风险感知这个问题上，有时间上的迟滞。没有技术手段的一般人，特别依赖专家，可是专家可能被人称为砖家。这种鸿沟是专家和公众感知同一个风险的时候产生的一种差异性。专家认为有危险的事情，公众可能认为没关系，有时候公众认为有问题，专家又在辟谣。这个时候我们对专家的意见就产生了；专家也不是全能的，他在某个领域研究得比较深入，但是对社会问题恐怕缺乏认识，在与市民沟通、答疑解惑、消除社会疑虑方面，未见得很在行，越讲，大家越疑惑；越讲，人们的恐惧心理越强。

政府在管理风险的时候，担心老百姓听到一些风险产生恐慌该怎么办？比如说地震，一经预报，社会秩序可能发生混乱，这也不是政府愿意看到的情况。在管理过程当中，实际上社会、政府、市场之间面临很大矛盾，管理起来确实不太容易，风险沟通面对一些障碍。

现在很多沟通都是通过新闻发布会实现的，特别是在"非典"时期受到重视。"非典"后期，有一些"非典"病人出院了，老百姓担心有没有传染性，在一次新闻发布会的时候，有记者代表公众提出了这样的问题，当时发言人的回答堪称风险管理、媒体沟通的典范。他说，首先我是一名呼吸系统的专家，从科学角度来看，没有证据表明这些治愈的病人还有传染性，但是也没有证据表明他们就没有传染性——他这么说很有道理。他说，如果我是一名普通市民，我的态度是，我宁愿相信他还有，要做好防护工作。今天我作为政府卫生局副局长向大家保证，如果有风险，政府能够控制得住，要给社会一个信心。他的答复从三种不同视角给出了回答。

管理风险大家有不同的选择，就看对风险如何认知、如何评价，很多有关风险的信息，会给我们构成不同的认知，对我们的理性提出很大挑战，这就需要社会构建一种风险管理的意识和风险管理的思想与方法。这对于每个人来讲非常关键。风险往往是突然发生，我们迎接风险的能力很脆弱，你真的有风险应对能力吗？这就是我留给大家思考的问题。

人口红利、劳动力红利与人口政策

黄少安

黄少安

中央财经大学经济学院院长，经济学家，教育部长江学者特聘教授，山东大学经济研究院（中心）院长。兼任山东发展研究院常务副院长，中华外国经济学会理事，山东经济学会副会长。主要研究领域：产权理论、企业理论、制度经济学和农村经济。先后获"孙冶方经济学奖"和"首届中国农村发展研究奖"等国家

级奖项。主要著作：《产权经济学导论》等。在《中国社会科学》《经济研究》等刊物发表论文多篇。

现在国家已经宣布全面放开一个家庭生两个孩子，如果每个家庭都生两个孩子，中国人口不会膨胀。人口红利、老龄化、劳动力红利和计划生育，包括产业升级这些有联系，但不是一回事。尤其是人口红利、劳动力红利与劳动力是不是短缺，没有必然关系。

中国现在出现了老龄化趋势。一对年轻夫妇面对 4 个老人，父母

还有岳父、岳母，甚至还有爷爷、奶奶或者外公、外婆，人们好像感觉到老龄化到了，人口红利减少了，或者是递减。这个判断我是认可的。但是，这种人口老龄化或者人口红利递减是一个趋势，还是一个阶段性现象，我们一定要准确判断。老龄化的规律是什么？日本、美国、加拿大、澳大利亚，这些国家出现所谓老龄化区域，高度发达，经济富裕，很多人不想多生孩子，生育欲望下降，不像中国人生育欲望强大，有传统文化等原因，当然人口增加太快，人均财富、人均GDP 都会下降。

再一个，年轻人的观念在变化，不愿意结婚，或者结婚后不愿意生孩子，社会学家可以找出很多理由。越富裕、越发达的国家老龄化的现象越明显，中国现在还比较穷，还是发展中国家，人均收入刚刚达到国际标准的中等收入，按道理不可能出现老龄化，但中国就突然出现老龄化了，从 2015 年开始这个趋势比较明显。准确地说，中国现在老龄人口占比提高，不是"老龄化"，应该是"老龄潮"，就是集中出现一波老龄人，它源于 20 世纪 60 年代的"婴儿潮"。

中国老龄化跟西方发达国家老龄化不一样。西方发达国家是富裕了才老龄化，我们是未富先老，到底是怎么回事？为什么有老龄潮？从 60 年代初到 70 年代初有一个婴儿潮，这个时期中国人口增长最快。为什么 60 年代会出现婴儿潮？源于我们国家 50 年代的生育政策。50 年代，经济学家马寅初发现中国人口增长太快，他到浙江、江苏等地区做调研实地考察，发现中国当时人口自然增长率超过 30‰，于是向中央提出控制人口的建议，因为中国土地资源有限，我们养活不了那么多人。60 年代，中国出现婴儿潮，形成了现在的老龄潮。假如我们再鼓励生孩子，又制造出婴儿潮，以后又是一个老龄潮。我们不要误解了刘易斯拐点，也不要误解了中国现阶段所面临的老龄化问题，同西方国家规律性的趋势性的老龄化不同，我们现在是阶段性的老龄化，是特殊情况，历史上造成的婴儿潮导致了现阶段性的老龄潮，是一个潮不是一个趋势。总体趋势来说，30 年、50 年、100 年以后，中国可能出现老龄化趋势，那时候可能会鼓励大家生孩子，但不是现在。

人口多、劳动力多不是绝对的坏事，肯定有好处，但是如果我们比较一下人口负担和人口红利，劳动力负担或者就业压力，中国人口数量还是太多。

现在中国劳动力到底是多还是少？按照中国法定的退休年龄，我们劳动人口有9亿，还不包括隐形失业等情况。而我们的劳动力需求只有8个亿，或者只有7个亿，如果考虑技术进步因素，需求更少。我们的就业压力还很大。为什么中国经济全世界第二，人均国民收入和人均实际可支配收入在全世界还是中等偏下？其中就是人口数量因素。

面对经济危机，中国跟美国和欧洲国家的第一反应是不一样的。发达国家第一反应是怎么应对失业，促进就业，再考虑怎么淘汰落后产能产业，然后使经济慢慢复苏增长。中国第一反应是保增长、保就业、保稳定，这个本能反应完全基于中国国情，人多需要就业的多，如果不保增长，一系列问题就来了。

怎么看待农民工工资上涨，或者企业工资成本上升？回到刘易斯理论，原来的农村剩余劳动力无限供给，这些企业招工的时候可以无限地压低工资，农民工没有办法。老一代农民工家里有一块地，后院有保障，800元工钱就可以。现在的农民工工资为什么涨？现在所谓的农民工实际上不是农民工，他们原来户籍在农村，但没有在农村生活过，高中毕业或职业学院毕业后不想回去，就一直待在城市，生活成本高了，相应地要求高工资。但这远远没有达到刘易斯拐点，本来应该一个月给5000元工钱，原来只给800元、1500元，现在给3500元、4000元，还是没有给人家应有的劳动力市场均衡工资。其次，企业有一个适应过程，企业原来管理水平不高，靠压低劳动者工资获得一种优势，现在技术创新不够，管理水平提高不够，工资成本涨上来了，企业觉得受不了了，好像刘易斯拐点到了，人口红利消失了，其实是劳动力红利减少了。

中国企业从现在开始劳动力工资成本提高，应该是个倒逼机制，要考虑怎么实现技术创新，怎么提高管理水平，无限度压低工资的时代过去了，你要适应。再不适应在国内没有竞争力，在国际市场更没有竞争力。

有人说，人口红利消失，刘易斯拐点到来，我们应该鼓励生孩子。人口红利和劳动力红利不是一回事，老龄化现象是有的，但刘易斯拐点并没有到，劳动力不短缺，有一些高素质的人才供不应求，而其他类型劳动力又供过于求，这种情况在全世界任何国家都是普遍存在的。严格意义上说，必须有一定的自然失业率。

如果劳动力短缺靠生育补充，面临这样两个问题：第一，人口红利是递减的、阶段性的、短期的；第二，老龄化问题和劳动力短缺问题，鼓励生育能不能解决。我们认可人口红利在递减，阶段性的老龄化现象，人口抚养比比较高，或者年轻人养老养小负担比较重。老年人口数量不变，也变不了，现在鼓励大家多生孩子，一定程度上提高了年轻人的负担，原来只要养两个老人一个小孩，现在再生一个孩子，就是养两个老人、两个小孩，人口红利就更少了，人口抚养比就更高了。

现在鼓励大家生孩子能解决劳动力短缺问题吗？只能弥补18年左右。但劳动妇女的劳动参与率会降低，怀孕抚养孩子的时候不能就业，还有其他家庭成员也要腾出精力照顾孩子，加剧了劳动力短缺。如果这种情况继续，中国人口肯定急剧增加，如果不控制人口总量，不优化人口结构，人口总量会越来越大。

目前每个家庭生两个孩子较为合理，生育政策不是简单地放松，应该是结构性的放松和结构性的紧缩结合起来。谢谢大家！

食以安为先

王 武

王 武

江南大学教授、博士生导师。原
江南大学副校长。全国人大第
十、十一届代表，美国瓦克苏曼
（诺奖大师）微生物研究所公派
研修学者，美国加州大学公派高
访学者，国家科技进步奖（生物
医药与生物工程组）评审专家
等。曾获霍英东教师奖、国家教
学成果二等奖，合作发明专利 20
多项。主编七本高校专业教材。
发表国际 SCI 论文近 80 篇、国内专业期刊论文 70 余篇。

民以"食"为天，"食"字出现于最早一批中国文字中，理所当
然。东南水乡和沿海地区先民曾以鱼为主食，最早的"食"字是
"鱼"的象形。有了熟食习惯后，"食"演化成炊具的形状。今天的
"食"字，依然保留着象形的痕迹。"食"为偏旁的汉字超过 100 个，
带"食"字的成语达到 200 多个。古代先哲孔子、老子、庄子等论

357

"食"精辟，《论语》中论"食"不下40处，包括食养、食安等思想。还有"两不厌、十不限、三限食、食寝、食药"等原则。《论语》里已经提及微生物对食品的污染；老子在《道德经》里论及"食税"，这个"食"包括摄取、包纳等意思；庄子提倡"随性而食"，"节食"。"食"融入品行，融入文化，具有物质和精神的双重意义。

食品安全始终挑战人类

先哲论及"食安"问题，可见人类早已受到食品安全的挑战。古代科技落后，社会欠发达，化学污染和生物污染问题非常严重。通过对年轻折寿的古尸进行检测，常发现遗存头发中重金属含量高，古代铜、铅、锡、汞的生产过程严重污染食物和水源，造成食品安全威胁。《宋会要辑稿》记载，开封府二百余大小河道全部由官府管理，河道如何分片监管，乱抛乱排行为如何依法惩处，皆有翔实规定。在食品微生物安全方面，古籍也多有记载。美国 Smith 教授写的 *The World's Religions* 一书介绍，佛祖释迦晚年云游四方，与平民交友。他的最后一天是在铁匠家度过，因食用腌肉（疑被污染）急性腹泻而"涅槃"。释迦虽圣人，但其肉体凡胎却遭遇了极为严重的食品安全事故。

广义上看，"食"涵盖食源、食物、食品，甚至饮食文化。食源指食物资源（农作物和畜禽等），食物指自然的或者加工后可食之物，天底下可食之物甚多，但未必都吃，或都能保证安全。食品则是从工业生产的角度强调"供食用的产品"。讲到食品安全，应该从广义的角度，从农田到餐桌，从牧场到杯碟，涉及食源、食物、食品生产、保藏、流通到餐饮的全过程。

任何事情都具有辩证关系。正因为自古以来食品安全问题普遍存在，脊椎动物在应对挑战中造就了神奇的免疫体系。如人的免疫球蛋白由两条重链和两条轻链组成，两两之间通过多个二硫桥相连，这种蛋白质非常稳定，且具有特殊的免疫功能。原则上，几千万种微小的有机物、病毒、细菌都可能是潜在的抗原，一旦侵入人的肌体，在安全下限范围内，可成为抗原，激发免疫体系产生针对性的抗体，接着抗体与抗原结合，生成沉淀素而排除威胁。当然，如果食物中的有害因子浓度太高，来势太猛，人体的排毒功能跟不上，抗体来不及对应产生，人的生命健康便受到威胁。

现今科学发展与社会进步大大提高了食品安全系数。化学研究进展使人类对有害化学物质深刻了解，法律条文规定了不准添加到食品中的化学品。生命科学的飞速进步，大大提高了生物安全防范能力。发酵生产的抗生素高效杀灭病菌，挽救了无数人的生命。不过道高一尺魔高一丈，抗生素在农牧业与医疗上的滥用，造成人、畜耐药性迅速攀升。人类过度追求口福，高密度饲养招致禽流感、口蹄疫等病毒流传时常暴发。为逃逸药物扼杀，病毒快速变异、优胜劣汰，抗药性愈来愈强。

除此人类还面临着食物缺乏和营养过剩的双重挑战，这也是需要辩证思考的食品安全的另一个范畴。很多人尚未意识到，今天中国人富裕了，然而死于慢性病的人口比例却不断攀升，达到 67% 左右。其中多数慢性病确因食品摄入过量，导致代谢紊乱，生理平衡破坏。现今年代营养过剩也是食品安全议题。

食品安全总的形势

科技发达的今天，人为造成的食品安全问题愈来愈突出，地源性污染量增加，掺杂使假案件频频发生，老百姓对食品安全问题广泛关注、比较担忧。中国人口占全球的 1/5，是食品消费第一大国，也是食品生产第一大国。2012 年全球食品安全综合指数排名中，在被评的 100 多个国家中，我国位居前 1/3，不算太高。安全检测大数据的向好性虽有所提高，但是食品安全隐患依然令人担忧。21 世纪以来，经过立案侦破、通报处理的食品安全事件达 5 万多起。部分边远农村地区贫困落后，人们普遍缺乏法律意识，发生食品安全问题未必会得到通报处理。

至于我国出口到东亚、欧美的食品，有些国家将中国进口食品安全问题等次排到较高的位置，其中有出口食品自身的问题，当然也不排除有对方偏见的负面影响。2014 年，据民间相关组织对国内消费者测评食品安全状态满意度调查显示，不满意的票数接近 50%。这说明民众对我国食品安全形势的态度并不乐观。

从食品生产到食品消费，每个环节都存在安全风险。土壤和水源的污染造成食品资源就存在安全问题，重金属、有害有机化合物迁移到食品原料中，很难通过加工的手段清除；食物半成品存储过程中添加的除虫、防霉、防腐添加剂等诸多化学物质不利于安全；食品加工过程中还要添加多种有机化合物，如合成色素、保鲜剂、增香剂等，滥用则具有安全风险。目前看来，食品安全方面影响面较大的板块，主要涉及食品化学安全，还有生物安全和转基因食品后效的不确定性等问题。

食品的化学安全问题

食品自身就是由各类化学物质组成的复杂体系，食品化学安全涉及深邃的学问。人类祖先尝百食、试百草，留下了丰富的典籍记载和非物质文化遗产，今天对现代人的食品安全仍起着指导作用。但今天人们对化学添加剂的功利性使用和过量添加是非常突出的问题。食品添加剂定义很清楚，是为了改善食品品质、色香味、防腐，增加营养，或者因加工需要而添加，除此之外，任何以牟利、推销等不良动机而添加的，都算违法。在我国《食品安全法》中，食品添加剂有明确分类和法定代码，分成 20 个大类，大类之下的品种也界定得很清楚。可能从生产的角度，还需要添加凝结剂、防腐剂等，从应用的角度，有的食品需要添加盐类、微量元素等。若按法规条例的范围和标准添加，又注明适合的人群类型，如按照标准添加的碘盐对缺碘人群而言，铁元素对贫血人群而言，有利于健康。非正态性添加或过量添加则有害。

一类通过发酵生产的有机物，如糖类、有机酸、氨基酸等作为食品添加剂则相对安全，这些是生命本身需要的初级代谢物，不过也不能过量，否则会造成营养过剩、代谢失衡。从科学角度出发，化学添加剂越少、食物越自然，也就越安全。原则上化学添加剂可不加则不加，一定要添加，就必须严格按国家法规颁布的品种、范围、剂量、添加条件和保质时限严格执行。据不完全统计，食源性化学污染和食品生产过程中的掺杂使假，像添加吊白块、苏丹红、三聚氰胺、工业牛黄等此类恶行依然屡禁不止。据不完全统计，在我国食品安全事件中，化学安全案例占70%以上，此类肇事者必须受到从重惩处，才能有效遏制。

食品的生物安全性问题

当今食品的生物安全性问题也提上议事日程。像毒草、害虫、有害微生物以及由之产生的生物毒素等都是生物安全防范对象。现今微生物安全问题特别突出，微生物是微米级（病毒甚至纳米级）的生命，看不见、繁殖快、爆发强、毒性大，风险高，可能引发肠胃、神经、血液、免疫系统的紊乱，有的可能具有致癌性。据不完全统计，食品的生物安全案例出现率不及30%，但有些案例中，人体受危害的程度极其严重。

肉毒芽孢杆菌在厌氧情况下，特别容易污染肉、鱼、蛋等。肉毒杆菌的A型毒素，是今天我们所认知的地球上最毒的生物毒素之一。这种神经毒素蛋白，通过切断神经与细胞间的信号，造成神经麻痹、肌肉瘫痪，甚至使人失去知觉，如果呼吸神经进而受阻，就可能毙命。粪便、肥料、沙土中存在多种病原性沙门氏菌，可穿越完整的蛋壳，在蛋内繁殖污染。沙门氏菌可造成非常严重的中毒性肠胃紊乱。众所周知，人的肠道里活跃着多种大肠杆菌。那为什么要检测自来水和食品中的大肠杆菌指标？因为某些大肠杆菌能产生内毒素，对人体有害，甚至某些特殊血清型的大肠杆菌具有强致病性，造成婴儿、幼畜、幼禽严重腹泻，甚至诱发白血病。

微生物安全方面，黄曲霉素（AFT）有剧毒。1993 年，世界卫生组织（WHO）癌症研究机构将其划定为一类致癌物质，AFT 破坏人和动物的肝脏，引发肝癌，甚至导致衰竭死亡。根据紫外线照射下 AFT 发出的荧光色谱，又分为两大族，B 族和 G 族，B 族毒性最强。AFT 容易污染粮食、饲料、干果等，动物饲料污染有 AFT 可间接由肉蛋制品带入人体。这种生物毒素是稠环化合物，类似结构的化合物多有致癌嫌疑。

不过在食品生产中也用到一些有益的微生物，统称之为工业微生物。有的细菌用来生产酶制剂、有机酸、氨基酸、糖类，有的放线菌也产生酶、糖类、维生素，更重要的是抗生素。当然酵母可生产酒类、甘油和一些药物。霉菌中，黑曲霉、毛霉、根霉等可发酵生产酶制剂、有机酸、豆腐乳、豆豉、酱油，等等。

转基因食品的褒与贬

有些食品可能来自转基因食源。通过对基因序列重组，可改良物种遗传特性，所谓转基因是把一种或者几种外源基因转移到一个特定的受体内，使之表达出外源基因带来的遗传新性状。如果用转基因手段改造生物，再用这种生物材料制作食品，这就是转基因食品。用转基因方法生产酶，再用之加工食品，有时也纳入转基因食品范畴。

转基因植物、动物和微生物都能在技术上实现，关键是原始动机，为什么要转基因？转入什么基因？技术路径是什么？转基因的动机分为几类：一是从生产者利益出发，实现优化生产方式，追求新的花式品种，获取更高的产量和更低的成本，有利于流通和存储。二是从消费者利益出发，提高营养价值，提高品种质量，降低价格，丰富品种花样。三是也不排除为了谋取国家特殊利益，造成技术垄断、贸易倾销，甚至制造生物安全威胁等邪恶动机。

转基因应用的例子不胜枚举，如创发生物医药全新的制造方式，由动物乳腺分泌乳铁蛋白，通过敲除负效基因，衰减其遗传表达。又如，削弱油菜籽中蛋白质的代谢途径，提高产油能力，结果不仅提高了产油率，还提高了油脂压榨率；或是用外源基因取代受体中同类但有缺陷的基因，改进表达产物的质量和产率；还有一类策略称之为"Shuffling"，将同类不同源的基因用同种 DNA 限制性内切酶切割，再随机拼凑组合，最终通过筛子巧妙地筛分出最好的组合子，如通过"Shuffling"手段得到理想的葡萄糖果糖异构酶，用于工业化生产果葡糖浆，便是成功的例子。当今时代，借助生物信息学大数据平台，可合成出任何一种基因，或全新设计组构非天然的基因，期待表达出从未存在过的蛋白质或酶分子，这就是所谓的"合成生物学"。将来创发出最佳营养搭配、最美感官效应的食品精品，也就不足为奇。

直接的转基因食物例子，如番茄红素增加 3.5 倍的转基因西红柿，番茄红素高，对抗癌、抗衰老有好处，还有含烷醇高的转基因西红柿也很受欢迎，通过本源基因拷贝数的扩增，提高益生物质的含量，这类转基因作物及食品是安全的。以延熟保鲜为目的转基因作物，使得果实成熟延缓，容易保藏，方便储运。还有抗盐、抗旱的转基因农作物也很有意义，帮助解决土壤劣化地区的产粮问题。2014年，首例生食用的生长激素转基因三文鱼上市，西方、日本基本上生吃三文鱼，虽然人的生长激素和鱼的生长激素不同，但转基因三文鱼的生长激素未经高温变性，起码不能作为儿童食品。现在转基因食源的开发非常迅猛，全球转基因作物种植面积公开报道的已超过 27 亿亩。我国有 100 多项农业转基因成果，包括水稻、玉米、大豆、油菜等，棉花和番木瓜 100% 为转基因。

转基因食品安全性问题始终是争论焦点。2016 年 2 月，俄罗斯宣布停止从美国进口转基因玉米和大豆。粮食和大宗油料的转基因育种在美国发展得非常快，美国玉米 90% 为转基因，大豆 93% 为转基因，且大量出口。20 年来，转基因安全性测试方面不断出现负面报道，如美国先锋公司把巴西坚果的基因转到大豆上，引起食用者过敏。1998年秋天，苏格兰 Rowett 研究所的科学家阿帕得·普斯泰（Arpad Pusztai）宣称他在实验中用雪莲凝集素转基因大豆饲养大鼠，随后，高比例的个体出现"体重和器官重量严重减轻，免疫系统受到破坏"。此言一出，即引起国际轰动，在绿色组织推动下，欧洲掀起反转基因食品的热潮。1999年5月，康奈尔大学教授洛希（Losey）在 Nature 杂志发表文章，称其用拌有转基因抗虫玉米花粉的马利筋草片饲喂帝王蝶幼虫，发现这批幼虫生长缓慢，且死亡率高达44%。此类学术研究的发布不断提醒着人们谨慎开发转基因食品，且注重长远性、综合性的利弊测评。转基因处理对象和方略各不相同，盲目肯定或全盘否定的评论都不科学，也不可轻信。

传统的、小宗的食源性食品基本上是非转基因的，建议可以多吃。正因为传统而小宗，没有人愿意花工夫、花高价去做转基因。国内的荞麦、小米、淮山药等基本上未经转基因育种，不妨多吃一点。

现阶段食品安全问题的主要表现与对策

由好几位院士牵头，20多个单位参与，做了大量的调查研究后，得出结论认为现阶段我国食品安全问题依然不容乐观。其一，病源性微生物污染，这是导致食源性疾病急性发作的重大因素，造成食用者死亡。微生物毒素污染频发，真菌污染食源事故有所上升，每年造成几千亿元的直接损失。其二，农药、兽药和肥料的滥用。农业生产改变了自然耕种模式，过量使用化学品施肥、杀虫、除草；畜禽饲养高密化，造成高污染、病毒传播、细菌感染；大量使用抗生素和激素，造成耐药性水平飙升。其三，农业面源性污染严重，且具长效滞留性影响，令人担忧。其四，非法掺杂使假，是现阶段中国食品安全方面典型的问题，中国食品产业结构不合理，小、散、低、乱，部分生产者和经营者素质低下，缺乏良知道德。有的地方尚未真正建立起严密的溯源监管体系，相关法律不完善，惩治还不够严。

欧美也经常出现食品安全问题，如欧洲和新西兰的奶粉问题，美国的大肠杆菌 O－157 问题，还有自来水污染事件等。在美国，也经常有人质疑食品安全，但若言语过头，食品公司会以诽谤罪起诉。著名的美国黑人主持人奥普拉在媒体上质疑牛肉安全，结果被食品公司起诉。诉讼时间长达 6 年，她花了百万美元诉讼费，最后才胜诉。一些国家不断更新食品安全的法律构架，对食品供给方加大监督。例如，美国食品药品监督管理局（FDA）在上海成立办事处。从农田到餐桌的监管采取无缝对接。为了保证可溯源食源，牛要戴耳环，鸡蛋要打码。钱钟书先生说，吃个蛋，你何必要知晓是哪只鸡下的？今天吃个蛋就是要知道是哪只鸡下的，如果鸡蛋有安全问题，就必须追溯到禽蛋产家。

美国两大系统 USDA 和 FDA 同时负责食品安全监管，具体技术标准不完全一样，但美国政府要求翔实对比，不偏信单方意见。他们的测试、评估、通报、惩处等体系，相对而言比较完善。笔者的校友杨红博士在 FDA 开发出食品微生物安全的虚拟动态仿真模型，用数理方程、动态表达手段对美国食品工业实行就地实时追踪监控，终获得 FDA 最高奖。在食品安全的网络和智库建设方面，美国已建成"有害细菌分析"国家监测网，通过对疑似菌特征基因片段的检测，很快就能在智库里搜索出致病源。

未来 10～20 年时间内，环境污染和食品安全仍然是长期存在的问题，区域发展不平衡，人口素质有落差，企业结构不合理，社会分工太细化等，也会带来新的安全风险。农村依然是最严重的食品安全灾区，加上农村地表水源污染严重，对于不适合生产食品的地域和环境，必须坚决取缔食品产业，另找出路。

近年来，我国对食品安全的管控更加重视。要想缓解食品安全的困扰，必须推进"共治、共责、共建、共享"的原则，建立生产者、行业协会、消费者、政府部门"四位一体"的社会共治体系。首先，要明确食品生产链各环节的生产者是第一责任者，该方有责任确保食品安全达标，成为良心企业家；其次，食品生产行业协会不可推卸其责任，此类协会存在的意义，主要是为了建立行业内安全监控标准，推进对食品质量的监督，并帮助建立真正的第三方评估认证体系；最后，要加大消费者知情权，宣传食品安全重要性，对转基因食品设立专柜，建立吹哨人制度，即问题爆料制度，鼓励吹哨人及早发现食品安全隐患，维护消费者权益。当然政府主管部门更是主要的立法方、管控方，地方食品安全管理条规只能严于并细于上一级颁布的条规，要针对当地小型和个私食品企业，施行经常性抽查监管举措。

食品安全工程其实也是良心工程。随着国民受教育程度的提高，社会舆论的普遍关注，相关科普教育的推广，公民对环境生态保护意识的增强，食品安全文化体系的完善势在必行，食品安全防范软对策的作用将发扬光大。食品安全更是责任工程，国家成立"食品安全委员会"，能够避免"九龙治水"乱象，有了最高一级的主管部门，开展了科学策划的调研和分析，逐步形成了明确的指导思想，治理食品安全问题就有了希望。深圳是改革开放的标杆城市，始终受到全世界瞩目。但深圳人口组成复杂，食品来源多元化，气候条件容易滋生微生物等，希望深圳早日建成相对完善的食品安全防控体系，为全国各地树立标杆。

六

国学养生

保慈贵柔与小国寡民

——《老子》的思想主旨及其读法

张丰乾

张丰乾

中山大学哲学系副教授。曾任香
港中文大学哲学系中国哲学与文
化研究中心副研究员。主要著
作：《出土文献与文子公案》
《诗经与先秦哲学》《哲学觉解》
《庄子天下篇注疏四种》。发表
学术论文 30 余篇、杂文 50 余
篇。

引言　当孔子向老子求教

今天很高兴和大家分享我读书的一些粗浅体会。

先说一件曾让我惊讶的事情。现在人教版小学三年级的语文教材
里有一篇课文叫作《孔子拜师》，这是之前没有的。我开始听我儿子
讲起来时还觉得欣喜，认为孩子们对于传统文化的理解可以得以深化

了。但看了课文内容之后，我觉得很疑惑。课文内容如下：

> 在洛阳城外，孔子看见一驾马车，车旁站着一位七十多岁的老人，穿着长袍，头发胡子全白了，看上去很有学问。孔子想：这位老人大概就是我要拜访的老师吧！于是上前行礼，问道："老人家，您就是老聃先生吧？""你是——"老人见这位风尘仆仆的年轻人一眼就认出了自己，有些纳闷。孔子连忙说："学生孔丘，特地来拜见老师，请收下我这个学生。"老子说："你就是仲尼啊，听说你要来，我就在这儿迎候。研究学问你不比我差，为什么还要拜我为师呢？"孔子听了再次行礼，说："多谢老师等候。学习是没有止境的。您的学问渊博，跟您学习，一定会大有长进的。"

> 从此，孔子每天不离老师左右，随时请教。老子也把自己的学问毫无保留地传授给他。

这和历史典籍上所记载的孔子向老子求教的过程出入很大：老子知道孔子要来，还在路上等孔子，又被孔子认出，双方都十分客气——这些都是很滑稽的描述。

依据《史记·老子列传》和《史记·孔子世家》所载，老子对孔子讲的话语气非常严厉，内容以告诫为主。这符合老子的思想特征，就是冷峻而深邃。老子给孔子的忠告是："聪明深察而近于死者，好议人者也；博辩广大危其身者，发人之恶者也。为人子者毋以有己，为人臣者毋以有己。"大意就是，你自己非常聪明，论辩能力非常强，可是你总是盯着人家的短处，非议别人，攻击别人，实际上这会危害到你自身。无论是作为儿子，还是作为下属，都不要自以为是。孔子给老子留下什么印象呢？"骄气与多欲，态色与淫志。"孔子本人大概没有注意到，他的行为举止在老子看来有些扬扬得意，觉得自己读了很多书，有很多抱负，志向非常宏大。老子告诫孔子："是皆无益于子之身"——这些对孔子本人没有什么益处。老子还提醒孔子，写书的人和他所写的书不能等同起来。如果时机合适，君子就出来做事情，为朝廷效力；如果时机不合适，也可以过一种非常自在、物质条件相对简陋的生活。老子说，好的商人，财富藏得很深，容貌也很谦虚，意在提醒孔子要做到"深藏若虚"。

难能可贵的是，孔子听了批评以后，不仅没有辩解，而且对他的弟子说："鸟，吾知其能飞；鱼，吾知其能游；兽，吾知其能走。走者可以为罔，游者可以为纶，飞者可以为矰。至于龙，吾不能知，其乘风云而上天。吾今日见老子，其犹龙邪！"大意是说他知道鸟在天上飞，鱼在水里游，野兽在地面上跑。跑得快的可以拿网把它套住，在水里游的可以把它捞上来，在天上飞的可以射中它；可是，龙乘飞云上天，没有办法控制它，所谓"神龙见首不见尾"。孔子说他看到老子就像龙一样。我想孔子对于老子的这种赞誉和评价，可以说其中的推崇之情是无以复加的。《史记·孔子世家》记载："孔子自周反于鲁，弟子稍益进焉。"也就是说，孔子学问的长进及影响的扩大，和老子有莫大关系。《史记·仲尼弟子列传》中则记载："孔子之所严事：于周，则老子。"孔子是很认真地向老子学习的。

《礼记》等经典中还记载了孔子向老子问礼的具体情况。西汉从武帝开始，朝廷推行的政策是独尊儒术，到东汉更是如此。但是，两汉时期的众多石刻中，孔子向老子求教仍然是常见的题材。福建泉州清源山的"老君岩"闻名遐迩，一般认为是雕成于宋代的老子石像，是中国最大的石刻雕像，也说明老子在历史上的影响非常深远。到了明代，孔子问礼于老聃还是常见的绘画题材。而现在有一些所谓儒者，门户之见非常强烈，否认孔子向老子学习的记载；并攻击老子、攻击庄子、攻击道教和佛教，言辞鄙陋，见识短浅。和孔子相比，他们的心胸更是狭隘。

一　老子其人与《老子》其书

根据《史记·老子列传》记载，老子出生在"楚苦县厉乡曲仁里"，有人说是指今天的河南鹿邑，也有说法是指安徽涡阳，两个地方现在在打官司，争做老子故里。老子姓李，名耳，字聃。唐代以道教为国教，为什么？因为他们认老子为先祖，他名耳字聃，聃的意思是耳朵长得特别长、特别突出，他的职务是周守藏室之史也，相当于现在的国家博物馆馆长，负责管理国家历史文物。所以老子对历史上的祸福得失有很多思考。

司马迁评论说，老子"修道德"，老子的思想主旨，不但讲"道"是什么，"德"是什么，而且按照"道"和"德"的内涵去修行。老子的思想非常深邃，但是他不会刻意突出自己，"居周久之，见周之衰，乃遂去"。他在东周的时间很长，看到周朝日益衰落，于是离开周朝，"至关"，有人说是到了函谷关（属今河南省灵宝市），有人说是到了大散关（属今陕西省宝鸡市）。守关的官员对他说，您就要去隐居了，还是勉强给大家写本书吧。"于是老子乃修书上下篇，言道德之意五千余言而去，莫知其所终。"这就是《道德经》的来历。有关老子出关也是很多艺术创作的题材，当然，司马迁的记载有一些也是根据传说而来。比如说老子有 160 多岁，甚至 200 多岁。他长寿的原因是什么？司马迁认为就是因为他"修道而养寿"，效果非常好。司马迁总结说，老子是个隐居的君子，从来不特意突出他自己的身份，这也是老子对于自己"无名"思想的实践。

司马迁说："世之学老子者则绌儒学，儒学亦绌老子"；"道不同不相为谋"。就是指儒家和道家思想的信奉者，在汉代或更早的时候就开始互相攻击，一直延续到现在。老子的生平尽管有些扑朔迷离，但他的思想却被写成文字，流传于世。

记载老子思想的书籍是《老子》，又被称为《道德经》。但《老子》这本书又很特别，版本非常多，就我们目前能够看到的，有传世的，有出土的，有写在竹简上的，有抄在丝绸上的，有的是石刻的，有的是手抄的，当然也有印刷。北齐后主高纬武平五年（公元 574 年）在彭城（今江苏徐州）项羽妾的墓里，发现了陪葬的《老子》，被后人称为"古本《老子》"。1973 年，在长沙马王堆西汉墓当中，也出土了《老子》，是抄在丝绸上的，非常完整，而且有甲、乙两种，这个帛书本现在已经整理出来了。时隔20年，1993年，在湖北郭店又出土了战国时期用楚国文字抄写的《老子》，但是郭店的《老子》只有5000字的1/3，大概1600字。北京大学前两年又从文物市场上收购了西汉竹简本的《老子》。

《老子》的注解也非常多。最早系统注解《老子》的是战国时期韩非子所著的《解老》和《喻老》。《解老》就是从理论上解释老子，《喻老》就是引述一些故事来印证老子的思想。《解老》和《喻老》都收录在《韩非子》一书之中。

《老子河上公章句》则是西汉时期从养生方面讲解《老子》的著作，是现存《老子》注本中成书较早、影响较大者，每一章都有题目。魏晋时期有一位非常年轻的、非常有才华的学者王弼作了《老子注》，对老子的哲理有非常重要的发挥。仅明代正统《道藏》所搜集的《道德经》本文和注本就有41种之多。我们非常熟悉古代一些大学者和名人，如孙思邈、唐明皇、司马光、王安石，乃至王安石的儿子王雱，都为《道德经》做过注。据不完全统计，《道德经》现在已经被翻译成30种语言，同一种语言甚至有上千种译本。而据联合国教科文组织统计，《道德经》也是被翻译成最多种文字的思想经典，所以也在世界范围产生了非常重要的影响。

二 对《老子》思想常见的误解

《老子》流传很广，可是对老子的误解也特别多。有人说《老子》是讲权术、讲阴谋的，甚至说他是厚黑学的鼻祖。最常见的误解就是认为老子的思想是消极的、倒退的、复古的。比如著名学者李泽厚先生在他的名著《中国古代思想史论》中说过，《老子》就是老子要人们像动物一样浑浑噩噩地生活，这种误解到现在还比比皆是。同时，还有另外一个极端，有一些人推崇老子思想，动辄就说只有老子的思想能够拯救人类，或者鼓吹老子的思想中有惊天的秘密，而对于《老子》的文本又做出了很多似是而非乃至荒谬可笑的解读。所以，我们读书之前，先要有合适的态度和恰当的方法。

（一）经典是"糟粕"？

不妨从《庄子》书中的有关记载说起。《庄子·天下篇》非常推崇老子，称老子是"古之博大真人"。而《庄子·天道篇》不仅记载了孔子往见老聃的故事，也记载了一个"轮扁对桓公"的寓言，对我们今天怎样读《老子》也很有启发：

> 桓公读书于堂上，轮扁斫轮于堂下，释椎凿而上，问桓公曰："敢问公之所读者何方邪？"公曰："圣人之言也。"曰："圣人在乎？"公曰："已死矣。"曰："然则君之所读者，古人之糟粕已夫！"桓公曰："寡人读书，轮人安得议乎？有说则可，无说则死。"轮扁曰："臣也，以臣之事观之。斫轮，徐则甘而不固，疾则苦而不入。不徐不疾，得之于手而应于心，口不能言，有数存焉于其间。臣不能以喻臣之子，臣之子亦不能受之于臣，是以行年七十而老斫轮。古之人与其不可传也，死矣，然则君之所读者，古人之糟粕已夫！"

"桓公"估计只是一个代称，但他在堂上读书，说明很好学。名为"扁"的工匠正在堂下做车轮，阿扁可能是注意到了桓公读得入神，所以放下锥子和凿子，问桓公正在读的是什么书。桓公说："是圣人的书。"这位叫阿扁的轮匠又问："圣人还活着吗？"桓公回答说："已经死了。"阿扁随即说："那您读的只能是圣人的糟粕了！"桓公厉声斥责："我在读书，你一个匠人，凭什么妄议我读的书？！你能说出个道理来，还则罢了；说不出道理，就要被处死！"可见，桓公十分任性。阿扁就拿他自己做车轮的体会来说，粗糙一点或者顺滑一点，要恰到好处，否则过松过紧都不会做出好车轮。而"得心应手"的技能，父子之间都无法传授，所以他尽管年逾古稀，但还得要亲自做车轮。由此可见，圣人的精妙思想，也是不能言传身教的，也必会随着圣人的去世而被带走，留下来的只不过是些糟粕罢了。

庄子在这里所强调的是，最核心、最要紧的一些理念和技能，人和人之间不能完整传递，比如京剧、昆曲等很多传统艺术，一个"空前绝后"的大师去世以后，这个时代就结束了。大师们留下的书籍确实如酿酒之后留下的糟粕一样，都不是最精粹的了。庄子的意思就是，读书不要拘泥于形式，掌握它的精髓且有亲身体会才是要紧的。《淮南子·道应训》中引用了这个故事，文末就是用《老子》中的"道可道，非常道；名可名，非常名"作为结尾。

和经典的作者本人相比，经典当然是副产品。但是，经典一旦形成，又具有独立性，是思想和行为的依据；同时随着时空的变迁，也具有可被重新解释的空间。对于怎么对待经典，还是可以借用孔子所讲的话："温故而知新。"我们一方面需要对古代圣贤和他们的经典有尊敬之心，不能冷漠和轻慢；同时也要耐心阅读、积极思考，得出自己的切身体会，达到"得心应手"的美妙境界。

相比于其他思想家，对老子思想所存在的误解或争议尤多，比如，"小国寡民"是不是反对技术进步；"守雌贵柔"，是不是甘做弱者；柔弱会不会被人消灭；"无为而无不为"是不是厚黑学；老子是不是推崇愚民政策，等等。

（二）老子推崇"小"和"弱"是不求进步？

"小国寡民"是老子的社会理想，他是这样描述的："使有什伯之器而不用；使民重死而不远徙，虽有舟舆，无所乘之；虽有甲兵，无所陈之；使民复结绳而用之。甘其食，美其服，安其居，乐其俗。邻国相望，鸡犬之声相闻，民至老死不相往来。"这就是说，人们的社会关系和交往完全可以减少到最低限度。不是没有往来的可能，而是没有往来的必要。小和寡是什么意思呢？我们可以理解成动词，是国小和民寡，目前世界上幸福感最强的几个国家都是小国寡民。从政治哲学角度讲，老子说"治大国若烹小鲜"，更多的资源、更多的权力可以下放到民间，下放到社区，而不是所有的事情都由国家包办；同时要减少变革，防止扰民，从而使社会真正安定。

老子的总体思想主旨，不是看重坚强，而是看重柔弱。在《淮南子·缪称训》里面记载了一个非常有意思的故事，就是老子拜见自己的老师商容，"容张口曰：'吾舌存乎？'曰：'存。'曰：'吾齿存乎？'曰：'亡。''知之乎？'老子曰：'非谓其刚亡而弱存乎？'容曰：'嘻！天下事尽矣。'"

商容指着自己的嘴巴对老子说，你看看我的牙齿现在还在不在？因为他年龄很大了，牙齿掉光了，看看我的舌头还在不在？回答说，舌头还很好，还很灵活，可以从这个角度理解柔弱胜刚强的道理，这是从人的生理结构来讲的。这个故事可能也是杜撰的，强和弱实际上相辅相成，但是老子觉得柔和弱更为根本。

《老子》第55章讲道："含德之厚，比于赤子。毒虫不螫，猛兽不据，攫鸟不搏。骨弱筋柔而握固；未知牝牡之合而朘作，精之至也。终日号而不嗄，和之至也。知和曰'常'，知常曰'明'。益生曰'祥'，心使气曰'强'。"意思是，德行修养深厚的人，好比是心底赤诚的婴儿。一切凶险的毒虫猛兽都不能把灾难降临到他的头上。筋骨弱小柔软，但手攥起来却很牢固；不懂得两性的交合而生殖器常常饱满，是精粹达到极致的表现；整天哭叫，但喉咙始终不嘶哑，是和润达到极致的表现。懂得"和"叫作"常"，懂得"常"叫作"明"。使生命获益叫作"吉祥"，思想能主导血气叫作"强健"。老子主要以"含德之厚"者与"赤子"相似的形象和特征来揭示什么才是"德"的特性，他也不是片面地否定"强"，而是认为血气方刚之时，应该做主宰的，还是柔软的"心"。有一些人驻颜有术，可以做到鹤发童颜，最关键的就是有赤子之心，德行非常淳厚。

（三）是不是鄙视人才，反对竞争？

《老子》第3章里面确实讲道："不尚贤，使民不争。不贵难得之货，使民不为盗；不见可欲，使民心不乱。是以圣人之治，虚其心，实其腹；弱其志，强其骨。常使民无知无欲，使夫智者不敢为也。为无为，则无不治。"殊不知老子主张在"愚民"之前，先要"愚圣"（而不仅仅是"愚王"）。"不推崇有才干的人"，"不把稀有的东西看得贵重"，"看不见足以引起欲望的东西"，都是指最高统治者应该做的事情。只有统治者自己"头脑简单，心智柔弱，填饱肚子，四肢发达"，才能"永远使百姓什么也不懂，什么欲望也没有"。这样，那些有智巧之心的人也不敢轻举妄动了。依照这种"无为"的原则办事，就没有治理不了的事情。"虚其心，实其腹，弱其志"的三个"其"字，皆指"圣人"而言，正如"不见可欲""不贵难得之货""不尚贤"的主语都是"圣人"一样。这种思想不是只关心统治者的既得利益，而是要他们彻底放弃一切既得利益。有几个统治者能做到这样呢?！一部《儒林外史》就是"知识精英"在"尚贤"的政策下人格被扭曲、身心被摧残的画卷。"尚贤"的社会吃掉了宝玉、吃掉了黛玉，也吃掉了一切"狂人"，因为他们都不符合"贤者"的标准。成为"贤者"是要符合条件、付出代价的。所以庄子宁愿"曳尾涂中"，也不愿意成为冠冕堂皇的牺牲品。贤与不贤，在有权柄者的眼里，乃是"说你行（不行），你就行（不行），不行（行）也行（不行）"。在"尚贤"的环境中，一旦被当成"不值得'尚'的人"，其境遇是可想而知的。而且"贤者"的称号与地位往往被沽名钓誉之辈、欺世盗名之徒所窃取，即使是本来善良的"贤者"，在被"尚"之后，或者不堪"贤者"之重负而害己，或者忘乎所以而害人。一批又一批的"贤者"此起彼伏地败露，甚至摩肩接踵地入狱。公众被"贤者"欺骗之后，就会对所有的"榜样"和"典型"产生怀疑和拒斥的心态，正与"尚贤"的初衷背道而驰。真正的贤者，做了好事是他应尽的本分，受到爱戴是他应得的回报，没有"尚"与"不尚"的问题。有越来越多的人觉得整天像牛马一样疲于奔命、像猪狗一样忍气吞声，需要越来越多的心理医生，不就是因为处处有"尚贤"的骗局吗？

在竞争日益激烈的社会里，即使在日常生活中，"不尚贤"的思想也显得越来越重要。不尚贤就是你自己在处于被"尚"的状态下，放下架子，平易近人，知道"天外有天"的常识，放弃"天下第一"的狂妄和"舍我其谁"的自负。而在不被当作"人才"的情况下也可以超越名分、等级、贫富的差距，回归自我，更多地享受生命本身的乐趣。

（四）是不是否定物质财富？

《老子》第 12 章里面讲道："五色令人目盲；五音令人耳聋；五味令人口爽；驰骋畋猎，令人心发狂；难得之货，令人行妨。是以圣人为腹不为目，故去彼取此。"很多人批评老子说，老子的思想多么保守，多么愚民，他反对好看的东西、反对好吃的东西、反对好玩的东西，这怎么行呢？我们想想，所有的假冒伪劣产品，为什么有人上当？要么是颜色，要么是形状，要么是功利，要么是价格，总有一方面会吸引你。如果长期听那些高分贝的摇滚乐，就会反感高雅音乐；有些人听惯了高雅音乐，就觉得通俗音乐俗不可耐。同样是古典音乐或通俗音乐，也会产生这样那样的争论。生活中其他很多方面都是这个样子的：五音、五色、五味都会使得人们的感官停留于浅薄的满足中，从而导致功能退化、偏见盛行。

老子说："圣人为腹不为目"，食物的功能就是要解决饥饿问题，可是很多情况下，我们经不住诱惑，而不是生理必需，就会被欲望牵着走。在现代商业社会里，广告业非常发达，就是千方百计挖掘刺激控制人们的欲望，然后形成一种消费的怪圈，或者形成一个消费的泥潭。我们应该怎么办呢？就是要像老子说的"去彼取此"，"彼"就是表面浮躁的东西，"此"就是根本朴实的方面。

（五）是不是反对人际交往？

老子所说的在小国寡民的状态下，"民至老死不相往来"，不是"不要往来"，而是因为百姓"甘其食，美其服，安其居，乐其俗"，"没有往来的必要"。这种理想社会的前提是摒弃用兵打仗的"什伯之器"，虽然有快船大车，也派不上什么用场。老百姓只要结绳记事就可以了。后世所谓"刀枪入库、马放南山"，不也是休养生息的前提条件吗？

司马迁在《史记·货殖列传》里也引用老子的思想，说："太史公曰：夫神农以前，吾不知已。至若《诗》、《书》所述虞夏以来，耳目欲极声色之好，口欲穷刍豢之味，身安逸乐，而心夸矜势能之荣。使俗之渐民久矣，虽户说以眇论，终不能化。故'善者因之，其次利道之，其次教诲之，其次整齐之，最下者与之争'。"司马迁感慨神农氏以前的情况他不知道，至于像《诗经》与《尚书》上所描述的虞舜以及夏朝以来的情况，则是人们总是要使自己的耳目口腹之欲尽情地得到满足，身躯尽量处于安逸兴奋的环境，而精神上还要炫耀自己的权势与能力，使这种风俗浸染百姓的思想已经很悠久了，即使用美妙的言辞逐家逐户地去劝说他们，终究也不能使他们的精神淳化。所以，如老子所言，对掌权者而言，最高明的办法首先是顺应民众，其次是诱导他们，再次是教育他们，又次是束缚他们，而最不可取的办法是与民众争夺资源和利益。

三　保慈·贵柔·守雌——无为

"慈"是老子所推崇的"三宝之一"。

> 我有三宝，持而保之：一曰慈，二曰俭，三曰不敢为天下先。夫慈，故能勇；俭，故能广；不敢为天下先，故能成器长。今舍慈且勇，舍俭且广，舍后且先，死矣。夫慈，以战则胜，以守则固。天将救之，以慈卫之。（《老子》第67章）

显然，在"三宝"之中，老子更看重"慈"。从古至今，慈爱的妈妈都是最勇敢的，为了自己的孩子可以承受一切苦难。但是老子同时又讲道："勇于敢则杀，勇于不敢则活。"勇还要有智慧，还要看好时机；"不敢"意味着谨慎和戒惧，比血气之勇更为难得。为什么在野生动物园里会发生老虎吃人的事情，就是我们一直禀持以人类为中心的思维方式，把它们当成玩物、宠物，就很难有一种平等意识、畏惧心态，更没有和它们和谐自然相处的能力，结果反而成为受害者。

佛教讲"无缘大慈，同体大悲"。《道德经》也有类似的思想："是以圣人常善救人，故无弃人；常善救物，故无弃物，是谓袭明。"老子的意思是，圣人常常善于补救别人，所以不会放弃任何一个人；善于补救万物，所以不会废弃任何一种物。这是老子非常宝贵的一种思想，今天要建立健全各种资源保护和社会保障制度，离不开这样的指导思想。即使是在战争之中，无论是进攻还是防守，"慈"也是可贵的品质：不以杀人为乐。同时，人类的"慈"可以和上天的救助相配合，从而使得患难解除、天下安定。

老子进一步阐释，从人的身体状态来说，人生下来都是非常柔弱的，草木也是这样的，柔弱是生命的状态。运用到军事方面，给我们的启示则是，不要认为暴力可以解决一切，过分强调军事就会导致覆灭。假如舍弃了慈爱而选择冷酷，舍弃柔软而选择强硬，舍弃节省而选择铺张浪费，结果都是非常危险的。

"保慈""贵柔"实际上都是"无为"的重要体现。《道德经》第2章讲，"天下皆知美之为美，斯恶已。皆知善之为善，斯不善已。故有无相生，难易相成，长短相形，高下相倾，音声相和，前后相随；是以圣人处无为之事，行不言之教，万物作焉而不辞；生而不有，为而不恃，功成而弗居；夫惟弗居，是以不去"。"天下皆知美之为美，斯恶已"，这个恶不是凶恶的意思，恶是丑的意思，庄子里面讲过东施效颦，当西施皱眉头成为美的典范，大家效仿她时，这个美就变成了丑。

"皆知善之为善，斯不善已。"有人为了学雷锋，先占一个位置，再让给别人，这就是伪善。而近年来以慈善的名义行骗的事情也非常多，善和不善，实际上相互影响或者相互依存，有和无、难和易、长和短、高和下都是这样的。圣人就应该处无为之事，不要刻意说你喜欢什么，不要总是靠语言、靠编故事来教化老百姓，这是"无为"非常重要的一个方面。

我们做父母的，在很多情况下都需要有老子的无为思想。为什么？我们生下这个孩子，但孩子并不是我们的私有物品，每个孩子都有独立的人格，父母不能因为生了这个孩子就去控制、支配和干涉孩子。在社会生活中也是一样，像西汉张良就是很有智慧的人，不居功，不自傲，功成身退。结果其他那些贪恋权力的人都落得兔死狗烹、鸟尽弓藏的下场。老子苦口婆心告诫人们，只有不居功自傲，其他的人会记着你。这也是"无为"的一个重要方面。

老子一方面讲无为，另一方面又讲无不为。所谓的"无不为"，乃是"无为"的效果，也是"道"的特性，对统治者来说尤其重要。

> 道常无为而无不为。侯王若能守之，万物将自化。化而欲作，吾将镇之以无名之朴。无名之朴，亦将不欲。不欲以静，天下将自定。(《老子》第37章)
>
> 为学日益；为道日损。损之又损，以至于无为；无为而无不为。取天下常以无事。及其有事，不足以取天下。(《老子》第48章)
>
> 以正治国，以奇用兵，以无事取天下。吾何以知其然哉？以此：天下多忌讳，而民弥贫；民多利器，国家滋昏；人多伎巧，奇物滋起；法令滋彰，盗贼多有。故圣人云："我无为，而民自化；我好静，而民自正；我无事，而民自富；我无欲，而民自朴。(《老子》第57章)

"为学日益；为道日损"的思想也引起误解。颇有人据此认为知识越多越愚蠢，对道的损害越来越大，以至于什么事都干不了。这种解释显然和老子的原意不符，因为"损之又损"的目的是达到"无为而无不为"，所以"损"是受老子肯定的行为。其实老子在这个地方讲了两个方面：一方面是为学，另一方面是为道——对于为学、求学的人来说，知识要日益增加，先要把书读厚，每个细节都不要放过，书本变得越来越厚了，这叫日益。但是不能停留这里，很多知识应该贯穿起来、提炼出来。帛书《老子》中写成"为道者日损"，这个"损"不是损害，而是减少和归约的意思。当我们的知识掌握得越来越多的时候，那些枝枝叶叶的东西我们必须日益减少，只留下最根本的、最要紧的东西，就是"道"。这才是最宝贵的财富，别人抢不走、偷不走。

"取天下常以无事，及其有事，不足以取天下"，"无事"是什么意思？就是用最和平的方式获得天下，而不是靠制造事端和诉诸武力争夺政权。对民众的限制越多，越锐利的工具、越繁杂的法令所造成的纷争、阴谋和偷盗越多。古人的智慧已经把如何取天下看得非常通透，可是统治者们往往利令智昏，把老子对统治者的要求置之脑后，走上相反的道路。在军事方面也是这样，战争的目的达到一个最低限度就可以了，而且战胜以后不要逞强，要以丧礼处置，祭奠那些战争当中死去的人。

四 "玄德"与"大道"

《老子》第65章说，"古之善为道者，非以明民，将以愚之。民之难治，以其智多。故以智治国，国之贼；不以智治国，国之福。知此两者亦稽式。常知稽式，是谓玄德。玄德深矣，远矣，与物反矣，然后乃至大顺"。大家猛地一看，会觉得这不是愚民是什么？其实老子讲得非常明白，统治者不要要弄那些所谓的机智和聪明去治理国家，才是国家的幸福，否则就是国之贼。"玄德"就是更超越一步，要用纯朴的自然的心态对待老百姓，不和老百姓斤斤计较，不仅要求老百姓有赤子之心，统治者同样要有赤子之心，这样的德行叫作

"玄德"，表面上看起来是愚民，其实是要求统治者首先放弃依靠所谓的聪明才智，或者是所谓的奸诈治理国家。如果说"生""长""为"体现了"德"的话，"生而不有""长而不宰""为而不恃"就体现了"玄德"。

大家现在再看"无为""好静""无事""无欲"，都是对统治者而言，如果统治者的言传身教都符合无为的要求，老百姓就会自动受到感化，自觉端正行为，生活也就会非常安定。"治大国若烹小鲜"，治理国家，就像烹饪小鱼一样，不能翻腾来翻腾去，掌握好火候和幅度，保持其原汁原味最要紧。

老子说："上善若水——水善利万物而不争。"意思是说，最理想的善德善行就像水一样，善于利益万物而不借助争斗的途径。因为水有这样的特性，所以和"道"非常接近。老子之所以强调"若"，是因为贪婪短视的人们常常自以为是、自作聪明，即使在水资源方面，也常常排污滥用，破坏水源，占用河床，结果造成灾害频仍。而都江堰等著名的水利工程就是充分利用当地的地势和水势，根据气候变化蓄积或疏导水流，无论旱涝都能发挥关键作用。

"无为"，如果一定勉强用现代汉语概括的话，可以理解为不妄想、不强制、不僵化、不把持、不干扰、不欺诈、不诱惑、不居功、不炫耀、不攀附、不妄为，等等。

总结一下老子的思想，就是"道""德"并重，"生""成"并举："道生之，德畜之，物形之，势成之。是以万物莫不尊道而贵德。"意思是各种事情由"道"生成，由"德"蓄养，由"物"体现，由"势"成就。故此，万事万物莫不尊崇"道"而看重"德"，而"玄德"则是"生而不有，长而不宰，为而不恃"。

在老子眼里，"大道"是"独立而不改，周行而不殆"的：

> 有物混成，先天地生。寂兮寥兮，独立不改，周行而不殆，可以为天地母。吾不知其名，字之曰"道"，强为之，名曰

"大"。大曰逝，逝曰远，远曰反。故道大，天大，地大，人亦大，域中有四大，而人居其一焉。人法地，地法天，天法道，道法自然。（《老子》第25章）

其实，"道"和"大"也是勉强的称呼，但是它所指称的那个"物"却在天地之前业已生成，而且由多种因缘混合而成。它的特性一方面是因为没有依赖而显得寂寞和寥落；另一方面又生天生地，并和"天""地""人"一起被称为时空场域中的"四大"。"人"作为"四大"之一，要效法"地"，而"地"又效法"天"。"地"和"天"值得"人"效法的特性，借用《周易·大象传》所言，则分别是"厚德载物"和"自强不息"。而《老子》进一步指出"天"所效法的是"道"，而"道"所效法的则是"自然"——"自然而然"。

让我们记住老子的训诫。因为时间关系，先讲到这里。谢谢大家！

作为校园小说的 《论语》

王羲烈

王羲烈

作家。主要著作：《深中教育故
事》《寂寞英雄》《汉文学读本》
（上中下三册）《四书王氏章句》
等。

　　"红学"研究专家俞平伯老先生，晚年有一次说："《红楼梦》伟
大，就因为它是一部小说。"听这话的人很感慨，以为知者之言。照
我理解，他老先生的潜台词是：如果《红楼梦》不是一部小说，而
是一部像卢梭《忏悔录》那样的真实自传，或者是一部理论著作，
它的伟大就要大打折扣。这是很高明的见解。因为真实的自传或理论
著作是有限的、是可以穷尽的。真实的东西或者说建构的理论体系本
身就具有封闭性。这种封闭性囊括了一定时间与空间内的特定事实。
当这一部分事实被围墙砌起来时，固然可以造就一个美满温馨的小庭院，但同时也隔绝了更广大的日月山川和更纷繁无垠的生命。

也是在这里，显示出了小说的力量。小说作为虚构作品的主要品种，在似真似幻的特性上，好比柏拉图的"理念"之于现象世界。"理念"是永不能达到的，因我们背对着洞口，只能在对面墙壁上依稀看见"理念"的影子。而在理解这个"影子"的过程中，我们无量的生活经验皆可以被带入。于是，效果由此产生了——"一千个读者眼里有一千个哈姆雷特"。

20 世纪科学大发展，尤其是"量子力学"所取得的成果，令我们对世界的看法焕然一新。正如在微观领域，观察对象受制于观察者自身一样，克罗齐－柯林伍德的历史哲学也告诉我们，所有的历史书写，都受制于书写者本人的主观视野。不是黄帝到汉武帝三千年的历史造就了司马迁，恰恰相反，是司马迁本人的修养造就了三千年的历史。现代哲学也同时告诉我们，由于真实世界的无限复杂性，故所有人类文明的知识，即使是最被我们推崇的自然科学，也无非是一个"假定的方便体系"。科学也只是出于人主观的一种"虚构"。就这一点而言，爱因斯坦的相对论和《红楼梦》是一样的，它们仅仅出于两个伟大天才的不同构想。

那么，在此种意义上，《论语》何尝不可被当作一本虚构的"小说"来读？（更何况，《论语》的写法也是开了后世小说的先河，例如被视之为中国小说正式问世的《世说新语》，显然就得了《论语》的嫡传。）本来，《论语》起源于孔丘的弟子和再传弟子对老师、孔子的追忆，相当于今天某某纪念文集的一类书。就其性质而言，是一本地地道道的"他传"。就其写法而言，由各式各样的零章碎简组成。这些零章碎简不但涉及了孔丘老师对修身养性和治国平天下的看法，他本人周游列国路上的遭遇，他和学生之间的教学、谈心、交往，还详细记录了他老人家的生活起居习惯，他对时事时人的评论，以及他死后的影响和学生们对他的怀念。

零章碎简构成的一本书，除了个别卷，总体编辑呈一种杂乱无章的形态，毫无系统，许多则"子曰"层见叠出。在当初，这也许是因为竹简木简笨重、代价高而迫不得已。而就今日视之，这种摧毁了体系的"碎片化"写作相当时髦，相当的后现代。让我们不禁想起"法国新小说派"和美国一些现代作家的作风。而这种"碎片化"的写作，我认为是保证了《论语》永远需要被阐释的原因。"碎片化"写作的好处是显然的。好像画龙，画出龙从云里现出的一鳞半爪，其余的深藏云中。每一个阅读者，就需要以他的想象力去补充龙在云里的那一部分。于是，阅读的过程便和文本（作者）本身形成了一种互动，成为一种再创造。

我们不仅能以现代、后现代的视角来看《论语》，就是用传统的现实主义文学的眼光也未尝不可。《论语》就题材而言，是一部典型的"校园小说"（但需注意的是，孔丘老师的"校园"很多时候都是流动的——On the Road。非常符合现代年轻人的品位）。如果不是考虑到孔丘老师门下学生年纪参差不齐的话（有父子同学的，如曾晳和曾参），我们甚至可以说它属于"青春文学"。该书讲述了大周朝民办教育先驱孔丘先生教书育人，带领他的学生在乱世积极奔走，四处投考且为民请命的悲壮故事。描绘了以孔丘老师为中心，且紧密团结在老师周围的颜回、子贡、子路、子夏、子张等同学的光辉形象。孔丘老师作为民办教育的先进代表，他不屈不挠的精神一直激励着后来人。孔丘老师的一生，是为民办教育鞠躬尽瘁的一生，培养了三千弟子，有 72 人成为大周朝各界各国政府的精英与栋梁。孔丘老师献身民办教育事业的行为，直接催生了后世"百家争鸣、百花齐放"的学术大繁荣局面。因为这种空前的贡献，使他获得了"圣人"这一大周朝学术界的最高称号。孔丘老师用他的理论和实践向我们证明——民办教育事业大有可为，只有民办教育才能救中国。

不仅如此，《论语》还塑造了以孔丘老师为代表的大周朝先进教师的典型，具有重大的正面教育意义。在老师成为一种高风险职业的今天，学习孔丘老师如何与个性、气质、家庭出身等迥异的学生打交道，具有强烈的现实启发性。下面，我们就《论语》这一文本，来分析一下孔丘老师和他若干学生的形象。

孔丘老师身材高大，据考证在一百八十公分以上，时人有叫他"傻大个"的；他多才多艺，不但精通自然科学和人文社会科学，而且还擅长驾车、射箭、围棋、弹琴、击磬。有一次他在齐国听《韶》乐，如痴如醉，竟至三个月都忘了肉是什么味道，可见是一位疯狂的古典音乐发烧友。孔丘老师由于先世曾是殷商贵族，故在吃饭穿衣的事情上颇有讲究。穿衣，他很注重衣料的质地、剪裁和颜色的搭配。尤其喜欢各类皮衣，如紫羔皮、白鹿皮、黄色狐皮、黑色羔羊皮等。若在今天，他的这一爱好恐怕会遭到各类动物保护者协会的抗议，有损圣人的威名。吃饭，他老人家奉行"食不厌精、脍不厌细"的原则，对食材的新鲜、营养、健康，对烹调技术的火候、颜色、气味，对调味品的使用，对酒和饮料的选择，对宾客的挑选，都有很严格的标准。这也是为何他在一个医疗卫生事业极不发达的社会，活到73岁高龄的原因。

孔丘老师一生大部分精力都投入了伟大的教育事业当中。作为教师的孔丘先生，早年对学生颇为严厉。例如，他曾经大骂一位名叫"宰予"的白天上课睡觉的同学。孔老师那一次非常愤怒，以至于过了很多年，同学们还记得老师的骂人话："朽木不可雕也，粪土之墙不可圬也！"翻译成粤语普通话就是："衰仔！纯属狗屎一堆，无可救药！"但随着学识和年纪的增长，孔丘老师一天比一天变得和蔼可亲、幽默风趣。有一次甚至和子路、冉有、公西华、曾皙等学生谈起了有关梦想的话题，坦诚地向学生述说了自己一生的抱负，流露出深深的哀愁情绪。这是同学们的记忆里，老师最动情的一次。一直以来，在学生眼里，老师扮演着一个无所不能、坚强镇定的父亲角色，即使是在陈国和蔡国几天没饭吃，在宋国遭遇生命危险时，老师都是平静坦然的，照样每天弹琴唱歌。没想到即使圣如孔老师，也有软弱、彷徨的时候。

孔丘老师最值得称道之处，是他和学生的关系。他能让大多数学生感受到老师是关心他们的、爱他们的。这从他死后，学生对他那种刻骨的怀念可知。他们甚至找了一位同学，充当"山寨版"的孔丘老师，众人竟向他敬拜。孔丘老师在教育上提倡"因材施教"，这一伟大的理念，即使过了三千年，还是新鲜的。教育的最高境界也不过如此。而孔丘老师的教学成功，有赖于他对学生的深切了解。《论语》一书中，多次涉及孔丘老师对各位同学的评价。例如，他老人家有一次就说："子羔这个孩子嘛，比较笨；曾参呢，反应慢；子张比较偏激，是个愤青，子由嘛，有暴力倾向。"《论语》一书虽没有写到孔丘老师如何宵衣旰食，为同学批改作业，如何抱病上课，如何像蜡烛、像粉笔、像园丁，但我们从孔丘老师对学生的观察推断，他一定花了大量精力和心思在学生身上，不然，他不可能达到洞察学生灵魂的深度，他的"因材施教"也无从说起。对学生感兴趣，这是当一个好老师的前提，也是最重要的素质。

《论语》一书，为了衬托主人公孔丘老师的高大形象，也着力刻画了好多位个性鲜明的学生。这种刻画的典型以至于达到这样一种地步，即使过了三千年，任何一所学校的任何一个班级，都能找出一一对应的学生类型。品学兼优的好学生代表，颜回（颜渊）；聪明能干，有时过分表现自己，不免让老师满怀爱意轻轻责备的子贡（端木赐）；成绩很差，好勇斗狠，讲义气，人缘不错，对老师忠心耿耿的子路（仲由、季路）；虚与委蛇，当面一套，背后一套的冉有（冉求）……而从孔丘老师与学生的交往中，我们可以看出，他跟学生的关系是庄严又平等的。庄严则见之于书中他对各个学生数不清的教训和大道理。

而同时，一种真正尊重对方，视学生为可以信赖的伙伴姿态也处处流露。例如，孔丘老师和子路的交往。他老人家平常经常开玩笑说，子路啊，比我勇敢多了。又说，要是有一天我在中国待不下去了，就绑个木筏出国去。谁会跟我一起呢？恐怕只有子路吧。子路听了这些话当然很高兴，老师对他的信赖不是一般的。可是，有一次子路几乎和老师吵起来，原来是路过卫国，卫灵公的夫人南子召见了孔丘老师。作为"学术超男"，孔丘老师的名声早已传遍列国了。而南子却是当日臭名昭著的一个淫荡女人。这样的一个女人，居然和孔丘老师大谈学术问题。也不知谈了多久，孔丘老师回来，立刻遭到了一向火爆耿直的子路的质疑。这使孔丘老师有口难辩，最后一切解释的话都宣告无效。孔丘老师只好大声怒吼着指天发誓："我姓孔的今天要做了什么见不得人的事，天打五雷轰啊！天打五雷轰啊！"若非和学生有一种亲密平等的友谊关系，孔丘老师用得着发誓赌咒吗？

如果说从学生方面塑造孔丘老师的形象，是一种仰视的话，那么，在孔丘老师周游列国过程中，遇到的形形色色人物身上，《论语》的编著者采取了一种平视的角度。这些人可以分为三类：第一类是孔丘老师要求职的老板，如鲁哀公、齐景公、卫灵公、鲁国三桓等，这类人对孔丘老师多数时候都采取一种道理都听、工资照发，但对他的改革大计却多不以为然的态度。最多在某些具体事务上，请孔丘老师和他的学生去办理。第二类是在岗或退休的大臣，如史鱼、蘧伯玉、棘子成、太宰、叶公、阳虎、桓魋等。这类人有的是孔老师的知己，如蘧伯玉；有的是崇拜者，如太宰；有的对孔老师别有用心，甚至蓄意加害，如阳虎和桓魋。第三类较为复杂，某种程度上可称为孔丘老师的同行，一些早期民办教育事业的拓荒者。如在卫国时，闻孔丘老师击磬而知其心意的打猪草的人；如躬耕于野质疑孔丘老师"理想主义"的长沮、桀溺；还有设酒杀鸡招待子路，并嘲笑孔丘老师"四体不勤，五谷不分"的"荷蓧丈人"。这些人其实最能理解孔丘老师的所作所为，他们对孔老师的积极奔走，尽管采取了不以为然的态度，但另一方面，对孔丘老师怀着相当的敬意，甚至是敬爱。一个代表性的故事就是楚国著名行为艺术家兼歌手接舆先生，为孔丘老师演唱了一首由他自己作词、作曲的原创歌曲《凤凰之歌》。这支歌不禁让我们想起当代某"超女"唱给偶像周董的《你好，周杰伦》。歌词翻译成白话为："凤凰啊凤凰，你何必在世上奔忙？过去的好日子已经过去，你无法赶上；未来的世界一片迷茫，你又何必白白浪费时光？算了吧算了吧算了吧，千万要珍重啊珍重，小心翼翼活在世上。"据楚国当地人讲，接舆先生患有先天性精神狂疾。但从这支几令孔丘老师落泪的歌曲中，细细揣摩其中隐藏的深意，不难发现接舆先生对孔丘老师的深切爱戴和关心。这也是《论语》一书中最温暖人心的细节之一。

顺便提一句，和孔子交往的第三类人后世被称为"隐士"，多为道家门派。这些人的办学采取了"小而精"的集约化发展策略，走精英路线，面向高端市场。和孔丘老师规模化、标准化、大众化、国际化的战略大不相同。我们仅从后世流传的教科书来看就知道，道家的文采远非儒家可及。例如《老子》《庄子》《列子》，儒家没有一本书比得上。道家人才不多，但几乎每一个都是可以撼动天下的CEO级人物，如范蠡、苏秦、张仪、张良等。儒家则培养了大批中下层"普通职员"。后世为何儒、道两家能互补，跟他们的办学方向、方法、目标、教材、教师水平等很有关系。这是精英路线和大众路线的斗争。

《论语》一书的编辑创作者显然有很深的功力。我们从《论语》的语言文体可以看出，此书虽系集合众人资料，但绝大多数篇章风格都相当统一，可见一定是经过某位专人之手整理加工的。此编辑整理者，极善描摹各人对话口吻，可称得上活灵活现、惟妙惟肖。之乎者也等虚词的运用达到相当纯熟的高度。以此人修养，放在今日，一定是位一流的小说家。《论语》一书，语言简洁、清新、隽永。后世达到这种水准，并成为文言常用典故和固定用语重要来源的，唯有《世说新语》可比。随便举一例，"子在川上曰：逝者如斯夫，不舍昼夜"。短短14个字，一位哲人面临滔滔江水，对时间、生命、永恒的无限感慨便尽在其中了。编辑整理者写作技巧的高超，由此可见一斑。

2016年6月从广东回家来，几个学生去送我。在地铁上，偶然谈到了我写的书和《论语》。我说你们老师的书，还有《论语》不能及的地方。数弟子皆面面相觑，甚为惊愕。呵呵一笑，我解释说，《论语》里尽是男生，没有一个女孩子。那是乌压压的男性世界，缺少光线与风姿。你们老师的书，有男有女，巧笑倩兮，美目盼兮，这一点孔子比不上，他没有教过女学生啊。《论语》里懂得幽默、玩笑、骂人、讽刺，后世的儒家就愚不可及了。

《论语》的另一缺陷是孔丘老师苦口婆心的道理太多了，这也不行那也不行，禁忌太多了。这一点连他老人家本人也承认，他是修炼了一辈子，到了 70 岁临死的前几年，才"从心所欲不逾矩"，你让我们这些后生小子如何跟随？我一直不喜欢儒家，也是为此。诚如普鲁士人黑格尔所言：我们从历史中得到的唯一教训就是，没人能从历史中得到教训。孔丘老师固然讲了许多道理，可实际上没人从他的教训中获益。即使他最心爱的弟子之一的子路，他早知他的行事会出问题，可他根本无力阻止，子路后来还是被乱刀劈成了肉酱。人就是这类"不见棺材不落泪"的动物啊。在没有亲身感知以前，他不知道狼是可怕的，会咬人。被咬过了，自然也无所谓教训了。

作为讲述老师和学生之间故事的校园小说《论语》，畅销了两千五百年。西洋则有《四福音书》，讲述耶稣基督和他的 12 名学生的故事。他的形象也由他的弟子记录、传颂。《论语》创造的孔子形象和《福音书》创造的耶稣基督形象，各自成为中西文明最核心理念的"道成肉身"。相比《福音书》，耶稣基督的修辞是艺术化的，处处用比喻、讲故事。生动性还是体现在《论语》之上。然而这种方式，在《论语》里却被斥责为"怪力乱神"。而基督教在晚清以前，在中国传播了 1000 多年，却始终难以立足。从这一点上，不得不佩服胡兰成先生对中国文明的观察，他说：中国文明是知性的。因此，我们可以接受一个不断努力、最终有可能修成正果的圣人，却不能接受一个突然如神兵天降的肉身上帝。

从紫禁城到故宫博物院

——宫戏宫词与宫俗宫学

高志忠

高志忠 ✎

深圳大学人文学院副教授。主要
研究领域：明清文学与故宫学。
曾主持中国博士后科学基金项
目、中国作协国家文学创作出版
工程项目、深圳大学人文社科青
年教师扶持项目等。已出版
《〈论语·大学·中庸〉译注》
《〈孔子家语〉译注》等经典译
注4部。主要著作：《明代宦官
文学与宫廷文艺》《明清宫词与
宫廷文化研究》。在《红楼梦学刊》《戏剧艺术》《历史档
案》等刊物发表学术论文20余篇。

今天的讲座，我和大家主要分享四个关键词，即宫戏、宫词、宫
俗还有宫学。而这些都和故宫有关，那我们就先来大致了解一下故宫
的历史与现状。

故宫的历史与现状

故宫，全称故宫博物院，成立于1925年的10月10日，至今已整整过去了90个年头。而在此之前，准确地说，应该是1912年隆裕太后被迫代溥仪颁布《退位诏书》之前，它一直是作为明清两朝的皇宫，那时叫紫禁城。而它的建造者则是明朝第三位皇帝朱棣，朱棣在南京夺取帝位之后，一心想迁都北京。于是从1406年开始筹划，历经十余年的备料，近4年的修建，终于在1420年建成。所以，再过4年，也就是2020年，这座昔日宫城就整整600岁了。关注故宫的人应该知道，现任故宫博物院院长单霁翔先生有个很有影响力的讲座叫作《把壮美的紫禁城完整地交给下一个600年》，讲的就是600年紫禁城的传承与保护。

若从实际使用时间来计算，从1420年朱棣搬入紫禁城始，到1924年溥仪出宫止，明朝有14位皇帝，清朝有10位皇帝，累计24位帝王先后在此居住和办公达500年之久。1912年中华民国建立后，它的使命和功能发生了变更。整个紫禁城按原来的外朝和内廷的划定，被隔离为两个新的功能区。原来的外朝部分移交给新政权，就是中华民国，并在1914年成立了古物陈列所，对民众开放。原来的内廷按"清室优待条件"提供给退位的溥仪，供其小朝廷继续使用，里面依然留有宫女、太监，保留着封建帝制既有的生活方式。这种状况一直维持到1924年。这一年，冯玉祥发动北京政变，把溥仪彻底从紫禁城给赶了出去，并在1925年的10月10日，民国政府将内廷设立为故宫博物院。而直到1948年，内廷的故宫博物院和原有外朝的古物陈列所才合并为一个完整的故宫博物院，就是我们目前看到的现状。

近几年，尤其是建院90周年前后，故宫博物院加大对外宣传力度，借助媒体的力量，将90年来的成就，尤其是故宫集中体现的优秀传统文化传承下去、传播开来，故宫博物院院长单霁翔先生和故宫研究院院长郑欣淼先生都不遗余力地讲好故宫故事，做好故宫学问。

以 2015 年为例，建院 90 周年前夕的"石渠宝笈特展"中，故宫将镇院之宝之一，也就是我们非常熟悉的《清明上河图》"请出来"。一下子吸引了大众的眼球，一度成为"网红"，还出现"故宫跑"的现象，甚或出现排队 7 个小时，只为一睹 3 分钟的国宝。事后，故宫还专门召开研讨会，研究分析这次特展形成如此社会效应的各方原因。其中一个很重要的原因是故宫善于"借脑""借势"。就是不局限在"故宫人"本身，而是以"故宫学研究所"为基地，定期召开学术会议，邀请宫内外的研究者共同挖掘故宫这个"富矿"。还有借助媒体的"势力"做好宣传。例如，正式展出之前，即利用微博、微信，以及传统媒体造势，告知大家"纸寿千年，绢保八百"，《清明上河图》是有寿命的，为了保护和延长它的寿命，故宫决定 5 年甚或 10 年一展。这次展完，要入库休养至少 3 年甚至 10 年才会再次展出。在这样的宣传下，大家觉得可能终生只有一次机会参观。一时，研究者、大众争分夺秒要一览此图。于是，出现了"故宫跑"现象。

另外，我们参观故宫，看到富丽堂皇的宫殿和完美无瑕的文物，这些宫殿和文物有不少是经过一代代故宫人，尤其是各类匠人师傅，即文物修复者默默修缮修复后才重现光彩的，这种匠人精神也是值得提倡和推崇的。故宫把文物修复场所俗称为"文物医院"，正式称谓叫文保科技部，大家分门别类地对古书画、漆器、陶瓷、钟表、青铜等进行修复和保养。

需要说明的是，故宫现在从事修复技艺的师傅已不局限在传统的师傅带徒弟的模式上。既有的师承关系外，每年都引进一批优秀的懂得高科技的高才生，如从清华美院招聘了一些刚毕业的年轻学生，他们有美术功底，又懂得高科技，可以结合高科技修复文物。修复之余，在"互联网＋传统文化""互联网＋中华文明"的思维下，将故宫文化推广开来，把文物"活化"，我们现在看到的《清明上河图》，其实已经经过了多次修复，且利用高科技手段做成动态画面。故宫的这些举措，在保护文物的同时，借助文物进行文创产品的开发，实现了社会效益与经济效益的一举两得。

就拿我们深圳来说，与故宫距离遥远，业务上貌似八竿子打不着。事实上，近几年，深圳和故宫的联系相当紧密。两任院长先后在深圳开讲，传播故宫文化和故宫学。2012 年，前任院长郑欣淼先生在深大做了一个讲座，叫《故宫何以成为学》，今年单霁翔院长在市民文化大讲堂做了《故宫的世界　世界的故宫》的讲座。郑院长更多从学术层面讲故宫，而单院长更多从文化层面讲当下理念。

此外，故宫与腾讯达成合作协议，用深圳现代高科技将故宫里面静态的、不可流动的文物"活化"，就是用青年创意活化传统文化。还有，故宫在盐田设立紫禁书院，旨在弘扬中华传统文化、传承中华文明，为深圳文化发展注入新的活力。听说还要和雅昌文化集团合作在深圳设立故宫学院。而我在深圳大学专门开设了全校公选课《故宫史与故宫学》的故宫学堂，还组建了聚徒讲学性质的"故宫问学"科研小团队。

故宫是一个特定的场域

今天和大家一起分享的关于宫文化和故宫学的主题，主要讲的是生活在 72 万平方米的紫禁城这个特定场域内的一个特殊群体，即明宫清廷里的主子和奴才们的那些事，以及在故宫学视野下对他们的研究。

说到宫戏、宫词、宫俗还有宫学，都有一个"宫"字。我特别想强调，我们参观故宫，首先看到的是护城河，接着是 10 米高的城墙，然后进入宫内又是一道道的宫墙和院墙。故宫里面最多的是什么？当然是 180 多万件（套）的文物。其实，对于一般游客来说，直观看到最多的是数不清、看不尽的房子，即 70 多座宫殿，8000 多间房子，这些房间的大小、布局、高低、方位不同，以及曾经住在里面的人物的身份、地位不同，自然区分为若干个不同的场域。而故宫本身就是一个大场域，每个宫殿、院落、房间又独立为一个个与众不同的小的独特场域。

传说清朝刚灭亡，溥仪还住在内廷，前朝开辟为古物陈列所，刚开放时，很多百姓第一次进入紫禁城，看到恢宏的太和殿，层层的台阶，威严的金銮宝座，就不由自主地想要下跪，因为在这样强大的皇家气场面前，自感实在渺小，被这个强势的场域给震慑到迷失了自我，不经意间就想跪倒在朝堂之上。

故宫是最讲究的地方

故宫里面宫殿多、房子多。这个庞大的建筑群，体现出中国建筑的集群性特点，即建筑物往往是群体的组合。这种以平面延伸为壮美的观念体现了中国人的空间意识，同时群体的序列有助于渲染统治王朝的威严。但故宫的庞大群体不是散在的，而是通过贯穿南北的中轴线，使这些群体呈现为极规则的分布。从伦理层面上说，这种格局体现了儒家的等级观念，把君臣、父子、夫妇等封建伦常关系，通过建筑空间形象体现出来。从审美的层次上看，强调群体组合，强调有序化和对称性，追求平面伸展、主次对称，又是中华民族普遍的审美观的体现。

这些房间又分布在不同的院落。每个宫殿，每个院落，每个房间，都有一个或多个门，每道门都设有门槛，所以故宫里面到处都是需要高抬腿、大跨步，才能迈进去的一个个不同的场域。另外，朱红色的宫墙，汉白玉的基座，金黄色的琉璃屋顶，门钉的数量，屋顶脊兽的数量，宫殿前的各种青铜鸟兽的设置，各家花园的花卉树木的种植，不同身份的人物服饰图案的配置，房间装饰图纹的设计，饮食的匹配等，凡此种种，都是相当讲究的，这讲究的背后就是宫廷特有的各种习俗文化。比如说，屋顶的脊兽。脊兽是我们古代汉族建筑屋顶的屋脊上所安放的兽件。按类别可分为跑兽、垂兽、"仙人"及鸱吻，合称"脊兽"。古建筑上的跑兽最多有 10 个，分布在房屋两端的垂脊上，由下至上的顺序依次是：龙、凤、狮子、天马、海马、狻狻、狎鱼、獬豸、斗牛、行什。鉴于紫禁城宫殿建筑均为木质结构，易燃，因此檐角上使用了传说能避火的小动物。这些美观实用的小兽端坐檐角，为古建筑增添了美感，充满艺术魅力。梁思成曾这样评价这一设置："使本来极无趣笨拙的实际部分，成为整个建筑物美丽的冠冕。"宫殿垂脊兽的装饰，是有严格等级区别的，只有"金銮殿"，就是我们看到的故宫最大最高的宫殿太和殿，屋顶上垂脊兽10样俱全。中和殿及保和殿才只有9样，其他宫殿的垂脊上虽然亦有走兽，但是都要按级递减的。总的来说，这些小兽既有保护木栓和铁钉，防止漏水和生锈，对脊的连接部位起固定和支撑作用，更是为了凸显殿宇的威严，还有就是象征着消灾灭祸、逢凶化吉、剪除奸恶、主持公道的寓意。

为什么说故宫是优秀传统文化的聚集地？因为这里是皇家办公和生活的场所，是最讲究的地方。此外，各个宫殿上悬挂的牌匾和楹联，都有丰富的文化内涵，这里不一一讲述。

走进故宫，就是走进历史，有历史就会有故事，近600年，年代足够久远，当年也免不了诞生各种鬼故事。

而解读彼时生活在宫廷里的特殊群体通过演戏承应宫廷仪礼和娱乐，并若干"宫人"写就的宫词，我们可以在一定程度上了解那时宫廷里面那些人的一些生存状态、心理状态。借助史料我们也可以还原一些历史事件或者对其进行一番合理想象。

宦官——特定场域内的特殊群体

前面给大家引导性地讲了一些故宫概貌，下面正式讲宫戏、宫词、宫俗、宫学这几个关键词。我们知道元朝时，戏剧这一文学样式得到极大发展。至明清，宫廷里面的主要娱乐方式还是听戏观戏，所以内廷还专门建了若干戏楼进行戏剧表演。

前面有提及，紫禁城里面的常住人口分为两个群体：一个是皇室阶层，就是皇帝、皇后以及皇族成员。还有一个是奴婢阶层，就是宫女和太监。

宫廷演戏主要满足两个方面的需求，一个是重大节庆时关乎国家脸面的仪式表演，另一个是满足皇族成员休闲的娱乐演出。出于宫廷安全和宦官特殊的身份和生理，宫内演出的固定演职人员自然落到了宦官身上。当然不是所有宦官都有资格演戏，明朝内廷从入宫的年幼宦官群体中，选拔聪颖醒目者，进行文化教育，进而形成一个知识型宦官阶层，他们协助帝后处理事务之余，不乏为诗属文者。更多的宦官主要从事一般性劳役。其中还有部分长相俊美、伶牙俐齿者会被选入钟鼓司学习演戏，承担皇族的娱乐活动。其中一些有权力欲望者借此邀宠获权专权。

对于宦官来说，他们的命运完全掌握在主子们的手里，他们无论通过何种手段，目的非常明确，就是要博取主子们的欢心和恩宠，然后得到物质赏赐和权力赐予。因为宦官入宫的目的就是"近君养亲"，就是倚靠君主，养活自己双亲，他们本身多是穷苦人家的孩子。所以，无论读书还是唱戏都是相当用功的，通过这两种途径，明代宦官群体中也着实诞生了一些颇有造诣的高手能人，以致得宠专权，如王振、刘瑾、魏忠贤等。

明朝宦官最有学识

中国历史上宦官专权比较严重的几个朝代一个是汉朝，一个是唐朝，再就是明朝。以明朝为例，朱元璋出身底层，取得天下之后，他最不信任的就是那些和他一起打天下的文臣武将。但朝廷的运转需要人才，所以从朱元璋开始逐渐起用宦官，这和他起初在宫内悬挂的"内臣不得干预政事，犯者斩"的铁牌本身是矛盾的，但是现实迫使他不得不起用宦官。而朱棣篡位夺权时，宦官帮助很大，他对宦官尤其倚重。原因盖在于宦官没有子嗣，比起文武百官，是最忠于皇家的。

起用和倚重宦官的前提是他们必须有相应的学识和文化，不然许多事情无法处理和解决。所以朱元璋禁止宦官读书识字、干预政事的牌匾最后形同虚设。从宣宗起，在宫里专设宦官学校，叫内书堂，对宦官进行专门教育培养。当然不是所有入宫的宦官都有资格进入内书堂，须进行严格的选拔。

故宫博物院藏有《徐显卿宦迹图》，其中有一幅《司礼授书》图，画的是徐显卿在内书堂教太监们读书识字的情形。

《司礼授书》

除了内书堂教育，有些小内监入宫之后，因为他们和太子或其他皇子们年龄相仿，会被选为伴读。所以，这些小内监接受了等同于皇帝级别的教育，而他们为了日后出人头地，读书自然比皇子们更用功，许多人在琴棋书画诸多方面都颇精通。比如，万历帝的伴读冯保，就是一个非常有学识的太监，作为万历皇帝的"大伴"（同龄人叫"小伴"，年长者呼为"大伴""老伴"，本身就是有学识的成年宦官）。万历帝还小的时候，冯保已经成年，负责监管他读书，同时冯保也跟着继续学习。冯保特别有学识，琴棋书画样样精通，冯保的书法更是一流。相传冯保曾私藏过《清明上河图》，并在上面题有跋文一篇。当然敢在上面留下自己的墨迹，是相当自信的。冯保写的是："余侍御之暇，常阅图籍，见宋时张择端《清明上河图》，观其人物界划之精，树木舟车之妙，市桥村郭炯出神品，俨真景之在目也，不觉心思爽然，虽隋珠和璧，不足云贵，诚希世之珍欤，宜珍藏之。时万历六年，岁在戊寅仲秋之吉，钦差总督东厂官校办事兼掌御用监事。司礼监太监镇阳双林冯保跋"。

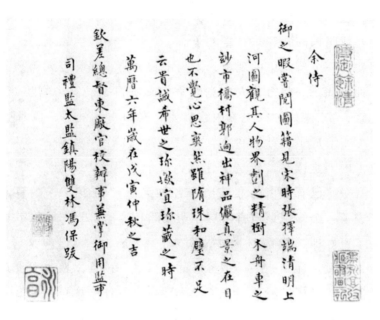

冯保《清明上河图》跋

另外，小太监入宫，会先分到大太监名下、门下接受管教，就像师傅带徒弟，如果是知识型宦官带徒弟，自然培养的也是知识型宦官，如果是唱戏的宦官带徒弟，自然会重点培养他们演戏唱剧。

知识型宦官的代表还有《酌中志》的作者刘若愚。这是一本明朝末年宦官刘若愚仿司马迁写《史记》而成的一本自明心志的辩诬之书，原因是魏忠贤专权乱政，鉴于刘若愚能文善书，被招至门下，帮其书写文书等。魏阉败，作为卷入阉党之人，自然被清算判罪，他写书明志，为己辩诬，果真被释放。

明宫内廷设有 24 个宦官职掌的衙门，最高衙门就是司礼监，司礼监最高长官是掌印太监、秉笔太监、提督太监。历史上，多数情况下，文臣看不起宦官，尤其是身在懈政怠政皇帝周边的宦官，鉴于大臣们基本上不敢批判皇帝，只能批判在皇帝左右的宦官，他们觉得宦官影响了皇帝。于是就打着"清君侧"的旗号，对宦官们或予以诗文批判或上疏弹劾。可是，能影响皇帝的都是权势宦官，明代的东厂、西厂等特务机构都是掌握在权势宦官手中，他们动用手中权力，对批判甚至弹劾自己的文臣必然全面反击、反扑，下场可想而知。最惨烈的要数明末阉党和东林党之争。

明朝有一个有意思的现象，因为宦官非常得势，令人羡慕，民间形成一种风气，一些穷苦人家竟然争相阉割自家幼童去宫里当太监。史料记载，"京畿民家，羡慕内官富贵，私自奄割幼男，以求收用"。社会上一度形成了一种"自宫"风气，实在令人唏嘘！

除了内书堂读书，为皇子伴读，在有学识的大太监名下接受管教，还有一些已有学识的文儒出于各种无奈"自宫"入内者，明宫内就形成了一个知识型宦官阶层。明朝重用宦官。这些宦官要读书识字，为了更好地选拔优秀人才，明末内廷还出现"以时文考内监"的现象，时文是什么？是科举考试的八股文。内廷太监也要通过类似于外廷的科举考试进行选拔，可见内廷宦官群体中风行学业之下的竞争也是相当激烈的。《酌中志》中就记载了当时担任司礼监长官的随堂、秉笔太监是通过这样的途径才获取职位的。这些太监有了学识，要干什么？帮助皇帝处理政务，书写谕旨，批答章疏。明朝好多奇葩皇帝不上朝，一甩手，大权甩给了太监，让他们帮皇帝"批红"，这就要求能担此重任的宦官有相当高的学识和眼见。

中国最后一位太监

中国最后一位太监叫孙耀廷，1902 年出生，1996 年去世。清朝垮台之后，溥仪在后宫又生活了十几年，依然有很多宫女和太监陪着他。孙耀廷老人在 1987 年 85 岁的时候，写了一首诗，很有感触：

"残躯雪耻入深宫，险峻人生白发翁。养心殿里怀逊帝，储秀宫中忆旧容。浪迹江湖云游道，面壁山林苦行僧。百年沧桑皆一脉，好即了时了即空。"因为他经历了太多，由晚清到民国，再到新中国，历经各种政治运动，老了心态特别平和。他能看穿、看透、看懂很多东西。诗中"空""色"这些词是佛教术语。很多宦官信佛，为什么？为自己的养老和身后事着想。所以，在年轻时会积攒一些钱财，捐资修建、修缮一些寺庙，老了以后他们会寄居到寺庙养老，去世之后，寺庙里面的和尚会给他们一个体面的安葬。刘若愚《酌中志》里面就说："中官最信因果，好佛者众，其坟必僧寺也。"因此，北京城内和周边寺庙，十之六七都和明清宦官有些关联。

宦官有了学识，难免会诗酒风雅一番，有文儒甚至讥笑他们"附庸风雅"。当然，其中一些也和外朝文武百官交情甚好，时有诗文交游。遗憾的是，知识型太监留下的诗文却少之又少。原因在于，明代宦官专权，最后多下场悲惨。文武百官在他们得势的时候，会和他们交流，他们一旦失势了，文武百官怕影响自己，在后来刊刻自己的诗文集时，会刻意把那些和权势宦官相关的诗文，从自己的文集里剔除，所以现在很少能够看到存世的宦官诗文。尽管很多宦官自己也出过诗文集，但真正流传下来的极其有限。这一是因为他们自身的特殊身份，再有就是文人对他们一贯的歧视。

宫戏——帝王喜好与宦官演戏

明代宦官演戏达到鼎盛，其中很重要的一个原因是和明朝的戏剧政策有关。

元朝是由蒙古族统治。朱元璋建立大明王朝，恢复了汉统，特别重视道德教化。太祖谓女乐"自古亡国之音"，认为这是靡靡之音。于是他对侍臣说："礼以道敬，乐以宣和，不敬不和，何以为制治？"他总结说，元朝之所以灭亡，古乐俱废，唯淫词艳曲更唱迭和。"自今一切流俗喧镜淫亵之乐，悉屏去之。"接着又下旨，"但有军官军人学唱，割了舌头"。他对军队管控非常严格，军队里谁敢唱戏，或者听戏，直接把舌头割了；敢踢球，把脚给剁了；敢下棋赌博，直接把手给砍了。有记载说："太祖恶游手博赛之民，凡有不务本，逐末、博弈、局戏者，皆捕之，禁锢于其所，名逍遥牢"，不好好种地干活，每天痴迷享乐，要把这些人直接抓到牢里，这个牢的名字叫作"逍遥牢"。

明朝宫内宦官演戏机构叫钟鼓司，掌管出朝钟鼓，就是仪仗队，为皇帝出行鸣锣开道。在秋收之时，有打稻之戏，让这些太监们演出秋收场面，让皇子皇孙们观看，目的是让他们知道务农的重要性和艰辛。演出的戏种还有过锦戏，"过"是指一一登场，"锦"是指各色人物、事物的典型。戏中扮演的各色人物极多，包括少女、妇人、平常男子、市井工匠、流氓无赖等，用故事情节展示他们的生活和冲突，备极世间骗局百态；同时又穿插杂耍、百戏，结尾时极尽滑稽，使观者在笑声中尽兴而收场。过锦之戏的意义主要在于帮助皇帝在九重深宫中了知世态百相、博闻广识，以顺天恤民。同时也为各种庆典活动营造喜庆、吉祥的节日气氛。

明朝帝王多好观戏听戏，宦官投其所好，隔离帝王与文儒的接触，以致皇帝懈怠朝政。这时候文臣们就有意见了，文臣们觉得皇帝怠政都是这些演戏的宦官造成的。然后文臣、皇帝、宦官就形成了复杂的三角关系，大家都在争夺皇帝。文臣希望皇帝能够勤政，宦官却希望皇帝能够沉迷于享乐，自己从中得到恩宠，所以文臣和宦官形成一种对立关系。文臣不得不上疏弹劾宦官，而通过演戏得宠的宦官，反过来通过东厂、锦衣卫等机构，报复这些文臣，甚至直接谋害他们的性命。比如明朝最知名的两个太监刘瑾和魏忠贤就曾执掌宫廷演戏，对反对者进行了无情报复。

《明史纪事本末》对刘瑾的记载是："成化时，（刘瑾）领教坊见幸。弘治初，摈茂陵司香。"茂陵是汉武帝坟墓，司香就是守坟人。后来有机会侍奉东宫（太子），声色犬马，为太子所乐。后来太子当了皇帝，让他掌管钟鼓司，本来这个钟鼓司是内侍之微者也，但在刘瑾的经营下，形成瑾党，一度得武宗宠幸，专权一时。

　　魏忠贤是明熹宗时的得势太监。熹宗是"木匠"皇帝，"退宫以后，颇事宴游；或优人杂剧，不离左右；或射击走马，驰骋后苑"。魏忠贤同样以曲艺杂耍深得熹宗信任，进而得势专权。

　　我们总结，明朝或出于农本之身的家族传统，或出于宦侍之蛊惑，帝王耽于戏曲者甚多，宦官投其所好，致使明代宫廷宦官演戏风生水起。

　　前面讲到，朱元璋对民间戏剧给予极大打压，但他在宫里却提倡大家多听戏，为什么？有两个目的，一是皇族子嗣太多了，但是皇位只有一个，争的人多了，就会祸起萧墙。为避免同室操戈，朱元璋想了一个办法，就是让子嗣们多听曲，耽于享乐，不要互相残杀。"洪武初年，亲王之国，必以词曲一千七百本赐之。"颁赐剧本，让其安心听戏。

　　在这样的无为政策之下，明宫皇族内还真的培养出好几个对戏剧很有研究的学者，比如朱权。朱权的《太和正音谱》不仅是古代戏曲史上第一部较完备的北杂剧曲谱，也是一部戏曲理论著作，对戏曲功能、北曲体制、曲作风格、杂剧题材等作了论述。

　　还要和大家说明的是，一些重要的节庆活动，需要举行隆重的仪式，外廷教坊司难以独立承担，需要内廷钟鼓司与之合作，这又关乎国家体面，所以演出之前需要送史官校定，直接点说就是预审或政审。宋懋澄《九籥集》记载："凡傅朱粉人，虽司礼亦时加厚犒，恐于至尊前有所讽刺也。"因为皇帝在那里坐着，害怕临时穿插，有所影射。文臣们想得绝对周全。

　　鉴于明朝皇帝十之八九好戏，演戏太监们为了讨好帝王就投其所好，但客观上却对明代宫廷戏剧做出了很大贡献。刘若愚在《酌中志》里记录了这样一件事，说明朝末代皇帝崇祯批评小内监："读书是好事，倒害羞，弱唱曲儿，倒不害羞耶？"因为当时宫里面有一部分宦官读书，有一部分宦官唱曲。崇祯帝算是明朝比较开明的皇帝，他想挽狂澜于不倒，但是大势已成，已无能为力。他反对这些太监们每天围绕在自己周边唱戏争宠，批评那些不愿意读书识字的小太监。

宦官演戏史

大家可能有疑惑，宦官演戏是明代独有吗？当然不是！追溯宦官演戏的历史渊源，还要从"寺人为诗"说起。黎国韬在《古代乐官与古代戏剧》一书中认为："以阉人为乐官，或可追溯至先秦。"他指出："上古诗乐舞同源不分，寺人与古诗有关，表明其与古乐舞亦有关系。换言之，先秦时代，已有阉人宦者兼乐官的事实。"据此，先秦时期寺人既为作诗之人，亦为乐官。西汉的名宦李延年可以说是宦官以声色取悦帝王而得宠的前辈。《史记》记载："李延年，中山人也。父母及身兄弟及女，皆故倡也。延年坐法腐败，给事狗中。……延年善承意，弦次初诗。"李延年出身倡优之家，入宫充当宦者，家学渊源加之个人容貌出众，且诗且歌且舞，深得汉武帝宠信。这是较早的宦者由于善于表演歌舞而得宠者。李延年的歌舞扮演，已经接近戏曲扮演，但作为宦者演戏他尚处于个体行为阶段，不是制度性的产物。宦官充当乐官进行表演，有明确的名称和以制度的形式确定下来则是在西汉中后期和东汉时期。"至西汉中后期，又出现'黄门工倡'一名。""后汉初，黄门乐非常流行……及后，东汉设黄门鼓吹，隶少府承华令，乃专由宦官统领及演奏之乐官机构。"汉以后至隋，经三国两晋南北朝战乱无大一统局面，后隋朝又短命一代，统治者均无礼乐享受的成熟时机，宦者充乐官之风趋衰。唐宋重新出现宦者掌内廷乐的局面。唐代太常乐典雅乐，俗乐归于教坊，而教坊又多由宦官充当。到了宋代，由于太祖夺取政权后，偃武修文，重视礼乐。循旧制，设立教坊。此外他还从收虏而来的宦官中择其聪慧者，使其习艺于教坊，且赐名"箫韶部"，专事内廷燕乐之用。在宫廷礼乐上，元多承宋制。元代宫廷中仍有若干宦官职掌下的职能机构。据《元史》记载，由宦官负责的内廷机构有仪鸾局，负责仪仗宴游等事务，此外有章佩监、秘书监等一些机构都有"宦者为之"。

而到了明清，宦官演戏达到一个高潮。因为元代戏剧极其发达，明清通俗文艺有小说和戏剧，而宫廷娱乐的主要载体或者主要方面就是演戏。明朝宫廷里演戏分为两个部分，面向国家礼仪层面的，由外廷教坊司负责，而内廷私人性质的娱乐，由宦官掌管，叫作钟鼓司。万历年间又新设两个新机构，叫作四斋和玉熙宫，主要进行南戏的演出，仍由宦官统领。

清朝最好戏者当属慈禧，完全是个大戏迷，除了常设的南府、景山、升平署之外，慈禧还专门给自己成立了普天同庆班，为其专用戏班，惯称为"本宫"或者是"本家"，清廷如此众多的演戏机构和戏班子，也都是在太监的直接参与和管理下运行的。

可能大家会问，为什么宦官演戏经久不衰？主要原因盖在于，一是出于宫廷安全考虑，二是宦官本身特殊的身份和生理，更适合必要的男扮女装，他们的扮演更惟妙惟肖。

基于此，历代帝王多命宦官或专职或兼职，进行内廷司乐和演戏，供仪礼及娱乐之需。宦官名正言顺地掌管了宫廷音乐和戏剧演出。从先秦一直到明清，他们扮演着多种角色，既是演员，又是导演、编者、乐人。明清时期，由于戏剧艺术更加成熟，所以宦官演戏达到了历代之最。

宫词——以宫廷为描写对象的诗

下面我们来讲宫词。必须说明的是，宫词不是词，是以宫廷为书写对象的诗，狭义的宫词就是题目统一冠名以"宫词"或"某某宫词"。宫词作者按生存场域大致可以分为两类人。一类是切实生活在宫廷里的人，他们在宫廷里生活，对宫廷有独特感受，就用诗把它记录下来，冠名为宫词。生活在宫廷的这些人，主要就是主子和奴才两类，主子就是帝后，皇帝极少撰写宫词，多数是失宠嫔妃，她们有太多忧愁，需要表达时就化为宫词，所以宫词很大一部分是失宠嫔妃表达自己的不满，这一类宫词也常被定义为宫怨诗。还有一部分作者是男子，但代女子言，比如宫廷皇族成员看到周边宫女和嫔妃们被打入冷宫之后的种种凄惨，甚为同情，就以她们的口吻来进行宫词创作。而宫词撰写者更多的是宫外人。但宫外人写宫词也不是没有依据，他们多是记录宫人口述，或者依史据传。比如改朝换代的时候，很多宫女、太监出宫了，大家有好奇之心，有人打探、打听他们在宫里的衣食住行和见闻，有点类似我们今天所谓的口述史，有心者听完之后就把它写成了宫词。

还有一部分人，连见到这些出宫的宫女和太监等曾经的宫内人的机会也没有。他们只能根据史料里面记载的宫廷故事，写成宫词。必须和大家交代的一个事实是，一般情况下，当朝人不敢写当朝事，多写前朝往事。比如明宫词，多为清人撰写。清宫词，又多是民国人所写。为什么？以宫廷为描写对象，当朝人、当事人还活着，尤其宫廷秘事当秘而不宣，不允许外人知晓，你把它堂而皇之地写为宫词，广为流传，这是不被统治者所接受的。作者们有所顾忌和畏惧，担心一不小心可能因文生祸。当然，也有当朝人写当朝宫词的，只是揭露性的内容较少，以颂扬为多。

宫词的特点与素材

名曰宫词，那么它有什么不同的特点呢？宫词形式上有个重要的特点，就是几乎每一首宫词，下面都会有详尽的史料作注。我们看到的多数宫词，上面一首诗，下面有一段甚至几段注，就是对宫词进行佐证，目的是证实作者写的宫词是真实的，是有事实依据的。宫外人写宫里的事情，依据是什么？无非是听那些曾经的宫中人的口述，或者看史书，凭借史料进行合理想象。

既然宫词是以宫廷为描写对象的，明清两朝 500 余年，紫禁城内有大量的奇闻逸事，以及各种礼制习俗并时局骤变，这都是宫词很好的描写素材，而这些素材经过文人的加工整理，形成了我们现在看到的宫词。宫词按种类分，有《全史宫词》，就是通史类宫词，还有断代宫词，如《明宫词》《清宫词》《天启宫词》《崇祯宫词》等。还有专题宫词，如八国联军打到紫禁城，慈禧带着光绪帝逃到西安，西行路上发生了一系列事情，撰写者命名为《西行宫词》。狭义上的宫词史，可以上溯到唐朝，唐代撰写宫词的人也不少，但被视为鼻祖的是撰写了百首联章组诗的王建，历代宫词有影响的也多是成规模的联章组诗。

前面讲到宫词作者按生存场域划分，一是宫内人写宫词，写的是宫内生活体验；二是宫外人写宫词。但宫外人撰写宫词往往为宫里人所鄙夷。宫里人认为他们没有切实生活在宫内就胆敢撰写宫词，只能道听途说或出于想象。因为宫词的创作旨要之一就是"实录"。比如元代杨维桢就认为："宫词，诗家之大香奁也，不许村学究语。"他进一步说："宫掖之事，岂外人所能道哉？"朱权是朱元璋的儿子，也写宫词。他为自己的宫词作序说："山人不能扬舲，海人不能骤骥，所处之地非也。"就是靠山吃山，靠海吃海，宫词之作，出于帝王、宫女之口吻，务在亲睹其事，则叙事得其真矣。所以宫词又称为"诗史""壸史"。

宫词中的宫俗

宫词实录万千宫廷秘事，也包括各种宫廷习俗，如生活习俗、行乐习俗等。秦征兰《天启宫词》载："此日英华法事停，鸣螺捧杵尽倾城。"写的是宫廷里面在节庆之日进行一些法事表演。明清很多帝后或佞佛或崇道，而参演的宦官也多好佛，前面也说了："中官最信因果，好佛者众。"

明朝嘉靖皇帝信道，听信术士从宫外选了很多年轻女子，用她们的经血炼制丹药，以期延年益寿。王世贞的《西城宫词》载有此事："两角鸦青双筋红，灵犀一点未曾通。自缘身作延年药，憔悴春风雨露中。"写的就是这些可怜的小姑娘，由于嘉靖帝凶狠的淫欲和无情的摧残，引发了一场中国历史绝无仅有的宫女暴动，史称壬寅宫变。

以杨金英为首的十几名宫女一起上阵，用绳子套住嘉靖帝的脖子，要把他勒死。事败，带头者被凌迟处死。

明清时期，有些西洋传教士得到帝王认同也有机会进宫，所以在宫里也有很多西洋产品。《全史宫词》记载："自鸣钟应自鸣琴。"自鸣钟就是西洋钟表，当时的西洋人计时和我们不一样，我们用沙漏计时或者日晷，而他们用的是自鸣钟。现在故宫钟表馆展出的钟表，很多是那时西洋传教士或者外交官觐见帝王时带来的礼物，经年累月积累了很多。这些传教士借助西洋科技讨得帝后的欢心，目的是在中国传教。万历帝就曾获准利玛窦在宣武门内兴建天主教堂，宫里还真有不少人信了西洋教。

宫词也记述了很多宫廷性风俗。中国传统文化一向注重传宗接代，而以一姓血统统治的王朝，更是把广衍后嗣列为头等大事。小皇帝或太子从小就在宫中接受良好的教育。在他们步入青春期之前，便开始接受性启蒙。负责小皇帝或太子早期性启蒙教育的，通常是经过精心挑选的贴身太监。明代皇宫专门辟有一宫殿，殿内栩栩如生地展示着两性交合的塑像、壁画，还有形式多样的"春宫图"。刘若愚《酌中志》这样描述宫内藏有交合的欢喜佛，说其雕像极为别致，栩栩如生："两佛各璎珞严汝，互相抱持，两根凑合，有机可动。"清代宫廷以及王府内也设有欢喜佛。吴士鉴《清宫词》就云："黄教由来国俗崇，雍和潜邸辟离宫。须知我佛名欢喜，丈六金身色即空。"

此外，明代宫中专门豢养猫、狗、鸽子等小动物，消遣娱乐之外，以各种小动物的性本能冲动供小皇帝或太子观摩。这些性习俗屡屡见诸宫词中。比如秦征兰《天启宫词》云："红阒无尘白昼长，丫头日日侍君王。御厨余沥分沾惯，不羡人间鱼肉香。"这里的"丫头"指的是猫。明代《禁御秘闻》有载："国初设猫之意，专为子孙生长深宫，恐不知人道，误生育继嗣之事，使见猫之牝牡（公母）相逐，感发其生机。又有鸽子房，亦此意也。"宫中养猫，借助猫儿的性本能为皇族子嗣进行性演示，感触生机，知人事生育之理，以广嗣育。当然，猫儿还有因其善通人意、充当宠物的用途。按《中国风俗通史·明代卷》"宫中性教育"条记载，内廷还专建秘殿设"喜神"，即欢喜佛和"猫儿房"，启蒙即将成年的皇族子嗣。

宫词中的宫廷爱情——"对食"与"菜户"

接下来我要讲的是宫廷内最大的生存群体，就是奴婢阶层中宦官与宫女的情感、婚姻与性生活的问题。

大家应该听过这两个词，即"对食"和"菜户"。"对食"，原义是搭伙共食，后专指那些得不到帝王宠爱的宫女们互相慰藉的同性爱关系。"菜户"是"对食"衍生而来，"对食"之间的爱情，多为短暂交往，而"菜户"则专指太监与宫女之间的恋爱，并会盟誓终身相爱，关系有如夫妻。

史玄《旧京遗事》记载："内官宫人私侍，名为对食，又称菜户。"朱彝尊《书王司彩宫词后》则云："明初定设六局，曰尚宫、尚仪、尚服、尚食、尚寝、尚功掌以宫正，总六局之事……其后宫官罢设奄寺，乃得横行，王振、汪直、刘瑾恶已贯盈至魏忠贤揽政，昵一客氏，深宫更无为，懿安皇后助者，虽存女秀才，女史官，空名恒罚提铃警夜，而宫官大抵皆为奄寺之菜户矣。"原来明代朝廷为避免宦官一家独大，在宫内设置宦官制度的同时，还设置了女官制度，意在二者互相牵制、互相监督，可惜最后宦官与女官居然沆瀣一气，结为名义上的"夫妻"。

明宫中最负盛名的"菜户"当属熹宗朝之魏忠贤和客氏，我们先来看一段文献。秦征兰《天启宫词》记："梦断君王下玉楼，新欢从此更绸缪。闲来私誓桃花岸，席市仙居共白头。"注曰："明宫廷内宫人常与太监结为夫妇，谓之菜户，上不之禁。客氏的菜户初为兵仗局掌印王国臣。国臣与魏忠贤为结盟兄弟，忠贤狡狯，与客氏通。有一天夜半，两人争宠，在乾清宫西暖阁起哄，熹宗惊起，两人偕客氏跪听处分。上笑问：'客奶，你究竟爱谁？我替你断。'客氏微露厌薄国臣之意。第二天魏忠贤就矫旨勒令国臣告病，竟将他缢杀。于是魏忠贤就据客氏为菜户。不入，客氏在席氏街北盖起新宅，魏忠贤在街南也起了新宅，两人私自盟誓，在此同居偕老。"这实在是一个经典的宫廷爱情故事，只是男女双方太监和乳母的身份又着实令人唏嘘。

从文献我们可以知道，熹宗亲自出面调停魏忠贤、客氏和王国臣之间的三角"菜户"关系，这一事件见出至少在晚明，"菜户"已经完全得到帝王的认可甚至是支持。另有刘城《天启宫词》云："玉面真欺桃李红，年年春到怨东风。自从王圣承恩宠，对食相怜满汉宫。"天启年间，熹宗的宽松政策影响下，"对食""菜户"充斥内廷，相互怜惜。我们叹息的同时，也不得不承认，这也实在是皇家范围内的一个颇具人性化的组合方式。

关于宫女和太监之间的"结好"，《万历野获编·内监·内廷结好》有详细的记载，我们来一起看看：

> 内中宫人，鲜有无配偶者，而数十年来为盛。盖先朝尚属私期，且讳其事。今则不然，唱随往还，如外人夫妇无异。其讲婚媾者，订定之后，星前月下，彼此誓盟，更无别遇。亦有暗约偷情，重费不惜。或所欢侦知之，至于相仇，持刃梃报复者。……又宫人与内官既偶之后，或一人先亡，亦有终身不肯再配，如人间所称义节。……今上最憎此事，每闻成配，多行谴死，或亦株连说合媒妁，多毙梃下。然亦终不能禁也。凡内人呼所配为菜户，即至尊或亦问曰："汝菜户为谁？"即以实对。盖相沿成习，已恬不为怪。

从文献可知，明宫"菜户""对食"至明中后期，帝后基本持宽松政策，当然也不乏个别帝王严令禁止，但终不能绝。而有无"菜户"甚至成为宫女之间互相比拼和炫耀的一个资本。宦官与宫女之间的忠贞爱情也一度被传为美谈。

有鉴于明宫内"菜户"的风行,清代对宦官与宫人的管理较明代严格许多。据《国朝宫史》载:"康熙四十四年二月上谕:近来太监不守规矩,与各宫内女子认亲戚叔伯姐妹,往来结识,断乎不可。太监等在内廷当差,女子等在宫内答应,各有内外。嗣后务当断绝交结。如仍不能断绝,总管与本宫首领即行置之重典。自降旨后,若经察出,奏不奏亦任尔等,朕自有处置。"夏仁虎就作有《清宫词·禁对食》,其中写道:

> 明宫对食有遗传,鬼委茄花祸未央。
>
> 交绝一时齐断结,圣明严谕侍中官。
>
> 注曰:清初犹沿明宫对食之习,太监多与宫女认亲戚叔伯姐妹,往来交结。康熙四十四年严谕断绝交结,总管与各宫首领知而不举者置重典。

清初宫廷的很多政令是完全针对明代的"宦祸"而出台的。比如,对宦官更加严格的管制,还有对"对食""菜户"的禁止等。

宫词中的西洋文化

明万历年间,伴随着欧洲传教士的东来,西洋文化传入中国。宫廷作为传教士们重点窥欲的对象,帝王对这些域外文化的接受与否,关乎他们来华推销西方文明成败的关键。在一些朝廷重臣的引荐下,西洋传教士、艺人不时被召见入宫,他们不失时机地进献钟表、乐器等现代科技产品,以新奇博取帝王喜好,以引起他们的重视,于是自鸣钟来了,钢琴来了,口风琴来了,香水来了,咖啡来了,马戏团也来了,甚至火车、电灯也来了,这些在宫词里面都有反映。大家可以找来《明宫词》《清宫词》《历代宫词纪事》《全史宫词》等书看看,既有料又有趣。西洋器物之外,被帝王赏识的西洋艺人也时有被征召入宫，其中就有我们熟悉的意大利籍宫廷画师郎世宁，后来直接留在宫里当宫廷画师，从康熙一直到雍正、乾隆，在宫里待了几十年。他给雍正画过洋装像，很时尚。随着鸦片战争的爆发，照相技术也传入中国，进入宫廷。爱美的慈禧就十分喜欢，常自己扮作观音，要太监、宫女们扮作各种佛教里的角色，陪着她照相。

这些西洋舶来品作为明清宫廷遗物，在今日的故宫博物院馆藏品中占有相当数量，这些文物承载着明清时期中国对外交流的点滴脉络，也表露出那个时期中华文明和西方文明的交流。我们再通过几首宫词来还原一下彼时明清宫廷内的中西文化交流。

雍正洋装画像

先从西洋绘画和照相说起。我们知道，明清皇宫内有专门的宫廷画师，清廷内还有西洋画师。慈禧就有一个美国画家帮她画像。李翰昌《清季宫词》对此予以记录：

> 大内春光漏画师，非关延寿笔妍媸。
>
> 颐和园隔醇王府，度里阳秋不使知。

注曰：美公使康格夫人举荐美国画家卡尔女士为慈禧太后画像，将送圣路易博览会展览。太后听了很惊异，怕麻烦，又不便违拂举荐人的意思，就详细问德菱：……太后又说："外国女子住在宫内，向无此例。宫中的事，不能让她知道，我在颐和园避暑，距城很远，女画师也不能来往奔波。还要有人防守，谁能与她同寝处？"她想很久，笑着说："有了，我能把她幽禁起来而不使知之。醇亲王府离我宫中很近，又在颐和园之外，不与宫院相接，使她住在哪里，而使德菱母女三人监视她。来往函件。要随时留意。"

我们再举一例来谈谈慈禧照相。《清宫遗闻》有诗云："垂帘余暇参禅寂，妙相庄严入画图。一自善财成异宠，都将老佛当嵩呼。"注曰："孝钦后政暇尝作观音妆，以内监李莲英为善财，李妹为龙女，用西法照一极大相悬于寝殿宫中，均呼孝钦为老佛爷。"

《慈禧扮观音》（照片）

西洋技术、艺术传入宫廷，直接影响了主子们的生活方式，让他们也享受了先进的西式生活。而西洋科技的传入，有识之士还是颇为重视的，比如火车。我们来看一下《清宫词》对清廷关于火车这一现代科技产品的态度："宫奴左右引黄幡，轨道平铺瀛秀园。日日用膳传北海，飚转直到福华前。"注曰："瀛秀园是北京最早的'火车站'，但它不是真正用来作为民众的便捷交通工具的，而是慈禧用来游玩的。更为可笑的是，慈禧觉得火车的轰鸣声会震坏皇城的风水，竟然让太监们用绳子拉着火车跑。当然，购买火车的初衷是李鸿章为了迎合慈禧享乐嗜好，吸引其对新式交通工具的重视，争取修建铁路的机会。于是国人眼中最早的火车站便以这样滑稽的形式诞生了。由此看出，对于一切新式的科技，统治者首先想到的是用来享乐，而非用于民事或军事。"

真是可悲！可叹！可笑！这些西洋科技之所以能进宫，其实是李鸿章、张之洞等洋务派大臣有意为之。他们煞费苦心地在慈禧面前展示，希望引起她的重视，让她下诏发展现代科技和工业。在紫禁城之外，他们安排慈禧参观火车，但慈禧的想法是，火车声音太大了，会震坏皇城，破坏风水，所以不用它原有动力，只让太监拉着火车跑，当然都是微型火车。很多西方科技引进之后，主子们只当作一种享乐、享受，没有真正把它们用在发展民族工业上，实在是遗憾！

不得不说的是，我们自己的传统文化传承了几千年，那是绝对的强势，是轻易动摇和撼动不了的。西洋文化传入紫禁城，深刻影响了宫廷人的生活习惯、理念、想法的同时，入宫的洋人也受中国深厚文化底蕴之影响，在"演化"我们的同时，也受到我们传统文化的"同化"。话说一些外交官到中国之后，很多人很喜欢我们的文化，更有甚者让他们的子女参加中国的科举考试，做中国的官员。当年担任总税务司的英国人在中国待久了，就渐染华风，让他儿子练习华文、书法，参加科举考试。清宫词中对此也有专门书写，这里不再举例说明。

上面我给大家展示和解读了部分宫戏、宫词中所反映和体现的一些宫俗，当然，这绝对是管中窥豹。

宫学——打造学术故宫

最后和大家来谈一下宫学，就是故宫学。故宫学是 2003 年时任故宫博物院院长郑欣淼先生在南京一次会议上正式提出来的，至今已经过去了十余年。郑先生在此期间，不断补充、完善，使这一提法或者说这一概念、学科更加科学化，更具学理性。简言之，故宫学就是以故宫及其历史文化内涵为研究对象，集整理、研究、保护与展示为一体的综合性学问和学科。当下的故宫是一个开放的故宫，为打造学术故宫，故宫专门成立了故宫研究院，由郑欣淼先生亲自担任院长，故宫研究院的成立，将推动故宫研究向整体性、体系性、开放性、国际性继续迈进，是故宫博物院学术传统的新发展，标志着故宫学术研究进入一个新的阶段，也为故宫学深入开展搭建了难得的学术平台。此外，故宫还成立了故宫学研究所，专门聚集宫内外研究故宫的各路学者来研究故宫这一"富矿"，我就属于宫外人研究故宫的其中一位。我写过两本书，一本书是《明代宦官文学与宫廷文艺》，还有一本书是《明清宫词与宫廷文化研究》，我是从文学的角度作为切入点来研究故宫的。

我有幸于 2015 年入宫参加过故宫学高校教师讲习班，对故宫学有了更全面深刻的认识，也对故宫与故宫学充满了感情，可以说是带着故宫情怀来进行故宫学研究的。

最后，我以故宫学创始人郑欣淼先生对故宫的认识作为讲座结束语："故宫文化是有生命的活的文化，它承袭着传统文化，又接续着现代文明，经历了蜕变。它以博物院的姿态屹立于世界文化之林。故宫是民族的，也是世界的；是传统的，也是现代的；是历史的，也是未来的。"

希望我们在座对故宫感兴趣的朋友，可以多关注故宫，认识故宫，以故宫学的眼光重新审视 600 年的紫禁城和 90 年的故宫博物院，然后重新再入宫体验一下，相信一定会有和先前不一样的感受和收获！谢谢大家！

道家文化与诗意生活

方映灵

方映灵

中国哲学博士，深圳市社会科学
院中国思想文化研究中心主任、
研究员。主要研究领域为中国哲
学、思想文化、深圳文化等，中
国哲学史学会会员。参与主编
《百年中国哲学经典》（5卷）；
具体主持编撰深圳首部城市百科
全书《深圳百科全书》。

儒、道、释（儒家、道家、佛家）是中国传统文化的三大支柱。
道家文化是中国传统文化的重要组成部分，这里将从与儒家相对比的
方式和视角，对道家文化的五个方面特质予以全新解读。这五个方面
的特质是：

1. 崇尚自然、无为而治；

2. 重视个体、率性自由；

3. 贵柔尚弱、为而不争；

4. 理论思辨、豁达高远;

5. 反省批判、万物平等。

与此同时,将探讨道家文化与诗意生活的关系。道家给人们提供了不同于儒家的另一种生命格调和人生智慧,在中国人所追求的诗意生活中展现了不同于儒家的另一幅图景。

一　道家文化的特质

道家文化是中国传统文化的重要组成部分,它与儒家相反相补、相辅相成、相互激荡,共同构成了中国传统文化发展的一条主线,也给中国文化带来了创新活力,并以其开阔的思维、宽广的意境,丰富了中国人的生命智慧及精神世界,把人们的目光和境界引向高远。相对于儒家,道家文化主要有如下特质。

1. 崇尚自然、无为而治

与儒家崇尚人文、只关注人生社会问题、注重伦理道德践履不同,道家崇尚自然,它突破儒家的局限,把目光和思考范围从人生社会扩展到整个宇宙。它把"道"作为宇宙万物的根源和最高准则("天地之始""万物之母""万物之宗"),并提出"人法地,地法天,天法道,道法自然",从而建立起一套以"道"贯通天、地、人的哲学系统。在这个系统里,人、人生社会只是浩瀚宇宙的一部分,而且与宇宙万物一样,都以自然作为最高准则。所以,在浩瀚宇宙面前,人类对待自然万物要有一种谦卑和尊重的姿态,不能为所欲为、强妄作为。

自然与人为是相对应的。提倡人文理性和积极有为的儒家无疑把握了人为的这一端,而道家则把握了自然的另一端。道家敏锐地觉察到自然的无限性、不可把握性和人类理性、人的作为的有限性:"道大,天大,地大,王大。域中有四大,王居其一矣。"作为人主的君王尽管很强大,但也只是无限自然世界的一分子而已,而且与天地万物一样,必须遵循客观自然规律,以自然无为的"道"为普遍原则:

"天地不仁，以万物为刍狗。""道常无为而无不为。"天下万物都是一种自然的存在，没有外在的仁爱恩施也都能循着各自规律运行发展。花开花谢、潮起潮落、鹰飞鱼跃，这一切都不是人类理性和文化"有为"的结果，都是自然呈现的，但尽管没有人为干预，却处处充满生机，"无为而无不为"。自然状态本身就具有自满自足、自我发展的特性，都各有其"道"。所以正如西谚所说"人类一思考，上帝就发笑"一样，自然是无限的、不可把握的，人类理性、人的作为则是有限的。

因此，人类要懂得顺应自然、遵循自然规律，这才是抓住了根本。在道家看来，儒家人为地倡导仁义道德，是舍本逐末，因为一切人为的仁义道德，都是在朴素的人性自然状态遭到了破坏丧失之后，才得以表现的："大道废，有仁义；……六亲不和，有孝慈；国家昏乱，有忠臣。"当家庭、社会、国家处在一种自然淳朴和谐的情况下，有什么机会能彰显仁义、孝慈、忠诚呢？！只有当家庭、社会、国家混乱不堪、朴素自然状态遭破坏了，才有机会彰显、有必要提倡仁义、孝慈、忠诚。

所以，对国家社会的治理，最重要、最根本的是要守住人们朴素恬淡的自然本性，维持自然淳朴的社会风尚，而不是人为地倡导圣智仁义、追逐人工巧利："绝圣弃智，民利百倍；绝仁弃义，民复孝慈；绝巧弃利，盗贼无有。此三者，以为文不足，故令有所属，见素抱朴，少私寡欲。"圣智、仁义、巧利这三者，都是人为的，不足以治理天下，必须绝弃；只有保持质朴、减少私欲，才能使人有所归属，恢复朴素宁静的自然天性，国家社会也由此得以治理："不欲以静，天下将自正。"

道家认为，顺任自然才是最高的道德："道之尊，德之贵，夫莫之命而常自然。"顺任民情，"无为"而治，才是抓住了国家社会治理的根本，才是最尊贵的道德。特别是对一个大国来说，更应该实行无为而治，因为"治大国，若烹小鲜"。人为强作会导致国家的混乱，就像搅煮烂了的小鱼一样不可收拾。"复众人之所过，以辅万物之自然而不敢为。"真正明智的统治者所能做、所要做的只是补救民众未能做好的错失，起辅助作用而已，而不敢强作妄为。"我无为而民自化，我好静而民自正，我无事而民自富，我无欲而民自朴。"只要统治者能做到不乱作为，安静不扰民，不给人民增加负担，不追逐过多的现实欲望，那么，人民自然就得到了教化，生活就自然富裕，淳正质朴的社会风尚就自然形成，国家社会就自然得到治理。

自然无为是道家贯穿一切的核心主张。在这里，我们感受到的是人与自然的和谐相处，而不是"人定胜天"所带来对自然界的肆意侵占与破坏；感受到的是社会环境的宽松自在、社会风尚的淳朴宁静，而不是种种礼教桎梏的压抑沉闷、人欲横流的争逐喧嚣。当一个社会的统治者违背自然、罔顾民情，刻意追求有为而强妄作为、恣意妄为，从而给自然界、给民众带来痛苦和灾难时，我们不能不体悟到道家这种"自然无为"智慧之高妙与睿智。

2. 重视个体、率性自由

与儒家重视人的群体性、强调社会依存性相反，道家重视人的个体性，强调自然自主性和率性自由。它认为，"天下有常然"，"万物将自化"，天下事物都有它本来独立存在的个体性和内在规律，都能够不假外力自由自主地发展。所以，每个人生来都是一个独立自主的个体，都具有自然生长、自由发展的天性，这种自主自由的天性应该受到尊重和保护，而不应该受到伤害和破坏。

人之所以为人在于它的社会性和群体性。每个人从降临到这个世界的那天起，就必须依存于家庭、依存于社会群体，所以必须被社会化。而社会是依靠一定秩序、一定规则建立和维系的，因此人必须逐渐学会懂秩序、守规则、培养相关理性，为此就必须舍弃自己与生俱来的一些自然禀赋、自然习性，以理性规范感性，也就是被"文"化，从而融入社会。人的成长过程就是不断被文化、被社会化的过程，而社会群体也就由此得以维系和发展。尚文化、重秩序、倡理性、强调社会群体性高于个体性，这就是儒家所致力的方向，它的"仁、义、礼、智、信"都源于此而展开。

但人也是自然的产物，有自然性的一面。每个人都有其天生的自然禀赋和自然情性，正是这种各自不同的自然禀赋和自然情性的存在，才构成了社会群体的复杂多元和多姿多彩，而个人也由此得以自由健康地发展。因此，人的这种自然天性不应该因强调社会群体性而被忽视甚至泯灭。正是从这一点出发，道家强调和维护了人的自然性和个体性的一面。

道家认为，天下万物的本性都是自然无为的："夫虚静恬淡寂漠无为者，万物之本也。"只有尊重这种自然无为的本性才是真正的道德："夫恬淡寂漠虚无无为，此天地之本而道德之质也。"而人为地残害万物自然本性，"残生伤性""残生损性"则是不道德的。就像"伯乐治马"一样，为了使马变得有用，就戕害了马的自然真性，结果把好端端的马给折磨死："马，蹄可以践霜雪，毛可以御风寒，龁草饮水，翘足而陆，此马之真性也。……及至伯乐，曰：我善治马。烧之，剔之，刻之，雒之，连之以羁絷，编之以皂栈，马之死者十二三矣；饥之，渴之，驰之，骤之，整之，齐之，前有橛饰之患，而后有鞭笑之威，而马之死者已过半矣。"同样，对于民众来说："彼民有常性，织而衣，耕而食，是谓同德；一而不党，命曰天放。"远古时代的民众原本自由自在、自自然然地生活着，但号称"圣人"的后世统治者却非要对民众施行仁义教化，结果破坏了民众自由自然的"天放"本性，这就把真正的道德给毁了："毁道德以为仁义，圣人之过也。"

反对任何外在的文饰和人为干预，强调和尊重人的自然性与独立性，这充分体现了道家的自然主义与个体主义，从而与儒家强调人文和社会群体性的人文主义与集体主义截然相反。

道家崇尚的是能够率性自由、自然自主地生活。在这样的社会情态下，每个人都不需要用各种文化礼仪装饰、限制、束缚自己，都能够依照自己自然朴素的天性，自由自在、随心所欲、无拘无束地生活着，拥有踏实宁静的安全感和家园感。它反对儒家人为的道德理性限制、破坏了人的自然自由天性，特别是把个人置于社会群体的绝对服从之下，用森严礼教的宗法社会利益取代个人人生的自由幸福。"生命诚可贵，爱情价更高，若为自由故，两者皆可抛。""无自由，毋宁死。"当封建宗法社会对"饿死事小，失节事大""存天理，灭人欲"做出极端的解读，从而把仁义道德作为冷漠而不可侵犯的最高"天理"而"以理杀人"时，我们不得不说，道家这种对立于儒家的率性本真生活姿态和社会愿景，体现的恰恰是对生命个体的真正呵护，对民间疾苦的敏锐感受和深切同情。

3. 贵柔尚弱、为而不争

与崇尚刚毅坚强、积极进取的儒家相反，道家贵柔尚弱，倡导为而不争。在道家看来，"柔弱胜刚强"，柔弱是一种胜之于刚强的品质和状态，"天下莫柔弱于水，而攻坚强者莫之能胜，以其无以易之。弱之胜强，柔之胜刚，天下莫不知"。天下最柔弱的莫过于水了，但滴水能穿石，抽刀断水水更流，刚硬无比的石和钢刀都无法胜克柔弱无比的水，可见柔弱能胜刚强，"至柔"可克"至坚"："天下之至柔，驰骋天下之至坚。"所以守住了柔就是强："守柔曰强。"

道家敏锐地观察到，"人之生也柔弱，其死也坚强。草木之生也柔脆，其死也枯槁。故坚强者死之徒，柔弱者生之徒……强大处下，柔弱处上"。人活着的时候身体是柔软的，但死了之后身体则是僵硬的；生长着的草木是柔软随风摇摆的，但枯死了的草木则变得脆硬易折了。可见，坚强的事物往往与死相连，柔弱的事物则与生相连。所以从这个角度看，柔弱也胜于坚强。

与柔弱同样属于反面性质的还有"下""后""雌""虚""静"等。"江海之所以能为百谷王者，以其善下之，故能为百谷王。"江海之所以能汇纳百川，是因为它"善下"处于低位。所以，道家把握事物的根本方式和重要法宝就是善处下位、居后不为先、知雄守雌、致虚守静："我有三宝，……一曰慈，二曰俭，三曰不敢为天下先。""知其雄，守其雌。""致虚极，守静笃。"等等。在道家看来，事物的反面最能深刻地体现运动变化着的道，因此最能反映出事物的本质和根源，而柔弱则最能体现出道自然无为的作用："反者道之动，弱者道之用。"所以，与儒家相反，道家总是从反面性质把握事物。

由于善处弱势，自然崇尚不争。在道家看来，"圣人之道，为而不争。"身居高位和品德高尚的圣人，他的行事应是施为而不争夺，就像水一样："上善若水。水善利万物而不争，……夫唯不争，故无尤。"最好的品德和行事就像柔弱的水一样，善于滋润万物而不和万物相争，因为不相争，所以平静坦然、无怨无尤。"以其不争，故天下莫能与之争。"也因为他不相争，所以天下的人都没人能与他争，而乐于拥戴他。

假如说，儒家阳刚进取、尚强争先等正面品质，在推动社会进步、带给社会正能量的同时，又不可避免地带来残酷的争夺倾轧、给人以紧张感和压迫感等负面因素的话，那么，道家贵柔尚弱、居下不争等反面品质，则给我们带来谦卑、温润和舒适感。就像水润泽万物、和风细雨滋润大地一样，它消解和舒缓了儒家的这些负面因素，并给人们带来另一种思维方式、另一种人生智慧和生活姿态，从而使社会形成刚柔相济、全面健全的人格心理结构，更加稳健地向前发展。

4. 理论思辨、豁达高远

与"道德哲学"的儒家不同，道家是"思辨哲学"，以擅长理论思辨著称。老子《道德经》一开头便体现出这种思辨特色："道可道，非常道；名可名，非常名。无名，天地之始；有名，万物之母。……玄之又玄，众妙之门。"

作为真正意义上的中国哲学的开创者，道家率先系统地提出了以"道"为核心的宇宙本源－本体论和一整套哲学概念、范畴，并以理论思辨的形式，相当完整地构建了一个由宇宙自然到社会人生、从"天道"到"人道"的哲学理论体系。而借着建立了这套哲学理论体系，道家得以棋高一着地拥有了比儒家更为充分的理论依据，更为系统完善而有力地阐明了自家"自然无为"的核心主张并足以与儒家对立抗衡。

　　儒家"罕言天道",只言"人道","六合之外,圣人存而不论",因此先秦儒家在宇宙生成论、本体论、认识论等哲学理论思辨方面付之阙如。而道家则喜言天道,并以"道"贯通天、地、人:"有物混成,先天地生,寂兮寥兮,独立而不改,周行而不殆,可以为天地母。吾不知其名,字之曰道,强为之名曰大。……人法地,地法天,天法道,道法自然。""道生一,一生二,二生三,三生万物。万物负阴而抱阳,冲气以为和。""天下万物生于有,有生于无。"道作为天地万物的本源和本体,它派生万物,却自然无为、客观独立地主宰着天下万物包括人类社会的一切。

　　可以说,当道家把统摄宇宙一切的"道"作为自己的核心概念时,便已充分显示了道家的高明和深邃睿智:"道"既然高于一切、主宰一切,则道家的"道"必然高于儒家的核心概念"仁"主宰着"仁",那么由此创立的道家学派也必然高明于儒家及其他诸子百家。由此,道家不仅率先揭示了宇宙的客观规律,还立于高处、傲视百家地创建了自身学派理论体系,从而把中国哲学的理论思辨水平提升到一个崭新的高度。

　　在建立自身哲学体系的过程中,道家还提出了道、气、自然、朴素、有无、动静、虚实、祸福等一系列概念范畴,并给人们提供了对立面相反相成、既对立又统一的辩证思维方法:"有无相生,难易相成,长短相较,高下相倾,音声相和,前后相随。""大器晚成,大音希声,大象无形。""大直若屈,大巧若拙,大辩若讷。""祸兮福之所倚,福兮祸之所伏。"有无相生、大智若愚、祸福相依……诸如此类辩证认识事物、思考问题的哲理智慧,正是道家贡献给世人的,也是儒家在这方面所未能做到的。

　　毫无疑问,当人们意识到人类只是宇宙自然的一部分,并把目光和思考范围从只关注人生社会转向关注整个宇宙自然时,人们的境界、胸怀、思维等一切都变得开阔、拓展而豁达高远了。由此,人们可以看到面对浩瀚宇宙时自己渺小的一面,而不再患得患失地执着于眼前一己之私的一切;可以放眼大千世界,而不再终身孜孜不倦地追求着人生社会的功名利禄，或探究宇宙奥秘，或怡情山水，或简朴自在、平凡安静地过着自己自得其乐的生活。这就是道家给我们提供的不同于儒家的另一种生命格调和生活方式。从这种生命格调和生活方式里，我们可以感受到人的"诗意地栖居"，感受到人生社会的自在舒展与丰富多元。"鱼相忘乎江湖，人相忘乎道术。""相濡以沫，不如相忘于江湖。"鱼因忘情地畅游江湖而优哉游哉，人因忘情地顺任自然而自由逍遥；与其在困境中相濡以沫，不如忘情地畅游江湖自由自在。而在这样宽松自如、豁达自在的氛围和境况下，人的创新力、创造力、创意等也随之得以焕发和产生。

5. 反省批判、万物平等

可以说，从创立之始把思考范围扩大至关注整个宇宙自然，并把统摄宇宙一切的"道"作为核心概念建立自家学派体系时，道家便拥有了俯视诸子百家的先天高度，具备了评点其他百家的特质。所以，道家的反省批判精神可谓与生俱来。

道家的批判矛头主要针对儒家。它从"自然无为"出发，既批判儒家礼教文饰带来的虚伪和不自然，也批判了宗法文化对人性的戕害。"夫礼者，忠信之薄，而乱之首。""礼乐遍行，则天下乱矣。""白玉不毁，孰为珪璋！道德不废，安取仁义！性情不离，安用礼乐！……毁道德以为仁义，圣人之过也。"儒家的仁义道德是通过扼杀和毁灭人的本真自然性情后得到的，它违反了人的自然本性，是社会混乱的罪魁祸首。

针对儒家倡导"仁义礼智"、关注社会文明和人类智慧积极向前发展的一面，道家则敏锐地洞察到社会文明和人类智慧消极阴暗的一面："有机械者必有机事，有机事者必有机心。机心存于胸中，则纯白不备，纯白不备则神生不定；神生不定者，道之所不载也。""民之难治，以其智多。故以智治国，国之贼；不以智治国，国之福。"人类智慧在推进社会和文明发展的同时，也会"道高一尺魔高一丈"地带来心机狡诈、人性堕落、道德沦丧的一面。由此，要让社会有"道"，就必须"绝圣弃智"、"见素抱朴"、回归自然本真。"不以心损道，不以人助天。是之谓真人。……天与人不相胜也，是之谓真人。"没有"机心"等任何非天然因素污染过的"真人"，就是道家所崇尚的理想人格。

作为平民哲学，道家还从万物平等（"齐物"）出发，反对一切等级权威与专断独裁，尤其是长期成为官方哲学的儒家。"天地与我并生，而万物与我为一。"天地万物是平等的，世间万物只有相对的差异性，而没有凌驾于一切的高高在上的权威存在，万物只有相对性而没有绝对性。"鱼处水而生，人处水而死，彼必相与异，其好恶故异也。"鱼要在水里才能生存，而人溺在水里则会死亡，所以，生活在水中相对于鱼来说是必需的，但对于人来说则不仅不是必需还是灾难，因此人和鱼的喜好感觉是不相同的。"毛嫱、丽姬，人之所美也，鱼见之深入，鸟见之高飞，麋鹿见之决骤。"毛嫱、西施是世人公认的美女，但鱼、鸟、麋鹿见了并不能欣赏而是逃之夭夭，所以人的美丑标准对于鱼、鸟、麋鹿等动物来说也是不被认同的。"自我观之，仁义之端，是非之途，樊然殽乱，吾恶能知其辩！"所以，按这个道理来看，儒家的仁义、是非标准除了引起纷争之外，怎么可能具有普适性和绝对权威性呢？它当然不应成为衡量社会行为唯一的、最高的道德标准。道家由此消解了儒家独尊至上的权威性。

对于儒家提倡积极进取、自强不息，道家则深刻反思了人生的意义和价值，并发出振聋发聩的叩问："一受其成形，不忘以待尽。与物相刃相靡，其行进如驰，而莫之能止，不亦悲乎！终身役役而不见其成功，茶然疲役而不知其所归，可不哀邪！人谓之不死，奚益！"人自从来到这个世上便忙碌奔波不停，驰骋追逐于其中而不能止步，这不是很可悲吗？终身劳劳碌碌而不见得有什么成就，疲惫困苦不知道究竟为了什么，这不是很可怜吗？这样的人生虽然不死，但又有什么意思呢？！"吾生也有涯，而知也无涯。以有涯随无涯，殆已。……缘督以为经，可以保身，可以全生，可以养亲，可以尽年。"人的一生是有限的，而知识的探究是无限的，以有限的生命追随无限的知识，注定是疲惫不堪不能穷尽的；认识到这个人生道理，人就应该顺其自然、珍重自然生命，而不应不顾一切强求有为和成功，这样既能奉养双亲，又能保全自己的生命和天性，享尽天年。

以对立反省批判方式制约、提醒、激荡儒家，这无疑是道家最显著、最根本的特质和价值。尽管这种解构主义特质在某种程度上会造成对儒家的淑世主义、人文主义及贵族精神、集体主义等正面性可贵品质的冲击破坏，而正是儒家的这些可贵品质使人拥有了挺立于世的尊严，并极大地推动了社会文明的发展进步，但在中国文化历史长河中，正是道家对儒家相反相补、相辅相成、相互制约、相互激荡，使这两大传统文化主干构成一柔一刚、一反一正、一破一立、一阴一阳、一隐一现、一静一动、一虚一实的良性互动关系，才避免了儒家独尊所带来的片面、专断、单一、僵化等弊端，从而使中国文化获得了更为全面多元的思想智慧、更健康的创新活力，绵绵不绝地、不断丰富、不断演进至今，其由此形成的社会心理积淀，对中华民族的人格心理结构产生了深远的影响。

二 道家文化与诗意生活

自古以来，人类都向往着诗意生活。在西方，19 世纪德国诗人荷尔德林就提出人"诗意地栖居"，同一时代的美国作家梭罗则写了《瓦尔登湖》，表达对田园诗意生活的向往。而在我们中国，也自古以来有这种对诗意生活的向往。先秦儒家有一个"曾点气象"，就表达了这种向往。《论语·先进》中说："暮春者，春服既成，冠者五六人，童子六七人，浴乎沂，风乎舞雩，咏而归"，这里很形象地描绘了一种诗意生活图景。而东晋陶渊明的"采菊东篱下，悠然见南山"，也同样表达了一种诗意生活图景，只不过这是道家的田园自然生活而已。

应该说，儒家的"曾点气象"是"天人合一"的，可以说它是自然与人文的高度融合，这在只重人文不重自然的儒家传统中无疑是很难得、很可贵的。这里有春天时莺飞草长、春风拂面、流水淙淙的自然气息和景象让人向往，但尽管如此，"曾点气象"中还是带着浓郁的人文气息，它还是要"春服既成"，还是要"冠者五六人，童子六七人"，还是要"咏而归"，充分表现了重礼乐、重人文的儒家特质。这种情调乐趣和诗意生活显然与道家是不同的。

相比之下，道家的诗意生活则是"纯天然"的，它所追求的就是回归自然。在"采菊东篱下，悠然见南山"这里，我们一方面可以感受到大自然之美、田园风光之美，另一方面则是个人的自然"悠然"，无拘无束、自由自在、心旷神怡。在这里，只有简朴自然、自由安静，没有人群车马的喧嚣，不需要融入社会，用社会的标准来规范约束自己，没有人生社会的一切困扰，包括追求功名利禄。人在这样一种自然美好的环境和自由自在的生活情态中，怡情山水、超然自在、自得其乐。这就是道家给我们展示的不同于儒家的另一种诗意生活和境界情调。在这种图景和生活中，自然环境得到充分的重视和保护，人的身心和天性得到彻底放松与充分舒展。

结语　儒道互补

中国传统文化、中国哲学是"关于人的生命的学问"，是"以生命为中心"的学说。而儒家、道家、佛家作为中国文化的三大主干和中国人精神生活、精神"生命"的三大支柱，它们相辅相成，渐次完整地构建了中国人从现实到超越、从"实"到"虚"、从物质到精神的不同层面和境界追求。在这其中，儒家文化作为传统文化的主干和核心，以积极有为、礼乐优雅和责任担当，为我们展现了一种刚健大气的精神风貌和理性谨严的社会人伦秩序；而道家所贡献给我们的"生命的学问"、生命的智慧则迥然不同于儒家。正因为有了道家，我们得以拥有了对立并互补于儒家的另一种生命智慧和生活方式：对于社会，我们除了有理性严谨、刚毅进取的儒者，也有率性自然、自由超脱的道者；对于个人，我们除了可做一个自强不息、积极进取、有责任担当、实现社会人生价值的儒者，也可做一个顺任天性、自由自在、有闲情逸致、超脱功名寄情山水的道者。由此，我们的社会既庄重紧张又自由活泼、既关注人文也关注自然，我们的人生既有社会担当又自在美好，我们的民族性格既有阳刚进取的一面，又有柔和娴静的一面，既有勇猛坚毅的一面，又有内敛温婉的一面，既有恭谨文雅的一面，又有潇洒飘逸的一面，等等。这就是道家带给我们的宝贵生命智慧，留给我们的永恒文化价值。

所以，一个健全多元的社会和一种理想人生样式应该是儒道互补的。儒家文化推动着社会和人类文明的进步，也使人类拥有了挺立于世的高贵尊严，同时也使我们的人生获得了意义和价值。而道家则在注重自然性、个体性、柔软性以及超然性等方面，丰富和启迪了我们的人生智慧，并补充和舒缓了儒家的不足与负面因素，这是我们在提倡道家的诗意生活时所应该特别加以注意的。

生命医学三千年

——院士教你如何就医

樊代明

樊代明

中国工程院副院长，中国工程
院院士，第四军医大学西京消
化病医院院长，肿瘤生物学国
家重点实验室主任，国家教育
部长江学者奖励计划特聘教授，
国家 973 项目首席科学家，中
国共产党十四大代表，十一届
全国人大代表。曾任第四军医
大学校长、2013 年世界消化病
大会主席。长期从事消化系统
疾病的临床工作及基础研究工作。曾获国家科技进步一、
二、三等奖，国家技术发明三等奖，军队科技进步一等
奖，国家发明专利 7 项等。主编专著 12 本，在国内外杂
志发表论文 301 篇。

世界上几乎所有事物都是按照这样的规律，分久必合，合久必
分，螺旋上升，波浪前行。

医学来源于什么？来源于原始社会的不断整合。当时人们日出而作，日落而息。虽然整天忙忙碌碌，衣不蔽体，食不果腹，住无定所，那个时候还只能抓住什么吃什么，结果发现吃什么补什么。吃肝补肝，吃肾补肾，吃尾巴补全身。

东汉末年形成了三本书，基础医学是《黄帝内经》，临床医学是《伤寒杂病论》，药学是《神农本草经》。这三本书是中医经典，以后的书都是修修补补，为什么？最自然的常常是最本质的，在整合过程中形成了很多大家，比如扁鹊、华佗、张仲景。

要善于整合，把各方面知识整合到一起。比如扁鹊。

西医的发展也属于这样的规律。16世纪末，出现了两个伟大的科学家，一是伽利略发明了温度计，二是列文虎克发明了显微镜。医学本来是一个专业，结果分成基础医学、临床医学、预防医学，还有护理学、药学等。基础医学之下，再分成系统、器官、组织、细胞、亚细胞、分子等八个部分，为什么？人们想知道生命的真谛，也想知道疾病的本质。

临床医学现在被分成二级学科、三级学科。30多年前我当住院医生的时候，可以说我是内科医生，现在不能这么说了。只是消化内科医生、呼吸科医生。

这种细分大大促进了医学科学的发展，也使中国人的平均寿命从40岁提高到了76岁，某个医生治疗某种疾病，越来越精细。但是这种分法也导致大量问题：

第一个问题是患者成了器官。一个活生生的病人到医院看病，他在导医员的带领下，分流到各科去了，其实多数都错了。发烧症状可能意味着60种疾病，导医员并不能分清。

对于癌症病人，外科医生是切除越彻底越好；内科医生是化疗；放疗科医生是放疗，都是以杀死癌细胞为目的。有的医生缺乏整体观念，只注重出现病灶的那个器官，其他都不管，有的外科医生缝合技术高超，天衣无缝，但其实病人早已奄奄一息。

头痛看头，脚痛看脚

现在很多医生就是症状医生。头痛看头，脚痛看脚。

现在会诊，比如我是科室主任，我要请大家来会诊，每个主任都说，从他那个角度应该怎么治，应该说每个角度都对，但是把全部手段用来治疗同一个病人，病人就受不了了。

我1981年研究生毕业，从消化科到心脏科轮转，那时候能看懂心电图报告可是好医生啊。没人带我，我就把心电图老师的钥匙拿过来，然后把柜子打开，夜深人静，研究很多心电图，有时候把老师看错的地方都指出来。

我在急诊室待了整整一年，在西京医院急诊室待一天相当于在其他县医院待一年。那时候只有护士带我，急诊室护士可厉害了，我们都叫"护士奶奶"，"奶奶"比我年轻。我当了院长、校长，对急诊室所有护士都很好，为什么呢？护士可以培养院士啊。

全部靠化验单不准确

2008年我带着800个人在汶川地震现场抢救伤员。当时成都军区有一位首长，半年前做过胃癌手术，半年以后长了一个包块，让我们会诊。当时我们从北川过去，会诊完毕了，说是肿瘤复发，要全部切除。但我分析以后，我说不能全部切除，为什么？我说这有一个包块，但不是肿瘤复发，是你们缝得不太周正。

我是怎么诊断的？他女儿拿了另外一张片子问我，是手术两个月以后照的。我把它和6个月后的片子相对应，结果包块大小形状完全一样。哪有癌症肿瘤长到4个月都是一样的呢？所以医生诊断疾病不能全部靠化验单，那个结果往往不准确。

现在很多医生都跟着药品说明书走，医生成了药师。我的老师92岁离开了我，他一辈子都在跟20几个药方打交道。现在心血管内科有 200 多种药，消化科有 100 多种，肿瘤科多少？1000 多种抗癌药，药品越多，说明越没有好药。好药一个就行了，我们的肿瘤科主任说，他毕业以后就开始开治疗肿瘤的药，开到 60 岁退休了，还没开完。一个病人发烧，医生开头孢，烧退下不去。我一查房，我说换一个头孢。他说，你这是第二代头孢，我们是第三代。我说换，我有经验，结果烧退下去了。你怎么知道三代就比二代好？一个医院就有 26 种头孢，搞得医生一头雾水。药品太多了，这么多药不出事才怪。

心理性疾病越来越多

心理躯体分离。现在很多医生只会治疗躯体性疾病，其实心理性疾病越来越多。我们消化科的病，大致 30% 属于心理性疾病，人们普遍社会压力大，精神紧张。现在抑郁症个案占了人群中大致 5%。我说不能随便吃药，为什么呢？所有抗抑郁症的药，都会引起幻觉。

第二次世界大战期间，纳粹和日本做过这样的实验，在一个空房间里，把聪明的战俘绑起来，给他血管上插一个管，放血，告诉他 30 分钟后必死无疑。接着把灯一关，只听见嘀嗒嘀嗒的声音。最后告诉他，25 分钟到了，29 分 50 秒到了，还有 10 秒你就该死了。这个战俘哇的大叫一声，真的死了。结果一打开灯，嘀嗒嘀嗒的声音还在响，只是水龙头在滴水，一滴血都没流。

护士工作非常重要

过去医护不分家，现在认为，初中毕业读三年护校就是好护士。同样一个手术做完以后，交给两个不同水平的护士，结果肯定不一样。我爱人前年回重庆老家过年，遇上了事故，我在我爱人床前守了 14 天，完全按照骨科护士的要求给她捏脚，左边 100 下，右边

100下，一下也不多，一下也不少，最后痊愈出院。

护士的社会压力很大，工作十分繁重，工资又不如医生多。现在有近400万名医生，护士只有300多万，其实应该比医生多一倍才对。物以稀为贵，我深信在不久的将来，会出现两种情况：一是考大学护士的考分比医生要高；二是护士拿的工资应该比医生多。

西医中医相互抵触。西医中医都为人类做出了贡献，特别是中医，为中华民族的生存和繁衍做出了博大贡献。而现在有人说中医不科学，其实中医充满了科学，但是中间有很多不属于科学范畴，而是存在比科学还要重要得多的东西，有人说中医不按照科学标准，把人治好了就行了呗。有时候存在这个问题，把人治好了说不清楚，说清楚了反而治不好。

中医的特殊性

5个孕龄妇女，有一个生不出孩子，西医去查，输卵管通，基数也正常，爱人还经常在家。她就是生不出来啊，人家中医开一服药，竟生出了龙凤胎！你要保胎，西医没有办法，中医开一服保胎药，成功了。还有催奶，西医没有办法，中医开一服催奶药，加两个猪蹄一炖，就见效了。

我到处讲课，老是水土不合，吃什么西药都没用，我爱人说，喝藿香正气水，一次就好。所以在我的旅行袋里，老是有几支藿香正气水。我告诉在座的女士们一个秘方，宝宝在夏天，痱子很多，在宝宝的洗澡水里加入两支藿香正气水，一洗痱子就消了。

人们普遍重治疗、轻预防。一个预防医生抵得过千百个临床医生。他相当于守门员，把门守住了，防患于未然。

形成新的医学知识体系

目前城乡治疗水平差距在拉大。农村医院门可罗雀，城市医院门庭若市。面对复杂的社会问题，我还有一个报告叫《加减乘除话医改》。对我们医生来说，应该加强整合医学的理论研究。整合医学现在是医学发展的第三个时代，改也得改，不改也得改。

什么叫整合医学？整合医学和全科医学不一样，全科医学是什么都会一点，什么都不太擅长，万金油。整合医学是把现在所有的相关医学知识进行整合，形成新的医学知识体系。

我们对糖尿病可能要彻底地重新认知。现在血糖高一点就认为是糖尿病，其实尿中糖都没有，怎么叫糖尿病呢？我的血糖从来都是7，而血糖最高是6，有人劝我去降，我说不降，其他的都正常，为什么要降呢？所以7也正常。

应该怎么查血糖？过去查血糖不像现在这样，过去是每人尿一杯，然后放到草丛中，半小时以后，看哪杯有蚂蚁，就是糖尿病人。

治疗糖尿病现在用胰岛素，这个胰岛素没有用了怎么办？不治吗？现在发现黄连素也可以治疗糖尿病。

现在很多病都可以通过改变肠道菌群来实现目的，实现不了怎么办？就做肠菌移植。

美国在前年出现一次爆炸性新闻，就是我们这个专业有一个难辨梭状芽胞杆菌肠炎，全世界死亡率100%，没有一个人能治好。但是把健康人的粪便装到病人的肠子里，93%有效。我有一个学生是南京医科大学第二附属医院消化内科副主任，到美国学习完回来以后，写了一篇文章，说这不是美国的原创，1000多年前我们就记载过，小孩粪便可以治疗顽固性腹泻。

粪便将成为未来药学研究的重要对象，而且小便可能比大便还要好，小便是血液的组成部分。

整合医学精华

整合医学是各种医学方式的精华整合到一起，怎么做？首先要举办整合医学学术会议，相互借鉴才行。整合医学的学术组织，全国一共成立了4个，最近成立了1个，6个院士参加，还有56个大学校长是我们的理事。整合就从医学教育开始了。同仁医院的王宁利教授编了一本《整合眼科学》，那本书主要不是眼科医生写的，是眼科以外的医生写的，有呼吸科、内分泌科。大家知道吗？眼科疾病只有15%是眼睛本身引起的，剩下85%是全身疾病引起的。其实心律失常也只有15%是由心脏引起的。

其次是编撰整合医学专业杂志。现在所有的杂志都说正面的话，把正面说得太多，就远离了事物的本质。

现在编撰出版整合医学丛书、教科书和专著不好编。比如胰腺癌，我平常都写三到四页纸，现在我编出来的整合胰腺肿瘤学，有800页，原来我们丢掉了多少知识！比如肝胆外科学，没有肝肺，没有肝肾，没有肝肠；我们早就知道肝胃不和、肝胆相照、肝肠寸断等文字表述，医生怎么不知道？

过去我们要编53本教材，现在可以合成一个iPad。我们增加了多少内容？增加了2000多万字，10倍图画，还有2000小时电影。我们一年换一版，没有问题。我们有53个主编，300个副主编，3000位编委，200多个计算机工程师，连续干了5年，做成了一个iPad，把所有医科书全部加进去了，我就是这本教材的总主编。

我当5年校长，建了8个院中院，要把相应科组合到一起，解决什么问题呢？病人来了以后，比如是胃癌，内科可以治，外科可以治，中医科可以治，放疗科可以治，这个病人究竟该谁治？原来不明确，现在各科综合治疗。

整合医学是为人类整体服务的，不然的话，我们就要出现很多问题。在座的各位，你想培养大家吗？你想培养专家吗？如果你要想走得快，一个人走吧，如果你要想走得远，一起来吧。

后 记

　　"大学之道，在明明德。"信息化时代已经来临，这座年轻城市真正意义上的大学应当如何铸造？深圳社会、教育、科学各界巨擘无不凝思聚神、创想践行，携手走在创新发展的求索之路上；而自2005年创办至今的"深圳市民文化大讲堂"，以"鉴赏·品位"为主题、以缔造学术文化精神家园为宗旨，正是一座面向每一位市民打开新知、新学、新形态之窗的"大学"的丰硕成果，其丰硕成果也最直接地体现在2016年全国"百姓学习之星"评选中，大讲堂"堂粉"田学锋荣获2016年全国"百姓学习之星"称号，"堂粉"宋磊岩荣获深圳"百姓学习之星"称号。

　　每周六、周日下午，以深圳图书馆为主场的思想盛宴、真知殿堂在城市华丽登场，场间跳跃着一团团求真理的火苗，一颗颗爱智慧的心灵；来自五湖四海的顶尖学者会聚于此，一阵阵文化之风拂来，一滴滴思想的雨落下，城市浓郁的人文空气因之滋养、因之丰厚。已成深圳乃至全国著名文化品牌的"深圳市民文化大讲堂"，受传媒各界厚爱自不待言，在自媒体时代，"官微"自运营更让这块金字招牌在思想与新知传播上如虎添翼。而"深圳市民文化大讲堂"第1000期的举办，也更加鼓舞着市民，使市民真切看到了市委、市政府在推动深圳文化发展上的坚定不移和不懈努力。

438

2016 年，大讲堂更邀请李敬泽、李凤亮、王樽、李森、尹烨、杨争光、邴正、单霁翔、陈履生、唐杰、曹峰、樊代明等 74 位专家学者，举办了 73 场深受市民喜爱的精彩讲座，包括文化创新、文学、历史、科学、自然、教育、艺术、社会、国学、养生等多维、多元内容。《深圳市民文化大讲堂 2016 年讲座精选》由 73 场讲座文稿中精选出的 35 篇文章集结而成，《深圳商报》记者王光明同志对本书所选文稿进行了认真整理，但仁智互见，各篇文章也仅能代表作者自己的观点。同时，各主讲嘉宾对本书的出版也给予了大力支持，在此，我们向所有参与本书选编和出版工作的同志表示深深的谢意！

在深圳"文化强市"号角高亢而悠远响彻之时，我们深信，"深圳市民文化大讲堂"必将在持续营建深圳社会人文诗意的当下，承启市民文化生活璀璨烂漫的未来。

深圳市民文化大讲堂组委会

2016 年 12 月 31 日

图书在版编目（CIP）数据

深圳市民文化大讲堂2016年讲座精选：全2册／张
骁儒主编. -- 北京：社会科学文献出版社，2018.8
ISBN 978 - 7 - 5201 - 3050 - 9

Ⅰ.①深…　Ⅱ.①张…　Ⅲ.①社会科学 - 文集　Ⅳ.
①C53

中国版本图书馆CIP数据核字（2018）第155384号

深圳市民文化大讲堂2016年讲座精选（上、下册）

主　　编／张骁儒

出 版 人／谢寿光
项目统筹／王　绯
责任编辑／孙燕生

出　　版／社会科学文献出版社·社会政法分社（010）59367156
　　　　　地址：北京市北三环中路甲29号院华龙大厦　邮编：100029
　　　　　网址：www.ssap.com.cn
发　　行／市场营销中心（010）59367081　59367018
印　　装／三河市尚艺印装有限公司

规　　格／开本：787mm×1092mm　1/16
　　　　　印　张：28　字　数：395千字
版　　次／2018年8月第1版　2018年8月第1次印刷
书　　号／ISBN 978 - 7 - 5201 - 3050 - 9
定　　价／128.00元（上、下册）

本书如有印装质量问题，请与读者服务中心（010 - 59367028）联系